कौन स्वामी?
कौन नारायण?

एक नकली नारायण के प्रपंच से सनातन धर्म पर
हुए आक्रमण और हिंदू समाज के
प्रत्युत्तर की कथा

डॉ. कौशिक चौधरी

समर्पित:

इतिहास के उस प्रत्येक सनातनी को
जिसने जीवन के क्षणिक लाभ-हानि को त्यागकर,
सनातन धर्म और उसके पूजनीय देवताओं की
रक्षा के लिए संघर्ष किया।

परिचय

■ बुराई के संकेतों को पहचानें

हिंदू सनातन परंपरा में "स्वामी" शब्द के कई अर्थ हैं, लेकिन मूल रूप से यह हमेशा अधिपति होने के विचार से जुड़ा होता है। आमतौर पर भगवान को त्रिलोक का स्वामी या ब्रह्मांड का अधिपति कहा जाता है, जिसके कारण उन्हें "त्रिलोक स्वामी" की उपाधि मिलती है। एक और महत्वपूर्ण अर्थ है "इंद्रियों का स्वामी," जिसमें वह व्यक्ति जो इंद्रियों पर पूर्ण नियंत्रण रखता है, उसे एक सिद्ध योगी माना जाता है। इन दोनों अर्थों के बाद, अन्य सांसारिक उपयोग भी आते हैं। उदाहरण के लिए, किसी आध्यात्मिक संस्था या मठ का मुखिया "स्वामी" कहलाता है, जो उस संस्था का अधिपति होता है। यहां तक कि परिवार में भी एक पत्नी अपने पति को "स्वामी" कहकर संबोधित करती है, जो परिवार के मुखिया या अधिपति के रूप में उनकी भूमिका को दर्शाता है। इस प्रकार "स्वामी" शब्द इन चार प्रमुख अर्थों में आता है, जो सभी किसी न किसी प्रकार के स्वामीत्व या आधिपत्य का संकेत देते हैं।

पर इस पुस्तक में, हम एक अलग प्रकार के "स्वामी" की चर्चा करेंगे। ये वे लोग हैं जो हिंदू साधुओं का परिधान धारण करते हैं, अपने माथे पर तिलक लगाते हैं, और शिखा रखते हैं, लेकिन उनकी मानसिकता और आचरण मुस्लिम मौलवियों या ईसाई पादरियों के समान होता है। हिंदू धर्म की समावेशी परंपरा में, ये स्वामी एक सर्वोपरि ईश्वर को ही माननेवाली इस्लामी शैली की पूजा पद्धति ले आए हैं, जहां उस नए खोजे गए ईश्वर की महत्ता को स्थापित करने के लिए अन्य तमाम वैदिक देवी-देवताओं को मनगढ़ंत कहानियों के माध्यम से नीचा दिखाया जाता हैं। ये स्वामी अपने इंद्रियों के स्वामी नहीं हैं; उन्होंने इंद्रिय-सुखों में संलिप्तता की कला में स्वामीत्व हासिल किया है। इन पर अक्सर धन शोधन, काले धन को सफेद बनाने, मंदिर निर्माण के बहाने भूमि हड़पने, धोखाधड़ी करने,

और इन सब में सबसे ज़्यादा महिलाओं और बच्चों का यौन शोषण करने के आरोप आए दिन लगते रहते हैं। ऐसे आरोप इतने सामान्य हो गए हैं कि अब यह किसी को चौंकाता नहीं है। जिस प्रकार ईसाई पादरियों के खिलाफ़ दुनियाभर में कई सदियों से व्यभिचार और अन्य घोटालों के क़िस्से उजागर होते रहे हैं, उसी तरह इन स्वामीयों के घोटाले वार्षिक नहीं, कईबार मासिक रूप से सामने आते रहते हैं। ठीक वैसे ही जैसे ईसाई मिशनरी अपने धर्म को बढ़ावा देने के लिए स्कूल, अस्पताल और चैरिटी का संचालन करते हैं, ये स्वामी गुरुकुल, अस्पताल और व्यसन मुक्ति एवं पर्यावरण संरक्षण जैसे चैरिटी कार्यक्रमों को एक छिपे हुए उद्देश्य के साथ चलाते हैं। वह अंतिम उद्देश्य है हिंदुओं को एक नए सर्वोच्च देवता में विश्वास दिलाकर, वेदों, उपनिषदों और पुराणों के देवताओं से उनका संबंध काट देना।

इसका उदाहरण इस तरह देखा जा सकता है कि ISKCON में कई विदेशी 'हरे रामा हरे कृष्णा' का जप करते हुए और सन्यास धारण करते हुए देखे जा सकते हैं। ISKCON की स्थापना हुए सत्तर साल भी नहीं हुए हैं। आपने कई विदेशियों को नीम करौली बाबा के सच्चे भक्तों के रूप में हनुमान चालीसा का पाठ करते हुए और संन्यासी जीवन बिताते हुए देखा होगा, और इसकी स्थापना हुए अस्सी साल ही हुए हैं। स्वामी विवेकानंद के अनुयायी बनकर एक सौ तीस साल पहले भी कई विदेशियों ने संन्यास लेकर भारतीय और हिंदू परंपराओं को अपनाया था, और आज भी आप रामकृष्ण मिशन में कई विदेशी संन्यासियों को देख सकते हैं। लेकिन एक ऐसा संप्रदाय जो दो सौ साल से अस्तित्व में है, और जो विवेकानंद की पश्चिम में सफलता के बीस साल के भीतर ही वहां मंदिर बनाने गया था आज, सौ साल बाद भी, उस संप्रदाय में एक भी पश्चिमी व्यक्ति नहीं मिलेगा जिसने उस संप्रदाय के धर्म को अपनाया हो!

अन्य हिंदू संगठनों द्वारा पश्चिम में जाकर स्थानीय विदेशियों को हिंदू धर्म के विभिन्न पहलुओं में शामिल किया गया, उन्हें सनातन धर्म में स्थापित किया गया। इसके विपरीत, पिछले सौ वर्षों से, यह संप्रदाय विभिन्न देशों में मंदिर बना रहा है, और वहां के हिन्दु निवासियों को एक 'नकली नारायण' से जोड़ने का प्रयास कर रहा है, एक ऐसा अद्वितीय परम देवता जो ईसाई यीशु या इस्लामी अल्लाह के समान सर्वोपरि है। एकमात्र यही देवता पूजा योग्य बताया जाता है, और अब तक हिंदुओं द्वारा पूजित अन्य सभी सनातन देवताओं को उसके सेवक बताकर पूजने के लिए अयोग्य बताया जाता है। विदेशों में बनाए गए ये सभी मंदिर वास्तव में वहां के हिंदुओं को एक नए यीशु जैसे देवता के इर्द-गिर्द

केंद्रित ईसाई धर्म के समान धर्म में परिवर्तित करने के लिए उपयोग किए गए हैं। यह पुस्तक इस नकली नारायण के पीछे खड़े किए गए एक धोखेबाज़ पंथ की सच्चाई को उजागर करती है।

"नारायण" शब्द वेदों में भगवान विष्णु के नामों में से एक के रूप में आता है। ऋग्वेद, जो कि सनातन धर्म और मानवता का सबसे प्राचीन शास्त्र है, उसमें विष्णु को त्रेतीस कोटि (वर्गों) के देवताओं में सबसे व्यापक देवता के रुप से पूजा जाता है और उन्हें ऋग्वेद के ऐतरेय ब्राह्मण के प्रथम श्लोक में सभी देवताओं में सबसे उच्च कहा गया है। यजुर्वेद में, जो ऋग्वेद के बाद लिखा गया था, यह कहा गया है कि विष्णु से "नीर" (जल) उत्पन्न होता है, और इसी कारण से उन्हें "नारायण" कहा जाता है। इसके अतिरिक्त, क्योंकि वह सभी स्थानों में निवास करते हैं, उन्हें "वासुदेव" भी कहा जाता है। वेदों में विष्णु को विष्णु गायत्री मंत्र से लगभग पच्चीस बार निम्नलिखित रूप में आह्वान किया गया है:

"ॐ नारायणाय विद्महे वासुदेवाय धीमहि।

तन्नो विष्णुः प्रचोदयात्॥"

अर्थ:

"नारायण और वासुदेव एक ही है, और वही विष्णु हैं। हम उन विष्णु को प्रणाम करते है।"

हम सभी इस भगवान विष्णु-नारायण से परिचित हैं, और हम इस विषय को शास्त्रों की सही समझ के साथ आगे खंड २ में विस्तार से चर्चा करेंगे। पर इसके पहले, खंड १ में, हमें एक अन्य व्यक्ति पर चर्चा करनी होगी जिसने "नारायण" नाम को चुराकर अंग्रेजों एवं ईसाई पादरियों के संसर्ग से एक नकली नारायण के प्रपंची संप्रदाय को जन्म दिया है। हमें उस नकली-नारायण को जानने की ज़रूरत है – जिसकी अजीब विचित्रताएं हैं। सबसे पहले, इस पंथ के अनुयायियों ने भगवान विष्णु से "नारायण" नाम को छीन लिया और इस नए नकली-नारायण की स्थापना की, और बाद में यह दावा शुरू किया कि विष्णु उनके सेवक है। इसके अलावा, उन्होंने विष्णु के अवतारों, जैसे कि राम और कृष्ण का अपमान शुरू किया, यह कहते हुए कि लाखों राम और कृष्णों की संयुक्त आभा इस नकली नारायण के अनुयायियों या युवा भक्तों की आभा के सामने कुछ भी नहीं है। परिणामस्वरूप, जब इस पंथ का कोई लड़का कृष्ण मंदिर में जाता है, तो वह कृष्ण के दर्शन करने के लिए नहीं जाता, बल्कि कृष्ण को अपने दर्शन देने के लिए जाता है! ये विचित्र कहानियाँ केवल विष्णु तक सीमित नहीं हैं; यह

पंथ सनातन धर्म के हर देवता को नीचा दिखाने वाली कहानियाँ फैलाता है ताकि उनके नए देवता को सभी पर श्रेष्ठ सिद्ध किया जा सके। शायद यही कारण है कि यह नकली नारायण अपने बाएं हाथ से आशीर्वाद देते हैं ताकि अन्य सभी देवताओं से अलग बना जा सके। वह अपने अनुयायियों को महिलाओं की ओर न देखने की शिक्षा देते हैं, यह दावा करते हुए कि वह स्वयं कभी ऐसा नहीं करते। लेकिन उनके लिए जो कथाएँ घड़ी जाती है उसमें भगवान विष्णु उनके सेवक भले ही हों, पर विष्णु की पत्नियाँ श्री लक्ष्मीजी, राधाजी और तुलसीजी को यह नकली नारायण अपनी पत्नियाँ बताता है।

हालाँकि, यह नकली नारायण मृत्युलोक में किसी स्त्री से इच्छा होने पर भी विवाह नहीं कर पाए। इस पंथ की पुस्तकों के अनुसार (सहजानंद चरित्र, गुजराती आवृत्ति के पृष्ठ क्रमांक ११६,११७), एक बार इस नकली नारायण ने एक बारात देखी, जिससे उनके अंदर विवाह की इच्छा जागी। उनके भक्तों ने सोचा, "आइए भगवान का विवाह करवाते हैं," और उनके लिए एक सुंदर महिला को उनकी दुल्हन के रूप में चुना। महिला ने आनंदपूर्वक अपने आप को सजाया और नकली नारायण के पास पहुँची। लेकिन उसे देखते ही इस नकली नारायण को उल्टी आने लगी और उन्होंने कहा, "इस विष्ठा (मल) के ढेर को मेरे सामने से हटा दो।" अपमानित महिला को वहाँ से ले जाया गया, लेकिन उनकी उल्टी और दस्त बंद नहीं हुए। अंतत: किसी ने सुझाव दिया, "महाराज को उस व्यक्ति द्वारा पका हुआ भोजन खिलाएं जिसने कभी किसी महिला को नहीं छुआ हो, तो उनकी उल्टी और दस्त बंद हो जाएंगे।" भक्तों ने इस सलाह का पालन किया और नकली नारायण की हालत सुधर गई। शायद उस दिन से वे सब महिलाओं की ओर देखना तक बंद कर देते हैं। कमसे कम बोलने के लिए, वरना जैसे की पहले कहा गया, स्त्रियों के यौन शोषण के किस्सों से उनका इतिहास भरा पड़ा है।

एक अन्य घटना में, नकली नारायण को लघुशंका करने की बहुत आवश्यकता थी, लेकिन वह अपने वस्त्र का डोर नहीं खोल सके। एक भक्त उनके पास आया और अपने मुँह से उस डोर को खोला। यह डोर अब एक संग्रहालय में सुरक्षित रखा गया है। हालांकि, जब इस नकली नारायण के मृत्यु का समय आया, तो उनके पंथ की पुस्तकों में फिर से उल्टी और मल का वर्णन मिलता है। पेट की बीमारी के दौरान, उन्होंने अपने बिस्तर पर मल किया और इधर-उधर हाथ पैर मारने लगे, जिससे मल के छींटे चारों ओर उड़ने लगे। उनके भक्तों ने यह देखा और कहा, "यदि भगवान स्वयं ऐसा करते हैं, तो भक्तों में साहस कहाँ से आएगा?" इस पर नकली नारायण थोड़ी देर शांत हो गए और अपने दिव्य पद

की प्रशंसा में मुस्कुराए।

इस पुस्तक में, हम इस नकली नारायण के निर्माण, उनके धोखेबाज स्वामीयों के कार्य और सनातन धर्म को उन्होंने पहुँचाए नुकसान की चर्चा करेंगे।

अब, यह सब उस पंथ की पुस्तकों में ही मिलता है। लेकिन आइए देखें कि आर्य समाज के संस्थापक स्वामी दयानंद सरस्वती, जो गुजरात के उसी क्षेत्र में उस नकली नारायण की मृत्यु के पाँच-छह साल पहले जन्मे थे, अपने १८८० के दशक में लिखित पुस्तक सत्यार्थ प्रकाश में उनके बारे में क्या लिखते हैं। नीचे सत्यार्थ प्रकाश के ग्यारहवें समुल्यास का वह अंश प्रस्तुत है:

■ 'प्रश्न- "स्वामिनारायण" का मत कैसा है?

उत्तर- 'यादृशी शीतला देवी, तादृशो वाहनः खरः' जैसी धनहरणादि में गुसाईं लीला है, वैसी ही स्वामिनारायण की भी है।

जो 'सहजानन्द' अयोध्या के पास एक ग्राम का जन्मा हुआ था, वह ब्रह्मचारी होकर गुजरात, काठियावाड़, कच्छ, भुज आदि में फिरता था। उसने देखा कि यह देश मूर्ख और भोला है, चाहें वैसे इनको मत में झुका लेंवे। उसने दो चार शिष्य बनाये। उन ने आपस में सम्मति कर प्रसिद्ध किया कि सहजानन्द नारायण का अवतार बड़ा सिद्ध है और चतुर्भुज होकर दर्शन भी देता है।

एक वार काठियावाड़ में किसी 'काठी' अर्थात् जिसका नाम 'दादाखाचर' था, गढढ़े का भूमिया (जिमीदार) था। उसको शिष्यों ने कहा कि "तुम चतुर्भुज नारायण का दर्शन करना चाहो तो हम सहजानंदजी से प्रार्थना करें?" उसने कहा- "बहुत अच्छी बात है।" वह भोला आदमी था। एक कोठरी में सहजानंद मुकुट धारणकर शंख-चक्र अपने हाथ में ऊपर को धारण किया और एक दूसरा आदमी उसके पीछे खड़ा रहकर गदा-पद्म अपने हाथ में लेकर सहजानंद की बगल में से आगे को हाथ निकाल चतुर्भुज के तुल्य बन-ठन गये। दादाखाचर से उनके चेलों ने कहा कि "एक वार आँख उठा, देखके आँख मींच लेना और झट इधर को चले आना। जो बहुत देखोगे तो नारायण कोप करेंगे।" अर्थात् चेलों के मन में तो यह था कि हमारे कपट की परीक्षा न कर लेवे। उसको ले गये। वह सहजानंद कलाबत्तू और चलकते हुए रेशमी कपड़े धारण कर रहा था, अंधेरी कोठरी में खड़ा था, उसके चेलों ने एक दम लालटेन से कोठरी की ओर उजाला किया। दादाखाचर ने देखा तो चतुर्भुज मूर्ति देखी, फिर झट दीपक को आड़ में कर दिया। वे सब नीचे गिर, नमस्कार कर दूसरी ओर चले आये और उसी समय बीच में बातें कीं "तुम्हारा धन्य भाग्य है। अब तुम महाराज के चेले हो जाओ"।

उसने कहा- "बहुत अच्छी बात।" जब तक फिर के दूसरे स्थान में गये तो वस्त्र बदल के सहजानंद गद्दी पर बैठा था। तब चेलों ने कहा कि "देखो! अब दूसरा स्वरूप धारण करके यहाँ बैठे हैं। वह दादाखाचर इनके जाल में फस गया। वहीं से उनके मत की जड़ जम गई क्योंकि वह एक बड़ा भूमिया था। वहीं अपनी जड़ जमा ली। पुन: इधर-उधर घूमता रहा, सबको उपदेश करता था, बहुतों को साधु भी बनाता था। कभी-कभी साधु की कण्ठ की नाड़ी को मलकर मूर्च्छित भी कर देता था और सबसे कहता था कि हमने इनको समाधि चढ़ादी है। ऐसी-ऐसी धूर्त्तता में काठियावाड़ के भोले लोग उसके पेच में फस गये। जब वह मर गया तब उसके चेलों ने बहुत-सा पाखण्ड फैलाया।'

इस पंथ के बारे में स्वामी दयानंद सरस्वती के बयान का संदर्भ देना इसलिए भी आवश्यक है क्योंकि वह उसी क्षेत्र में पैदा हुए थे जहाँ यह पंथ फला-फूला, और उस समय में जब यह पंथ अपने विस्तार के प्रारंभिक चरण में था।

अब आइए देखें कि इस पंथ का इतिहास उनके अपने शब्दों में कैसे वर्णित है। इस पंथ के लेखों, प्रचलित विवरणों और इंटरनेट पर पाए जाने वाले विभिन्न पृष्ठों के अनुसार, उनके इतिहास को इस प्रकार प्रस्तुत किया गया है:

स्वामिनारायण पंथ के लेखों के अनुसार, १७८१ में उत्तर प्रदेश के छपैया गाँव में घनश्याम पांडे नामक एक बालक का जन्म हुआ। ग्यारह वर्ष की आयु में, उन्होंने संन्यास लिया और 'नीलकंठवर्णी' नाम अपनाया। वह हिमालय में जाकर अष्टांग योग में निपुण हो गए, और एक संन्यासी के रूप में पूरे भारत में यात्रा करते रहे। १७९९ में, १८ वर्ष की आयु में, वह गुजरात पहुंचे, जहाँ गढ़ड़ा में उद्धव संप्रदाय नामक एक विशिष्टाद्वैत वैष्णव पंथ के मूल गुरु रामानंद स्वामी से उनकी भेंट हुई। रामानंद स्वामी ने १८ वर्षीय नीलकंठवर्णी (घनश्याम पांडे) को दीक्षा दी और उन्हें 'सहजानंद स्वामी' नाम दिया। तीन वर्ष बाद, १८०२ में, रामानंद स्वामी का निधन हो गया, और उद्धव संप्रदाय का नेतृत्व सहजानंद स्वामी के हाथ में आ गया। सहजानंद के बड़े गुरुभाई रघुनाथदास ने इसका विरोध किया, उनका दावा था कि संप्रदाय का नेतृत्व उन्हें मिलना चाहिए। कहा जाता है कि मंगरोल राज्य में दोनों के बीच एक कानूनी मामला हुआ, जहाँ फैसला सुनाया गया कि रघुनाथदास राम की पूजा जारी रखेंगे, जबकि सहजानंद स्वामी कृष्ण की पूजा करेंगे। इस प्रकार सहजानंद स्वामी का उद्धव संप्रदाय पर अधिकार बरकरार रहा।

स्वामी रामानंद की मृत्यु के अगले दिन, सहजानंद स्वामी ने पंथ के अनुयायियों

की एक सभा बुलाई और उन्हें 'स्वामिनारायण ' मंत्र देकर कृष्ण भक्ति में लीन होने का निर्देश दिया। यहीं से सहजानंद स्वामी स्वयं 'स्वामिनारायण ' कहलाने लगे, और उनका उद्धव संप्रदाय 'स्वामिनारायण संप्रदाय' के रूप में जाना जाने लगा। १८२४ में लिखी गई शिक्षापत्री में स्वामिनारायण ने श्रीकृष्ण को अपना इष्ट देवता घोषित किया और अपने जीवनकाल में छह कृष्ण मंदिर बनवाए, जो की भगवान विष्णु के ही विविध लोगों से संबंध से जुड़े थे। जैसे की लक्ष्मी नारायण, नर नारायण आदी। लेकिन, बाद में उन्होंने वड़ताल के लक्ष्मीनारायण मंदिर में लक्ष्मी और नारायण के पास अपनी मूर्ति भी स्थापित की जिसे नाम दिया गया हरिकृष्ण महाराज। आज इस संप्रदाय की पुस्तकों में और उनके स्वामीयों के प्रवचनों में यह कहा जाता है कि यह हरिकृष्ण महाराज की स्थापना सहजानंद स्वामी ने अपने ही रूप में इसलिए कि ताकि जब लोग वहां पर लक्ष्मी नारायण के दर्शन के लिए आए, तो धीरे धीरे उनको यानी कि सहजानंद उर्फ स्वामिनारायण को ही सारे ईश्वरों का सर्वोपरि ईश्वर समझे। और यहीं पर उनके ब्रिटिश शासकों और ईसाई मिशनरियों के साथ संबंध की बात सामने आती है।

१८१८ में सहजानंद के समय में, पेशवा ब्रिटिशों से हार गए और गुजरात ब्रिटिश शासन के अधीन आ गया। यहीं से सहजानंद स्वामी के ब्रिटिश अधिकारियों और ईसाई मिशनरियों के साथ घनिष्ठ संबंध बने। ब्रिटिश शासन से पहले, अहमदाबाद के राजा (पेशवा) ने सहजानंद स्वामी के अहमदाबाद में प्रवेश पर प्रतिबंध लगा दिया था। लेकिन नवंबर १८१७ में अहमदाबाद ब्रिटिश ईस्ट इंडिया कंपनी के नियंत्रण में आ गया, और फरवरी १८१८ में जॉन एंड्रयू डनलप अहमदाबाद के पहले कलेक्टर के रूप में नियुक्त हुए। १८१८ में डनलप के अधीन काम कर रहे एक ब्रिटिश अधिकारी, जिसे पंथ की पुस्तकों में इरोन साहिब के नाम से जाना जाता है, ने सहजानंद स्वामी को अहमदाबाद आने का निमंत्रण दिया और अहमदाबाद में जमीन देने की पेशकश की। पंथ की पुस्तकों में इरोन साहिब का उल्लेख ब्रिटिश अधिकारी एडवर्ड आइरनसाइड के लिए किया गया है, जो कलेक्टर डनलप के अधीन काम कर रहे थे। आइरनसाइड ने सहजानंद स्वामी के अनुयायियों से संपर्क किया और सहजानंद स्वामी और उनके संतों के निवास के लिए एक बड़े हॉल के निर्माण की पेशकश की। १८१९ में उन्होंने सहजानंद स्वामी से मुलाकात की और कालूपुर में मंदिर निर्माण के लिए भूमि प्रदान करने का वादा किया। उसी वर्ष कलेक्टर एंड्रयू डनलप ने कालूपुर में मंदिर निर्माण के लिए जमीन देने की अनुमति ब्रिटेन से प्राप्त की। १८२२-२३ में कालूपुर मंदिर का निर्माण पूरा हुआ, और सहजानंद स्वामी ने ५०,००० लोगों की उपस्थिति में

इसका उद्घाटन किया।

इस पूरे घटनाक्रम के बारे में, इतिहासकार रेमंड ब्रैडी विलियम्स अपनी पुस्तक 'एन इंट्रोडक्शन टू स्वामिनारायण हिंदुइज्म' में लिखते हैं, "१८२० में, अहमदाबाद के कलेक्टर ने सहजानंद स्वामी को मंदिर बनाने के लिए जमीन दी, और वहीं स्वामिनारायण संप्रदाय का पहला मंदिर बना। इस प्रकार, ब्रिटिश इस संप्रदाय के पहले मंदिर के निर्माण में शामिल थे, जो इस तथ्य का एक सटीक प्रतीक था कि 'पैक्स ब्रिटानिका' और 'पैक्स सहजानंद' एक ही लक्ष्य की दिशा में समानांतर आंदोलन थे। १८२३ में जब नर-नारायण मंदिर का उद्घाटन हुआ, तब सहजानंद स्वामी के साथ ५०,००० लोग थे। इसलिए, ब्रिटिश आगमन से पहले के वर्ष सहजानंद के लिए विरोध और उत्पीड़न के वर्ष थे, लेकिन ब्रिटिश आगमन के बाद के अंतिम दस वर्ष बड़ी सफलता, उच्च सम्मान और प्रमुख सामाजिक सुधारों के वर्ष थे।"

इस प्रकार, ब्रिटिश अधिकारियों के समर्थन से, सहजानंद स्वामी का प्रभाव गुजरात में लगातार बढ़ता रहा, और अपने जीवन के अंतिम दस वर्षों में उन्होंने पाँच और मंदिरों का निर्माण करवाया। रेमंड विलियम्स की पुस्तक में "पैक्स ब्रिटानिका" शब्द का उल्लेख है, जो १८१५ से १९१४ के बीच ब्रिटिश सरकार द्वारा किए गए एक आंदोलन को संदर्भित करता है। इस वाक्यांश का अर्थ है "ब्रिटिश शांति।" जहाँ भी ब्रिटिशों ने उपनिवेशी शासन स्थापित किया, उन्होंने स्थानीय समाज के साथ शांति बनाए रखने और स्वयं के लंबे समय तक बने रहने के लिए समरसता को बढ़ावा देने का प्रयास किया। गुजरात में, यह आंदोलन "पैक्स ब्रिटानिका – पैक्स सहजानंद" के रूप में जाना गया, जिसका अर्थ सहजानंद स्वामी के साथ समरसता बढ़ाकर गुजरात में ब्रिटिश-हिंदू शांति स्थापित करना था। इसका संदर्भ विलियम हज की डायरी में मिलता है, जो कलकत्ता के बिशप कॉलेज के प्रधानाध्यापक थे। उनकी डायरी में सहजानंद स्वामी, ईसाई पादरियों, और ब्रिटिश अधिकारियों के बीच कई बैठकों का विवरण मिलता है, जिसमें बताया गया है कि स्वामिनारायण ने ब्रिटिश प्रभाव के तहत हिंदू शास्त्रों की नई व्याख्या की।

सारांश में, विलियम होज कहता है, "१८२० के दशक के स्वामिनारायण हिंदू दस्तावेज़ ब्रिटिश और स्वामिनारायण आंदोलन के बीच संबंधों को पुनर्निर्मित करने में सहायक होते हैं। उपनिवेशी अधिकारियों के साथ हिंदू संबंधों के साथ-साथ प्रारंभिक ईसाई-हिंदू संवादों में इस समय में काफी प्रगति हुई। स्वामिनारायण ने हिंदू शास्त्रों की सोच और प्रथा को पुनर्जीवित और शुद्ध किया, जिससे ब्रिटिश अधिकारियों और ईसाई पादरियों ने उन्हें एक धार्मिक और सामाजिक सुधारक के

रूप में देखा जिनके सुधारों ने समाज की व्यवस्था और कल्याण में योगदान दिया।"

१८३० में सहजानंद स्वामी का निधन बीमारी के कारण हुआ। लेकिन अपनी मृत्यु से पहले, उन्होंने पंथ की प्रशासन व्यवस्था का प्रबंध वल्लभाचार्य के वैष्णव पंथ के संचालन जैसा करने का विचार कर लिया था। उन्होंने गुजरात में स्वामिनारायण पंथ के प्रबंधन को दो हिस्सों में विभाजित कर दिया: उत्तर में कलूपुर (अहमदाबाद) गादी और दक्षिण में वडताल गादी

पंथ के अनुसार, सहजानंद स्वामी नहीं चाहते थे कि संन्यासी पंथ के प्रशासन में संलग्न हों, क्योंकि वे भौतिकवाद में उलझ सकते थे और अपनी आध्यात्मिकता खो सकते थे। इसलिए, उन्होंने उत्तर प्रदेश से अपने कुछ निकटवर्ती भाइयों के बेटों को बुलाया और उनमें से दो को गोद लिया। इन गोद लिए भतीजों में से एक को अहमदाबाद में कालूपुर गादी का आचार्य बनाया गया और दूसरे को वडताल गादी का आचार्य बनाया गया। उन्होंने मंदिरों और पंथ के प्रशासन का उत्तरदायित्व इन आचार्यों को सौंपा, और उन्हें गृहस्थ जीवन जीने का निर्देश दिया। आचार्यों के गृहस्थ जीवन के लिए भी नियम बनाए गए, और यह आदेश दिया गया कि भविष्य में आचार्य उनके वंशजों में से चुने जाएँ।

■ बीएपीएस (बोचासनवासी अक्षर पुरुषोत्तम संस्था):

सहजानंद स्वामी की १८३० में मृत्यु के बाद, संप्रदाय का प्रशासन उनके द्वारा स्थापित आचार्यों (उनके भतीजों) को सौंपा गया और आध्यात्मिक कार्य संतों को दिया गया। हालांकि, जैसे-जैसे वंशानुगत आचार्य उभरे, संप्रदाय पर नियंत्रण के लिए संतों और आचार्यों के बीच भ्रष्टाचार और संघर्ष बढ़ते गए। सहजानंद स्वामी ने मंदिरों में भगवान कृष्ण को देवता के रूप में स्थापित किया था, लेकिन समय के साथ कृष्ण की मूर्तियों को नारायण नाम के साथ स्वामिनारायण के रूप में बदल दिया गया और सहजानंद स्वामी की पूजा शुरू हो गई। १९वीं सदी के अंत में, सहजानंद स्वामी के एक संत शिष्य, भगत महाराज ने अपने करीबी शिष्य शास्त्रीजी महाराज से कहा, "भगवान स्वामिनारायण ने एक बार कहा था कि पुरुषोत्तम ईश्वर को समझने और उनकी पूजा करने के लिए पहले 'अक्षर' बनना होगा। और एक अन्य अवसर पर, सहजानंद स्वामी ने गुणातीतानंद स्वामी को अपना 'अक्षर' कहा था। इस प्रकार, वास्तव में, अक्षर और पुरुषोत्तम दोनों की संयुक्त पूजा की जानी चाहिए।" इसका अर्थ यह था कि आचार्यों का कोई महत्व नहीं था। केवल पुरुषोत्तम भगवान यानी उनके सहजानंद स्वामी और संप्रदाय के प्रमुख संत, जो उनके द्वारा व्याख्यायित 'अक्षर' का प्रतिनिधित्व करते थे, पूज्य और

सर्वोच्च थे। दोनों की संयुक्त पूजा की जानी चाहिए। भगतजी महाराज की मृत्यु के बाद, शास्त्रीजी महाराज ने इस तर्क को और विकसित किया और १९०५ में अपनी इस जिद के कारण संप्रदाय से निष्कासित कर दिए गए। उन्होंने अक्षर और पुरुषोत्तम की संयुक्त पूजा के लिए एक अलग संस्था बनाई, जिसने स्वामिनारायण संप्रदाय से कई संतों को आकर्षित किया। हालांकि, एक कानूनी लड़ाई हारने के बाद, इस संस्था को स्वामिनारायण नाम का उपयोग करने से मना कर दिया गया और यह "बोचासनवासी अक्षर पुरुषोत्तम संस्था" (BAPS) के नाम से जानी गई।

हालांकि, यह ध्यान देना महत्वपूर्ण है कि शास्त्रीजी महाराज जाति से पटेल थे, जिससे पटेल समुदाय का झुकाव बीएपीएस की ओर बढ़ा। यहां तक कि सरदार वल्लभभाई पटेल को उनके पिता ने वडताल गादी के खिलाफ अदालत में मामला लड़ने के लिए राजी किया। शुरू में, सरदार पटेल ने अपने पिता के अनुरोध को अस्वीकार कर दिया और उन्हें स्वयं को भगवान मानकर जीनेवाले इन भगवाधारी साधुओ के मामले में शामिल न होने की सलाह दी, लेकिन बाद में अपने पिता के आग्रह के कारण उन्होंने उनका केस लड़ना मान लिया। आज भी गुजराती में यह पुस्तक 'बोचासन बंड नो इतिहास' नाम से उपलब्ध है, जिसमें इस संप्रदाय के भीतर के भ्रष्टाचारों का विवरण मिलता है, जिनमें कुछ संतों द्वारा स्वयं को सर्वोच्च ईश्वर घोषित करने के उदाहरण भी शामिल हैं।

यह बीसवीं सदी की शुरुआत थी। स्वामी विवेकानंद द्वारा विदेश जाकर हिंदू आध्यात्मिकता को विश्व स्तर पर मान्यता दिलाने के बाद, विभिन्न हिंदू संप्रदायों के लोग भी विदेशों में यात्रा करने लगे थे। शास्त्रीजी महाराज ने भी विदेश यात्रा की और हिंदू धर्म के नाम पर भारत और विदेशों में भव्य मंदिरों के निर्माण के लिए धन जुटाना शुरू किया। इसी समय के दौरान BAPS में जेठालाल नाम के एक व्यक्ति ने स्वामिनारायण ही सनातन धर्म के एकमात्र सर्वोपरि ईश्वर है, और बाक़ी सारे वैदिक ईश्वर उनके सेवक है – यह बात और ज्यादा प्रचारित की। धीरे–धीरे, चंदा एकत्र करना और बड़े मंदिरों का निर्माण मुख्य लक्ष्य बन गया और भक्ति फीकी पड़ गई। बीएपीएस के प्रत्येक प्रमुख ने इस कार्य को जारी रखा। यह भी सच है कि शास्त्रीजी महाराज के बाद आने वाले सभी प्रमुखों में योगीजी महाराज को छोड़कर बाक़ी के दो प्रमुख – प्रमुखस्वामी और वर्तमान महंतस्वामी पटेल समुदाय से ही थे। इस वजह से पिछले काफ़ी दशकों से पटेल जाति को सनातन धर्म के ईश्वरों से हटाकर इस संस्था में जोड़ने का कार्य काफ़ी तेज़ी से हुआ। कृष्ण भक्ति की जगह ले चुकी स्वामिनारायण की भक्ति अब BAPS में अक्षर और प्रगट ब्रह्म कहे जाने वाले संस्था के प्रमुख की पूजा में बदल गई थी।

धन और भव्य मंदिरों पर ध्यान केंद्रित होने के कारण, करोड़पति व्यापारी और उद्योगपति मुख्य लक्ष्य बन गए। परिणामस्वरूप, संतों के प्रवचनों से आध्यात्मिक चर्चाएँ और शिक्षाएं गायब हो गईं और इसके बजाय व्यापारियों को पारिवारिक परामर्श और व्यवसाय विस्तार पर प्रेरणादायक प्रवचन मिलने लगे। भगवा वस्त्र धारण किए हुए संतों के प्रवचन आध्यात्मिक शिक्षाओं से हटकर इस बात की कहानियों पर केंद्रित हो गए कि बिल गेट्स, वॉरेन बफेट, स्टीव जॉब्स, धीरूभाई अंबानी और जैक मा ने अपनी संपत्ति कैसे बनाई। साथ ही महिलाओं और बच्चों के यौन शोषण, वित्तीय धोखाधड़ी, भूमि घोटाले, अपहरण और यहां तक कि संतों की हत्या जैसे घोटाले स्वामिनारायण संप्रदाय की अधिकांश शाखाओं में, जिनमें बीएपीएस भी शामिल है, सामने आते रहते हैं। वर्ष २०१३ में, पी.डी. स्वामी, जो दशकों तक प्रमुख स्वामी के मुख्य शिष्य रहे, उन्होंने अहमदाबाद के शाहीबाग पुलिस स्टेशन में १६ पन्नो की एक एफआईआर दर्ज कराई, जिसमें प्रमुख स्वामी पर अलग-अलग स्थानों पर कई बार उनका यौन शोषण करने का आरोप लगाया। यह खबर गुजरात के अखबारों में मुख्य पृष्ठ पर छपी थी, पर फिर उसमें आगे कुछ नहीं हुआ, और तब से पी.डी. स्वामी को किसीने देखा नहीं है।

इस प्रकार, उद्देश्य में परिवर्तन स्वाभाविक रूप से मार्ग को बदल देता है, जो स्वामिनारायण गादी और बीएपीएस में स्पष्ट देखा गया है। कृष्ण भक्ति के साथ शुरू हुआ उद्धव संप्रदाय अब पूरी तरह से गायब हो चुका है और इसकी जगह व्यक्ति पूजा और सनातन धर्म के देवताओं का विकृतिकरण और अपमान करने वाला स्वामिनारायण संप्रदाय ले चुका है। बीएपीएस से हरिधाम सोखडा नामक एक अलग गुट उभरा, जो खुद दो समूहों में बंट गया है। मूल दो गादी से भी कई विभाजन हुए हैं।

आज यह संप्रदाय नए स्थानों में हिंदुओं के बीच उनका मतांतरण करने के लिए एक तीन-स्तरीय रणनीति अपनाता है। सबसे पहले, वे भगवान कृष्ण को देवता के रूप में स्थापित करते हैं और सहजानंद स्वामी को कृष्ण-भक्त गुरु के रूप में प्रस्तुत करते हैं। एक बार जब किसी नए स्थान पर एक मंदिर स्थापित हो जाता है और हिंदू उस मंदिर में आने लगते है, तब दो-तीन वर्षों में वे दावा करते हैं कि स्वामिनारायण और भगवान कृष्ण एक ही हैं। फिर भगवद गीता में जहां भगवान कृष्ण खुद को पुरुषोत्तम बताते हैं, इस पुरुषोत्तम को कृष्ण से अलग कर दिया जाता है और यह कहा जाता है कि पुरुषोत्तम पहले कृष्ण के रूप में आए थे और अब आधुनिक समय में स्वामिनारायण के रूप में लौटे हैं। एक बार कुछ अनुयायियों को पक्के रूप से विश्वास हो जाने के बाद, जब वे उस प्रदेश

की सत्ता को अपने साथ जोड़ लेते है, तब वे तीसरे स्तर की बात करते है, यह दावा करते हुए कि यह पुरुषोत्तम वास्तव में उनके स्वामिनारायण हैं और राम, कृष्ण आदि देवता वास्तव में इस पुरुषोत्तम स्वामिनारायण के अवतार हैं। अंततः विकृत कहानियाँ प्रस्तुत की जाती हैं जो सनातन धर्म के सभी देवताओं ब्रह्मा, विष्णु, शिव, माता शक्ति और भगवान गणेश को इस नए देवता के सेवक के रूप में दर्शाती हैं। अनुयायियों को यह मानने के लिए प्रेरित किया जाता है कि, इस्लाम के एकमात्र ईश्वर अल्लाह की तरह, हिंदू धर्म में स्वामिनारायण के अलावा कोई देवता पूजा के योग्य नहीं है। इस तरह उनके अनुयायियों के घरों से सनातन धर्म के वैदिक देवों को मिटा दिया जाता है। आज गुजरात में यही स्वरूप सामान्य रूप से दिखाई दे रहा है, और राज सत्ता से जुड़ाव का मार्ग अपनाकर सनातन धर्म के स्वरूप को चुनौती दे रहा है।

यहां से, यह कथा अपने व्यंग्य के स्वर को छोड़ कर एक गंभीर विवरण को अपनाती है, ताकि सनातन सभ्यता के सामने मौजूद इस गंभीर खतरे को स्पष्ट किया जा सके। इस संप्रदाय ने ब्रिटिश अधिकारियों और ईसाई पादरियों की मदद से गुजरात में अपनी नींव रखी थी और अब इसने एक नया रूप धारण कर लिया है, जो सनातन हिंदू समाज के लिए एक बहुत बड़ा खतरा है। इस पुस्तक के माध्यम से, हम उन चुनौतियों के बारे में जानेंगे जो इस संप्रदाय ने उत्पन्न की हैं। शुरुआत में मैं बताऊंगा कि इस संप्रदाय से मेरी पहचान कैसे हुई और किन परिस्थितियों में मैं इसके खिलाफ जागरूक सनातनियों की लड़ाई में शामिल हुआ। इसके बाद, इस लड़ाई में मेरी यात्रा के साथ चलते हुए हम इस संप्रदाय से जुड़े गुजरात के वर्तमान परिप्रेक्ष्य को समझने की कोशिश करेंगे।

- डॉ. कौशिक चौधरी

दिनांक: ३० सितंबर, २०२४

संपर्क: kaushik.chaudhry@gmail.com

वेबसाईट: www.kaushikchaudhary.com

अनुक्रम

खंड 1 :

संप्रदाय के स्वामी
और
संप्रदाय के नारायण

अध्याय १

कार्यप्रवेश

कोरोना वायरस की महामारी समाप्त होने लगी थी। पहली लहर में लॉकडाउन के कारण जो संकट टल गया था, उसका सामना हम दूसरी लहर में कर चुके थे। पर अब उस विनाश से उभर भी चुके थे। वर्ष २०२२ में अप्रैल से जुलाई तक एक हल्की सी तीसरी लहर आई, जो प्रभावहीन रहने से यह संकेत मिल गया कि बुरा वक्त अब पीछे छूट चुका है। जीवन पुन: शुरू होने के लिए तैयार था। लोग नई चेतना और स्पष्टता के साथ काम में वापस लौट रहे थे। मैंने भी अपनी पहली पुस्तक के साथ शुरू किए कार्य को संस्थागत रूप देने पर ध्यान केंद्रित करना शुरू कर दीया था। २०१५ में, मैंने मेरी पहली पुस्तक "इट्स नॉट ए क्रिएशन, इट्स ए प्रोजेक्शन थ्रू एक्सप्रेशन" प्रकाशित की थी, जो आधुनिक विज्ञान और वेदांत के सिध्धांतो को जोड़कर अनेको ब्रह्माण्ड से बनी हमारी सृष्टि का एक संपूर्ण मोडल प्रस्तुत करती है। इस कार्य ने दुनियाभर के कुछ बड़े वैज्ञानिकों का ध्यान आकर्षित किया, जिसमे कैम्ब्रिज से प्रो. स्टीफ़न हॉकिंग भी थे। इसरो के पूर्व प्रमुख डॉ. जी. माधवन नायर ने उसकी विवेचना भी की थी और उसे भारतीय आध्यात्म एवं आधुनिक विज्ञान को जोड़नेवाला एक श्रेष्ठ कार्य कहा था। मैं उस पुस्तक को गुजराती और हिंदी में अनुवादित कर चूका था, पर अब महसूस हो रहा था कि यह कार्य एक पुस्तक के कार्य से कई ज़्यादा विराट है। पुस्तक बस एक सतत प्रयास की शुरुआत थी एक ऐसा उपक्रम जिसके लिए एक संस्था की आवश्यकता है, जो मनुष्य के आत्मज्ञान से प्रेरित भविष्य की वैज्ञानिक खोजों को दुनिया के सामने लाने का मार्ग प्रशस्त करे, और इसकी शुरुआत भारत से हो। इस अनुसंधान समाज के लिए एक नई संशोधन व्यवस्था तैयार करने के स्वप्न से मैं विभिन्न स्थानों का दौरा कर रहा था, जिसमें मुख्य

रूप से मेरे साथी राष्ट्रीय स्वयंसेवक संघ के मेरे मित्र थे।

उसी समय, करीब तीन साल बाद, मेरा ध्यान फिर से स्वामिनारायण संप्रदाय की ओर गया। कारण था उनके कुछ स्वामीयों द्वारा सनातन धर्म के देवी-देवताओं के खिलाफ दिए गए बीभत्स बयान। स्थानीय गुजराती चैनलों और सोशल मीडिया पर इस संप्रदाय के विभिन्न स्वामीयों के ऐसे बयान विवाद के रूप में दिखे जो विचलित करने वाले थे। इस नई परिस्थिति ने मुझे संप्रदाय के साथ अपनी पहली मुलाकात की याद दिलाई, जो उसके तीन साल पहले हुई थी।

इस संप्रदाय के साथ मेरा प्रारंभिक अनुभव मार्च-अप्रैल २०१९ में हुआ, जब बीएपीएस ने मेरी कर्मभूमि पालनपुर के पटेल विस्तार में एक पांच दिवसीय प्रवचन श्रृंखला का आयोजन किया था। यह कार्यक्रम बनासकांठा जिले में संप्रदाय की उपस्थिति स्थापित करने का पहला बड़ा प्रयास था, जहाँ इसका कोई खास प्रभाव नहीं था। हालांकि बीएपीएस की पहचान वाले नाम जैसे प्रमुख, अक्षर, और अक्षरधाम पहले से ही कुछ आवासीय प्रोजेक्ट के नामों में दिखाई देने लगे थे, लेकिन वे केवल पूर्वाभास थे। इस प्रवचन श्रृंखला का उद्देश्य मुख्य रूप से बनासकांठा के पटेल समुदाय को संप्रदाय से परिचित कराना था, और उन्हें संप्रदाय की कंठी पहनने और माथे पर तिलक लगाने जैसे पारंपरिक चिह्न अपनाने के लिए प्रेरित करना था, हालांकि ये प्रयास अभी तक कोई खास असर नहीं छोड़ पाए थे। बनासकांठा के पटेलों में भगवान शिव के प्रति गहरी श्रद्धा थी, वे सनातन धर्म के प्रति दृढ़ थे, और उनकी आध्यात्मिक और धार्मिक मान्यताएं बहुत मजबूत थीं। संप्रदायिक पाखंड और सतही प्रथाओं ने इस क्षेत्र के पटेल समुदाय में प्रवेश नहीं किया था। इसके बावजूद, जब प्रवचन श्रृंखला का निमंत्रण मेरे क्लिनिक पर पहुँचा, तो निमंत्रण लेकर आनेवाले सभी लोग स्थानीय पटेल दुकानदार थे।

शहर बड़े-बड़े होर्डिंग्स से ढक गया था, और यहां तक कि रिक्शा और कारों पर भी कार्यक्रम के पोस्टर लगे हुए थे। निमंत्रण देते समय संपर्क नंबर लिए जा रहे थे, और मोबाइल पर रोजाना संदेश से लोगों को प्रतिदिन कार्यक्रम में आने की याद दिलाई जा रही थी। अधिकांश लोगों की तरह, मैं भी यही मानता था कि "स्वामिनारायण" का अर्थ या तो भगवान विष्णु या भगवान कृष्ण से होगा, या शायद उनके संस्थापक सहजानंद स्वामी को भगवान कृष्ण का अंशावतार बताकर उन्हें ऐसा कहा जा रहा होगा। रिश्तेदारों के प्रभाव में, मेरे माता-पिता एक प्रवचन में शामिल हुए, लेकिन आधे घंटे के भीतर ही लौट आए। उनकी प्रतिक्रिया साधारण थी: "ठीक था, कुछ खास नहीं बस रोजमर्रा की बातें थीं, जैसे सास-बहू के झगड़े। कुछ लोग अपने परिवार के सदस्यों को अनुशासित

करने के लिए आए थे, जबकि कुछ सिर्फ खिचड़ी और आइसक्रीम कैंडी के लिए ही रुचि रखते दिखे।"

हमारे घर में शुरू से गहन आध्यात्मिक वातावरण था, जिसे पहले मेरे पिता के स्वामी विवेकानंद की पुस्तकों के अध्ययन ने आकार दिया था और बाद में मेरे अपने आध्यात्मिक अनुभवों ने उसे और मजबूत किया था। आत्म-अनुभवी योगियों की किताबें हमारी चर्चाओं का नियमित हिस्सा रहती थीं।

अगली शाम, जब मैं अपनी छत पर टहल रहा था, तो मुझे आधे किलोमीटर दूर से उस प्रवचनमाला के वक्त की आवाज सुनाई दी। वक्ता, स्वामी अपूर्वमुनि ने कहा, "क्या किसी मुस्लिम को मस्जिद जाने के लिए कहा जाता है? क्या किसी ईसाई को चर्च जाने के लिए याद दिलाना पड़ता है? अगर आप कल के प्रवचन में दो और लोगों को नहीं लाएँगे, तो मैं आपको औरंगजेब की औलाद मानूंगा।" यह बयान सुनते ही मैं एक पल सन्न रह गया। उस बीभत्स बात को सुनते ही मैं अपने कमरे में लौट आया। अगले दिन, सम्मानित स्थानीय लोगों ने स्वामी के शब्दों की आलोचना की, और कुछ एक पटेल समुदाय के सदस्यों ने वक्ता को फ़ोन करके इसके लिए डाँटा। वक्ता स्वामीजी 'आप भी पटेल है, और मैं भी पटेल हूँ' का तर्क देकर बचते नजर आए थे।

इस घटना के महीनों बाद, उसी स्वामी का एक और वीडियो वायरल हुआ। इस बार उन्होंने सूरत में एक कार्यक्रम में कहा, "सरकारी कार्यालयों में आप सुनते हैं कि 'परमार साहब आ रहे हैं', 'चौहान साहब आ रहे हैं।' क्या एक पटेल का बेटा परमार साहब (दलित जाति) का इंतजार करेगा? हमारे लोगों को इन कार्यालयों में होना चाहिए।"

प्रवचन के अंतिम दिन, कुछ पटेल मित्रों ने मुझसे प्रवचनमाला के स्वामी को अपनी पुस्तक भेंट करने का आग्रह किया। मैंने उनसे संक्षिप्त मुलाकात की और अपने ग्रंथ का गुजराती अनुवाद उन्हें भेंट किया। हालांकि, प्रवचन ने मुझे एक अस्थिर छाप दी। संप्रदाय की धार्मिक भव्यता, जो धन से समृद्ध थी, ईसाई मॉडल का प्रतिबिंब लगी, जो कि हिंदू स्वरूप में थी। ५ मई २०१९ को, मैंने फेसबुक पर एक लेख लिखा, जिसमें मैंने सुझाव दिया कि एक धार्मिक संस्था और सन्यासी को आध्यात्मिक जागृति प्रदान करनी चाहिए, न कि व्यावसायिक और सांप्रदायिक बंधन। अगर संप्रदाय अपने अनुयायियों को चर्चों की तरह बांधकर उनसे शुल्क वसूलता रहा, तो ये मंदिर पाप के केंद्र बन जाएंगे, जो हिंदू आचरण से अलग होंगे। मैंने अंदाजा लगाया की शायद यही वजह है की जब मैं कॉलेज

में पढ़ाई कर रहा था तब सौराष्ट्र की एक लड़की हमें यह कहती नजर आती थी की वह स्वामिनारायण धर्म से है, हिन्दू धर्म से नहीं।

यह समझने की जिज्ञासा में कि यह संप्रदाय इतना अलग और भटका हुआ क्यों अनुभव हो रहा है, मैंने इसके इतिहास पर शोध किया और अंतत: १३ मई २०१९ को एक और लेख लिखा, जिसका शीर्षक था "स्वामिनारायण संप्रदाय का इतिहास: कृष्ण भक्ति से व्यक्ति पूजा तक।" इस लेख को आपने पुस्तक की भूमिका में इस संप्रदाय के इंटरनेट पर उपलब्ध वेबपेज से जानने मिलते इतिहास में पढ़ा। बस उस लेख में सम्प्रदाय के ब्रिटिश प्रशासकों और ईसाई मिशनरियों के साथ संबंधों के बारे में नहीं लिखा गया था, जो प्राक्कथन में आपने पढ़ा। वह जानकारी मुझे बाद में पता चली। संप्रदाय के इतिहास के बारे में जानने के बाद, मैंने इस संप्रदाय को केवल एक और ऐसा समूह मानकर नजर अंदाज कर दिया जो भौतिक लाभ के लिए धर्म का दुरुपयोग कर रहा है, जिसमें वास्तविक आध्यात्मिकता का अभाव है, और पाखंड ज्यादा है।

फिर, २०२० में, कोरोना वायरस महामारी ने प्रहार किया, जो २०२२ तक शांत हो गया, और मैं अपने नए कार्य में वापस लौटा। लेकिन जैसे ही सामान्य स्थिति लौटी, स्वामिनारायण संप्रदाय के स्वामीयों ने सनातन धर्म के देवी-देवताओं के बारे में अपमानजनक बयान देने शुरू कर दिए। इन टिप्पणियों का तुरंत ही सार्वजनिक विरोध हुआ, और प्रत्येक स्वामी ने एक परिचित माफी पेश की: "मेरी जीभ फिसल गई; मैं माफी मांगता हूँ।" प्रत्येक बार किसी स्वामी के द्वारा ऐसी माफ़ी माँगी जाती, और फिर किसी और गुट का अन्य कोई स्वामी किसी और सनातनी ईश्वर के विरुद्ध वैसा ही अपमानित बयान देता। यह सब महीनों से गुजराती टीवी न्यूज़ चैनलों पर चल रहा था, पर मैं इससे अनजान था, क्योंकि मेरे घर में गुजराती चैनल देखे नहीं जाते थे। पापा हिंदी न्यूज़ चेनल देखते, और मैं हिंदी और अंग्रेजी न्यूज़ देखता। पर एक दिन मैंने फेसबुक पर स्क्रॉल करते किसी स्वामी का एक बेहद ही विचित्र बयान दिखाता हुआ वीडियो देखा। BAPS से अलग हुए एक समूह से भी अलग हुए दूसरे समूह से आनंदसागर स्वामी नाम का एक व्यक्ति, प्रवचन में कह रहा था; 'मुझे सपना आया कि मंदिर के बाहर गेट के सामने निशीतभाई (उनके संप्रदाय के कोई व्यक्ति) को शिवजी (भगवान शिव) मिले। निशीतभाई ने शिवजी से कहा, 'शिवजी, अंदर आइए और हमारे गुरु हरिप्रबोध स्वामी के दर्शन कीजिए।' तो शिवजी ने कहा, 'नहीं। प्रभोधस्वामी के दर्शन कर पाऊँ उतना सौभाग्य अभी मेरा जागा नहीं है, लेकिन आपके दर्शन हुए, यही मेरा अहोभाग्य है।' ऐसा कहकर शिवजी निशीतभाई के

चरणों को स्पर्श करकर चले गए।' *(वीडियो लिंक: https://www.youtube.com/watch?v=१०TZqJCSOL०)*

इस बयान से क्रोधित होकर, मैंने वीडियो को शेयर करके उस पर टिप्पणी की: "वाह भाई वाह! इस बकवास के बाद भी हम डंडा लेकर आपकी टांगे तोड़ने नहीं आ रहे इसकी सिर्फ़ एक ही वजह है। और वह है वो भगवा वस्त्र जो आपने अपने आसपास लपेट रखा है। कम से कम उसकी इज्जत रखिए।" मेरी इस टिप्पणी ने उन लोगों का ध्यान आकर्षित किया, जो इस संप्रदाय के लोगों की ऐसी निरंतर टिप्पणियों से उसके विरुद्ध आग उगल रहे थे। मुझे उन सनातनी लोगों से फेसबुक मैसेंजर में संदेश आने लगे, जो मुझसे इस संप्रदाय को हिंदु धर्म के लिए खतरा बताते हुए उसके विरुद्ध कुछ करने का आग्रह कर रहे थे, इसे हिंदू धर्म के लिए खतरा बताते हुए। एक तरह से वे यह उन सभी लोगो से कर रहे थे जिससे उन्हें उम्मीद दिखती थी. इस तरह वे धर्मनिष्ठ सनातनियों को अपने साथ जोड़कर अपना झुंड बनाने की कोशिश कर रहे थे। कुछ समय तक, मैं उनकी बातों के महत्व को नहीं समझ पाया, क्योंकि मैं अपने कार्य में आगे बढ़ने पर केंद्रित था। मैं प्रधानमंत्री की वैज्ञानिक सलाहकार टीम से बात कर रहा था, नागपुर स्थित आरएफआरएफ जैसी संस्थाओं के साथ संपर्क में था, और बीजेपी और आरएसएस के सदस्यों के साथ मेरे कार्य के विषय में चर्चा कर रहा था, इस आशा में कि मेरे विचार प्रधानमंत्री मोदी तक पहुंचेंगे। लेकिन संप्रदाय के लोगों के द्वारा वैदिक ईश्वरों के निरंतर विकृत अपमान से फेसबुक पर निसहाय चीख-पुकार लगा रहे सनातनियों को कुछ सांत्वना देने के लिए, मैंने एक दिन उनसे कहा की वे इस संप्रदाय के सारे बयानों का दस्तावेजीकरण करके उन्हें संगृहीत करें। हो सकता है भविष्य में अगर कोई कानूनी कार्रवाई की आवश्यकता पड़े, और उस दिन वे प्रमाण काम आ सके।

उतने में कुछ दिनों बाद, सितंबर या अक्टूबर २०२२ में, राजकोट से दो सनातनी लोग मुझसे मिलने आए। उनमें से एक ब्राह्मण थे, और एक पटेल थे। उन्होंने एक आसन्न खतरे की बात कही, जिसमें दावा किया गया कि यह संप्रदाय हिंदू मंदिर ट्रस्टों और स्थानीय राजनीति पर प्रभाव बढ़ा रहा है। वह कह रहे थे की हमारा आज तक का सबकुछ बसाया हुआ इनके हाथ में जाने वाला है, और हमारा धर्म नष्ट होने वाला है। पहले तो मुझे लगा कि वे इस्लामीकरण से संबंधित चिंताओं की बात कर रहे हैं, क्योंकि उन्ही दिनों नुपुर शर्मा के बयान के बाद हिन्दुओ की हत्याए हुई थी। लेकिन उन्होंने स्पष्ट किया कि यह स्वामिनारायण संप्रदाय के बारे में था। उनकी गंभीरता के बावजूद, मैं अपने काम

पर ध्यान-केंद्रित रहा, उन्हें आश्वस्त किया, और संप्रदाय को केवल अवसरवादी मानते हुए नजरअंदाज कर दिया।

फिर भी, हर हफ्ते, मुझे सोशल मीडिया पर संदेश मिलते रहे, जो मुझसे हस्तक्षेप करने का आग्रह करते थे। ये वे लोग थे जिन्हें हम आम हिंदु कहते है। कुछ छोटे व्यवसाय चलाते थे, कुछ नौकरी करते थे, तो कुछ आरएसएस से जुड़े थे, और सभी में निराशा की भावना थी। यद्यपि वे फेसबुक आईडी के रूप में अधिकांशतः उपनामों का उपयोग करते थे। वे "स्वामिनारायण संप्रदाय से सावधान" नामक एक फेसबुक ग्रुप के माध्यम से संप्रदाय का विरोध कर रहे थे, जिसमें लगभग ग्यारह हजार सदस्य थे।

उनकी बढ़ती निराशा को देखते हुए, मैंने उनके पोस्ट पर अधिक ध्यान देना शुरू किया। फिर दिसंबर का महीना आया, और इसके साथ ही 'प्रमुख स्वामी जन्म शताब्दी महोत्सव' का आयोजन हुआ एक भव्य उत्सव जिसे पूरे राज्य में बड़े पैमाने पर प्रचारित किया गया था। प्रधानमंत्री नरेंद्र मोदी ने स्वयं इस कार्यक्रम का उद्घाटन किया। सोशल मीडिया और व्हाट्सएप समूहों में बीएपीएस और प्रमुख स्वामी की प्रशंसा की गूंज सुनाई देने लगी, और यहीं पर पहली बार, इन दो विरोधाभासी चित्रों को देखकर मैंने इस विषय को उपेक्षित करते अपने विचारों में ब्रेक लगाई।

उन्ही दिनों में एक रात १० बजे, मैंने उन सारे फेसबुक एकाउंट में से एक को सन्देश भेजा, जिन्होंने आज तक मुझे व्यक्तिगत मेसेज भेजे थे। सन्देश था, "क्या जानकारी है आप लोगों के पास इस संप्रदाय के बारे में? मुझे सब कुछ भेजिए।" कुछ ही मिनटों में मुझे एक उत्तर मिला, जो राहत और तात्काल आवश्यकता से भरा हुआ था। 'जी, जी सर। अभी भेजता हूँ। कुछ कर सकते है तो कृपया करिए। फिर कुछ करने को बचेगा नहीं।' उन्होंने मुझे अखबार की कतरनें, वीडियो लिंक और संप्रदाय की पुस्तकों के स्क्रीनशॉट भेजे, जिन्हें मैंने अगले अध्याय में शामिल किया है ताकि आप पूरी तस्वीर देख सकें। इस यात्रा में आपको उसी पथ से ले जाना चाहता हूँ जिससे मैं गुजरा हूँ, ताकि आप भी वही आघात, क्रोध, निराशा और आशा के भाव महसूस कर सकें जिससे मैं और इस युध्द में शामिल प्रत्येक सनातनी योध्धा गुजरे है। आइए, सनातन धर्म और सनातनी समाज से हुए इस भयानक प्रपंच को जानते है।

अध्याय २

प्रपंच

प्राक्कथन में प्रस्तुत इस संप्रदाय के ऐतिहासिक वृत्तांत में आपने जो विवरण पढ़ा था, उसमें अब विचलित कर देने वाले विवरण शामिल होंगे। आगामी खुलासे और भी चौंकाने वाली जानकारियां उजागर करेंगे, जो यह स्पष्ट करेंगे कि सहजानंद स्वामी की ईसाई मिशनरियों के साथ बातचीत और उनके बिच के हिंदू-ईसाई संवादों ने कैसे ब्रिटिशों को यह मानने के लिए प्रेरित किया कि वह एक सुधारक थे जो हिंदू शास्त्रों को शुध्ध करते हुए उनकी पुनर्व्याख्या कर रहे थे। जो आप देखने जा रहे हैं, वह एक अभूतपूर्व स्तर की दुर्भावना और विकृति है ऐसा कुछ जो सनातन सभ्यता के १५,००० वर्षों के इतिहास में पहले कभी आपने नहीं सुना होगा। यह यात्रा आपको हिरण्यकश्यपु, रावण, और पौंड्रक जैसे राक्षसी पात्रों की याद दिलाएगी, जिन्होंने स्वयं को सर्वोच्च ईश्वर घोषित किया, और भगवान विष्णु को अपने अधीनस्थ के रूप में प्रस्तुत किया। यहां, हम उन प्रयासों का पर्दाफाश करेंगे जो सनातन धर्म के शास्त्रों से शब्द, नाम और विवरणों को हड़पकर वैदिक देवी-देवताओं को एक नए बनावटी सर्वोपरि देवता के सेवक के रूप में जोड़ते हुए उनकी उपासना नष्ट करने की कोशिश कर रहे है।

एक क्षण लें, अपने क्रोध को संयमित करें, और उस धोखे की गहराई में जाने के लिए तैयार हो जाएं जो आपके सामने प्रकट होने वाला है।

■ सनातन धर्म के देवताओं के प्रति अपमान से भरे वीडियो:

आइए इन वीडियो से शुरुआत करते हैं। यद्यपि इनका प्रदर्शन इस पुस्तक में सीधे नहीं किया जा सकता, उनके शब्दों का वर्णन किया जाएगा, वक्ताओं की पहचान बताई जाएगी, और वीडियो को ऑनलाइन देखने के लिंक प्रदान किए

जाएंगे। इस AI के युग में, मुझे विश्वास है कि आप इन वेब लिंक तक पहुंच सकते हैं, भले ही आप एक भौतिक पुस्तक पढ़ रहे हों। ईबुक पाठकों के लिए, हो सकता है एक साधारण क्लिक ही पर्याप्त हो। हमने पिछले अध्याय में एक ऐसा लिंक शामिल किया था, जिसमें इनमें से एक विकृत बयान का उदाहरण दिया गया था। अब, यहाँ अन्य बयान दिए गए हैं, जो इस संप्रदाय की असली प्रकृति को उजागर करते हैं।

एक वीडियो में, राजकोट गुरुकुल के रुगनाथचरन स्वामी का दावा है कि एक दिन भगवान शिव (जिन्हें ये स्वामी बस 'शिवजी' कहते हैं) सहजानंद स्वामी, जिन्हें स्वामिनारायण के नाम से भी जाना जाता है, के दर्शन करने आए। उनके कक्ष के द्वार पर, एक अन्य शिष्य, सच्चिदानंद स्वामी, ने भगवान शिव को रोका और कहा कि कोई भी यूं ही भगवान से नहीं मिल सकता। केवल सच्चे भक्तों को ही उनके दर्शन का अधिकार मिलता है। जब भगवान शिव ने पूछा कि वह अपनी भक्ति कैसे साबित कर सकते हैं, तो स्वामी ने उत्तर दिया, "तुम्हें मुझसे कुश्ती लड़नी होगी। यदि तुम जीत गए, तो हम तुम्हें सच्चा भक्त मान लेंगे।" एक कुश्ती का मुकाबला हुआ, जिसमें स्वामी ने शिव को अपनी बांहों में झकडकर अपने कंधे पर उठा लिया और उन्हें फेंकने ही वाले थे कि भगवान शिव ने हाथ जोड़ते हुए कहा, "हाँ, हाँ। मैं मानता हूँ कि तुम भगवान के मुझसे बड़े भक्त हो।" (लिंक: https://www. youtube.com/watch?v=I७PTcAWBk३c)

एक और वीडियो जिसने विवाद को जन्म दिया, उसमें वडताल के एक स्वामी ज्ञानदीप जगत जननी मां अंबिका को अप्सरा (स्वर्ग की सुंदर नर्तकियां) कहकर उनके शरीर के बारे में अश्लील टिप्पणी करते हैं। इस स्वामी को बाद में सूरत के एक मॉल में सनातनियों ने थप्पड़ मारा था। (लिंक: https://www. youtube.com/watch?v=n३g३I९jUk४Y)

एक अन्य वीडियो में, वड़ताल सारंगपुर के हरिप्रकाश स्वामी देवी दुर्गा के बारे में कहते हैं, "करोड़ों देवियों ने स्वामिनारायण की स्तुति गाकर शक्ति प्राप्त की। आप देवी की तस्वीर रख सकते हैं, लेकिन उसे एक ओर रखें। सिंहासन का मुख्य स्थान हमेशा भगवान स्वामिनारायण का होना चाहिए। आप अपनी कुलदेवियों की पूजा कर सकते हैं, लेकिन हमेशा याद रखें कि मैं उस नाम का जप करनेवाला व्यक्ति हूँ जो उन्हें (देवियों को) शक्ति प्रदान करता है। हमारे (स्वामिनारायण) महाराज की शक्ति इन सभी देवताओं में प्रवाहित होती है।" (लिंक: https://drive.google.com/file/d/१TljHO८bBy३xxjdYArPq

zb૨dQGqlz૭jxV/view usp=sharing)

भुज मंदिर के एक वीडियो में, एक स्वामी शिष्य और गुरु के बीच की बातचीत का वर्णन करते हैं। शिष्य ने पूछा, "गुरुजी, आप आज पेशाब करते समय हंस क्यों रहे थे?" गुरु ने उत्तर दिया, "हाँ, मुझे पता था कि आप यह पूछोगे। जब मैं पेशाब कर रहा था, तो मैंने देखा की एक चिट्टा उसमे बह रहा था। लेकिन जब मैंने गौर से देखा, तो मुझे पता चला कि वह ब्रह्मा था, जो उसके पिछले जीवन में इंद्र था।" (लिंक: https://www.youtube.com/watch?v=fk૫ZNKT૭-Mo)

सूरत गुरुकुल के धर्मवल्लभ स्वामी, एक वीडियो में कहते हैं, "क्या राम और कृष्ण भगवान थे? वे हत्यारे थे। तो क्या हुआ अगर वर्णसंकर (मिश्रित) पांडवों ने उनकी पूजा की? क्या इससे वे देवता बन जाते हैं? क्या कृष्ण सच में भगवान थे? शिशुपाल को फोन लगाओ; उसे पता था कि कृष्ण कौन थे सिर्फ एक ग्वाला।" (लिंक: https://www.youtube.com/watch?v=EvaGM૮૪U૨g)

सोखड़ा मंदिर के एक अन्य वीडियो में, एक स्वामी एक कहानी सुनाते हैं जहां एक शिष्य ने योगीजी महाराज (बीएपीएस के पूर्व नेता) से पूछा, 'क्या मैं डाकोर (डाकोर मंदिर में स्थित भगवान कृष्ण) के दर्शन कर आऊं?' योगीजी महाराज ने उत्तर दिया, "तुम क्या कह रहे हो? क्या तुम नहीं जानते कि हम कौन हैं? क्या तुम्हें हमारे दर्जे का पता नहीं? जाओ और दर्शन देकर आओ ।"

(लिंक: https://www.facebook.com/kinner.aacharya.૫/videos/૪૭૩૧૬૭૭૧૧૩૪૯૩૭૬/)

एसजीवीपी के हरिश्वरूपदास स्वामी अपने ब्रेनवॉशिंग तरीकों में विशेष रूप से चरम दृष्टिकोण अपनाते हैं। कई प्रवचनों में, मैंने उन्हें कहते हुए सुना है, "जब भगवान स्वामिनारायण अक्षरधाम के दरबार से गुजरते हैं, तो ब्रह्मा, विष्णु, महेश और सभी अन्य देव-देवियां उनके चरणों में गिर जाते हैं, हाथ जोड़कर नमस्कार करते हैं।" एक अन्य वीडियो में, यह स्वामी श्रीमद्भद्रागवत के अनुसार ब्रह्मांड की रचना का वर्णन करते हैं, जिसमें कई ब्रह्मांडों का उल्लेख करते हैं, और फिर निष्कर्ष निकालते हैं कि इन सभी का सर्वोच्च सृष्टिकर्ता, यहाँ तक कि महाविष्णु का भी उपरी भगवान उनके स्वामिनारायण ही हैं। एक अन्य वीडियो में वह कहते हैं, "जिस किसी ने भी कभी धूम्रपान किया है या शराब का सेवन किया है, वह भगवान स्वामिनारायण के अक्षरधाम में प्रवेश नहीं कर सकता। वे केवल शिव के कैलाश जा सकते हैं, जहाँ सभी नशेड़ी और गांजा पीने वालेइकट्ठा होते हैं।

ऐसे लोगों के लिए अक्षरधाम में कोई जगह नहीं है।" (लिंक: https://drive. google.com/file/d/१९EKiYW०१cjwUBiTozveOCorPppCBz०jn/ view?usp=drivelink)

सोखड़ा मंदिर के एक अन्य वीडियो में, श्रीजी सौरभ नामक स्वामी एक कहानी सुनाते हैं जिसमें एक महिला भक्त, जो शिव की महान भक्त थी, लगातार प्रार्थना करती थी और शिव से एक पुत्र की याचना करती थी जो इस संप्रदाय का भक्त बने। शिव, उसकी भक्ति से प्रसन्न होकर, उससे कहते हैं, "जिस गुरु की तुम सेवा करती हो, उनका दर्शन पाने का सौभाग्य मुझे भी नहीं मिला है। उनकी सेवा करने के लिए, मैं तुम्हारे गर्भ से जन्म लूंगा।" (लिंक: https:// www.facebook.com/१२८५७७४५८७/videos/६०९२२०४८०७४८४१६/)

इसके अतिरिक्त, एक अन्य वीडियो में कालूपुर मंदिर का एक स्वामी दावा करता है कि भगवान स्वामिनारायण ने एक बार कहा था, "यदि ब्रह्मा, विष्णु, और महेश मेरी महिमा जानकर स्नान करते, तो वे भी अक्षरधाम प्राप्त कर लेते।" इस वीडियो को बाद में हटा दिया गया। एक अन्य वीडियो में, एक स्वामी एक कहानी सुनाते हैं जिसमें वे बताते हैं कि स्नान करते समय, भगवान स्वामिनारायण के शरीर से पानी बहकर नाली में चला गया, जहां उसने तीन मेंढकों को छू लिया। ये मेंढक तब ब्रह्मा, विष्णु, और शिव में परिवर्तित हो गए।

वडताल गुट के स्वामी नित्यस्वरूपदास जिन्हें अब आस्था चेनल पर भी नित्य कथा करने की व्यवस्था करा दी गई है, वे इस वीडियो में वैदिक ज्ञान को विकृत करते हुए भ्रामक बातें बोल रहे है। वह कहते है, 'तैतीस करोड़ वैदिक देवों के लीडर इंद्र है, उनके लीडर ब्रह्मा, विष्णु और महेश है, उनके लीडर विराट पुरुष है, उनके लीडर प्रधान पुरुष है, और उन सबके लीडर स्वामिनारायण भगवान है। देखो, कितने बड़े भगवान मिले है तुम्हे?' (लिंक: https://rumble.com/ v२gq३pu-nityaswarupdas-swami-of-sardhar-swminarayan- temple-insulting-sanatan-dharma.html)

वडताल में, ब्रह्मस्वरूपदास नामक एक स्वामी पटेलों सहित अनेको जातियों की कुलदेवी खोडियार माता के बारे में कहते हैं: "(हमारे कुछ सत्संगी) अपनी कुलदेवी को छोड़ नहीं पाते; उन्हें लगता है कि ये देवी नाराज़ हो सकती हैं। लेकिन उन्हें इस बारे में चिंता नहीं करनी चाहिए। जब कुलदेवता समझते हैं कि उनके वंश का कोई सदस्य सर्वोच्च पुरुषोत्तम नारायण का भक्त बन गया है, तो वे स्वयं को धन्य मानते हैं। स्वामिनारायण भगवान एक बार जोबन पागी के

खेत पर गए और कुछ देखकर पूछा, 'यह कौन है?' जोबन पागी ने उत्तर दिया, 'यह मेरी कुलदेवी, खोडियार माता हैं।' तब महाराज ने खोडियार माता पर जल छिड़कते हुए कहा, 'आज से खोडियार माता भी हमारी सत्संगी बन गई हैं।' इसके बाद क्या खोडियार माता जोबन पागी से नाराज़ हुईं? नहीं, वह नाराज़ नहीं हुईं। यही बात है।" (वीडियो लिंक: https://drive.google.com/file/d/१५gEo DLRb९oMvp३GkpKiCSw९१५MQ८xyy/view?usp=drivesdk)

मैंने इन सभी वीडियो को देखा और सुना। एक सनातनी के रूप में, जो अपनी संस्कृति को बाहरी खतरों से बचाने के प्रति समर्पित है, अपने ही समुदाय के भीतर ऐसे व्यक्तियों को देखना, जो अपनी संस्कृति के मुखौटे में छिपे हुए हैं, गहरे आघात की तरह है। यह विश्वासघात और शर्म का एहसास दिलाता है, क्योंकि हम अनुभव करते हैं कि हमारे पूजनीय देवताओं के बारे में इतने घृणित बयान कभी अन्य धर्मों के लोगों द्वारा भी नहीं कहे गए हैं। बाहरी लोग कहते हैं, "केवल हमारा भगवान ही है; अन्य सभी झूठे हैं।" लेकिन ये लोग इससे भी आगे बढ़ते हैं, यह कहते हुए की, "तुम्हारे देवता हैं, लेकिन वे हमारे सर्वोच्च भगवान के सेवक हैं। वे उनसे शक्ति प्राप्त करते हैं और उनकी आज्ञा से कार्य करते हैं। वास्तव में, तुम्हारे देवताओं की पत्नियां भी हमारे भगवान की पत्नियां हैं। इसलिए, तुम्हारे देवताओं की पूजा करने की कोई आवश्यकता नहीं है; केवल हमारे नए भगवान, जो सभी से ऊपर हैं, की पूजा ही उपयुक्त है।"

इस विकृति की जड़ों को खोजने के लिए, हम इस संप्रदाय के साहित्य की जांच करेंगे, जो विकृत विचारों का एक केंद्र प्रतीत होता है। एक बात स्पष्ट हो जाती है: इन वीडियो में बीएपीएस के किसी स्वामी ने ऐसे विकृत बयान नहीं दिए हैं। बीएपीएस के स्वामीयों द्वारा दिए गए अपमानजनक बयान मुख्यत: दलितों, देवी पूजक पटनी समुदाय, और अन्य लोगों को नीचा दिखाने पर केंद्रित हैं। फिर भी, जब हम संप्रदाय की सभी शाखाओं के साहित्य का विश्लेषण करते हैं, तो हम पाते हैं कि सनातन धर्म के वैदिक देव-देवियों के खिलाफ सबसे अधिक विकृत और विनाशकारी लेखन बीएपीएस के प्रकाशनों में ही दिखाई देता हैं। सहजानंद स्वामी द्वारा स्थापित मूल गादी में एक मानी जानेवाली वडताल शाखा से जुड़े कुंडल धाम फिरके का साहित्य भी BAPS की तरह ही विकृत किया गया है। अन्य शाखाएं भी इनका अनुसरण करती दिखती हैं, और वे वैसी ही विकृत कथाओं को रचते हुए संप्रदाय की अन्य शाखाओं के सामने अपने अस्तित्व को बनाए रखने की कोशिश करती हैं। तो आइए, हम इसके साहित्य की गहराई में उतरते हुए यह देखने की कोशिश करते है की कैसे नई नई भ्रामक

कहानियां रचकर सनातन धर्म के सारे देव-देवी एवं पात्रों को एक नए व्यक्ति के अधिपत्य के नीचे लाने की कोशिश हुई है।

■ विकृत साहित्य:

बीएपीएस की आधिकारिक वेबसाइट पर आपको चार प्रमुख पुस्तकें मिलेंगी, जो गुजराती, हिंदी और अंग्रेजी में उपलब्ध हैं: घनश्याम चरित्र, नीलकंठ चरित्र, सहजानंद चरित्र, और अक्षर-पुरुषोत्तम उपासना। ये चारों पुस्तकें उन लोगों को शिक्षित करने और मानसिक रूप से प्रभावित करने के लिए पाठ्यपुस्तक के रूप में उपयोग में ली जाती हैं, जो इस संप्रदाय में साधु या पार्षद के रूप में शामिल होते हैं। जब हम इन पुस्तकों को सूचीबद्ध क्रम में पढ़ते हैं, तो हम उनकी सामग्री में भ्रष्टाचार और विकृति के बढ़ते स्तर को देखते है। इन पुस्तको के हिंदी एवं अंग्रेजी संस्करण के सापेक्ष हिंदी अनुवाद में विवादित बातों को घोलमोल करके बचने की कोशिश दिखाई देती है। इसलिए अगर निम्नलिखित किसी वाक्य का अनुसन्धान हिंदी अनुवाद में थोडा बदला हुआ मिले, तो गुजरती एवं अंग्रेजी अनुवाद को जांचिए, जो बिलकुल उन्ही शब्दों या भाव के साथ मिलेगा जो यहाँ लिखे गए है। निचे दी गई वेबसाईट की लिंक पर यह सारी किताबे तीनों भाषाओं में उपलब्ध है।

लिंक: https://www.baps.org/SatsangExam/Studymaterials.aspx

※ पुस्तक घनश्याम चरित्र से कुछ विवरण:

१.   हनुमानजी बाल घनश्याम को कालिदत्त नामक राक्षस से बचाते हैं, उन्हें उनकी माँ के पास ले जाते हैं, और कहते हैं, "यह बालक भगवान है, और मैं उसका सेवक हूँ।" (पृष्ठ १२)

२.   महर्षि मार्कंडेय घनश्याम के घर आकर उनका नामकरण संस्कार करते हैं। (पृष्ठ १५)

३.   लक्ष्मी देवी दर्शन के लिए आती हैं और बाल सहजानंद की सेवा करने का अनुरोध करती हैं। घनश्याम उन्हें कहते हैं कि जब वह काठियावाड़ आएंगे तो उनकी इच्छा पूरी करेंगे। (पृष्ठ १८,१९)

४.   बाल घनश्याम अपनी माँ के लिए भोजन लाने के लिए आठों सिद्धियों को आदेश देते हैं। (पृष्ठ २०,२१)

५. घनश्याम कालिदत्त नामक राक्षस का वध करते हैं। (पृष्ठ २६)

६. घनश्याम यमराज का रूप धारण कर एक मछुआरे को डराते हैं। (पृष्ठ २९,३०,३१)

७. जब घनश्याम घायल होते हैं, तो इंद्र, चंद्र, ब्रह्मा, और विष्णु जैसे देवता प्रकट होते हैं। (पृष्ठ ५०,५१)

८. घनश्याम राम के रूप में प्रकट होते हैं और अपने माता-पिता और अन्य लोगों को दर्शन देते हैं। (पृष्ठ ७५,७६)

९. काशी के विद्वान युवा घनश्याम में शिव और राम के रूपों को देखते हैं। (पृष्ठ ९५)

✹ पुस्तक नीलकंठ चरित्र से कुछ भ्रष्ट विवरण:

१. हनुमानजी कहते हैं, "महाराज! मेरा प्रतिदिन आपके दर्शन का नियम है। यदि आप अनुमति दें, तो मैं आपकी सेवा में रहना चाहूंगा।" सहजानंद उत्तर देते हैं, "इस समय मैं अकेले यात्रा करना चाहता हूँ, इसलिए कृपया जब मैं आपको बुलाऊं, तब आएं।" (पृष्ठ ३०)

२. सहजानंद ने चतुर्भुज नारायण का रूप धारण कर हिमालय की ओर जाने वाले संन्यासियों को दर्शन दिए। (पृष्ठ १६,१७)

३. बदरीनाथ में नरनारायण ऋषि ने नीलकंठवर्णी की स्तुति की, और कहा, 'आपके प्रताप को कोई नहीं जानता। पर आपके प्रताप से ही हमारा बडप्पन है। जो आपसे बड़ा हमें समझते है, वे आपके प्रताप को नहीं जानते।' बदले में नीलकंठवर्णी ने कहा की 'आपने हमारी सेवा की है, इसलिए मैं आपकी मूर्ति भारतखंड में अवश्य स्थापित करूँगा।' (पृष्ठ २२)

४. लक्ष्मण झूला के पास लक्ष्मणजी अपनी प्रतिमा से प्रकट होकर सहजानंद के चरणों में झुकते हैं। सहजानंद फिर स्वयं को भगवान राम के रूप में प्रकट होकर उन्हें आशीर्वाद देते हैं। (पृष्ठ १८)

५. सूर्य देव हाथ जोड़कर सहजानंद से कहते हैं, "हे प्रभु, आपकी कृपा और आपकी पूजा से मुझे प्रकाश प्राप्त हुआ है।" (पृष्ठ ३४)

६. हनुमान कहते हैं, "मैं अंजनी का पुत्र हनुमान हूँ, और नीलकंठवर्णी (सहजानंद) का सेवक हूँ।" (पृष्ठ ४८,४९,५०)

७.   भगवान शिव और सती संन्यासी और महिला के रूप में सहजानंद के पास आते हैं और कहते हैं, "यह शिव हैं और मैं सती हूँ। आप कई दिनों से भूखे हैं, इसलिए हमने आपके लिए कुछ भोजन लाया है।" उनकी सेवा करके शिव और पार्वती प्रसन्न होते हैं, प्रणाम करते हैं, और गायब हो जाते हैं। (पृष्ठ ७०,७१) अन्य स्थानों पर इसी प्रसंग को बारंबार टांक कर कहा जाता है की नीलकंठवर्णी ने शिव-पार्वती की सेवा से प्रभावित होकर उन्हें वरदान दिया था की 'हम आपको हमारी सेवा में रखेंगे।' इसलिए शिव-पार्वती की मूर्ति कुछ स्वामिनारायण मंदिरों में स्थापित की जाती है, सहजानंद स्वामी के सेवक के रूप में।

✳ सहजानंद चरित्र से भ्रष्ट चित्रण:

१.   सहजानंद स्वामी के भीतर सभी अवतार समाहित हैं; वह सबका मूल हैं और सब कुछ के कारण हैं। (पृष्ठ ५)

२.   स्वामिनारायण सभी देवताओं इंद्र, चंद्र, त्रिदेव सहित अन्य देवों के स्वामी हैं। (पृष्ठ ११)

३.   अक्षरधाम में, स्वामिनारायण सिंहासन पर बैठे हैं, जबकि शिव, ब्रह्मा, अनगिनत देवता, ऋषि, और अवतार एक पैर पर खड़े होकर स्वामिनारायण की स्तुति करते हैं। (पृष्ठ १८)

४.   रुद्र, भैरव, भवानी, और अन्य देवताओं और देवियों में किसी भी जीव को सुख या दु:ख देने की शक्ति नहीं है। वह शक्ति सिर्फ सहजानंद स्वामी में है। (पृष्ठ ३३)

५.   गढ़ड़ा में सहजानंद ने अपनी मूर्ति स्थापित की और उसे 'वासुदेव नारायण' नाम दिया, यह कहते हुए, "यह मेरा रूप है।" (पृष्ठ ३४,३५)

६.   अपने भक्त मुलजी भगत के बारे में सहजानंद कहते हैं, "एक ब्रह्मांड, जिनमें ब्रह्मा, विष्णु, और महेश निवास करते हैं, वैसे अनंत ब्रह्मांडों को मुलजीने अपने कंधों पर धारण किया हुआ हैं।" (पृष्ठ ४४)

७.   सहजानंद कहते हैं, "हाँ, मैं सच्चिदानंद परब्रह्म पुरुषोत्तम हूँ। मैं राधा और लक्ष्मी का स्वामी हूँ। शास्त्र मेरी महिमा का वर्णन करते हैं।" (पृष्ठ ६५)

८.   अपने बिस्तर पर लेटे हुए, सहजानंद इंद्र को वर्षा न लाने के लिए

धमकाते हैं। (पृष्ठ ७५) (*धमकाना शब्द हिंदी अनुवाद में निकाल दिया गया है, गुजराती और अंग्रेजी अनुवाद में यह लिखते समय मौजूद है।)

९.   अक्षरधाम के सिंहासन पर सहजानंद बैठे थे जिनमे ब्राह्मणों को सारे अवतारों के दर्शन हुए जो शिव के साथ सहजानंद की सेवा कर रहे थे। महादेवने उनसे कहा, 'भगवान स्वामीनारायण सभी अवतारों के अवतारी और सभी के कारणरूप पुरुषोत्तम नारायण है। तुम उनके आश्रित होकर उनका भजन करो, तो तुम्हे अक्षरधाम प्राप्त होगा।' (पृष्ठ ९५)

१०.   वडताल में सहजानंद ने व्यक्तिगत रूप से अपनी ही एक मूर्ति 'हरिकृष्ण' नाम से स्थापित की। (पृष्ठ १३०)

अब, 'अक्षर पुरुषोत्तम उपासना' नामक पुस्तक जिसमें सनातन धर्म और वैदिक आराध्य देवों के खिलाफ खुलकर बातें की गई है उसे जानते है। यह पुस्तक विकृतियों से भरी हुई है, लेकिन हम 'सर्वोपरि' नामक उसके चौथे अध्याय के कुछ अंशों पर ध्यान केंद्रित करेंगे।

✳ अक्षर पुरुषोत्तम उपासना में भ्रष्ट और विकृत लेखन:

नीचे इस पुस्तक के चौथे अध्याय के पृष्ठ ३२ से ५९ के कुछ चयनित अंश दिए गए हैं। लेकिन इस पुस्तक के गुजराती और अंग्रेजी संस्करण से इसका यह हिंदी अनुवाद कुछ भिन्न मालुम पड़ता है। कारण यह है कि कुछ जगहों पर जहां वे राम, कृष्ण और सनातन धर्म के पंचदेव सहित अन्य देवी देवताओं को सहजानंद स्वामी (जिन्हें श्रीजी महाराज और स्वामिनारायण कहा गया है) से नीचा दिखाते है, वहां इस हिंदी अनुवाद में उन वैदिक आराध्यों के नाम हटा दिए गए है। उन्हें सिर्फ 'अन्य देवता और अवतारों से' कहा गया है। अवतारों को सहजानंद स्वामी से हीन बताते हुए कुछ विवरण हिंदी अनुवाद में टाल मोड़ दिए गए है। उन सारे विवरणों को हमने उनकी गुजराती पुस्तक के उन हिस्सों के हिंदी अनुवाद के रूप में दिया है।

I)   गुणातीतानंद स्वामी कहते हैं, 'श्रीजीमहाराज को पुरुषोत्तम जाने बिना अक्षरधाम में नहीं जा सकते।' इसलिए, स्वयं को प्राप्त साक्षात् भगवान (स्वामिनारायण) का जो स्वरूप है, उसे सदा दिव्य साकार मूर्ति तथा सर्व अवतारों के अवतारी और कारण समझना। ऐसा यदि नहीं जाना, और उस स्वरूप को निराकार तथा अन्य अवतार के सदृश जाना, तो उसका द्रोह ही किया है। (वच. ग. म. ९)

II) इस विषय को स्पष्ट करती हुई श्रीहरि की वाणी सुनकर सद्गुरु प्रेमानंद स्वामी ने एक कीर्तन की रचना की है : "जीव, ईश्वर, माया, काल, पुरुष, प्रधान का प्रेरक मैं हूँ, मैं सबका नियंता हूँ, मैं भगवान हूँ। मैं असंख्य विश्वों की उत्पत्ति, पालन और प्रलय करनेवाला हूँ। मेरी इच्छा के बिना कोई एक तिनका भी नहीं तोड़ सकता।" (आज मारे ओरडे – कीर्तन से)

उपर्युक्त विवरण से हमें पता चलता है कि परब्रह्म पुरुषोत्तम नारायण सर्वोपरि, सर्व अवतारों के अवतारी, सर्वकारणों के मूल कारण और सबके नियन्ता हैं, और वे भगवान स्वामिनारायण हैं। वे एक और अद्वितीय हैं। अक्षरपर्यन्त कोई भी परब्रह्म बनने की सामर्थ्य नहीं रखता।

III) वचनामृत में और सम्प्रदाय के अन्य ग्रंथों में श्रीहरि को सर्वोपरि सर्व अवतारों के अवतारी एवं पूर्ण पुरुषोत्तम नारायण कहा गया है। निम्नलिखित अवतरणों के द्वारा उनकी सर्वोपरिता को समझा जा सकता है।

सबसे परे अक्षरधाम और अक्षरधामाधिपति सर्वोपरि श्रीहरि

१. अक्षरधाम श्रीहरि का धाम है। (ध्यान रखे। यहाँ श्रीहरि भगवान विष्णु नहीं है, वह सहजानंद स्वामी या स्वामिनारायण है। भगवान विष्णु के सारे नाम चोरकर पंचदेव सहित भगवान विष्णु को ही सहजानंद स्वामी का दास बताया जाता है।) यह अन्य अवतारों तथा देवताओं के धामों (लोकों) से भिन्न और परे है। परमात्मा की आज्ञा से अवतार और उनके भक्त तथा देवता अलग-अलग लोक में रहते हैं। इस बात को सद्गुरु निष्कुलानंद स्वामी ने स्पष्ट रूप से समझाया है: "भगवान ने ब्रह्मा को सत्यलोक में रखा, शिवजी को कैलास में, विष्णु को वैकुण्ठ में, इन्द्र को स्वर्ग में रखा, शेषजी को पाताल में रखा... लेकिन जो अक्षरमुक्त थे (स्वामिनारायण को सर्वोपरि माननेवाले उस संप्रदाय के अनुयायी), उन्हीं को अपने समीप अक्षरधाम में स्थान दिया।" – निष्कुलानंद काव्य, वचनविधि – ३७

२. अक्षरधाम को छोड़कर ये समस्त लोक माया के अन्तर्गत आते हैं। अत: वहाँ त्रिविध ताप है। अक्षरधाम माया से परे है, अत: वहाँ त्रिविध ताप नहीं है। इस कारण वहाँ सुख अधिक है। इसे समझाते हुए श्रीहरि कहते हैं : 'पशु के सुख से मनुष्य में अधिक सुख, उससे

अधिक राजा का सुख, उससे अधिक देवता का सुख, उससे अधिक इन्द्र का सुख, उससे अधिक बृहस्पति का सुख, उससे अधिक ब्रह्मा का सुख, उससे अधिक वैकुंठ का सुख है, और उससे भी अधिक गोलोक का सुख है। और उससे अधिक भगवान के अक्षरधाम का सुख बना रहता है। '

३. भगवान का अक्षरधाम अनोखा है, उसकी तुलना में सब धाम फीके हैं।' इसलिए श्रीहरि कहते हैं, 'भगवान के अक्षरधाम की तुलना में अन्य देवताओं के लोकों को मोक्षधर्म में नरकतुल्य बताया गया है।' (वच. सा. १, ४, ११ ग. अं. २८)

४. अक्षरधाम के अतिरिक्त अन्य धाम नाशवान हैं, लेकिन अक्षरधाम अविनाशी है। श्रीहरि समझाते हैं, 'भगवान के अक्षरधाम तथा उस धाम में स्थित भगवान की मूर्ति और उस धाम में रहनेवाले भगवान के भक्त, उनके सिवा जो अन्य लोक हैं और उन लोकों में निवास करनेवाले देवों और उन देवों के जो वैभव हैं, वे सब नाशवंत हैं।' (वच. ग. म. २४)

५. अन्य सभी धाम नाशवंत हैं, अत: जीवों को वहाँ से लौटना पड़ता है। केवल एक अक्षरधाम में से मुक्त को कभी नहीं लौटना पड़ता, उसका पुनरागमन कभी नहीं होता।

६. अन्य धामों में गुण का भाव है, परन्तु अक्षरधाम में नहीं हैं। (जैसे गोलोक में राधिकाजी और श्रीदामा में झगड़ा तमोगुण का भाव आया था और वैकुंठ में जय-विजय के ऊपर सनकादिकों के क्रोध का प्रसंग हुआ था।) दूसरे धामों की अवधि है। शास्त्रों में विविध धामों के वर्णन में कहा गया है कि वैकुंठ, गोलोक आदि यह धाम अमुक योजन विस्तारवाले हैं, किन्तु अक्षरधाम की अवधि नहीं है और अधो-ऊर्ध्व सब ओर सीमा रहित है।' (वच. लोया. १४)

७. अन्य धामों के वर्णन में मणियों, रत्नों आदि लौकिक पदार्थों का वर्णन हैं। किन्तु अक्षरधाम में तो सर्वत्र अलौकिक दिव्य तेज है और इस तेज के पुंज में पुरुषोत्तम, अक्षर और अक्षरमुक्त हैं।

IV) सर्वोपरि अवतार और सभी अवतारों के अवतारी :

१. श्रीहरि ने पुराने दस्तावेजों में लिखाया है, 'दूसरा अवतार है सो कार्यकारण अवतार हुआ है और मेरा यह अवतार है सो तो जीवोकुं ब्रह्मरूप

करके आत्यंतिक मुक्ति देने के वास्ते अक्षरातीत पुरुषोत्तम जो हम वह मनुष्य जैसा बन्या हूँ ।'

२. पूर्वकाल में श्रीकृष्ण पर्यंत हुए अवतार कार्य के निमित्त (असुर संहार आदि) हुए थे। कार्य पूर्ण होने के बाद वे पृथ्वी से अंतर्धान हो गए। किन्तु भगवान स्वामिनारायण का अवतार तो जीवों को ब्रह्मरूप करके उनका आत्यंतिक कल्याण करने के लिए हुआ था। (*यहां पर गुजराती पुस्तक में पूर्व के अवतार का उल्लेख श्रीकृष्ण नाम के साथ किया है, जो हिंदी में हटा दिया गया है।)

३. "सांप पकड़ने वाले तीन प्रकार के होते हैं: वादी, फुलवादी और गार्डी। इनमें, वादी शांत सांपों को पकड़ते हैं; फुलवादी उन सांपों को पकड़ते हैं जो पकड़ने में आसान होते हैं, अन्यथा उन्हें कपड़े से बांधकर मार देते हैं; और गार्डी के सामने सभी प्रकार के सांप, यहां तक कि कोबरा भी, नृत्य करते हैं। इस सिद्धांत के अनुसार, पहले प्रकार के सांप पकड़ने वाले वादी दत्तात्रेय और कपिल जैसे है, जो केवल मुमुक्षु का कल्याण करते है। राम और कृष्ण, दूसरे प्रकार के फुलवादी उन लोगों को मुक्ति देते हैं जो उनके आदेशों का पालन करते हैं; अन्यथा वे तलवार का प्रयोग करते हैं। महाराज (सहजानंद) गार्डी की तरह हैं, तीसरे प्रकार के सांप पकड़ने वाले। जीव, ईश्वर, पुरुष, अक्षर और अन्य सभी उनके सामने हाथ जोड़कर खड़े हैं।" (स्वामीनी वातो ३.५)। (*यह अंश भी गुजराती पुस्तक से अनुवाद करके लिया गया है, क्योंकि पुस्तक के हिंदी अनुवाद में से दत्तात्रेय, कपिल, राम और कृष्ण – ये सारे नाम हटाकर 'अन्य देवता और अवतार' शब्द प्रयोग किए गए है।)

४. 'जो भगवान इस सत्संग में विराजमान हैं, उन्हीं भगवान से समस्त अवतार हुए हैं। वे स्वयं तो अवतारी हैं और वे ही सबके अन्तर्यामी भी हैं। वे ही अक्षरधाम में तेजोमय एवं सदैव साकार रूप में विराजमान हैं तथा अनन्त ऐश्वर्ययुक्त हैं। वे ही अनंत ब्रह्मांडों के राजाधिराज तथा अक्षरब्रह्म के भी कारण हैं।' (वच. अम. ६)

५. श्रीजी महाराज समझाते हैं, "इसके अलावा, मनुष्यों का आनंद जानवरों के आनंद से अधिक होता है; और राजा का आनंद उससे अधिक होता है; और देवताओं का आनंद उससे अधिक होता है; और इंद्र का

आनंद उससे अधिक होता है; फिर बृहस्पति का आनंद, फिर ब्रह्मा का, फिर वैकुंठ का। उससे आगे गोलोक का आनंद श्रेष्ठ है, और अंतत: भगवान के अक्षरधाम का आनंद सबसे अधिक श्रेष्ठ है" (वचनामृत, पंछाला १)। श्रीजीमहाराज ने इन शब्दों से अपने सर्वोपरि स्वरूप की निष्ठा दृढ़ करने का संकेत दिया है। मोक्षमार्ग में सर्वोपरि स्वरूप की दृढ़ निष्ठा आवश्यक अंग है।

V) स्वामिनारायण की सर्वोपरिता (गुणातीतानंद स्वामी के अनुसार)

१. जीवों को अपनी सर्वोपरिता की निष्ठा दृढ़ करवाने के लिए श्रीजीमहाराज अपने अक्षरधाम और चैतन्यमूर्ति पार्षदों को साथ लाए थे।

गुणातीतानंद स्वामी अपनी बातों की महिमा का वर्णन परभाव में आकर करते हैं : 'जन्म होने से पूर्व विवाह कहाँ से होगा? वैसे ही, जब पुरुषोत्तम आए ही नहीं थे तो उनकी बात शास्त्र में कैसे लिखी मिलती? शास्त्र में जीव के बारे में ईश्वर, माया और पुरुष तक के बारे में लिखा होता है। परन्तु पुरुषोत्तम की बात शास्त्र में कहां से होगी? और अवतार मात्र का बीज वैराट को कहते हैं। इसलिए वासुदेव जो सच्चिदानन्द ब्रह्म हैं, वहाँ तक की बात वेद में होगी। परन्तु उससे पर कहां से होगी? पढ़े-लिखे लोगों को तो शास्त्रों के प्रति दृष्टि होती है। इसलिए उसे यह बात समझ में नहीं आती।' (स्वा. वा. ५/४०२) श्रीहरि इससे पूर्व इस पृथ्वी लोक में पधारे ही नहीं थे। तो उनकी महिमा की बातें शास्त्रों में केसे मिलेगी ? (* हालांकि, इस मुख्य तर्क का उत्तर यह है की सनातन धर्म में ॐ निराकार परब्रह्म है, और वही निराकार परब्रह्म पुराणों में साकार पंचदेव के रूप में स्वीकृत हुआ है। परब्रह्म जो भी साकार रूप लेकर आता है, वह इन पंचदेव के रूप में या उनके अंश एवं अवतार के रूप में ही होता है। उन्ही पंचदेव के अवतारों और स्वरूप की कथाए सनातन धर्म के शास्त्रों में सम्मलित होती है। पंचदेव के रूप में न हो, वैसा कोई भी स्वरूप सनातन धर्म के शास्त्रों के स्वरूप से बाहर है, और उसे सनातन धर्म के शास्त्रों और देवी-देवताओ के बारे में बात करने का कोई अधिकार नहीं है। जैसे किसी जीसस या अल्लाह नाम के इश्वर को सनातन धर्म के शास्त्र एवं आराध्यों से तुलना करने का अधिकार नहीं है।)

२. श्रीहरि के इस पृथ्वी पर प्रकट होने के छ: कारणों में से चौथा कारण था : अवतारों और उनके भक्तों को अपने सर्वोपरि स्वरूप और उपासना को समझाना, जिससे वे अक्षरधाम की प्राप्ति कर सकें। 'उतना ही समझने का है कि श्रीजीमहाराज को पुरुषोत्तम समझना तथा इन्हें (मुझे-स्वयं स्वामी गुणातीतानंद को) मूल अक्षर समझना।' (३/३८)

३. 'पहले बड़े बड़े अवतार हो गए हैं, उनसे तो इन सत्संगी लड़कों में करोड़ गुना अधिक दैवत दिखाई देता है। तब फिर बड़े-बड़े हरिभक्त, बड़े-बड़े सन्त व श्रीजी (सहजानंद स्वामी) की महिमा की तो बात ही कैसे कही जाए? (स्वा. वा. ३/७२) (*नोट: 'स्वामीनी वातो' ३.७२ के इस अंश से यह भ्रष्ट विचार को बारबार कहा जाता है कि सनातन धर्म में प्रकट हुए सभी देवों और अवतारों की तुलना में, इस संप्रदाय में सहजानंद स्वामी की शिक्षाओं का पालन करने वाला एक सत्संगी लड़का भी लाखों गुना ज्यादा तेजस्वी और दिव्य होता । इसलिए भ्रष्ट कथनों वाले वीडियो में एक वीडियो हमें यह कथनवाला भी मिलता है की इस संप्रदाय का एक मामूली सत्संगी लड़का भी कृष्ण के मंदिर में दर्शन करने नहीं, कृष्ण को दर्शन देने जाता है।)

४. ऐसे तो पहिले गणेशजी को प्रभु कहते हैं, इनके पश्चात् ब्रह्मा, विष्णु तथा शिव को कहते हैं, फिर अनिरुद्ध, प्रद्युम्न एवं संकर्षण को भी कहते हैं, तब इन में से किसे प्रभु मानें ? इसका निर्णय तो ऐसे होता है, जैसे जीव की कोटियाँ हैं, उसी प्रकार ईश्वर की भी कोटियाँ हैं, ब्रह्मा की भी कोटियाँ हैं। इन सब के कारण महाराज (सहजानंद स्वामी) स्वयं हैं, ऐसा समझें तब पूरा रहस्य प्राप्त हुआ है। तथा अनंत कोटि राम, अनंत कोटि कृष्ण तथा अनंत कोटि अक्षर मुक्त उन सभी के कर्ता, सभी के आधार, सभी के नियंता तथा सभी के कारण श्रीजी महाराज (सहजानंद स्वामी) को भी समझना ऐसा समझने पर सभी ज्ञान हो चुका। (स्वा. वा. ६/२५७)

५. "पुरुषोत्तम के भक्त और अन्य अवतारों के भक्तों में क्या अंतर है? यह अंतर हाथी के बच्चे और जुए (जूँ) के बीच की तुलना जैसा है" (स्वामीनी वातो २.१०७)।

६. "श्रीकृष्ण के सभी उपदेशों के बावजूद, केवल उद्धव ही संसार का त्याग करने में सफल रहे। आज, हालांकि, (*सहजानंद स्वामी की वजह से

इस संप्रदाय में) किशोर भी साधु बनने के लिए सांसारिक जीवन का त्याग कर रहे हैं। शास्त्रों में महिलाओं का त्याग केवल दो या तीन उदाहरणों में ही बताया गया है। लेकिन आज, हजारों लोग महिलाओं का त्याग कर रहे हैं। शास्त्रों में केवल दो या तीन उदाहरणों में ही भगवान के दर्शन का वर्णन है। लेकिन आज, भगवान सभी भक्तों को मृत्यु के समय दर्शन देने आते हैं। पिछले अवतार पारसमणि की तरह हैं, लेकिन पुरुषोत्तम (*सहजानंद स्वामी) चिंतामणि की तरह हैं" (स्वामीनी वातो २.१६९)।

७. गुणातीतानंद स्वामी ने कई अवसरों पर अवतार और अवतारी के बीच के अंतर को इन उपमाओं का उपयोग करके समझाया: 'धनुर्धारी और बाण अलग होते हैं। समझना चाहिए कि धनुर्धारी बाण का कारण होता है। हालांकि, अवतार और अवतारी का अंतर ऐसा नहीं है जैसे एक अभिनेता मंच पर विभिन्न वेश धारण करता है। जैसे संप्रभु सम्राट और अधीनस्थ प्रमुख के बीच स्पष्ट अंतर होता है, वैसे ही अवतार और अवतारी में भी अंतर है। सभी अवतारों और साधुओं को समान मानना शास्त्रों की भावना के विरुद्ध है।'

८. "सैकड़ों हजारों बकरियों का मिमियाना कोई डर नहीं उत्पन्न करता। लेकिन केवल एक शेर की गर्जना ही भयावह होती है और एक हाथी की मस्तक को फाड़ सकती है। इसी तरह, महाराज (सहजानंद स्वामी) को अन्य अवतारों के समान मानने में कोई समस्या नहीं है। लेकिन यह घोषित करना कि सभी अवतार अपनी शक्तियों को महाराज से प्राप्त करते हैं और उनकी पूजा करने से वर्तमान स्थिति में पहुंचे हैं।" (स्वामीनी वातो ५.१९७)।

९. निष्कुलानंद काव्य, पुरुषोत्तम प्रकाश ५५ में, श्रीजी महाराज की तुलना आषाढ़ मास की भारी वर्षा से की गई है जो पूरी पृथ्वी को हरा–भरा कर देती है। अन्य अवतारों की तुलना ओस से की गई है जो धरती को प्रभावित नहीं कर सकती। इस प्रकार, निष्कुलानंद स्वामी ने अपने सर्वोच्च गुरु की दिव्य महिमा का गान किया है।

१०. लालजी भक्त ने पूछा, "यह वर्णी कितने महान हैं? क्या उनकी तुलना आपसे की जा सकती है?" रामानंद स्वामी ने उत्तर दिया, "वर्णी मुझसे और यहां तक कि श्रीकृष्ण से भी श्रेष्ठ हैं। वे सभी अवतारों के कारण

हैं, महानतम हैं, और सभी दिव्य गुणों और शक्तियों से संपन्न हैं। वह स्वयं पुरुषोत्तम हैं।" इस प्रकार, रामानंद स्वामी ने श्रीजी महाराज की सर्वोच्चता का विस्तृत रूप में वर्णन किया और लालजी भक्त को खोय जाने के लिए डांटा। इस घटना का वर्णन हरिलीलामृत (४.३) में किया गया है: लालजी पूछते हैं, "वह कितने महान हैं? क्या वह दत्तात्रेय या ऋषभदेव के समान हैं? या उनकी तुलना रामचंद्र से की जा सकती है?" रामानंद उत्तर देते हैं, "कृपया ध्यान से सुनें, कृष्ण सभी अन्य [अवतारों] से श्रेष्ठ हैं। वह [वर्णी] कृष्ण से भी श्रेष्ठ हैं। वह सभी अवतारों के अंतिम अवतारी हैं। आगे विस्तार की कोई आवश्यकता नहीं है। उनके दर्शन को छोड़कर, आप कच्छ क्यों आए हैं?"

११.　अपने इष्टदेव के स्वरूप में सर्वोपरि निष्ठा होने के बाद इन परमहंसों को प्रकृतिपुरुष पर्यन्त कोई पदार्थ, लोक या व्यक्ति आसक्त नहीं कर सकता था! जब श्रीहरि ने स्वरूपानंद स्वामी से पूछा कि 'तुम्हें गोलोक में भेज दें !' तब उन्होंने जवाब दिया कि 'इस गड्ढे में तो पड़े ही हैं।'

VI) बीएपीएस के इस पुस्तक से पता चलता है कि कैसे सहजानंद स्वामी ने अपने समय के हिंदू जनसमूह को इस नए संप्रदाय का अनुयायी बना दिया, जो बनावटी सर्वोपरि भगवान पर केंद्रित था। पृष्ठ ५८-५९ पर एक प्रश्न पूछा गया है: "यदि भगवान स्वामिनारायण सर्वोच्च हैं, तो वचनामृत, संप्रदाय के अन्य शास्त्रों और परमहंसों के कीर्तन में उन्हें कृष्ण के रूप में क्यों वर्णित किया गया है?"

उत्तर में वैसा ही कहा गया है जैसा इस्लाम के उदय के पूर्व के आरब समाज के लिए कहा जाता है: "श्रीजी महाराज के समय में कई मत और पंथ थे, जिनमें से कुछ अधार्मिक प्रथाओं का समर्थन करते थे, झूठे गुरुओं को मानते थे, अंधविश्वासों में विश्वास करते थे और काले जादू में लिप्त थे। उनका प्रभाव व्यापक था। इन सभी ने नए संप्रदाय का कड़ा विरोध किया। ऐसे कठिन समय में, यदि कोई व्यक्ति स्वयं को भगवान के रूप में पहचानने की कोशिश करता, तो लोग केवल हताशा में संप्रदाय में शामिल होने से कतराते। किसी नए विचार की स्वीकृति हमेशा धीरे-धीरे होती है। इसलिए, श्रीजी महाराज को पहले सत्पुरुष, फिर अवतार और अंत में पुरुषोत्तम सभी अवतारों के अवतारी के रूप में पहचाना गया। जैसे-जैसे भक्तों की आस्था में गहराई आई, परमहंसों ने श्रीजी महाराज को और अधिक प्रेरणादायक और प्रबुद्ध रूप में प्रस्तुत किया। लोगों को

आकर्षित करने के लिए, श्रीजी महाराज ने उन स्थानों पर उन देवताओं की मूर्तियाँ स्थापित कीं जहां उनकी व्यापक रूप से पूजा होती थी। भक्त उनके देवताओ के दर्शन के लिए आए और (संप्रदाय के) साधुओं के साथ संपर्क में आने पर, उन्होंने श्रीजी महाराज के सर्वोच्च और उत्कृष्ट रूप में अडिग आस्था विकसित की। धीरे-धीरे, यही (सर्वोपरि की) सच्ची उपासना व्यापक रूप से संप्रदाय में स्वीकार की जाने लगी।"

✴ प्रमुख स्वामी को इश्वर बनाने के प्रयास:

बीएपीएस, जिसने एक सदी पहले मूल संप्रदाय से अलग होकर खुद को स्थापित किया, अन्य सभी शाखाओं से आगे निकल गया है, जिसका मुख्य कारण व्यापारी पटेल समुदाय के एक बड़े हिस्से का समर्थन है। उनकी सफलता का एक प्रमुख कारण मंदिर निर्माण पर केंद्रित आर्थिक रणनीति रहा है। प्रारंभ में, विभिन्न देशों में सरकारों से भूमि हासिल की गई, जिसमें आंतर-धार्मिक सद्भाव को बढ़ावा देने का दावा किया गया, और फिर पटेल व्यापारियों के अनुयायियों से मिले धन से मंदिर बनाए गए। कहा जाता है कि अनुयायियों से अपेक्षा की जाती थी कि वे अपनी वार्षिक आय का कुछ एक प्रतिशत मंदिर में दान करें। इसके अलावा, संगमरमर, ग्रेनाइट, ईंट, सीमेंट, और श्रम जैसी सामग्रियों के ठेके अनुयायियों को दिए गए, जिससे उन्हें इन व्यवसायों में प्रवेश करने के लिए प्रोत्साहित किया गया। इस नेटवर्क के माध्यम से लगभग एक हजार मंदिर बनाए गए ऐसे स्थल जो भले ही आध्यात्मिक ऊर्जा से वंचित हों, लेकिन लोकप्रिय पिकनिक स्थलों और व्यापारिक केंद्रों के रूप में कार्य करते रहे। वे मंदिर फेक्टरियों की तरह थे जहाँ से धर्म का धंधा हो सकता था। इन मंदिरों से होने वाली आय डिज्नीलैंड जैसे मनोरंजन पार्कों की तरह होती थी। इन मंदिरों की वेबसाइटों पर जानकारी मिलती है कि जिन व्यवसायियों और उद्योगपतियों ने मंदिर निर्माण में निवेश किया हो, वे उसके ट्रस्टी होते है, और संप्रदाय के स्वामी कर्मचारी की तरह कार्य करते है। भगवान वहां उत्पाद है, और हिन्दू समाज ग्राहक है। बीएपीएस मंदिरों में, विशेष रूप से भारत के बाहर, व्यापारि ट्रस्टीओं के नाम दिखाई देते हैं, जबकि भारत में इन्हें छिपा कर रखा गया है।

बीएपीएस को देखकर मूल गादी वडताल भी पोइचा जैसे स्थानों को मनोरंजन पार्क के रूप में डिजाइन करने के कार्य में जुटा है। वहाँ मूर्तियों में शिव और पार्वती को सहजानंद स्वामी की सेवा करते हुए दिखाया गया है, जबकि हनुमानजी को सहजानंद स्वामी की सेवा करते हुए दिखाते अनेक स्थल है। शेषनाग पर

भगवान विष्णु के स्थान पर सहजानंद स्वामी बैठे हुए हैं, और उनका बायाँ हाथ आशीर्वाद मुद्रा में है।

जैसे-जैसे बीएपीएस का प्रभाव बढ़ता गया, उनके भीतर यह प्रश्न और इच्छा उठने लगी की अगर वे यूपी से आए एक व्यक्ति (घनश्याम पांडे/सहजानंद स्वामी) को भगवान बना सकते है, तो क्यों न गुजरात के पटेल समुदाय के BAPS प्रमुखों को भगवान बनाया जाए? सहजानंद स्वामी ने संप्रदाय को दो गादीयों में विभाजित कर अपने भतीजों को आचार्य बनाकर सारी सत्ता उनके वंशजो को दे दी थी। उसीके विरूद्ध संप्रदाय के एक पटेल समुदाय के स्वामी ने विद्रोह कर के BAPS खड़ा किया था। और अब BAPS अपना व्यक्तिगत भगवान बनाना चाहती थी। इसी सोच के साथ प्रमुख स्वामी को भगवान बनाने के प्रयास शुरू हुए, जिसका चरम अहमदाबाद में प्रमुख स्वामी के १०० वें जन्मोत्सव में देखा गया।

इस उत्सव के अंतिम दिन, स्वामी भद्रेशदास ने बीएपीएस के स्वामीयों को इकट्ठा करके इस उद्देश्य को सुदृढ़ करने के लिए सामूहिक मंत्रोच्चार करवाया। इस घटना को एक वायरल वीडियो में कैद किया गया, जिसमें भद्रेशदास पूछते हैं, "जब गीता में 'यदा यदा हि धर्मस्य ग्लानिर्भवति' कहा गया, तो वह किसके बारे में था?" स्वामीयों की भीड़ ने उत्तर दिया, "प्रमुख स्वामी महाराज।" भद्रेशदास ने आगे पूछा, "आज यह किसके बारे में है?" और भीड़ ने उत्तर दिया, "महंत स्वामी महाराज।" हिंदू शास्त्रों के श्लोक, जो पारंपरिक रूप से श्रीकृष्ण या भगवान विष्णु को संदर्भित करते हैं, उन्हें बीएपीएस के पूर्व और वर्तमान प्रमुखों से जोड़ने का प्रयास किया गया, ताकि उन्हें भगवान के रूप में प्रस्तुत किया जा सके।

प्रमुख स्वामी के बारे में सबसे चौंकाने वाला अंश "श्री प्रमुख स्वामी महाराज महिमाष्टक" से है, जिसने गुजराती समाचार चैनलों पर विवाद खड़ा किया था। इसमें लिखा है, "शायद समुद्र की बूंदों को गिना जा सकता है, और आकाश के तारों को मापा जा सकता है परंतु क्या ब्रह्मा, विष्णु और शिव जैसे देवता भी प्रमुख स्वामी महाराज के गुणों को गिन सकते हैं? बिल्कुल नहीं। यहां तक कि वेदों और पुराणों के सर्जक वेद व्यास भी गुणों के खजाने, प्रमुख स्वामी महाराज, की पर्याप्त रूप से प्रशंसा करने में असमर्थ है!"

इसके अतिरिक्त, बीएपीएस "गुणातीतानंद स्वामीनी वातो" (जिसे "स्वामीनी वातो" के रूप में भी प्रकाशित किया गया है) नामक पुस्तक को अपने मूल शास्त्र के रूप में प्रस्तुत करता है, जो गुणातीतानंद स्वामी को सहजानंद स्वामी

के "अक्षर" के रूप में घोषित करने के लिए उपयोग की जाती है। इस पुस्तक में ऐसे विकृत कथानक हैं जो सनातन धर्म के देवताओं और अवतारों का महत्व कम करके उन्हें सहजानंद स्वामी के सेवक के रूप में दिखाते है। उसी पुस्तक के कुछ अंश ऊपर 'अक्षर–पुरुषोत्तम उपासना' पुस्तक के अंशो में हमने देखे है। बीएपीएस ने बच्चों के लिए "सत्संग विहार" नाम की कॉमिक शैली की पुस्तकों का भी प्रकाशन किया है, जो बाल अनुयायियों के मन में यह संदेश स्थापित करती हैं कि स्वामिनारायण सनातन धर्म के सभी देवताओं के सर्वोपरि इश्वर हैं। इन पुस्तकों में प्रमुख स्वामी को इस स्तर पर उठाने के प्रयास भी जारी हैं।

सत्संग विहार भाग १ के पृष्ठ क्रमांक २६ पर 'सारे कर्म में मर्म' नाम (गुजराती नाम का हिन्दी अनुवाद) से एक बाल वार्ता है जिसमें कहा गया है की एकबार सहजानंद स्वामी ने उनकी आँखों को दाएं से बाएँ गुमाया। भक्तों ने कहा 'आपने यह क्या किया महाराज?' तो स्वामी ने कहा, 'एक ब्रह्माण्ड के ब्रह्मा, विष्णु और महेश की वहां की प्रजा के साथ बनती नहीं थी, तो हमने दुसरे ब्रह्माण्ड के ब्रह्मा, विष्णु और महेश को वहां लाकर उनकी अदला बदली की।'

सत्संग विहार भाग २ के पृष्ठ क्रमांक १५ पर 'ब्रह्माजी कौएं के रूप में प्रसाद लेने आए' नामक वार्ता है। वहां पर एक कौआ सहजानंद स्वामी की थाली में से रोटी का टुकड़ा लेकर चला गया। तो उनको खाना पिरोसने वाली एक माजी ने उनसे पूछा 'यह क्या हुआ?' तब सहजानंद स्वामी ने कहा, 'वे ब्रह्माजी थे। हमारा प्रसाद लेने आए थे। बरसो से तलस रहे थे, तो आज हमने उन्हें लाभ दिया।'

और इन कथाओं के साथ सत्संग विहार भाग १ के पृष्ठ क्रमांक ३७ पर 'गुणातीत संत में सब प्रगट' नाम से एक वार्ता भी लिखी गई है, जिसमें भगवान शिव (जिन्हें संप्रदाय की पुस्तको में शिवजी कहा जाता है, भगवान तो सिर्फ स्वामिनारायण को कहा जाता है। राम, कृष्ण को अवतार और बाकि सब को देव देवी कहा जाता है।) अपने एक भक्त को कहते है की 'अगर तुम्हें मोक्ष चाहिए तो प्रमुख स्वामी के पास जा।'

इसके अतिरिक्त, स्वामिनारायण संप्रदाय की अन्य शाखाओं के लेखन और पाठ को भी उनकी वेबसाइटों और पुस्तकों के स्क्रीनशॉट के जरिए मुझे दिया गया था, जो निचे दिए गए है।

❋ कालूपुर स्वामिनारायण मंदिर की वेबसाइट से:

✛ यह लिखकर कि देवी लक्ष्मी सहजानंद के दर्शन के लिए आईं, लक्ष्मीजी को सहजानंद की पत्नी के रूप में दिखाया गया है।

लिंक https://www.swaminarayan.in/our-sampraday/swaminarayan-faith/ghanshyam-charitra/laxmiji-visits-her-husband

✛ ऋषि मार्कंडेय सहजानंद के घर एक ब्राह्मण के रूप में आए और उनका नामकरण किया।

लिंक https://www.swaminarayan.in/our-sampraday/swaminarayan-faith/ghanshyam-charitra/markanday-names-ghanshyam

✛ सहजानंद के यज्ञोपवित समारोह के साक्षी बनने के लिए ब्रह्मा, विष्णु, और महेश आए।

लिंक https://www.swaminarayan.in/our-sampraday/swaminarayan-faith/ghanshyam-charitra/janoi-yagnopavit

✛ खेलते समय सहजानंद घायल हो गए थे, तब अश्विनी कुमार स्वर्ग से आए और उनकी पट्टी बांधी।

लिंक https://www.swaminarayan.in/our-sampraday/swaminarayan-faith/ghanshyam-charitra/khapa-talavdi

✛ बद्रीकाश्रम से नार नारायण देव सहजानंद के दर्शन के लिए आए।

लिंक https://www.swaminarayan.in/our-sampraday/swaminarayan-faith/ghanshyam-charitra/narnarayan-dev-arrive-for-ghanshyam-s-darshan

❋ भुज स्वामिनारायण मंदिर द्वारा प्रकाशित पुस्तक "श्री पुरुषोत्तम लीलामृत सुखसागर" से:

"उस समय, भगवान शिव अपने नंदी और अन्य साथियों के साथ श्रीजी महाराज (सहजानंद स्वामी) के सामने आए, एक पैर पर खड़े होकर पाँच मुखों से स्तुति की और अपनी पंद्रह आँखों से महाराज को देखा। उस समय, गंगा, जो श्रीजी महाराज के पास बैठी थी, उन्होंने भी आंसू भरी आँखों से उनकी स्तुति की

और कहा, 'आप मुझे शुद्ध करने के लिए आइए।'" (पृष्ठ २१९)

✤ "भगवान शिव मूर्तिमान प्रकट होकर श्रीहरि (सहजानंद स्वामी) के चरणों में झुके और प्रार्थना की, 'हे महाराज! मैं लंबे समय से यहां आपकी प्रतीक्षा कर रहा था। आज आपने मुझे अपने दर्शन दिए, इसके लिए मैं अत्यंत आभारी हूँ।'" (पृष्ठ २२३)

✳ **मणिनगर स्वामिनारायण संप्रदाय द्वारा प्रकाशित पुस्तक "सर्वोपरि श्री स्वामिनारायण भगवान भाग २" से:**

इस पुस्तक के पृष्ठ २२७ पर एक चित्रण है जिसमें शिव और पार्वती, नंदी के साथ, नीलकंठ वर्णी रूप में सहजानंद स्वामी की सेवा करते हुए दिखाए गए हैं। उसमें लिखा है:

"वर्णी ने पूछा: 'तुम कौन हो? हम किसी अज्ञात व्यक्ति का भोजन स्वीकार नहीं करते।' शिव और पार्वती ने उत्तर दिया, 'आप पाँच दिनों से भूखे हैं, इसलिए हमने यह साधारण भेंट आपके लिए लाई है। शिव ने कहा, 'हे सर्वज्ञानी प्रभु! यद्यपि आप सब कुछ जानते हैं, फिर भी आप पूछते हैं। मैं कैलाशवासी शिव हूँ, और यह पार्वती है।'"

उनकी सेवा से प्रसन्न होकर, वर्णी ने उन्हें आशीर्वाद दिया, "मैं तुम्हें अपनी सेवा में रखूँगा।" इस वादे के अनुसार, श्री हरि ने बाद में जूनागढ़ मंदिर में शिव और पार्वती की मूर्तियाँ स्थापित कीं।"

✳ **मणिनगर स्वामिनारायण संप्रदाय द्वारा प्रकाशित एक अन्य पुस्तक "श्री संकल्पमूर्ति सद्गुरु श्री गोपालानंद स्वामी की बातें" में:**

स्वामी गोपालानंद के नाम से भगवान शिव और आद्य शक्ति के बारे में कई विकृत कथाएँ बताई गई हैं। कहानी २५, पृष्ठ ४४, ४५ और ४६ पर, निम्नलिखित लिखा है:

"मुस्कुराते हुए गोपालानंद स्वामी ने पूछा, 'तुम किस देवता की पूजा करते हो?' नाना साहेब ने उत्तर दिया, 'मैं देवी का भक्त हूँ। हमारी कुल देवी महिषासुरी और चामुंडा हैं।' इस पर सद्गुरु गोपालानंद स्वामी ने समझाया, 'जब आप परम भगवान की पूजा कर सकते हैं, तो इन तुच्छ देवियों की पूजा क्यों करते हैं? अन्य देवताओं और देवियों की पूजा से केवल घोर नरक और जन्म–मृत्यु के चक्र का ही परिणाम होता है। यदि आप इस जीवन का सच्चा उद्देश्य प्राप्त करना चाहते हैं, तो देवताओं की पूजा का त्याग कर हमारे परम गुरु, सभी कारणों के

कारण श्री स्वामिनारायण भगवान की पूजा करें।'" (पृष्ठ ४४-४५)

"एक रात, जब वह नरुपंत नाना सो रहे थे, तब उनकी कुल देवी महिषासुरी और चामुंडा उनके सामने प्रकट हुई और कहा, 'नरूपत, देखो! तुम्हारे घर के देवता हनुमानजी और गणेशजी स्वामिनारायण का नाम जप रहे हैं। उन्होंने अपनी गदा उठाई है और हमें यहाँ से जाने का आदेश दे रहे हैं क्योंकि तुम सत्संग (स्वामिनारायण संप्रदाय) के अनुयायी बन गए हो। अब से तुम केवल स्वामिनारायण की ही पूजा करना और हम यहाँ से चले जाएंगे।' देवियों के जाने के बाद, यहाँ तक कि उसके घर में सौ वर्षों से जल रही अखंड ज्योति भी स्वयं बुझ गई। यह देखकर नरूपत का हृदय बदल गया। अगले दिन, वह जागा, देवी की मूर्ति को अपने घर से हटा दिया, और पूरे स्थान की सफाई करते हुए स्वामिनारायण का नाम जपने लगा।" (पृष्ठ ४६)

कहानी २४ में, उसी पुस्तक के पृष्ठ ३९ पर एक कहानी है जिसमें भगवान कृष्ण को कमतर दिखाया गया है। यह एक व्यक्ति रामचंद्र की कहानी बताती है, जो डाकोर में रणछोड़ रूप में भगवान कृष्ण का भक्त था, जो गोपालानंद स्वामी की शिक्षाओं को सुनने के बाद स्वामिनारायण संप्रदाय का अनुयायी बन गया। इस संप्रदाय में, सत्संगी बनना ब्रेनवॉशिंग के बराबर माना जाता है। यह कहा गया है, "रामचंद्र के मन में अभी भी संदेह था: 'मैं अपने प्रिय देवता रणछोड़जी को कैसे छोड़ सकता हूँ?' यह सोचकर, वह शरद पूर्णिमा के त्योहार के लिए डाकोर गया। रणछोड़जी के दर्शन के बाद, वह सो गया। उसके सपने में, रणछोड़जी प्रकट हुए और कहा, 'तुम अब भी संदेह क्यों रखते हो, जब तुमने श्री स्वामिनारायण भगवान के महान संत के शब्दों को सुना है? हम तो उस प्रभु (सहजानंद स्वामी) के केवल सेवक हैं।'"

✳ पुस्तक 'सद्गुरु श्री गोपालानंद स्वामीजी नो महिमा' (कुंडलधाम, वडताल) से

अब, यह स्पष्ट रूप से देखा जा सकता है कि यह संप्रदाय किस प्रकार सनातन धर्म को इस्लाम और ईसाई धर्म के समान एकमात्र सर्वोपरि इश्वर के धर्म में परिवर्तित करने का उद्देश्य रखता है। नीचे पुस्तक 'सद्गुरु श्री गोपालानंद स्वामीजी नो महिमा' (गुजराती संस्करण, पृष्ठ ९-१०) से एक अंश दिया गया है।

अक्षरधाम में महाराज और गोपालानंद स्वामी के बीच वार्तालाप:

श्रीजी महाराज (स्वामिनारायण उर्फ़ सहजानंद स्वामी) ने गोपालानंद स्वामी से पूछा, "स्वामी, क्या तुम्हें पता है कि हम यहाँ क्यों आए हैं?"

गोपालानंद स्वामी ने उत्तर दिया, "नहीं महाराज, मुझे जानकारी नहीं है।"

महाराज ने कहा, "तुम अक्षरधाम में मूल अक्षरमुक्त के रूप में विराजमान थे, और हमने वहाँ चर्चा की थी। हमने बात की कि यह ब्रह्मांड अनगिनत युगों से सृजित हुआ है, फिर भी कोई आत्मा अक्षरधाम नहीं पहुँची।

"तब हमने दत्तात्रेय और कपिल जैसे अवतार भेजे, लेकिन उन्हें पूजने वाले अक्षरधाम नहीं पहुँच सके। इसके बाद त्रेता युग में हमने श्री रामचंद्र को भेजा। उस समय मानव की आयु १०,००० वर्ष थी, लेकिन रामचंद्र स्वयं ११,००० वर्षों तक रहे। फिर भी, वे एकांतिक धर्म (एकमात्र इश्वर वाला अंतिम धर्म) की स्थापना नहीं कर सके।

फिर हमने श्रीकृष्ण को भेजा। उस युग में मनुष्य की औसत आयु १०० वर्ष थी, लेकिन कृष्ण १२५ वर्षों तक जीवित रहे। बावजूद इसके, वे भी एकांतिक धर्म की स्थापना नहीं कर सके।

"तब तुमने कहा, 'महाराज, जो आपके भेजे हुए अवतारों की पूजा करते हैं, वे उनके दिव्य लोक तक पहुँचते हैं। लेकिन आत्माएँ केवल तभी अक्षरधाम पहुँच सकती हैं जब आप, पुरुषोत्तम (सर्वोच्च भगवान), स्वयं पृथ्वी पर अवतरित हों।'

इस पर हमने उत्तर दिया, 'जब हम पृथ्वी पर अवतरित होंगे, तो तुम्हें भी हमारे साथ आना होगा।'

तुमने पूछा, 'मेरा क्या कार्य होगा?'

हमने समझाया, 'तुम्हारा कार्य धर्म की रक्षा करना और दूसरों को भी धर्म का पालन सिखाना होगा। भक्ति के माध्यम से तुम अन्य आत्माओं को भगवान की ओर प्रेरित करोगे।'

तुमने कहा, 'महाराज, यदि आप अवतरित हो रहे हैं, तो मैं कैसे न आऊँ?' इसीलिए हम तुम्हें यहाँ लाए हैं, अक्षरमुक्त जैसे।"

इसके बाद श्रीजी महाराज ने कहा,

"स्वामी, हम इस पृथ्वी पर छह उद्देश्यों के लिए आए हैं।"

महाराज ने आगे समझाया:

१. पहले भेजे गए हमारे अवतारों (राम और कृष्ण) को वापस अक्षरधाम लाने के लिए।

२. उन सभी को अक्षरधाम का मार्ग दिखाने के लिए, जिन्होंने उन अवतारों

की पूजा की है।

३. भक्ति और धर्म के माध्यम से एकांतिक सुख प्रदान करने के लिए।

४. इस पृथ्वी पर एकांतिक धर्म की स्थापना करने के लिए।

५. स्वामिनारायण में सभी प्राणियों की अडिग श्रद्धा स्थापित करने के लिए।

६. नए मुमुक्षु का निर्माण करने के लिए।

✴ गोपालानंद और सारंगपुर:

मुझे वडताल संप्रदाय के सारंगपुर मंदिर के बारे में जानकारी दी गई। इस जानकारी के अनुसार, सारंगपुर में एक मंदिर बनाया गया है जहाँ हनुमानजी को स्वामिनारायण के सेवक के रूप में दर्शाया गया है। इस मंदिर में एक बंदर के आकार की मूर्ति है, जिसे एक व्यक्ति जीवा खाचर के स्मृति पत्थर से बनाया गया था। लेकिन मंदिर में कहीं भी "जय श्री राम" का उल्लेख नहीं है, न ही राम के जयकारे कभी सुनाई देते हैं। इसके अलावा, मंदिर में हनुमान चालीसा का कोई पाठ नहीं है, क्योंकि हनुमान चालीसा में बार-बार हनुमान को राम का भक्त और शिव का अवतार बताया गया है, जैसा कि रामायण में वर्णित है। इसलिए, उन्होंने एक नई हनुमान आरती रची है, जिसमें मंदिर की बंदर आकृति को हनुमानजी कहा गया है और उसे सहजानंद स्वामी का सेवक दिखाया गया है। इस संप्रदाय के ग्रंथों में विभिन्न चित्र हैं, जिनमें हनुमानजी को सहजानंद स्वामी की सेवा करते हुए दर्शाया गया है। इस प्रकार, मंदिर हनुमान के माध्यम से सनातन धर्म के अनुयायियों को आकर्षित करता है, ताकि बाद में उन्हें एक नए बनावटी सर्वोपरि भगवान स्वामिनारायण, उर्फ सहजानंद स्वामी से जोड़ा जा सके।

मैं अचंभित था कि सनातन धर्म के मासूम और अज्ञानी लोग कभी यह मूलभूत प्रश्न नहीं पूछते: हनुमान सिर्फ एक बंदर का नाम नहीं है; आप किसी भी बंदर की मूर्ति को हनुमान नहीं कह सकते। हनुमानजी रामायण का एक पात्र हैं और वे केवल भगवान राम के प्रति समर्पित हैं। यहाँ तक कि जब वह महाभारत में दिखाई देते हैं, तो वह राम की तरह विष्णु के एक अन्य अवतार, श्रीकृष्ण की सेवा करते हैं, लेकिन उपासना और भक्ति सिर्फ राम नाम की करते हैं। यही हनुमानजी हैं। जहाँ राम अनुपस्थित हैं, जहाँ हनुमान चालीसा नहीं है, जहाँ राम के जयकारे नहीं हैं, वहाँ हनुमान भी नहीं है। वहां कोई और है, जो किसी का भी सेवक हो सकता है, पर उसे हनुमान नहीं कहा जा सकता।

इसके साथ ही, गोपालानंद स्वामी की कहानियों की एक पुस्तक में, सहजानंद

स्वामी के शिष्य गोपालानंद स्वामी द्वारा जीवा खाचर के स्मारक पत्थर से बनाइ गई बंदर की मूर्ति का उल्लेख किया गया है, और उसीमें भगवान शिव के प्रति अपमानजनक बातें कही गई हैं। एक जगह लिखा है, "मोहिनी को देखकर शिव का वीर्य निकल गया। क्या किसी ऐसे योगी को योगी कहा जा सकता है जिसके शरीर में अभी भी वीर्य हो?" उसी पुस्तक में एक अन्य जगह पर कहा गया है, "जो बार-बार गुस्से में अपनी तीसरी आँख खोलता है, उसे योगी नहीं बल्कि अहंकारी कहा जाता है।" कुछ स्थानों पर यह भी लिखा गया है कि गोपालानंद स्वामी इतने महान योगी थे कि यहां तक कि श्रीकृष्ण और हनुमानजी ने अपनी योगिक शक्तियाँ उनसे प्राप्त कीं। इसलिए, इस संप्रदाय की विकृतियों को उजागर करने वाले सनातनी योद्धाओं ने मजाक में गोपालानंद को "गपगोलानंद" कहा है – झूठ फैलाने में माहिर।

इस संप्रदाय की पुस्तकों में लिखा गया है कि गोपालानंद स्वामी ने सारंगपुर की बंदर के आकार की मूर्ति की पूजा की, और अपनी भक्ति के माध्यम से इसे पवित्र कर मंदिर में स्थापित किया। उन्होंने बाद में अपने एक शिष्य गोविंदानंद से कहा, "जाओ और उस मूर्ति के दर्शन करो।" जब गोविंदानंद मूर्ति के चरणों में झुकने गए और प्रार्थना में अपने हाथ जोड़े, तो उस मूर्ति (जिसे इस संप्रदाय के लेखन में हनुमानजी कहा जाता है) ने उनके हाथ पकड़ लिए और कहा, "तुम्हें मेरे सामने हाथ जोड़ने की आवश्यकता नहीं है। तुम भी गोपालानंद के सेवक हो, और मैं भी गोपालानंद का सेवक हूँ। हम साथी शिष्य हैं।" एक अन्य घटना में, गोपालानंद की भक्ति या किसी क्रिया के कारण वह मूर्ति काँपने लगी और उनके चरणों में गिर गई। और वही मूर्ति को वे सारंगपुर मंदिर में हिंदुओं के सामने हनुमानजी के रूप में प्रस्तुत करते हैं।

▌ विकृत चित्र:

ये चित्र इस संप्रदाय की विकृत शिक्षाओं को दृश्य रूप में प्रस्तुत करते हैं, लेकिन मैं इस पुस्तक में उन्हें छापकर संप्रदाय के ब्रेनवॉश किए गए अनुयायियों को उन विकृत चित्रों के कोपीराईट का दावा करने का कोई अवसर नहीं देना चाहता। इसलिए, यहाँ मैं उन चित्रों का मौखिक वर्णन दे रहा हूँ, साथ ही एक लिंक भी प्रदान कर रहा हूँ जहाँ आप उन्हें एक PDF में देख सकते हैं। (लिंक: https://drive.google.com/file/d/१M३०MdRqGcS४f७९९ YTV४BqV४९z२dbui/view?usp=sharing)

१.	स्वामिनारायण कुंडलधाम (SMK) यूट्यूब चैनल के एक वीडियो में,

सहजानंद स्वामी, जिसे स्वामिनारायण के नाम से भी जाना जाता है, एक सिंहासन पर बैठे हुए हैं, उनके शिष्यों को भगवा वस्त्रों में उनके सामने बैठे हुए दिखाया गया है, और एक तरफ, ब्रह्मा, विष्णु, शिव और सनातन धर्म के अन्य देवता सहजानंद के सामने हाथ जोड़े खड़े हैं।

२. एक अन्य समान चित्र में, सहजानंद स्वामी, स्वामिनारायण के रूप में, ब्रह्मा, विष्णु, शिव, सरस्वती, लक्ष्मी, और पार्वती को दोनों हाथों से आशीर्वाद दे रहे हैं, जबकि पृष्ठभूमि में उनके संप्रदाय के मंदिर का शिखर दिखाई दे रहा है।

३. "घनश्याम चरित्र" पुस्तक में, एक चित्र में, बालक घनश्याम के घायल होने के बाद, इंद्र, चंद्र, ब्रह्मा, विष्णु आदि उसे देखने आए हैं (पृष्ठ ३९)।

४. "सर्वोपरी श्री स्वामिनारायण भगवान "भाग २" में, एक चित्र है जिसमें शिव और पार्वती सहजानंद स्वामी की सेवा करने की अनुमति मांग रहे हैं, उनके सामने हाथ जोड़े खड़े हैं। इसी काल्पनिक घटना को पोइचा में एक बगीचे में और मुंबई के वरली स्थित उनके मंदिर में मूर्तियों के रूप में भी प्रदर्शित किया गया है।

५. संप्रदाय की पुस्तकों में हनुमानजी को सहजानंद स्वामी की सेवा करते हुए, उनके सामने हाथ जोड़े बैठे हुए कई चित्र दिखाए गए हैं। कुछ स्थानों पर ये चित्र दीवारों पर भित्ति चित्र और मूर्तियों के रूप में भी बने हुए हैं। (इनमें से कुछ चित्र सनातन अनुयायियों के कड़े विरोध के कारण हटा दिए गए हैं, लेकिन ये अभी भी पुस्तकों में और वर्लीमुंबई के मंदिर में बने हुए हैं।)

६. कार्तिक मास की प्रबोधिनी एकादशी के दिन, जब भगवान विष्णु और तुलसी का विवाह होता है, इस संप्रदाय में भगवान विष्णु के स्थान पर सहजानंद स्वामी का विवाह तुलसी के साथ करवाया जाता है। इसका एक चित्र भी उपलब्ध है।

७. महाशिवरात्रि के दिन, जहाँ शिवलिंग का अभिषेक किया जाता है, इस संप्रदाय में नीलकंठ वर्णी (सहजानंद स्वामी का एक अन्य नाम) का अभिषेक किया जाता है। इस प्रकार, उन्होंने भगवान शिव को दरकिनार कर शिवरात्रि के इस पवित्र दिन को नीलकंठ वर्णी के नाम

पर सहजानंद स्वामी के लिए समर्पित कर दिया।

८.   नवरात्रि में, जहाँ परंपरागत रूप से माँ अम्बा की भक्ति में गरबा गाया जाता है, स्वामिनारायण संप्रदाय में इस पर रोक है। वर्तमान BAPS नेता महंत स्वामी ने गरबा को गुड्डे-गुड़ियों के खेल के समान बताते हुए इसे नकारा है। इसी तरह, एक वीडियो में, प्रमुख स्वामी ने नवरात्रि गरबा को डिस्को बताया और कहा कि भले ही कोई लाख या करोड़ रुपए दे, वहाँ मत जाओ। इसके बजाय, वे केवल शरद पूर्णिमा के दिन सहजानंद स्वामी को केंद्र में रखकर गरबा करते हैं। इस कार्यक्रम की तस्वीरें उनकी विज्ञापनों में शामिल हैं।

९.   आषाढ़ी बीज के दिन, जब जगन्नाथ रथ यात्रा होती है, इस संप्रदाय में उसी दिन सहजानंद स्वामी की रथ यात्रा निकाली जाती है, जिसमें सहजानंद स्वामी को ऊपर और भगवान कृष्ण को नीचे रखा जाता है। BAPS की रथ यात्राओं में, सहजानंद स्वामी की छवि ऊपर, संप्रदाय के नेता नीचे, और भगवान कृष्ण सबसे पीछे होते हैं। गणेश चतुर्थी के समय भी वे ऐसा ही करते हैं, जहाँ सहजानंद स्वामी की मूर्ति या छवि ऊपर होती है और भगवान गणेश नीचे।

▪ धर्मकार्य में कूदने का निर्णय:

यह सारी विकृति मेरे लिए गहरे आघात और हैरानी भरी थी, और में जानता हूँ कि अगर ये तथ्य आप भी पहली बार देख रहे है, तो ये आपके लिए भी ऐसे ही होंगे। निष्कर्ष स्पष्ट था: सहजानंद स्वामी के गुजरात में आगमन से पहले, रामानंद स्वामी द्वारा संचालित उद्धव संप्रदाय कृष्ण भक्ति का पालन करने वाला एक वैष्णव संप्रदाय था। वे "राधे श्याम गोविंद" का जप करते थे, और अनुयायी "हरी भक्त" के रूप में जाने जाते थे, क्योंकि भगवान कृष्ण श्रीहरि भगवान विष्णु का अवतार हैं। लेकिन रामानंद स्वामी के देह छोड़ने के बाद, सहजानंद स्वामी के नेतृत्व में, कृष्ण भक्ति के लिए "स्वामिनारायण" नामक एक नया मंत्र शुरू किया गया। १८२४ में सहजानंद स्वामी ने शिक्षापत्री की रचना की, जिसमें उन्होंने घोषणा की कि पूर्णपुरुषोत्तम भगवान श्रीकृष्ण ही उनके आराध्य देव और सर्वोच्च भगवान हैं, और भगवान श्रीकृष्ण की मूल आराध्य के रूप में पूजा के साथ पंचदेव उपासना करने का निर्देश दिया। यह वैष्णव परंपराओं के अन्य प्रथाओं के समान था, जहाँ भगवान विष्णु या कृष्ण मुख्य देव होते हैं और अन्य चार देव उनके रूप होते हैं। हालांकि, १८२४ के बाद परिवर्तन हुआ

जिसने इस संप्रदाय को सनातन हिंदू धर्म के स्वरूप से दूर कर दिया। और वह विचलन इस संप्रदाय के विभिन्न वचनामृतों में दिखाई देता है। या तो सहजानंद स्वामी स्वयं भ्रष्ट हो गए थे, या बाद के शिष्यों ने इस विकृति को संप्रदाय में जोड़ा; ये दो संभावनाएँ हैं। इस पुस्तक के अध्याय १० और ११ इस भ्रम से कुछ तस्वीरें साफ़ करते हैं।

वेदों में, नारायण भगवान विष्णु का नाम है। ऋग्वेद में विष्णु को सर्वोच्च देवता के रूप में उच्च स्थान दिया गया है। यजुर्वेद में उल्लेख है कि विष्णु के चरणों से जल (नीर) प्रकट होने के कारण उन्हें नारायण कहा जाता है। इसलिए, विष्णु मुख्य नाम है, और इसी कारण विष्णु पुराण मौजूद है, न कि नारायण पुराण। यहाँ पर यह संप्रदाय चीजों को विकृत करना शुरू करता है। भगवान विष्णु के नाम "नारायण" को उनसे अलग किया जाता है, और एक नए देवता "स्वामिनारायण", जो की वर्ष १७८२ में जन्मे घनश्याम पांडे है उनको वैष्णव आधार देकर सारे सनातनी इश्वरो का सर्वोपरि इश्वर बना दिया जाता है। चूंकि इस संप्रदाय के कृष्ण भक्तों को हरी भक्त कहा जाता था, घनश्याम पांडेजी को यह नाम भी दे दिया गया। इस तरह भगवान विष्णु से संबंधित नाम हरि और श्रीजी को इस नए बनावटी भगवान स्वामिनारायण, या सहजानंद स्वामी के लिए अपनाया गया। इसके बाद, एक रणनीति विकसित हुई जिसमें पूरे सनातन धर्म को इस नए देवता के अधीन लाने का प्रयास हुआ, जिससे मूल परंपराओं को मिटा दिया गया और इसमें इस्लाम और ईसाई धर्म के स्वरूप को शामिल किए गए।

इस संप्रदाय का यह परिवर्तनकारी आंदोलन इस प्रकार का है कि इसके अनुयायियों को स्वामिनारायण के अलावा किसी अन्य देवता की पूजा करने या किसी अन्य देवता की मूर्ति या चित्र रखने की अनुमति नहीं है। BAPS में, केवल स्वामिनारायण और उनके शिष्य गुणातीतानंद स्वामी की जोड़ी वाली मूर्तियों के साथ संस्था के प्रमुखों की मूर्ति की ही अनुमति है। उन्हें अन्य वैदिक देवताओं की पूजा से मना किया जाता है, और इस प्रतिबंध को सख्ती से लागू करने के लिए सनातन धर्म के देवताओं का अक्सर साहित्य और प्रवचनों में मजाक उड़ाया जाता है, और उन्हें नीचा दिखाया जाता है। इसका उद्देश्य परंपरागत देवताओं की पूजा में झिझक और हीन भावना उत्पन्न करना है। भगवान विष्णु, शिव और देवी शक्ति से जुड़े हिंदू समाज के सभी त्योहारों को इस संप्रदाय द्वारा उनके नए देवता से जोड़ दिया गया है। यह संप्रदाय एक भयानक खतरा पैदा करता है क्योंकि, जहाँ इस्लाम या ईसाई धर्म की तरह अल्लाह या यीशु मसीह जैसे किसी इश्वर को सीधे तौर पर पेश नहीं किया जाता। यह संप्रदाय हिंदू देवताओं का सम्मान

करने का दिखावा करता है और धीरे-धीरे उन वैदिक देवी देवताओ को एक नए सर्वोपरि इश्वर से जोड़ते हुए हिंदुओं को उस बनावटी सर्वोपरि देवता में कैद कर लेता है। समय के साथ, हिंदू अपने वैदिक देवताओं को स्वयं छोड़ने लगते हैं, उनको हीन समझने लगते है, और उनका अपमान करने लगते है। यही असली खतरा है: हिंदू धर्म से की गई एक भितरघात, जो शास्त्रों और धर्म के स्वरूप में विकृति लाकर की गई है। हमने इस विकृति की उत्पत्ति का पता लगाया है, जिसे हम इस पुस्तक में आगे और गहराई से जानेंगे।

तो, इस समझ के साथ, मैंने इस युध्ध में कूदने का निर्णय लिया। तारीख थी १५ दिसंबर २०२२, प्रमुख स्वामी के १०० वें जन्म जयंती महोत्सव के उद्घाटन का दूसरा दिन।

अध्याय ३

शंखनाद

प्रधानमंत्री नरेंद्र मोदी ने उस महोत्सव का उद्घाटन किया। एक महीने तक चलने वाले प्रमुख स्वामी जन्म शताब्दी महोत्सव ने अहमदाबाद में गुजरात की जनता के लिए एक नए आकर्षण का रूप ले लिया। यह वही भीड़ थी जो अपने वीकेंड में घुमने फिरने संप्रदाय के मंदिरों में जाया करती थी, जो मजेदार पार्कों और पर्यटक स्थलों की तरह होते हैं। अब उनके पास एक और स्थान उपलब्ध हुआ था जहाँ वे महीने भर सेल्फी ले सकते थे और सोशल मीडिया पर पोस्ट कर सकते थे। पहले दिन प्रधानमंत्री नरेंद्र मोदी ने उद्घाटन किया। अभी आगे भारत के गृह मंत्री अमित शाह आने वाले थे, राष्ट्रीय स्वयंसेवक संघ के प्रमुख मोहन भागवत और विदेश मंत्री एस. जयशंकर आने वाले थे, तो रेलवे मंत्री अश्विनी वैष्णव भी वहां आकर अक्षरधाम नामक एक ट्रेन समर्पित करने वाले थे। साथ ही गुजरात से कई प्रसिद्ध कलाकार, संत और प्रमुख व्यक्ति भी आनेवाले थे। पहले दिन नरेंद्र मोदी की उद्घाटन की तस्वीरें और वीडियो सोशल मीडिया पर फैल गईं, और प्रमुख स्वामी की प्रसंशा करने का एक उन्माद सा फैला हुआ था। ऐसा लग रहा था कि अब केवल उन्हें भगवान घोषित करने की बात बची है।

हालाँकि, इसके बीच में, पिछले अध्याय में जो सत्य हमने जाने, उनमे से कुछ बयां और लेखन विवाद खड़ा कर चुके थे। तो, इस सत्य से परिचित सनातनियों का एक धडा ऐसा भी था जो इन महोत्सवों की चकाचांद के पीछे की विकृति जानते थे। पर उनकी हालत थेनोस से हारे हुए उन एवेंजर्स की टीम की तरह थी, जो टूटे हुए दिल से बस इस वक्त के गुजरने का इन्तजार कर रहे थे। जिस राजनीतिक दल और लोकप्रिय नेता को उन्होंने हिंदुत्व के नाम पर वोट दिया था, और जिन संगठनों का वे सम्मान करते थे, वे सभी इस महोत्सव में

गहरे रूप से डूबे हुए थे। बस, कुछ ऐसे ही वक़्त पर, महोत्सव के दूसरे दिन, नरेंद्र मोदी के उद्घाटन की उसी फोटो के साथ, मैंने इस कार्य पर अपना पहला लेख फेसबुक पर प्रकाशित किया।

▌ शीर्षक: प्रमुख स्वामी महाराज की १००वी जयंती के अवसर पर, स्वामिनारायण संगठनों को हिंदू समुदाय का संदेश

१५ दिसंबर २०२२ / फेसबुक

"सबसे पहले, मैं प्रमुख स्वामी महाराज की १००वीं जयंती पर उनके दिव्य आत्मा को नमन करता हूँ और प्रार्थना करता हूँ कि यह दिव्य आत्मा दुनिया को सत्य का असली सार उजागर करने के लिए प्रेरित करे। यह प्रार्थना इसलिए आवश्यक है क्योंकि बड़े पैमाने पर किए जा रहे महोत्सव और राजनीतिक एवं वाणिज्यिक भागीदारी उस विकृति से ध्यान नहीं हटा सकती जो प्रमुख स्वामी महाराज के निधन के बाद सामने आई हैं। इसलिए, मैं BAPS, जो स्वामिनारायण संगठनों में सबसे सफल हुआ है, इस महीने भर के महोत्सव के दौरान गहरा आत्म-चिंतन करे, और कमसे कम अपने लेखन और अपने सन्यासी सदस्यों के मन से उन विकृत अनुच्छेदों को साफ करे जो सनातन धर्म के सर्वोच्च देवताओं शिव, राम और कृष्ण का अपमान करते हैं।

सनातन धर्म के कई संप्रदाय हैं, लेकिन कोई भी संप्रदाय अपने सम्मानित गुरु या संस्थापक को शिव या विष्णु से ऊपर रखने की इच्छा नहीं रखता। वे सभी सनातन धर्म के मौलिक सिद्धांत को समझते हैं, वह मूल ऊर्जा जिसे ब्रह्म कहा जाता है, जो सृष्टि के आरंभ में मूल ज्योति पुंज के रूप में था, वही कालक्रम से शिव और महाविष्णु के रूप में प्रकट हुआ। और उस महाविष्णु की नाभि से अनगिनत ब्रह्मा उत्पन्न हुए, जिनमें से प्रत्येक ब्रह्मा ने अपना स्वयं का ब्रह्मांड रचा। इस प्रकार, यह सृष्टि जो ब्रह्म से ही युक्त और व्याप्त है, उस ब्रह्म का सर्वोच्च रूप महाविष्णु और शिव ही है। उनसे ऊपर इस सृष्टि में और कुछ नहीं है। इसलिए, कोई भी दिव्य व्यक्ति जो इस दुनिया में प्रकट होता है, वह या तो महाविष्णु या शिव की दिव्यता लिए हुए होता है। यही कारण है कि सनातन धर्म के सभी संप्रदायों में, उन संप्रदायों के संस्थापकों को अधिकतम शिव या विष्णु के अवतार या अंश के रूप में सम्मानित किया गया है। ऐसे कई शिव और विष्णु के अवतार वर्तमान में पूजे जा रहे हैं। लेकिन आपका संप्रदाय अपने संस्थापक को विष्णु के अवतार के रूप में घोषित नहीं करता। इसके बजाय, आप उसे सनातन धर्म और संपूर्ण ब्रह्मांड की संरचना से बाहर रखकर उसे शिव

और विष्णु दोनों से ऊपर के शासक के रूप में स्थापित करते हैं। यह व्यक्ति जिसकी मृत्यु को अभी दो सो वर्ष भी नहीं हुए है। राणा प्रताप ने मा भवानी की और शिवाजी ने हर हर महादेव की हुंकार लगाते हुए सनातन धर्म को जीवित रखने के लिए संघर्ष किया था, और अब आप किसी ऐसे व्यक्ति को जो उनसे बाद में जन्मा है, सनातन धर्म के उन सारे आराध्य देवों पर कीसी तानाशाह शासक के रूप में बिठाना चाहते है। कितना हास्यास्पद और घृणित है ये। इस महीने भर के प्रमुख स्वामी महाराज के जन्मशताब्दी महोत्सव के दौरान, BAPS को यह स्पष्ट करना चाहिए कि वे स्वामिनारायण संप्रदाय के अन्य हिस्सों के समान यह विकृत दृष्टिकोण रखते हैं या नहीं। यदि नहीं, तो वे स्पष्ट करे की सहजानंद स्वामी जिन्हें वे भगवान स्वामिनारायण भी कहते हैं उन्हें भगवान शिव और भगवान विष्णु के सापेक्ष किस दृष्टिकोण से देखते हैं?

"यह स्पष्टीकरण इसलिए आवश्यक है क्योंकि जिन विदेशी संप्रदायों के खिलाफ यह हिंदू समाज लड़ता है, वे भी सनातन धर्म के आराध्यों के बारे में इतनी घृणित बात नहीं कहते जो आपके भगवा-वस्त्रधारी सदस्य नियमित रूप से कहते हैं। अब तक किसी मुसलमान या ईसाई ने हमारे हिंदू देवताओं के बारे में इतनी अनादरपूर्ण बातें कहने की हिम्मत नहीं की, जितनी आपके सदस्य बार-बार कहते हैं, या जैसी आपके पुस्तको में लिखी हुई है। विदेशी धर्म यह दावा करते हैं कि उनका भगवान ही सच्चा है और हमारे देवता झूठे हैं। आप यह कह रहे है कि हां, हमारे सभी देवता हैं, लेकिन वे केवल आपके इस नए भगवान के सेवक मात्र हैं, इसलिए वे पूजने योग्य नहीं है, और पूजा सिर्फ इस नए भगवान की ही होनी चाहिए। और इससे आगे बढ़कर फिर आप उन सारे वैदिक देवी देवताओं का भद्दा अपमान करते है। तो बताइए, आप में और उन विदेशी संप्रदायों में हम किसे अपना बड़ा शत्रु माने? हमारे लिए कौन सा चुनाव कम अपमानजनक होगा?

इसलिए, केवल अपने मंदिरों में राम, कृष्ण और शिव-पर्वती की मूर्तियाँ लगाकर चुप न रहें। अपने लेखन से उन विकृतियों को हटाएँ, जिन्होंने उन्हें इस तरह चित्रित किया है, और सनातन धर्म के ढांचे के भीतर आ जाएं। किस हिंदू को विष्णु-नारायण, जो ब्रह्मांड के शासक हैं, उनसे भला समस्या होगी? हर कोई उनका भक्त है। यहाँ तक कि आपके सहजानंद स्वामी, जिन्होंने 'स्वामिनारायण' मंत्र दिया, वह भी शिक्षापत्री में स्वयं को कृष्ण का भक्त बताते है। आपके मंदिरों में जो मूर्तियाँ हैं, वे भी मूल रूप से नारायण कृष्ण की थीं। लेकिन फिर आपने सहजानंद स्वामी को स्वयं नारायण बना दिया और कृष्ण की मूर्तियों को उनकी

घोषित कर दिया। इसे भी हम कुछ हद तक सहन कर सकते हैं, यह सोचकर कि आप उन्हें भगवान कृष्ण के एक छोटे अंश के रूप में पूजते हैं। लेकिन नहीं, आपके लेखन और आपके साधुओं के प्रवचनों से पता चलता है कि आपने नारायण श्री विष्णु और पंचदेव से ऊपर एक स्थान ढूंढ लिया है और सहजानंद स्वामी को वहाँ बैठा दिया है, उन्हें 'स्वामिनारायण' नाम दिया है। आपने महादेव शिव को भी एक ऐसे पतित देवता के रूप में चित्रित करना शुरू कर दिया है, मानो वे सिर्फ नशेड़ियों के साथी हैं।

गुजरात बहार के भारत के बाकी हिंदू समाज को अभी इस अपमान का पता नहीं है, जो उनके शिव और नारायण श्रीविष्णु के साथ किया गया है। जब उन्हें पता चलेगा, तो जो तूफान उठेगा, उसे आप सहन नहीं कर पाएंगे।

हां, हम यह भी जानते हैं कि आप अपने धन का उपयोग करके हमारे हिंदू संगठनो में अपनी पेंठ जमा ली है। लेकिन उन्हें भी आपकी वास्तविकता नहीं पता। वे बाकी के गुजराती हिंदू समाज की तरह यही समझते हैं कि 'स्वामिनारायण' का 'नारायण' उनके विष्णु नारायण है। शायद अब तक मोदीजी भी इस बात से अनजान हैं। लेकिन अब कुछ भी छिपा हुआ नहीं है। इसलिए लोगों को अंधकार में रखने की कोशिश बंद करें और प्रमुख स्वामी महाराज के जीवन को बार–बार पेश करके भ्रमित न करें। स्पष्टता प्रदान करें। यदि आप ऐसा नहीं करते, तो इसका मतलब होगा कि आप भी वही मानते हैं जो आपके संप्रदाय के बाकी के गुट मानते है, लेकिन इसे सीधे तौर पर कहने से बच रहे हैं ताकि हिंदू समाज में गहराई तक प्रचार कर सकें।

✹   **नैतिकता:**

जिस किसी में एक साधारण व्यक्ति की सात्त्विक प्रकृति भी होती है, वह कभी किसी दूसरे के आराध्य का अपमान करने की कल्पना नहीं करता। जब आप भक्ति में लीन होते हैं, तो आपका मन केवल प्रेम पर केंद्रित होता है। लेकिन जब आपका ध्यान दूसरों के देवता को नीचा दिखाने पर होता है, तो समझ लें कि आपका मन न तो अपने देवता पर है और न ही भक्ति पर। यह ईर्ष्या, घृणा और सत्ता की वासना से भरा हुआ है। आप अपने देवता का उपयोग दूसरों पर सत्ता और श्रेष्ठता पाने के साधन के रूप में कर रहे हैं। यदि आप केवल इस आध्यात्मिक समझ पर भी ध्यान देंगे, तो आपकी भ्रष्ट मनोस्थिति स्पष्ट हो जाएगी।

✳

इस लेख को काफी अच्छी प्रतिक्रिया मिली। संघ और भाजपा में मेरे

दोस्तों के बीच इसे लेकर कई तरह की प्रतिक्रियाएँ थीं। कुछ करीबी दोस्तों ने तुरंत संदेश भेजा, "मुझे हमेशा लगता था कि इस संप्रदाय में कुछ गड़बड़ है। हम हाल ही में अमेरिका में एक स्वामिनारायण मंदिर गए थे, और वहाँ केवल स्वामिनारायण की ही चर्चा हो रही थी, जैसे और कोई है ही नहीं। यह अजीब लगा।" वहीं, कुछ लोग इस लेख से हैरान रह गए, क्योंकि वे भी प्रमुख बापा की प्रशंसा में डूबे हुए थे और इस संप्रदाय से जुड़े होने पर गर्व महसूस करते थे। कुछ संघ और भाजपा के करीबी मित्रों ने जब वे व्यक्तिगत रूप से मिले तो कहा, "साहब, आपने एक महत्वपूर्ण मुद्दा उठाया है। यह आवश्यक है। यह लोग बहुत क्लिष्ट है।"

दूसरी ओर, गुजरात भर से मुझे अलग-अलग प्रकार के संदेश प्राप्त हो रहे थे। इस लेख के कारण कई नए सनातनी योद्धा मेरी टाइमलाइन पर आए। ये लोग संप्रदाय से प्रभावित लोगों द्वारा इस लेख के जवाब में की जा रही टिप्पणियों का उत्तर पिछले अध्याय में साझा की गई सामग्री, वीडियो और छवियों से दे रहे थे। इन निराश योद्धाओं में से कुछ ने लिखा, "साहब, हमने बहुत कुछ कहा और किया, लेकिन कुछ भी काम नहीं करता। इस भ्रष्ट संप्रदाय को सत्तारूढ़ पार्टी और हिंदू संगठनों से मजबूत समर्थन प्राप्त है।" इसके नीचे एक अन्य योद्धा उत्तर देता, "नहीं, नहीं। इस लेख के स्तर को देखिए। यह एक अलग ही स्तर पर है। हम तो केवल गालियाँ देते हैं। हमें अब इसी तरह बात करनी होगी, तो लोग सुनेंगे।"

कुल मिलाकर, प्रतिक्रिया अच्छी थी। ऐसा लगा कि आम हिंदुओं को वही मिला जिसकी उन्हें तलाश थी। उन्हें भी लगता था कि ऐसी बातें सार्वजनिक रूप से नहीं कही जा सकतीं। कुछ लोग क्षणभर के लिए हैरान थे और देखना चाहते थे कि आगे क्या होगा।

आगे यह हुआ कि संघ प्रमुख मोहन भागवतजी ने इस उत्सव में भाग लिया। जबकि संप्रदाय के लोग नरेंद्र मोदी की तस्वीरों को इस प्रकार दिखा रहे थे जैसे वे इस संप्रदाय की विज्ञापन के ब्रांड एंबेसडर हों। सनातनियों के पास पहले से ही मोदी के आसाराम बापू के साथ और मुस्लिम व ईसाई आयोजनों में उपस्थिति की तस्वीरें और वीडियो थे, जिससे यह जवाब दिया जाता था की एक नेता को सबके साथ तालमेल बिठाना होता है। और सिर्फ इसलिए कि कोई नेता किसी आयोजन में जाता है, इसका मतलब यह नहीं है कि वहां का कोई पामर मनुष्य सर्वोपरि भगवान बन जाएगा। लेकिन जब मोहन भागवतजी वहाँ गए, तो इस तरह के स्पष्टीकरण देने का कोई तर्क नहीं बचा। उस दिन, मैंने एक और लेख लिखा।

■ शीर्षक: क्या ये हिंदू संगठन और हिंदू राजनीतिक दल स्वामिनारायण संप्रदाय की सच्चाई जानते हैं?

२२ दिसंबर २०२२ / फेसबुक

"मोदीजी ने वहाँ कहा, 'हर जीव में शिव है।' मोहन भागवतजी ने कहा, 'संत तुकाराम कहते थे कि वैकुंठवासी (श्री विष्णु) को धरती पर उतरना पड़ता है ताकि ऋषियों की बात सत्य सिद्ध हो सके।' सनातन धर्म के इन दो सर्वोच्च स्तंभों (शिव और विष्णु) की महानता पर प्रकाश डालते हुए, क्या इन दोनों सम्मानित व्यक्तियों ने इस संप्रदाय की वास्तविकता को पूरी तरह जानने की कोशिश की थी? – अब बस यह मूल प्रश्न ही है जो बाकी रहता है। क्योंकि यहाँ वैकुंठ का कोई महत्व नहीं है, और उसके बजाय, स्वामिनारायण नामक एक नए भगवान का अक्षरधाम सबसे ऊपर का अंतिम स्थान है। यहाँ विष्णु और शिव को छोटे देवताओं के रूप में इस नए भगवान से आठवें स्तर पर रखा गया है। ये दोनों देवता अन्य वैदिक देवी देवताओं के साथ अक्षरधाम में दरबारियों के रूप में खड़े होते हैं और स्वामिनारायण को प्रणाम करते हैं। केवल वही लोग जो पृथ्वी पर इस संप्रदाय के भीतर रहे हैं, वहाँ जा सकते हैं। जो लोग शराब या अन्य बुराइयों में लिप्त हुए हैं, वे शिव के धाम कैलाश में चले जाते हैं। बीएपीएस की किताबों के अनुसार, वैकुंठ, गोलोक, या काशी जाने पर त्रिविध ताप का सामना करना पड़ता है, और सच्ची मुक्ति केवल अक्षरधाम में ही मिलती है। अक्षरधाम की तुलना में ये अन्य क्षेत्र नर्क तुल्य हैं। समय आ गया है कि इस संप्रदाय की सच्चाई पूरे संघ परिवार और राष्ट्र के सनातनी हिंदू समाज को ज्ञात हो जाए।

बीएपीएस के लोग अपने स्वामी भद्रेशदास को बेंगलुरु से संस्कृत में पीएचडी दिलवाने की व्यवस्था कर चुके हैं और अब वे यह प्रचारित करने का प्रयास कर रहे हैं कि उन्होंने भारतीय दर्शन के छह प्रमुख वेदांत दर्शन के बाद एक कपोल कल्पित 'सातवां दर्शन' 'अक्षर पुरुषोत्तम दर्शन' विकसित किया है। यह पिछले चार-पाँच वर्षों से चल रहा है। धीरे-धीरे, वे इसे काशी में मान्यता दिलाने के प्रयास कर रहे हैं, ताकि अन्य दर्शनों के समकक्ष इसे स्थान दिलाया जा सके। यह दर्शन उनके उसी विकृत चार्ट को सनातन धर्म में मान्यता दिलाने की कोशिश है, जिसमें स्वामिनारायण को साकार परमब्रह्म के रूप में सबसे ऊपर रखा गया है, उसके बाद उनके संस्था प्रमुख आते है, फिर उनके अन्य स्वामी और अनुयायी अक्षर मुक्त के नाम से आते है, फिर प्रधान पुरुष और विराट पुरुष जैसे कोई साकार रूप है जिनके नाम सांख्य दर्शन और पुराणों से लिए गए है, उनके बाद सातवे-आठवे स्थान पर ब्रह्मा, विष्णु, और महेश को रखा गया है। लेकिन

उनकी सोच में एक दोष है सनातन धर्म के किसी भी संप्रदाय में, अगर साकार परमब्रह्म को सर्वोच्च रूप में दिखाया जाता है, तो वह हमेशा शिव, विष्णु या पंचदेव में से किसी एक रूप में होता है।

सनातन धर्म की नींव के अनुसार, परमब्रह्म के साकार रूप मुलत: केवल विष्णु, शिव, शक्ति, गणेश और सूर्य देव या ब्रह्मा ही हो सकते हैं, जो पंचदेव के समूह से आते हैं। ये लोग स्वामिनारायण को एक साकार भगवान के रूप में प्रस्तुत कर रहे हैं और उन्हें परमब्रह्म कह रहे हैं। लेकिन सनातन हिंदू धर्म में परमब्रह्म एक निराकार सत्ता है, जो 'ओम' के रूप में अभिव्यक्त होती है। जब यह निराकार परमब्रह्म साकार रूप लेता है, तो वह शिव, विष्णु, शक्ति, सूर्य और गणेश के रूप में प्रकट होता है। ये लोग पंचदेव के ऊपर एक मानव को खड़ा कर रहे हैं और इस मानव को पुरे सनातन धर्म का एकमात्र पूजने लायक इश्वर बता रहे हैं। यहीं पर ये लोग वैदिक और सनातन धर्म की सीमाओं से बाहर चले जाते हैं।

यह बिल्कुल वैसा ही है जैसा प्राचीन अरब समाज के देवी-देवताओं के साथ हुआ, जहाँ सभी अन्य देवी-देवताओं के ऊपर एक नया सर्वोच्च इश्वर 'अल्लाह' दिया गया और इस्लाम नाम का नया धर्म बनाया गया। इसी तरह, यहूदी समाज के देवी-देवताओं में यीशु के पिता गॉड को एकमात्र सर्वोच्च इश्वर बनाकर ईसाई पंथ की स्थापना की गई। ये लोग हिंदू धर्म के स्वरूप को बदलने का प्रयास कर रहे हैं, जिसमें वर्तमान देवताओं के ऊपर एक सर्वोच्च भगवान को बैठा दिया गया है। फर्क यह है कि इस्लाम और ईसाई धर्म ने अपने समाज के पुराने देवताओं को पूरी तरह खारिज कर दिया, जबकि इन लोगों ने पुराने देवताओं को अपने सेवक और अधीनस्थ के रूप में रखा है। क्योंकि इनके मंदिरों में केवल स्वामिनारायण के लिए कोई नहीं आता। उनके मंदिरों में जो भीड़ आती है, वह हनुमान, राम, कृष्ण और शिव के लिए आती है, जिन्हें उन्होंने अपने राजस्व अर्जन के लिए सेवक बनाकर रखा है। और वे इस पैसे का उपयोग वैदिक इश्वरो को नष्ट करनेवाले अपने इस्लामी और ईसाई जैसे धार्मिक मॉडल को फैलाने के लिए कर रहे हैं।

✳

■ उन गुजरातीयों के नाम संदेश जो पद, पैसे और प्रतिष्ठा के लिए अपने धर्म और आराध्य देवों को गिरवी रखने को तैयार हैं

९ जनवरी २०२३ / फेसबुक

जब अंग्रेज भारत आए, तो उन्होंने इसी तरह शुरुआत की। राजाओं और प्रभावशाली लोगों की प्रशंसा करके, उन्हें उपहार, खिताब और सम्मान देकर, उन्होंने उन्हें अपने नियंत्रण में ले लिया। उनकी शक्ति का उपयोग करके उन्होंने बाकी आम जनता पर शासन स्थापित किया। और एक बार जब उन्होंने देश के प्रशासन पर कब्जा कर लिया, तो उन्होंने उन राजाओं और प्रभावशाली लोगों पर भी अपना वर्चस्व और अत्याचार स्थापित कर दिया। यही मॉडल अंग्रेजों ने भारत में अपनी सत्ता स्थापित करने के लिए उपयोग किया, और यही मॉडल उनकी सत्ता को बनाए रखता था। आज भी यूरोप और अमेरिका की वामपंथी लॉबी इस मॉडल का उपयोग करके दुनिया भर में अपनी कहानियाँ हावी करती है। स्वामिनारायण संप्रदाय, विशेष रूप से बीएपीएस संगठन, बिल्कुल इसी तरह काम करता है।

ये लोग आज के लेखकों, डॉक्टरों, राजनेताओं, और टीवी हस्तियों को अपने आयोजनों में भाषण देने के लिए आमंत्रित करते हैं, या उनके स्थानों पर जाकर उन्हें पुरस्कार और सम्मान देते हैं, जिससे वे संप्रदाय की प्रशंसा करने लगते हैं और आम जनता को भ्रमित कर देते हैं। यह मॉडल बिल्कुल वही है जो अंग्रेजों ने अपनाया था। इसी मॉडल के तहत प्रमुख स्वामी ने अब्दुल कलाम के साथ एक बैठक आयोजित की थी, जहाँ उन्होंने अपनी कोमल धार्मिक बातों से भोले-भाले डॉ. कलाम को एक किताब लिखने के लिए प्रेरित किया। किताब के कवर को खूब प्रचारित किया गया, लेकिन उन नकली मंदिरों की तरह, उस किताब का प्रभाव भी खोखला और अप्रभावी रहा। एक तरह से अब्दुल कलाम की सभी प्रभावशाली किताबों के बिच वह किताब बेजान ही रही।

इसी धोखे के तहत, आज गुजरात में प्रधानमंत्री नरेंद्र मोदी के करीबी माने जाने वाले सभी लोग बीएपीएस के प्रभाव में ले लिए गए हैं। यह दर्शाता है कि आज भी भारतीय उतने ही पद, पैसे और प्रतिष्ठा के भूखे हैं कि नाम और धन प्राप्त करने के लिए अपने धर्म और भगवानों को भी गिरवी रख सकते हैं। आज भी इन प्रभावशाली व्यक्तियों के जीवन और चरित्र में इतनी खोखलाहट है कि 'मैं कुछ हूं' इस स्वीकृति के लिए वे ऐसे दुष्ट इरादे रखने वाले चाटुकारों से खरीदे जा सकते हैं और आम जनता को एक और गुलामी में धकेल सकते हैं।

जहां इनकी पकड़ नहीं होती, वहां इस संप्रदाय की शुरुआत डॉक्टरों और

व्यापारियों को अपने यहाँ उनके संप्रदाय की तस्वीरें लगाने और माथे पर उनका तिलक कराने से की जाती है। और फिर उन डॉक्टरों और व्यापारियों को ग्राहक देने का प्रयास किया जाता है। अपने यहाँ पुरस्कार और सम्मान देकर उन्हें बड़ा बनाया जाता है, ताकि उनके पीछे अन्य डॉक्टर, व्यापारी और आम जनता संप्रदाय में खिंची चली आए। इसी तरह समाचार पत्र के कॉलम लेखकों और छोटे-बड़े नेताओं को अपने साथ जोड़ा जाता है और बड़ा किया जाता है। और अब यह राष्ट्रीय स्वयंसेवक संघ (आरएसएस) में कट्टर मुस्लिम विरोध की आड़ में मिल रहे हैं या मिल चुके हैं। इसकी शुरुआत २०१५ के आसपास आरएसएस की राष्ट्रीय स्तर की बैठक कच्छ के स्वामिनारायण मंदिर में कराकर हुई थी। संप्रदाय जानता है कि संघ में बहुमत बढ़ाना यानी बीजेपी के रूप में देश-राज्य की सत्ता पर कब्जा पाना और बौद्धों व ईसाइयों की तरह सत्ता के रास्ते अपने संप्रदाय को पूरे देश में स्थापित कर देना।

लेकिन यह संप्रदाय क्या है, इसे जानने या समझने की कोशिश आज तक किसी डॉक्टर, व्यापारी, लेखक, या नेता ने नहीं की। उन्होंने बस स्वयं को मिलने वाले पद, पैसे, प्रतिष्ठा और वोट के लाभ पर ही ध्यान दिया है। और यह संप्रदाय क्या है? जब से सनातन हिंदू सभ्यता इस धरती पर जन्मी है, तब से आज तक में उत्पन्न हुआ एकमात्र ऐसा समूह – जो न केवल अपने संस्थापक को, बल्कि समय-समय पर आने वाले उस संस्था के प्रमुख को भी नारायण श्रीविष्णु और महादेव शिव का बॉस यानी सृष्टि का सर्वोपरी भगवान बताता है। हिंदू सनातन धर्म के शास्त्रों में दिए गए अध्यात्म और धर्म के स्वरूप का उल्लंघन कर, वे हिंदू ईश्वरों का अपमान करते हैं, लेकिन फिर भी कथाएं हिंदू शास्त्रों की ही करते हैं। यहां मुक्ति मनुष्य को परब्रह्म में विलीन नहीं करती। यहां मुक्ति पाने वाली आत्मा साकार रूप में स्थित परब्रह्म यानी उनके संस्थापक और उनके नीचे अक्षर रूप में स्थित उनके प्रमुखों की सेवा करने के लिए बाध्य होती है। मतलब, संसार से मुक्ति अक्षरधाम नामक स्वर्ग में बैठे एक सर्वोच्च ईश्वर की गुलामी है। बिल्कुल वैसा ही जैसा इस्लाम में कुरान के आदेशों का पालन करने के बाद मरने वाले सच्चे मुसलमान को मिलता है और बाइबल के आदेशों के अनुसार जीने के बाद मरने वाले ईसाई को मिलता है।

हिंदू सनातन धर्म के स्वरूप को छिन्न-भिन्न कर, उसके तत्वज्ञान के मूल को समझे बिना उसके सर्वोच्च इष्टों का अपमान करके भी उन्हें कहलाना हिंदू ही है ताकि हिंदुओं की आंखों में धूल झोंककर उनके पूरे समाज का चुपके से मतांतरण किया जा सके। उनके बाल साहित्य में सनातन धर्म के सर्वोच्च त्रिदेव

का लगातार अपमान करने वाली कथाएं बच्चों के मन में भरी जा रही हैं। और हमारे गुजरात का ऊपर बताया गया वह प्रभावशाली वर्ग बस स्वयं को मिलने वाले थोड़े प्रशंसा और मान-सम्मान के लालच में आम हिंदू जनता पर इन लोगों की गुलामी थोपने का मार्ग तैयार कर रहा है।

जाग जाइए मित्रों। जिन अंग्रेजों और मुसलमानों से लड़कर स्वतंत्र हुए हैं, उन्हीं के स्वरूप को हिंदू समाज पर थोपकर उसे फिर से पराधीन बनाने की कोशिश करने वाले लोगों के आप सहयोगी बन रहे हैं। यहीं रुक जाइए, अपने इतिहास के प्रति सतर्क हो जाइए। एक न एक दिन इन लोगों को जागरूक हिंदू समाज हराकर बिठा देगा, बस यह सोचिए कि उस दिन यह समाज और आपके ही वंशज आपको किस रूप में याद करेंगे? सनातन धर्म के खिलाफ हुए इस भ्रष्ट अतिक्रमण के विरुद्ध लड़ने वाले नायकों के रूप में या उस अतिक्रमण को अपनी क्षणिक प्रशंसा के लिए ताकत देने वाले कायर और धर्मद्रोही व्यक्तियों के रूप में? संघ में भी जहां कहीं ये लोग दिखें, संघ के सनातन हिंदू धर्म के अनुयायी उन्हें सीधे सवाल पूछना शुरू करें। भारतीय शास्त्रों के स्वरूप और वर्णनों की बात करके उन्हें यहीं रोकें। यह समाज की बात है, राजनीति की नहीं। तो एक सांस्कृतिक और सामाजिक संगठन के रूप में संघ की जिम्मेदारी इस स्थिति में यहीं है। राजनीति और बीजेपी को इससे दूर रहने दें, लेकिन हर व्यक्ति (नेता और मंत्री भी) एक सनातनी हिंदू के रूप में व्यक्तिगत रूप से इन भ्रष्ट और विकृत लोगों के सामने अपने धर्म के सच्चे स्वरूप और तत्वज्ञान को कहना शुरू कर दे। अब, यह मौन रहने का समय नहीं है। अब मौन रहने वाले इतिहास में उसी स्थान पर दिखाई देंगे जिस स्थान पर अंग्रेजों और इस्लामी आक्रमणकारियों से लड़ने वाले नायकों के विरोध में अपने व्यक्तिगत स्वार्थ के लिए दुश्मनों का साथ देने वाले गद्दार दिखाई दिए थे।

धर्मो रक्षति रक्षितः

'जो धर्म की रक्षा करता है, धर्म उसकी रक्षा करता है।'

▌ जब हिंदू समाज से उनके नारायण श्रीहरि छीने गए..

१५ जनवरी, २०२३ / फेसबुक

"आइए, बुनियादी जानकारी से शुरू करते हैं: हिंदू शास्त्रों में महाविष्णु के कई नामों में से तीन मुख्य नाम हैं – श्रीहरि, श्रीनारायण और कृष्ण के रूप में

श्रीजी। अब, रामानंद स्वामी गढ़ड़ा में उद्धव संप्रदाय चला रहे थे, जहाँ भगवान कृष्ण की नारायण रूप में भक्ति की जाती थी। जो भक्त आश्रम में आते थे और इस संप्रदाय से जुड़े थे, उन्हें हरि भक्त कहा जाता था, क्योंकि वे नारायण रूप में कृष्ण की पूजा करते थे। यही संप्रदाय सहजानंद स्वामी के हाथों में सौंपा गया, जिन्होंने यह घोषित किया कि पूर्ण पुरुषोत्तम श्रीकृष्ण भगवान उनके मुख्य आराध्य देवता हैं और उन्होंने लोगों को 'स्वामिनारायण' मंत्र दिया, जिससे कृष्ण की भक्ति करते हुए इसे जपने का आग्रह किया। उन्होंने छे मुख्य कृष्ण मंदिर स्थापित किए, जहाँ लक्ष्मी-नारायण और नार-नारायण जैसे कृष्ण के विभिन्न लोगों के साथ संबंधो वाली मूर्तियों की स्थापना की गई। उन अन्य मंदिरों में थे जेतलपुर में रेवती बलदेवजी मंदिर, ढोलका में मुरलीमनोहर देव मंदिर, ढोलेरा में मदनमोहनजी महाराज मंदिर, गढ़ड़ा में गोपीनाथजी महाराज मंदिर, और जूनागढ़ में राधारमण देव मंदिर।

हालाँकि, यह स्पष्ट नहीं है कि इसके बाद भ्रष्टाचार कहाँ से शुरू हुआ, तो आइए सीधे BAPS की वेबसाइट पर उपलब्ध PDF सहजानंद चरित्र पर चलते हैं, जहाँ विकृति बहुत जल्दी शुरू हो जाती है। इसमें लिखा है कि जब सहजानंद स्वामी ने उद्धव संप्रदाय का नेतृत्व संभाला, तो उन्होंने भक्तों को एक स्वामिनारायण मंत्र दिया, जो उनके अपने स्वरूप की प्रशंसा करता है, और फिर श्रीहरि और नारायण शब्दों का उपयोग अपने लिए किया। मान लेते हैं कि उन्होंने स्वयं को विष्णु का अवतार घोषित किया और उस समय के लोगों ने इसे स्वीकार कर लिया। यह दोनों के बीच का व्यक्तिगत मामला हो सकता है। लेकिन इसके बाद, उनके लेखन ने हिंदू शास्त्रों की आध्यात्मिकता, विज्ञान, और रूप को विकृत करना शुरू कर दिया।

यह लिखा गया है कि श्रीहरि स्वामिनारायण का निवास अक्षरधाम है, जहाँ ब्रह्मा, विष्णु, शिव और अन्य सभी वैदिक देवी-देवता उनके सामने झुककर सम्मान देते हैं। इसके आगे यह लिखा गया है कि शिव और विष्णु सहित अन्य सभी देवता स्वामिनारायण के सेवक हैं, जो अक्षरधाम में एक पैर पर खड़े होकर स्वामिनारायण की स्तुति करते है। यह अक्षरधाम वैकुंठ और गोलोक से अलग उससे ऊपर का कोई सर्वोपरि धाम है। यहाँ से यह पूरी तरह से स्पष्ट हो जाता है कि सनातन धर्म की पूरी संरचना को इस नए अतिक्रमणकर्ता के अधीन कर दिया गया है।

मतलब, पूरा हिंदू सनातन धर्म एक नए घुसपैठिए, जिसे स्वामिनारायण नामक भगवान या व्यक्ति के अधीन बनाया गया है, उसका गुलाम है। यह

बाबाजी कौन हैं, उनकी उत्पत्ति क्या है, इसके बारे में हिंदू शास्त्रों में तो कोई वर्णन नहीं मिलता, और BAPS और उनकी अन्य शाखाओं के किसी ग्रंथ में भी इसका उल्लेख नहीं है। उनका यह अक्षरधाम, जो किसी भी हिंदू शास्त्र में नहीं है, अचानक से वैकुंठ और कैलाश से भी ऊपर आकर पूरी सभ्यता के धार्मिक स्वरूप पर कैसे छा गया? हो सकता है कि इस लेख के बाद वे लोग अपनी कल्पनाओं के घोड़े दौड़ाएं और इसके बारे में कुछ और अटपटी बातें लिख डालें। लेकिन फिलहाल तो यह नया भगवान कृष्ण भक्त सहजानंद स्वामी को भगवान विष्णु का नाम चुराकर बनाया गया है। हिंदू शास्त्रों में तो शिव और विष्णु की उत्पत्ति परब्रह्म के ज्योतिर्मय स्वरूप से कैसे हुई, इसका भिन्न भिन्न पुराण में वर्णन है, और उन्होंने सृष्टि की रचना कैसे शुरू की, इसका भी।

तो, मनुष्य बन जाइए भाइयों। एक सामान्य सात्विक व्यक्ति भी, चाहे वह गायत्री का उपासक हो, मां अंबे या कालभैरव का उपासक हो, या राम, कृष्ण, हनुमान, या महादेव शिव का उपासक हो, वह यह सोचने की नीचता नहीं दिखाता कि बाकी देवी-देवता उसके आराध्य से कमतर हैं और उनके सेवक हैं। वह अपनी उपासना और भक्ति को अपने आराध्य पर केंद्रित रखता है और अन्य देवताओं को भी परब्रह्म का स्वरूप मानता है, जैसा कि हिंदू शास्त्रों में बताया गया है। अरे, दस-पंद्रह साल के बच्चों और किशोरों में भी इतनी सात्विकता और दिव्यता होती है कि वे ऐसा सोचने की दिशा में नहीं जाते। लेकिन आप लोगों ने तो चोरी करके एक नया सर्वोच्च भगवान खड़ा कर दिया है और कई ग्रंथों में उस विकृति को पोषित कर लिख दिया है।

एक और बात यह भी कहनी है कि जिन्हें आप अब नए भगवान के रूप में स्थापित करने की तैयारी कर रहे हैं, वे प्रमुखस्वामी भी इन सब बातों को जानते थे और उनकी छत्रछाया में भी यह सब लिखा और आगे बढ़ाया गया।

तो अगली बार जब प्रमुखस्वामी महाराज चंद्रमा या सूर्य में दिखें या किसी चोर को दिखें, तो उनसे जरा यह भी कहिए कि वे सार्वजनिक रूप से आकर यह स्पष्ट करें कि ये विकृत और सनातन हिंदू धर्म विरोधी ग्रंथ किसने रचे और उनके प्रमुख पद के अधीन यह सब कैसे चलता रहा। 'मैं जिस व्यक्ति को मानता हूं, वही सबका सर्वोच्च होना चाहिए, ताकि जो मेरा है वह सब से श्रेष्ठ दिखे' – यह मानसिकता किसी भक्त की नहीं होती। यह सत्ता-लोलुप पाखंडी की मानसिकता होती है। लेकिन इस मानसिकता में इतना आगे बढ़ जाना कि विष्णु से हरि और नारायण को अलग कर पूरे सनातन धर्म पर एक नए भगवान और धाम को स्थापित करने की कोशिश की जाए – इस भारतभूमि के इतिहास में ऐसा करने

और सोचने वाले भ्रष्ट आप अकेले ही दिखे है। और भीतर से आप जानते हैं कि किसी न किसी दिन पूरा हिंदू समाज आपके खिलाफ खड़ा होगा। इसलिए ही तो अपनी हर PDF की शुरुआत में पहले पन्ने पर ऐसी कट्टरता ('जिएंगे श्रीजी के लिए और मरेंगे श्रीजी के लिए') लोगों के मन में भरते हैं, जैसा कि इस्लाम के धर्मग्रंथों में उनके ईश्वर और पयगम्बर के लिए भरा गया है। उनकी तरह, आपको भी समाज को किसी एक व्यक्ति द्वारा लिखी गई किताबों के नियमों में बांधना है और उनकी तरह आपके लोग भी कट्टर बनकर यह बकवास कर रहे हैं कि 'हमारे यहां कहा गया है कि अंत में सिर्फ हम ही बचेंगे, कोई और नहीं।'

सनातन धर्म के किसी शास्त्र में किसी भगवान या पंथ के लिए ऐसी कट्टरता वाली कोई बात नहीं है। कोई भी शास्त्र भगवान के लिए लड़ने या मरने की बात नहीं करता। यह केवल भगवान की भक्ति के मार्ग से आत्मबोध प्राप्त कर आत्मा की मुक्ति और संसार में धर्म की स्थापना की ही बात करता है।

✳

अब, पिछले अध्याय में हम जान चुके हैं कि BAPS के पुस्तकों में सबसे अधिक विकृत बातें लिखी गई हैं। हमने उनके 'अक्षरपुरुषोत्तम उपासना' और सहजानंद स्वामी के तीन चरित्रों की पुस्तक में वे सारी बातें देखी हैं। उनमें से कई बातें गुणातीतानंद स्वामी के विचारों पर लिखी पुस्तक में से ही उसमे लिखी गई है। 'गुणातीतानंद स्वामी की बातें' नामक इस पुस्तक में ही सनातन धर्म के सभी ईश्वरों को नीचा दिखाने वाली सबसे विकृत बातें लिखी गई हैं। और इस पुस्तक की सराहना करते समय प्रमुखस्वामी ने इसकी तुलना ब्रह्मसूत्रों से की थी। सनातन धर्म के जागरूक योद्धाओं ने इस पुस्तक से जुटाई गई जानकारी को इस लेख में एकत्र किया था। मैंने २१ जनवरी, २०२३ को अपनी टाइमलाइन पर इस लेख को साझा किया।

■ प्रमुखस्वामी इन सारी विकृत बातों को जानते थे और उन्हें प्रोत्साहित करते थे, इसका उदाहरण

बीएपीएस स्वामिनारायण संप्रदाय की पुस्तक है 'स्वामी की बातें।' लेखक हैं – गुणातीतानंद स्वामी। कुल पृष्ठ ३८६ हैं। इस पुस्तक को ३ फैरुअ १९९० को प्रमुख स्वामीजी ने आशीर्वाद देते हुए लिखा था:

"गुणातीतानंद स्वामी की बातें अर्थात ब्रह्म सूत्र। अद्भुत बातें हैं। इन बातों का निरंतर पाठ करना चाहिए, जिससे अखंड शांति प्राप्त होगी। सभी लोग इन बातों को चिंतनपूर्वक पढ़ें, ताकि श्रीजी महाराज (सहजानंद स्वामी, जीवनकाल – ३

अप्रैल १७८१ से १ जून १८३०) के सिद्धांत और रहस्य समझ सकें!"

यह पुस्तक स्वामिनारायण मंदिर कुंडलधाम और स्वामिनारायण मंदिर, कारेलिबाग, वडोदरा से भी अक्टूबर २००६ को प्रकाशित हुई थी। इसका नाम है: 'सद्गुरु श्री गुणातीतानंद स्वामीनी बातो।' कुल पृष्ठ ४२८ हैं।

✹ 'स्वामी की बातें' में क्या लिखा गया है?

[१] सहजानंदजी इंद्र, ब्रह्मा, विष्णु और शिव से अनेक-अनेक गुना बड़े हैं!

"इस पृथ्वी के सभी जीव, प्राणी, राजा, प्रजा आदि, अगर इंद्र वर्षा नहीं करें तो सब मर जाएंगे। वह इंद्र, ब्रह्मा, विष्णु और शिव भी गणना में (गणना के योग्य) नहीं हैं। वे सभी (ब्रह्मा, विष्णु, शिव) वैराट के आगे गणना में नहीं आते। वैराट प्रधान पुरुष के आगे गणना में नहीं आते। वे सभी अक्षर के आगे गणना में नहीं आते। वह अक्षर से परे जो पुरुषोत्तम (सहजानंदजी) हैं, वे हमें प्रत्यक्ष रूप में प्राप्त हुए हैं!" (प्रकरण-१, बात-२१७)

[२] सहजानंदजी ब्रह्मा, विष्णु, शिव, राम और कृष्ण आदि सभी से सर्वश्रेष्ठ हैं!

"सहजानंद स्वामी सभी अवतारों के अवतारी हैं। कारण के कारण हैं। सहजानंदजी के ऊपर कोई नहीं है। गोलोक और वैकुंठ से भी अक्षरधाम उत्तम है!

'जो लोग महाराज (सहजानंदजी) को श्रीकृष्ण के समान समझते हैं, वे गोलोक को प्राप्त करते हैं। जो रामचंद्रजी के समान समझते हैं, वे वैकुंठ को प्राप्त करते हैं। जो वासुदेव के समान समझते हैं, वे श्वेतद्वीप को प्राप्त करते हैं। जो नर-नारायण के समान समझते हैं, वे बदरिकाश्रम को प्राप्त करते हैं। लेकिन जो महाराज को सभी अवतारों के अवतारी और अक्षरधाम के पति समझते हैं, वे अक्षरधाम को प्राप्त करते हैं।' (प्रकरण-२, बात-२)

एक भक्त को श्रीजी महाराज ने गढ़ड़ा में कहा: 'आप अक्षरधाम में चले जाएं।' तब भक्त समाधि में बदरिकाश्रम पहुंचे। वहां हमारे साधु/पाला/ब्रह्मचारी/हरिभक्त दिखे। उन्होंने पूछा, 'श्रीजी महाराज कहां हैं?' तब उन्होंने कहा, 'यहां के नर-नारायण ही श्रीजी महाराज हैं।' भक्त ने कहा, 'नहीं, मैं महाराज को पहचानता हूं।'

फिर भक्त श्वेतद्वीप गए। वहां भी वही देखा और पूछा, 'श्रीजी महाराज कहां हैं?' वहां सभी ने कहा, 'यह वासुदेव ही श्रीजी महाराज हैं।' भक्त ने कहा, 'नहीं, मैं महाराज को पहचानता हूं।'

फिर भक्त वैकुंठ गए। वहां भी वही देखा और पूछा, 'श्रीजी महाराज कहां हैं?' वहां सभी ने कहा, 'यह लक्ष्मीनारायण ही श्रीजी महाराज हैं।' भक्त ने कहा, 'नहीं, मैं महाराज को पहचानता हूं।'

फिर भक्त गोलोक गए। वहां भी वही देखा और पूछा, 'श्रीजी महाराज कहां हैं?' वहां सभी ने कहा, 'यह श्रीकृष्ण ही श्रीजी महाराज हैं।' भक्त ने कहा, 'नहीं, मैं महाराज को पहचानता हूं।'

फिर भक्त अक्षरधाम पहुंचे। वहां उन्होंने श्रीजी महाराज को देखा। वहां हमारे साधु/ब्रह्मचारी/पाला/सत्संगी श्रीजी महाराज की सेवा कर रहे थे। तब श्रीजी महाराज ने भक्त से पूछा: 'आपने कहां-कहां धाम देखे?' भक्त ने कहा: 'महाराज! मैंने अन्य धामों में हमारे साधु/ब्रह्मचारी/पाला/सत्संगी देखे, वे यहां क्यों नहीं आए?'

श्रीजी महाराज ने कहा: 'उन्होंने हमें उन-उन धामों का पति माना, इसलिए वे वहां जाकर रहते हैं। लेकिन ये सब यहां इसलिए हैं, क्योंकि उन्होंने हमें सभी अवतारों के अवतारी और सभी धामों से परे अक्षरधाम का पति माना है!' (प्रकरण-७, बात-१५)

[३] "जो अन्य धाम और अक्षरधाम को, अन्य अवतार और महाराज को समान मानते हैं, उन्हें पंच महापापियों से भी बड़ा पापी समझना चाहिए और उनका संग नहीं करना चाहिए।" (प्रकरण-६, बात-२०)

अध्याय ४

समाज और संघ

पिछले अध्याय की लेखों की श्रृंखला ने गुजरात के हिंदू समाज में हलचल मचा दी। ये लेख केवल फेसबुक पर सौ-दो सौ लाइक पाने तक सीमित नहीं थे। इनमें दी गई जानकारी कुछ ऐसी थी, जिसे लोग महसूस तो कर रहे थे, लेकिन जानते नहीं थे। और अगर जानते भी थे, तो बोलने की हिम्मत नहीं कर पाते थे। वे बस अपने असंतोष को अंदर ही अंदर दबाए रहते या गहरी सांस लेते हुए कहते, "वर्तमान सत्ताधीश शक्ति इन्हें समर्थन दे रही है, इसलिए हमें सहना पड़ रहा है।" इस संप्रदाय द्वारा जमीनों पर अवैध कब्जे, आर्थिक धोखाधड़ी, और महिलाओं व बच्चों का यौन शोषण करने की कहानियां समाज में बार-बार दिखती थीं। इसके साथ ही इस संप्रदाय के साधुओं का व्यवहार, आचरण, और वातावरण एक साधारण धार्मिक व्यक्ति को भी अजीब, अशुद्ध और अप्रिय मालुम हो जाता था। लोग "धर्म के व्यापार" का मतलब समझने लगे थे, जब उन्होंने इस संप्रदाय को देखा।

जब ये लेख भारत और विदेश में बसे गुजराती समुदाय के व्हाट्सएप ग्रुप में प्रसारित होने लगे, तो हमें हिंदुओं से उनके इस संप्रदाय के साथ अनुभवों की कई गवाहियां मिलने लगीं। इस अध्याय में हम उन हिंदू समाज और संघ की चर्चा करेंगे जो इस संप्रदाय की हिंदू होने की बाहरी छवि से धोखा खा गए और उनके जाल में फंस गए।

पिछले अध्याय के अंतिम लेख के बाद मुझे अहमदाबाद के एक पटेल भाई का फोन आया। उन्होंने पूछा, "क्या आप वही हैं जो स्वामिनारायण संप्रदाय के बारे में लिख रहे हैं?" मैं इस संप्रदाय के किसी अनुयायी के सामने आने के लिए तैयार था, इसलिए मैंने दृढ़ता से जवाब दिया, "हां, मैं ही हूं। बोलिए क्या

69

कहना है?" दूसरी तरफ से आवाज आई, "जो आप कर रहे हैं, वह बिल्कुल सही है। लेकिन आप केवल आध्यात्मिक मुद्दों को छू रहे हैं। इसके पीछे जो कुछ है, वह आपकी कल्पना से भी अधिक भयावह है।"

मैंने जवाब दिया, "मेरा सरोकार इस बात से है कि यह संप्रदाय सनातन धर्म के स्वरुप, शास्त्र और वैदिक देवी-देवताओं के खिलाफ कहाँ जा रहा है, क्योंकि यह हिंदू सभ्यता के पूरे भविष्य के लिए खतरा है। जहां तक उनकी जमीनों पर कब्जे, यौन शोषण, और अन्य आंतरिक भ्रष्टाचार का सवाल है, वह लोगों के अपने विचार, सुझबुझ और कानून व्यवस्था पर छोड़ दिया जाए।"

पटेल भाई ने कहा, "लेकिन सर, इनका समाझ पर नियंत्रण वहीं से शुरू होता है। पहले इन्होंने सूरत पर कब्जा किया, और अब वे अहमदाबाद पर कब्जा करने की कोशिश कर रहे हैं। अगर आपको अच्छा व्यवसाय करना है और ठेके या ग्राहक चाहिए, तो आपको उनका तिलक लगाना होगा। इससे सरकारी दफ्तरों से लेकर अन्य स्थानों तक फर्क पड़ता है। दूसरी ओर, घर में महिलाओं को यह विश्वास दिलाया जाता है कि उनका घनश्याम पांडे (सहजानंद स्वामी) उनके पति से भी अधिक महत्वपूर्ण है। वही उन्हें अक्षरधाम तक ले जाएंगे। वे बुजुर्ग महिलाओं की परीक्षा लेते हैं, जहां उनसे ऐसे सवाल पूछे जाते हैं: 'हनुमानजी ने घनश्याम महाराज की सेवा कहां की?' और 'भगवान शिव ने उनकी सेवा कहां की?' यह सब उनके विचारों को उन्हीं बातों पर केंद्रित रखने के लिए किया जाता है। तो आप जो कर रहे हैं वह अच्छा है, लेकिन समस्या बहुत बड़ी है, और इसे व्यापक रूप से उठाने की जरूरत है।" मैंने उन्हें उनके समर्थन के लिए धन्यवाद दिया और आश्वासन दिया कि मैं उनकी सलाह को गंभीरता से लूंगा।

इसके अतिरिक्त, दो ब्राह्मण परिवारों ने मुझसे संपर्क किया। एक मुझसे व्यक्तिगत रूप से मिले, और दूसरे वृद्ध सज्जन ने मुझे फेसबुक पर संदेश भेजा। दोनों की बेटियां अमेरिका में एनआरआई से विवाहित थीं। ब्राह्मण परिवारों से होने के बावजूद, उनके शिक्षित दामाद इस संप्रदाय में गहराई से उलझे हुए थे। उनकी साझा शिकायत थी, "हमारी बेटी, जो ब्राह्मण परिवार में पली-बढ़ी है, अब ऐसे घर में है जहां स्वामिनारायण के अलावा किसी भी हिन्दू देवता या भगवान की तस्वीर रखने की अनुमति नहीं है। रामधुन या कृष्ण भजन भी नहीं चलाए जा सकते, क्योंकि उनके अनुसार, ये सभी भगवान केवल उनके नए भगवान के सेवक हैं। हमारे दामाद पूरी तरह से उनकी भक्ति में अंधे हो चुके हैं, और यहां तक कि हमारे छह- या सात साल के नाती भी उन्हीं की तरह बोलते हैं। ऐसा लगता है जैसे हमने अपनी बेटी का किसी मुस्लिम परिवार में निकाह कर दिया हो।"

उनमें से एक बेटी ने मुझे फेसबुक संदेश के माध्यम से संपर्क किया और कहा, "सर, मेरे पिताजी ने मुझे आपके लेख भेजे, और मैंने उन्हें बताया कि आपने जो लिखा है, वह सब सच है। मेरे पति पूरी तरह से ब्रेनवॉश हो चुके हैं। वे अपने माथे पर तिलक लगाकर घूमते हैं और हर हफ्ते अपनी कमाई का एक बड़ा हिस्सा इन मंदिरों में दान करते हैं। अनुयायियों के बीच यह प्रतिस्पर्धा होती है कि कौन अधिक दान कर सकता है, क्योंकि जो अधिक देते हैं, उन्हें साधुओं द्वारा अधिक सम्मान दिया जाता है और अंदरूनी पहुंच मिलती है। जैसा दान वैसी सुविधाएं और स्टेटस मिलता है। क्या आप मेरे पति से बात कर सकते हैं? मैं बहुत परेशान हूं।"

मैंने उनसे कहा, "बहन, पिछले महीने से मैंने इस संप्रदाय के अनुयायियों को देखा है। वे ब्रेनवॉश की हुई भेड़ों की तरह हैं, जो कट्टरपंथी मुसलमानों से अलग नहीं हैं। वे अपने भगवान को पूरी दुनिया पर स्थापित करना चाहते हैं। लेकिन इन लोगों में केवल हिंदुओं को मतांतरित करने की क्षमता है, इसलिए ये वही कर रहे हैं। अगर उनका विवेक या आंतरिक आत्मा जाग जाए, तो शायद कुछ किया जा सकता है। अन्यथा, जब भी आपको मेरे लेखों में कोई तर्कसंगत बात दिखे, तो उसे उनके तर्कों का खंडन करने के लिए इस्तेमाल करें। धैर्य और दृढ़ता बनाए रखें।"

मुझे एक पटेल परिवार के बारे में जानकारी मिली, जिनका बेटा पढ़ाई के लिए ऑस्ट्रेलिया गया था और इस संप्रदाय के साधुओं द्वारा ब्रेनवॉश कर दिया गया। कुछ वर्षों बाद, जब उसकी शादी तय हुई और वह विवाह के लिए वापस आया, तो वह इतना प्रभावित हो चुका था कि उसने अपनी शादी के निमंत्रण पर भगवान गणेश की फोटो या श्लोक रखने से मना कर दिया। उसने कई शर्तें रखीं, जिसमें केवल स्वामिनारायण की विधियों का पालन करने और हर निमंत्रण पत्र पर केवल इस नए भगवान की तस्वीर और नाम छापने की जिद शामिल थी, क्योंकि अन्य सभी देवताओं को वह उनका सेवक मानता था। इस कारण परिवार में, शादी की तैयारियों के बीच ही, फूट पड़ गई। उसके पिता ने अपने गहरे दुख को मेरे एक मित्र के साथ साझा किया।

इन घटनाओं के बारे में जानने के बाद मैंने विदेशों में हो रहे इस धर्मांतरण के खतरनाक खेल की जांच शुरू की। सबसे पहले, मैंने अपने एक दंत चिकित्सक मित्र से सुना, जो मेरा कॉलेज साथी था। उसने कहा, "मेरी बहन और बहनोई ऑस्ट्रेलिया में रहते हैं। यह संप्रदाय नए प्रवासियों को उनके प्रारंभिक संघर्ष के दौरान निशाना बनाता है। वे उन्हें नौकरी दिलाने, रहने की व्यवस्था करने और

भोजन उपलब्ध कराने में मदद करते हैं। बदले में, उनसे हफ्ते में दो बार उनके प्रवचन में भाग लेने की शर्त रखी जाती है, जहां वे घनश्याम पांडे को सर्वोच्च भगवान बताते हैं और अन्य हिंदू शास्त्रों से भी झूठे संदर्भ लेते हैं। वे यह भी जोर देते हैं कि अपने अन्य मित्रों को भी साथ लाएं। यदि आप उनकी शिक्षाओं का पालन नहीं करते, तो वे धीरे-धीरे आपसे दूरी बना लेते हैं। लेकिन यदि आप सहमति देते हैं, तो वे आपको वहां बसने में मदद करते हैं, यहां तक कि स्थायी निवास का प्रबंध भी करते हैं। हालांकि, एक बार जब आप बस जाते हैं, तो आपको जीवन भर अपने आय का एक निश्चित प्रतिशत उनके मंदिर को दान करना पड़ता है। और लोग खुशी-खुशी ऐसा करते हैं क्योंकि तब तक वे ब्रेनवॉश हो चुके होते हैं। वे हिन्दू वैदिक भगवानो से कट चुके होते है। मेरी बहन और बहनोई भी अपने प्रारंभिक वर्षों में इस जाल में फंस गए थे, और बड़ी मुश्किल से इससे बाहर निकल सके।"

यह सुनने के बाद, मैंने अपने उन चचेरे भाइयों और बहनों से संपर्क किया जो ऑस्ट्रेलिया में बस गए थे, यह देखने के लिए कि क्या इस संप्रदाय का खेल उनके घरों तक पहुंचा है या नहीं। मेरे चचेरे भाई ने निराशा से कहा, "ये लोग बहुत छिछोरे और दुष्ट हैं, जैसे तुमने बताया। मुझे वे बिल्कुल सहन नहीं होते। लेकिन वे हमेशा परिवार में किसी को निशाना बनाने की कोशिश करते हैं चाहे पत्नी, बच्चे या बुजुर्ग माता-पिता हों। वे किसी न किसी को फांस कर आपके घर में घुसने और आपको बांधने की कोशिश करते हैं। ये लोग कट्टर मुसलमानों जैसे ही हैं।"

यह सुनकर मेरे दिमाग में सिर्फ एक ही बात आई: जब १४०० साल पहले अरब समाज, जो अनेक देवताओं की पूजा करता था, एकमात्र ईश्वर अल्लाह के अधीन हो रहा था, तब भी उस समाज में ऐसी ही परिस्थितियां निर्मित हुई होंगी। उन्होंने भी ऐसी ही रणनीतियों का इस्तेमाल किया होगा। तब भी लोग इसी तरह की कहानियां सुनते और ऐसे ही हालात का सामना करते होंगे। अंतर केवल इतना है कि उस समय उन रेगिस्तानी कबीलों के पास हथियार के रूप में तलवारें थीं, जबकि गुजरात के इस व्यापारी समाज में, हथियार व्यापार और परिवार हैं।

मैंने अपनी बहन से पूछा, जो ऑस्ट्रेलिया में रहती है। उसने कहा, "हाँ, मेरे सास-ससुर इस संप्रदाय के प्रभाव में आ गए हैं। लेकिन मुझे हमेशा उनसे एक असहजता महसूस होती थी। मैं इसे शब्दों में बयां नहीं कर सकती थी, लेकिन मुझे वे कभी पसंद नहीं आए। जब तुम्हारे लेख पढ़े तो वह सब शब्द मिल गए। वही चल रहा है। अपनी बिरादरी के कुछ लोग उनके जाल में फंसे हुए हैं। अपनी

जाति के एक परिवार को उन्होंने बसने में मदद की थी, और अब पूरा परिवार इसमें है। ये लोग यहाँ हिंदू धर्म का चेहरा बनने की कोशिश कर रहे हैं, हिंदुओं को विदेशों में धर्मांतरित कर रहे हैं। हाल ही में मेरी बेटी के लिए एक विवाह प्रस्ताव आया, लेकिन वह परिवार पूरी तरह इस संप्रदाय में लिप्त था, तो मैंने उसे ठुकरा दिया। यह तुम्हारे लेख लिखने से पहले हुआ था।"

साबरकांठा जिल्ले के एक सत्तर वर्ष से अधिक उम्र के बुजुर्ग बैरिस्टर से मुलाकात हुई। उन्होंने कहा, "मुसलमानों ने तो तलवारें और छुरे गले पर रखकर लोगों को अपना धर्म छोड़ने पर मजबूर किया, लेकिन आजकल के ये लोग तो उनसे भी गए गुजरे हैं। बस पैसे, आडंबर और दिखावे के कारण अपने भगवान को छोड़ रहे हैं। यह सब भयावह है। जीवन में कभी सोचा नहीं था कि ऐसा भी देखने को मिलेगा।

अभी पिछले साल ही मेरे संबंधी का एक लड़का अमेरिका गया है। चार-पांच लड़के वहां एक साथ कमरा लेकर रहते हैं। पता नहीं, इस संप्रदाय के लोगों को कैसे खबर मिल जाती है कि गुजरात से आए हिंदू यहां इस तरह रह रहे हैं। वे खुद उनसे संपर्क कर उन्हें नियमित रूप से मिलने जाते हैं। सत्संग में आने का लगातार दबाव डालते हैं और विशेष गाड़ी लेकर उन सबको प्रवचनों में ले जाने आते हैं। उन्होंने एक पूरा नेटवर्क बना रखा है, जो उन्हें सूचना देता है कि जब भी कोई नया गुजराती वहां विजिटर या स्टूडेंट वीज़ा पर आता है, वे तुरंत उस तक पहुंच जाते हैं। आगे बढ़कर उसे मौज-मस्ती कराते हैं, वहां नौकरी पाने और सेटल होने में मदद करते हैं। उनकी बस यही शर्त होती है कि उनकी कथाएं और प्रवचन सुनें।"

इन प्रवचनों की कथाएं वही होती हैं, जिन्हें हमने उनके विकृत साहित्य के रूप में दुसरे अध्याय में जाना।

✳

यह सब जानने के बाद, मैंने फिर से संघ में अपने मित्रों से संपर्क किया। मैंने उन पर दबाव डाला, "संघ इस पर कुछ क्यों नहीं कर रहा है? पूरा समाज धर्मांतरण की ओर जा रहा है, और सनातन धर्म नष्ट हो रहा है!" संघ में मेरे मित्र जवाब देते, "हमने इस मुद्दे को उठाया है, चीजें धीरे-धीरे होंगी।" लेकिन संघ के कुछ मित्र, जो अपनी स्वतंत्र सोच और दृष्टि बनाए रखते थे और केवल ऊपर से निर्देशों का पालन नहीं करते थे, उन्होंने मुझे विदेशों की स्थिति के बारे में बताया। उन्होंने कहा, "इस संप्रदाय ने विदेशों में हिंदुओं को बहुत गुमराह

किया है। गुजरात के बाहर के हिंदू इसमें आसानी से नहीं फंसते क्योंकि उन्हें यह अजीब लगता है। लेकिन गुजराती, खासकर पटेल, जो अफ्रीका से भी आए थे, वह प्रमुख स्वामी की वजह से उनके गहरे प्रभाव में हैं। विदेशों में रहने वाले गुजराती अपनी दूसरी पीढ़ी को भारतीय संस्कृति और भाषा से जोड़ने में कठिनाइयों का सामना करते हैं। वहाँ पैदा हुई और पली-बढ़ी पीढ़ी, जो स्थानीय स्कूलों में पढ़ती है, उन्हें गुजराती सिखाने का काम इस संप्रदाय के साधु करते हैं, जो उनके घरों में आते हैं। गुजराती सिखाने के साथ-साथ वे उन्हें भारतीय संस्कृति और धर्म भी सिखाते हैं, लेकिन धर्म की समझ इनके संप्रदाय की होती है, जहाँ सनातन धर्म के सभी देवताओं को घनश्याम पांडे का सेवक माना जाता है, और केवल स्वामिनारायण को पूज्य भगवान के रूप में प्रस्तुत किया जाता है। संप्रदाय द्वारा प्रस्तुत हिंदुत्व का प्रारूप ईसाई धर्म जैसा लगता है, जहाँ लक्ष्य घनश्यामजी के अक्षरधाम तक पहुँचना है।"

अमरेली जिल्ले के संघ से जुड़े एक पुराने स्वयंसेवक से सुनने में आया की वे स्वयं किशोर अवस्था में स्वामिनारायण मंदिर में भजन मंडली से इस लिए निकाल दिए गए थे, क्योंकि वे और उनका परिवार शिव के उपासक थे। उन्होंने कहा की उस मंदिर के एक स्वामी ने उनका हाथ पकड़कर उन्हें खींचकर मंदिर परिसर से निकल दिया था यह कहते हुए की यह कुसंगी (शिव पूजक होने की वजह से) की औलाद है। साथ ही उन्होंने बताया की उन्हें उस विस्तार में रहने के लिए किराए पर या खरीदने के लिए घर नहीं दिया गया, जिस एरिया में स्वामिनारायण के अनुयायीयों का प्रभाव था। सिर्फ इस लिए क्योंकि वे शिव की आराधना करते थे। अमरेली और भावनगर आसपास के कई गाँवो से ऐसे किस्से लोगों ने टीवी न्यूज़ चेनलो पर भी आकर बताए थे। एक भजन गायक कलाकार ने वीटीवी न्यूज़ में कहा था की वे जब एक गाँव में गए और उन्होंने मा अम्बा की जय बुलाई, तब वहां के लोगों ने उन्हें रोक दिया और कहा, 'नहीं, नहीं। यह पूरा गाँव स्वामिनारायण हो चूका है, यहाँ हम सर्वोपरि स्वामिनारायण भगवान के सिवा अन्य किसी की जय नहीं बुलाते।' अर्थात एक और जैसे किसी विस्तार में मुस्लिम आबादी बढ़ जाने से वहां हिन्दू देवी-देवताओं के मंदिर और उपासना बंद हो जाते है, वैसे ही जहाँ स्वामिनारायण आबादी बढती है, वहां भी इस्लाम के अल्लाह जैसे एक सर्वोपरि भगवान के पीछे सारे हिन्दू देवी-देवताओं की उपासना बंद हो जाती है, और उनके मंदिर भी स्वामिनारायण मंदिर में बदल दिए जाते है। इन सारी हकीकतों को दर्शाता हुआ एक वीडियो नीचे की लिंक पर दिया गया है।

(वीडियो लिंक: https://drive.google.com/file/d/१--ZFUV५Mggfra२wcd८sAY̲VlOpGtoAV१/view?usp=sharing)

✳

यह सारी चौंकानेवाली बातों से आहत होकर मैंने संघ के मित्रों से कहा, "मैं इतने समय से कह रहा हूँ कि संघ के लोग सनातन धर्म के ज्ञान और समझ को पूरी तरह से आत्मसात नहीं कर पाए हैं। जवाब में मुझसे कहा गया, 'हम तो सनातनी हैं, और इसके लिए लड़ रहे हैं। हमें शास्त्रों के विद्वान होने की जरूरत नहीं है। हम धर्म और संस्कृति की रक्षा के लिए हैं।' और देखो, उस अधूरी समझ ने कितने बड़े संकट को जन्म दिया है! आप सिर्फ़ सामाजिक और सांस्कृतिक संगठन होने का दावा करते हैं। आपने केवल सनातन धर्म के बाहरी स्वरूप को सुरक्षित रखने पर ध्यान केंद्रित किया, मानते हुए कि इसके अंदर जो कुछ भी है, वह स्वाभाविक रूप से श्रेष्ठ है विविधता में एकता। लेकिन विविधता में क्या स्वीकार करना चाहिए, और क्या नहीं? इन विभिन्नताओं के पीछे रही वह एकता क्या है और किस वजह से है? - आपने इन सवालों को नजरअंदाज किया और अब देखिए, एक राक्षस आपकी सबसे बड़ी कमजोरी का फायदा उठाने के लिए खड़ा हो गया है।"

वे आपके समाज या संस्कृति के बाहरी रूप को नहीं बदल रहे; वे बस इसे सभी वैदिक देवताओं से अलग कर रहे हैं और इसे एक ऐसे व्यक्ति से जोड़ रहे हैं जो महज दो सौ साल पहले मृत्यु को प्राप्त हुआ था, जिसका जीवन अधिकांशत: कृष्ण भक्ति से जुड़ा था। बाहरी रूप वही है भगवे रंग के वस्त्र, माथे पर तिलक, मूर्तियों की आरती और यहाँ तक कि नाम में नारायण और हरि भी शामिल है। और इसलिए आप इसका विरोध करने के लिए तर्क नहीं ढूंढ पा रहे हैं। यह जानते हुए भी कि यह सही नहीं है, आपको इसका विरोध करने का कोई तर्क नहीं मिलता। जबकि हकीकत यह है की इन भगवे वस्त्र और माथे पर तिलक के बाद भी, यह अब वैदिक धर्म नहीं है। यह अब्राहमिक पंथ जैसा है। यह आपका वैदिक समाज नहीं बनाएगा; यह एक ऐसा समाज बनाएगा जो इस्लाम और ईसाई धर्म जैसा होगा, जहाँ एकमात्र सर्वोपरि भगवान होगा, और सभी अन्य देवताओं को नकारा जाएगा, लुप्त कर दिया जाएगा और अपमानित किया जाएगा। उनकी संस्कृति वही अब्राहमिक होगी, लेकिन जो बाहरी रूप दिखाया जाएगा वह हिंदू समाज और संस्कृति जैसा होगा। ठीक वैसे जैसे आज के सऊदी अरब का भी पहनावा और बाह्य रूप कमोवेश वही है जो पहले था, पर अब वे वह पुराने अरब संस्कृति के लोग नहीं रहे। अब उनकी सोच, आराध्य और

सामाजिक कानून सब इस्लाम के एकमात्र ईश्वर– अल्लाह– की किताब अनुसार हो चुका है। यह संप्रदाय हिंदू समाज के साथ वही करने जा रहा है, और आप इसका विरोध नहीं कर पा रहे। यहीं पर आपने धोखा खाया है। यहीं आपकी समझ और दृष्टिकोण में दोष है।

अब, आपके सामने दो रास्ते हैं। एक, अपने दोषों को स्वीकार करें, उन्हें सुधारें और हिंदू समाज को इस्लाम जैसा मोड़ लेने से बचाएं। या फिर, अपने अहंकार को बचाने के लिए गोलमोल बातों से अपने दोषों को ढकते रहें, इस राक्षस को और बड़ा होने दें, और उसे गुजरात से बाहर पूरे भारत में फैलने में मदद करें। क्योंकि यही तो वे चाहते हैं कि आप करें। आप वह वाहन हैं जिसका वे इस्तेमाल कर रहे हैं, मुस्लिम विरोधी भावना की पीठ पर चढ़ कर पूरे भारत में यह स्थिति स्थापित करना जो उन्होंने गुजरात और विदेशों के गुजरातियों में की है। अब आप आगे जो करेंगे, वही आपके और इस हिंदू समाज के इतिहास को तय करेगा।"

■ संघ, वीएचपी, और बीजेपी:

अब हम यह समझते हैं कि मैंने संघ के दोस्तों को यह कठोर वचन क्यों कहे? दरअसल, मुझे लगातार कुछ बेहद निराशाजनक रिपोर्ट मिल रही थीं। इस काम में जुड़ने से पहले कई सनातनियों ने मुझे इस मुद्दे पर कुछ करने के लिए प्रेरित किया था, और उनमें से कई लोग संघ से जुड़े हुए थे। जब मैंने इस काम में पहली बार प्रवेश किया, तो पहला सवाल मैंने यही पूछा था, "आप संघ के लोगों से संपर्क क्यों नहीं कर रहे हैं? उन्हें सूचित करें, वे इसे रोक देंगे।" लेकिन उनका जवाब था, "सर, आप को क्या बताए? संघ के लोग ही इसे बढ़ावा दे रहे हैं और उनकी रक्षा कर रहे हैं।" और इसके बाद जो जानकारी मुझे मिली, वह इस प्रकार थी।

मुस्लिम विरोधी लहर के बीच, इस संप्रदाय के कई लोग संघ और VHP (विश्व हिंदू परिषद) में घुसपैठ कर चुके थे, और कुछ तो महत्वपूर्ण पदों पर थे। संघ के लोग ही ऐसे कार्यक्रम आयोजित कर रहे थे, जिनमें सनातनी संतों को इस संप्रदाय के मंदिरों में लाया जा रहा था, और संघ और VHP के अधिकांश कार्यक्रम इस संप्रदाय के भव्य मंदिरों में हो रहे थे। VHP के एक प्रमुख स्वयंसेवक, जो कभी प्रवीन तोगड़िया के साथ मिलकर काम कर रहे थे, इस मामले में महत्वपूर्ण भूमिका निभा रहे थे। जब नरेंद्र मोदी और प्रवीन तोगड़िया के बीच संघर्ष हुआ, तो इस स्वयंसेवक ने तोगड़िया का साथ नहीं छोड़ा। नतीजतन, गुजरात संघ

और VHP में नरेंद्र मोदी की प्रभुत्वता के कारण कोई भी इस स्वयंसेवक का समर्थन करने को तैयार नहीं था। उस समय, वडताल स्वामिनारायण संप्रदाय के नौतम स्वामी ने उसे अपने संरक्षण में लिया, जैसे दुर्योधन ने कर्ण को लिया था। कहते है उन्होंने उसे एक कार, क्रेडिट कार्ड और आवास प्रदान किया। इस स्वयंसेवक ने फिर हिंदू संतों का एक नया संगठन स्थापित किया, जिसका नाम था अखिल भारतीय संत समिति। इस संत समिति का गुजरात अध्यक्ष नौतम स्वामी को बनाया गया। इस स्वयंसेवक ने स्वामिनारायण संप्रदाय से सनातनी संतों को जोड़ने और उन्हें एकीकृत करने का कार्य किया।

दूसरी ओर, BJP स्वामिनारायण संप्रदाय के BAPS संगठन का विस्तार कर रही थी। नरेंद्र मोदी का प्रमुख स्वामी के साथ संबंध उसमें मुख्य भूमिका अदा कर रहा था, जैसा मोदीजी का सबंध कभी आसाराम बापू के साथ भी था। हालांकि, मोदी का प्रमुख स्वामी से करीबी संबंध था और BAPS मोदी राज में पूरी तरह से फूल फाल रहा था, फिर भी नरेंद्र मोदी ने हिन्दू समाज के सामने इतना भरम छोड़ रखा था कि उन्होंने कभी स्वामिनारायण संप्रदाय का तिलक अपने माथे पर नहीं लगाया। वह अक्सर अपने माथे पर वैष्णव और शैव संप्रदायों के तिलक करते है, लेकिन उन्होंने कभी स्वामिनारायण संप्रदाय का तिलक नहीं किया। वैसे ही जैसे उन्होंने कई तरह की पगड़ी और टोपी पहनी है, पर मुसलमानों की वह जालीदार टोपी कभी नहीं पहनी।

लेकिन, यह सब हद से ज़्यादा तब बढ़ गया जब २०१७ के गुजरात विधानसभा चुनावों में, BAPS ने BJP के पक्ष में एक महत्वपूर्ण भूमिका निभाई। यह गुजरात का पहला विधानसभा चुनाव था जब नरेंद्र मोदी मुख्यमंत्री पद छोड़कर प्रधानमंत्री बन गए थे। पार्टी पटेल आरक्षण आंदोलन और दलित आंदोलन के प्रभाव से जूझ रही थी। कहा जाता है कि चुनाव के दौरान मोदी ने पटेलों का समर्थन प्राप्त करने के लिए BAPS की मदद ली थी। उनका महंत स्वामी के पास खड़े रहकर गांधीनगर के अक्षरधाम मंदिर से दिया हुआ प्रवचन इसकी शुरुआत था। BAPS के माध्यम से, जिसे पटेलों का स्वामिनारायण संप्रदाय माना जाता है, पटेलों का एक हिस्सा BJP के साथ खड़ा हुआ, और BJP ने चुनाव मुश्किल से जीता। तब से यह देखा गया कि BAPS ने राजनीतिक लाभ प्राप्त करने का कोई भी मौका नहीं छोड़ा। दरअसल, यहां तक कि पटेल समुदाय के जो लोग इस संप्रदाय से दूर थे, उन्हें व्यापारिक लेन-देन, नौकरियों और नौकरियों में होनेवाली बदलियों जैसे कार्यों के लिए BAPS से जुड़ना अनिवार्य हो गया।

यह ऐसा हो गया कि व्यापार में आगे बढ़ने, ठेके प्राप्त करने, या स्थानांतरण

या नौकरियों की सुरक्षा के लिए BAPS के संतों के हस्तक्षेप पर निर्भर रहना पड़ता था। यह प्रभाव हमेशा था, लेकिन २०१७ के चुनाव के बाद यह और भी प्रबल हो गया। इससे जो स्थिति उभरी, वह लगभग १५०० साल पहले यूरोप में रोमन कैथोलिक चर्च और रोमन सम्राटों के बीच मिलीभगत की तरह थी। इस मिलीभगत का फायदा उठाते हुए, BAPS जितना हो सके उतने हिंदुओं को अपने झुंड में लाने की कोशिश कर रही थी। इस प्रयास के तहत ही, २०१९ में पालनपुर में एक प्रवचन श्रृंखला आयोजित की गई, जिसका उल्लेख मैंने पहले अध्याय में किया है। इस अध्याय की शुरुआत में मैंने अहमदाबाद से आए एक पटेलभाई के फ़ोन की जो बात की वह भी इसी स्थिति की बात कर रहे थे। बड़े शहरों में और बड़े धंधों में यदि कोई व्यापार में आगे बढ़ना चाहता था, सरकार से लाभ चाहता था, या वित्तीय स्थिरता बनाए रखना चाहता था, तो उसे इस संप्रदाय का तिलक माथे पर दिखाना पड़ता था, या अन्य प्रकार से स्वयं को इस संप्रदाय का दिखाना पड़ता था। सूरत पहले ही प्रभावित हो चुका था, और अब अहमदाबाद भी उसी प्रक्रिया से गुजर रहा था।

वल्लभ विद्यानगर के सरदार पटेल विश्वविद्यालय और कई अन्य विश्वविद्यालयों में, BAPS पर आधारित पाठ्यक्रमों को पाठ्यपुस्तक के रूप में जोड़ा गया था, और उनके बनाए गए दर्शन में PhD की डिग्री प्रदान की जा रही थी। जब यह प्रयास सौराष्ट्र विश्वविद्यालय में किया गया, तो जूनागढ़ दशानामी संप्रदाय के इंद्रभारती बापू ने सार्वजनिक रूप से इसका विरोध किया और एक आंदोलन की अगुवाई की, जिसके परिणामस्वरूप उस निर्णय को पलट दिया गया, हालांकि अन्य जगहों पर वह पाठ्यक्रम जारी हैं। इस प्रकार, इस संप्रदाय के लिए सब कुछ खुला था, और इसने गुजरात में अपने प्रभाव को फैलाने के लिए इस अवसर का पूरा लाभ उठाया।

इसलिए, एक ओर, BAPS बीजेपी की मदद से पटेलों और अन्य समुदायों को स्वामिनारायण संप्रदाय में खींच रही थी, जबकि दूसरी ओर, वह संघ के स्वयंसेवक संत समिति के माध्यम से सनातनी संतों को इस संप्रदाय में एकीकृत कर रहे थे। जैसे रोमन सम्राट कांस्टेंटाइन के ईसाई धर्म स्वीकार करने के बाद ईसाई धर्म ने रोमन यहूदियों में फैलाव किया था, वैसे ही गुजरात में हिंदू जनसंख्या और संत समाज का स्वामिनारायणकरण संघ और पार्टी के अनजाने समर्थन से हो रहा था। शायद, इनमें से किसी को भी यह नहीं पता था कि इस संप्रदाय की आंतरिक सच्चाई और इरादे क्या है।

हालांकि, कहा जाता है कि लोगों की सामूहिक चेतना बहुत शक्तिशाली

वस्तु होती है। गुजरात के लोगों में इस राजनीतिक-धार्मिक गठबंधन के प्रति हमेशा ही असंतोष और गुस्सा रहा था, साथ ही एक डर भी था। जब मैंने अपने लेख लिखना शुरू किया, तो BJP के अंदर के दोस्तों और शुभचिंतकों ने मुझसे निराश होकर अपनी चिंता व्यक्त की, "कौशिकभाई, आप उनका विरोध कर रहे हैं, लेकिन आपको नहीं पता कि यह घुसपैठ कितनी गहरी हो चुकी है। सब कुछ इस संप्रदाय के स्वामीयों के नियंत्रण में है। ज़मीनें, मंदिर, और ट्रस्ट सब उनके हाथ में जा रहे हैं। अगर आप BJP में आगे बढ़ना चाहते हैं, तो आपको इस संप्रदाय के स्वामीयों से अच्छे रिश्ते रखने होंगे, और सिर्फ उन्हीं के जरिए आप ऊपर जा सकते हैं।' उनमें से एक मित्र ने कहा, 'जो हो रहा है, उसे देख कर मैं तो अब मुस्लिमों से नफ़रत करना छोड़ चुका हूँ। दस साल बाद, अगर आप जैसा कोई बोलने की हिम्मत करेगा, तो शायद हम यहां हिंदुओं की वैसी ही हत्याएं देखेंगे जो १९८० के दशक में कश्मीर में शुरू हुई थी। तो, सतर्क रहिए, और अगर हो सके तो छोड़ दीजिए। यह धर्म वगेरा सब अब धंधा ही है।"

सौराष्ट्र से कुछ लोगों ने मुझे फोन किया और कहा, "सर, यहाँ एक हनुमान मंदिर था। ये लोग (संप्रदाय) उसे हथियाना चाहते थे और उसे वैसा ही स्वरूप देना चाहते थे जैसा उन्होंने सारंगपुर मंदिर में हनुमानजी को दिया हुआ है, जहाँ हनुमानजी को स्वामिनारायण का सेवक बना सकें। मामला कोर्ट में गया, और संप्रदाय को कोई अनुकूल फैसला नहीं मिल रहा था। कहा जाता है कि सरकार ने यहां एक विशेष जज को स्थानांतरित किया, जिसने संप्रदाय के पक्ष में निर्णय दिया, और मंदिर को उन्होंने अपने कब्जे में ले लिया। अब वहां राम का नाम और हनुमान चालीसा का पाठ हटाया जा रहा है, और स्वामीनारायण की जय बुलाई जा रही है।"

एक व्यक्ति ने कहा, "सर, जब ज्ञानवल्लभ स्वामी ने श्रीराम और श्रीकृष्ण को हत्यारा कहकर भगवान कहने से मना कर दिया, तो कुछ हिंदू उससे भिड़ने गए थे। लेकिन तब भी संघ का एक व्यक्ति बीच में आया और उसे बचा लिया।"

जो लोग राजकोट से मुझसे मिलने आए थे, वे भी मुझे संदेश भेज रहे थे, कह रहे थे, "सर, आपने इस विषय में मजबूत एंट्री की है; हमें भी इतनी उम्मीद नहीं थी। लेकिन सतर्क रहिए, ये लोग बहुत खतरनाक हैं। ये कुछ भी कर सकते हैं।" जब उन्होंने दूसरी बार यह कहा, तो मैंने उन्हें डांटा, "अगर आप इतने कायर हैं, तो आपने मुझे इसमें क्यों आमंत्रित किया? ज्यादा से ज्यादा ये किसी की हत्या करवा सकते है। या हमारा कारोबार तबाह कर सकते है। क्या आपको लगता है कि महाराणा प्रताप, शिवाजी, और रानी लक्ष्मीबाई इस तरह डर के मारे

चुप रहते, तो आज हम हिन्दू होते? क्या वे जंगलों और पहाड़ों में भटकते हुए, भूखे रहते हुए, हिंदू संस्कृति और उनके देवताओं के लिए नहीं लड़े थे? मौत और पैसे का डर क्यों है, जब आपकी पूरी सभ्यता को नष्ट किया जा रहा है?"

स्वामिनारायण सम्प्रदाय के विरोध में जो सनातनी योद्धा लड़ रहे थे, वे ज्यादातर ऐसे लोग थे, जो कभी न कभी संघ के किसी संस्थान से जुड़े हुए थे। लेकिन अब, संघ से अलग हो जाने के बाद, और संघ ने भी उनसे दूरी बना लेने के बाद, वे इस मुद्दे पर ही लड़ाई लड़ रहे थे। उनका रुख साफ था: "संघ हिंदू धर्म और उसके आराध्य देवताओं से ऊपर नहीं है। अगर चुनाव संघ और सनातन धर्म के बिच ही आकर खड़ा हो जाए, तो हम सनातन हिंदू धर्म और अपने वैदिक देवताओं को चुनेंगे।" मुझे संघ के कार्यकर्ताओं से भी फोन कॉल्स आईं, जिन्होंने कहा, "सर, अगर हम आपका फेसबुक लेख लाइक या शेयर करते हैं, तो ऊपर से तुरंत कॉल आती है, जिसमें कहा जाता है कि हमें इसमें शामिल नहीं होना हैं।" कुछ संघ के मित्र मुझे कॉल करके कहते, "सर, सावधान रहिए। भले ही कोई आपको सीधे नुकसान न पहुँचाए, क्योंकि अंदर से हर कोई जानता है कि आप सही हैं, फिर भी कुछ सतर्कता बरतिए।"

यह दिखाता था कि लोग इस संप्रदाय के हिंदू संगठनों और सत्ता से जुड़ाव को लेकर कितने जागरूक थे, और इसके आसपास किस तरह का भ्रमपूर्ण भय था। यह वही तरह का झूठा डर था, जिसने पिछले भारतीय सरकारों को पाकिस्तान के आतंकवादी हमलों का जवाब देने से रोक दिया था, क्योंकि उन्हें डर था कि ऐसा करने से परमाणु युद्ध छिड़ सकता है। गुजरात में इस सम्प्रदाय के राजनीतिक धर्म बन जाने पर गुस्साए हुए सनातनी, इस पर यह आरोप भी लगाते थे कि यह अपने मंदिरों का उपयोग मनी लॉन्ड्रिंग के लिए कर रहा है। गुजराती समाज में यह व्यापक रूप से कहा जाता था कि इस सम्प्रदाय की कमाई का मूल स्त्रोत अपने मंदिरों के जरिए विदेश से काले धन को भारत लाना, और एक तय कमीशन लेकर उस पैसे को सफेद करके वापस देने का है। यह बात गुजराती पत्रकारों, राजनेताओं और संघ के कार्यकर्ताओं के बीच सामान्य ज्ञान की तरह चर्चा में थी, जैसे यह कोई छिपा हुआ रहस्य न हो। इसके साथ यह भी आरोप लगाए जाते थे कि २०१६ की नोटबंदी के दौरान, इस सम्प्रदाय ने भाजपा नेताओं की काली कमाई को बचाने में मदद की, यही वजह है कि अब भाजपा उनके हाथों में फंसी हुई है। लेकिन यह केवल सनातनी हिंदुओं के गुस्से और निराशा से निकला हुआ एक आरोप हो सकता है, जिसका कोई ठोस प्रमाण नहीं था।

▌ मोरारी बापू की उपेक्षा:

इस सबके बीच, मोरारी बापू के साथ जो किया गया, वह गुजरात के बदलते परिप्रेक्ष्य का उदाहरण बन गया। ३०-३५ साल पहले के वीडियो दिखाते हैं कि मोरारी बापू ने पहले ही इस सम्प्रदाय की असलीयत पहचान ली थी, और अपनी राम कथाओं के दौरान वे कहते रहते थे की गुजरात का हिंदु समाज इन संप्रदायों के षड्यंत्रों से बचे, और अपने आराध्यों राम, कृष्ण, और शिव को न छोड़ें। लेकिन २०१९ में, अपनी एक कथा में मोरारी बापू ने कहा, "उन्होंने मुझे एक मंदिर में ले जाकर कहा, 'यहां, बापू, नीलकंठ पर पानी डालो।' और मैंने इसे देखा और सोचा, 'नीलकंठ कहां है? यह उनके संस्थापक की मूर्ति थी। मैं समाज को कहना चाहता हूँ की अब नीलकंठ के भी तरह तरह के बहेरुपिये मार्केट में आ चुके है। आप अपने शिव को न छोड़े। मैंने उन्हें भी कहा कि नीलकंठ बनने के लिए विष पीना पड़ता है। लाडूडी (स्वामिनारायण संप्रदाय का एक प्रसाद) खाकर नीलकंठ नहीं बना जाता!" इसी बयान के बाद, इस सम्प्रदाय को गुजराती सनातनियों में 'लाडूडी संप्रदाय' के नाम से जाना जाने लगा।

मोरारी बापू उस बात का विरोध कर रहे थे कि यह संप्रदाय भगवान शिव के स्थान पर सहजानंद स्वामी को नीलकंठवर्णी कहकर उस पर अभिषेक करवाता है। शिवरात्रि के दिन, भगवान शिव का अभिषेक करने की बजाय, इस संप्रदाय ने सहजानंद स्वामी की नीलकंठ वर्णी के रूप में पूजा और अभिषेक करना शुरू किया है। यह वही मोरारी बापू थे, जिन्होंने २०१३ के बाद, राष्ट्रीय समाचार चैनलों पर भारत के प्रधानमंत्री के रूप में नरेंद्र मोदी का समर्थन किया था, और २०१३-१४ में पार्टी के प्रधानमंत्री उम्मीदवार के रूप में नामांकित होने के लिए अन्य हिन्दू संतो के साथ उन्हें धन्यवाद दिया था। मुख्यमंत्री के तौर पर अक्सर मोदीजी मोरारी बापू की कथा में आया करते थे, और मोरारी बापू उनका खुला समर्थन करते थे। उस समय इस संप्रदाय का इतना बेकाबू प्रभाव नहीं था।

हालांकि, जैसा कि हम ने बात की, स्थिति २०१७ के गुजरात चुनावों के बाद बदल गई। इस सम्प्रदाय के लोग, जो संघ, भाजपा और विश्व हिंदु परिषद में घुसपैठ कर चुके थे, उन्होंने मोरारी बापू के खिलाफ अनेक झूठ फैलाने शुरू कर दिए। साथ ही मोरारी बापू अपनी कथा में रामधुन के साथ एनी धर्मों की भी धुन साथ में लेकर सर्वधर्म समभाव का जो उदाहरण देते थे, उसको भी निशाना बनाया गया। भारत के सच्चे संत और परिपूर्ण आत्माएं हमेशा यह दिखाने की कोशिश करती रही हैं कि सनातन धर्म दुनिया के सभी मार्ग और परंपराओं को अपने में समाहित कर देता है। इसमें निराकार अल्लाह और अवतार रूप में

यीशु भी शामिल हो सकते हैं। सनातन धर्म से बाहर कुछ भी नहीं है। कबीर से लेकर परमहंस योगानंद और उनके गुरुओ और गांधीजी तक इस समावेशिता को प्रदर्शित करने की कोशिश सभी ने की। यहां तक कि पांडुरंग शास्त्री भी कहते थे कि हमें यीशु और पैगंबर मुहम्मद को अवतार के रूप में मानकर उन पंथो को अपने में जोड़ लेना चाहिए। इसी दर्शन के आधार पर, गांधीजी के "ईश्वर-अल्लाह तेरो नाम" दर्शन की भावना में सदगुरु तमिलनाडु में और मोरारी बापू गुजरात में ऐसे कीर्तन अपने राम कीर्तन में कुछ मिनटों के लिए जोड़ देते थे। लेकिन संघ के जो मुस्लिम-विरोधी सदस्य अधिक सक्रिय थे, उनको संघ में घुस चुके इस संप्रदाय के अनुयायिओं ने भड़काया, और मोरारी बापू को निशाना बनाना शुरू कर दिया। चारों ओर उनके बारे में गलत जानकारी फैलाई गई, यह दावा किया गया कि उन्होंने अपनी बेटी की शादी एक मुस्लिम से कर दी, और उनके वीडियो को काट छाट कर सोशल मीडिया पर फैलाया गया। मोरारी बापू के चरित्र के बारे में मध्य आयु वर्ग की महिलाओं की गपशप के ऑडियो क्लिप भी फैलाए गए। बाद में यह सब झूठा और नकली साबित हुआ, लेकिन तब तक नुकसान हो चुका था।

संघ को यह नहीं पता था कि यह नीलकंठ-लाडूडी विवाद का बदला लिया जा रहा था। एक सनातनी संत को निशाना बनाया जा रहा था। अगर वे "अली मौला" के जाप का विरोध करना चाहते थे, तो वे मोरारी बापू के पास जाकर यह कह सकते थे, "बापू, यह एकतरफापन हमेशा हमारे समुदाय को नुकसान पहुँचाता है। आप अली मौला का जाप करते हैं, लेकिन मुसलमान अपने मस्जिदों में वेद मंत्रों के जाप की अनुमति कभी नहीं देंगे। यह एकतरफा सेकुलरिज्म कभी काम नहीं आता। आप कम से कम उन्हें वेद मंत्रों का जाप अपनी मस्जिदों में करने की अनुमति देने को कहिए, हनुमान चालीसा गाने ओ कहिए। वे तैयार नहीं होंगे। तो हम क्यों एकतरफ़ा यह दिखाए? यह हानिकारक है।" अगर वे ऐसा कहते, तो मोरारी बापू भी सहमत हो जाते। संघ के प्रमुख भी मुस्लिम धार्मिक नेताओं से आपसी संवाद के लिए मिलते है। लेकिन गुजरात का संघ, जिन लोगों ने संप्रदाय से घुसपैठ की थी, उन्हीं के प्रभाव में था, और उसे एक विशेष दिशा में ले जाया जा रहा था।

फिर, अपने एक भाषण में मोरारी बापू, निराशा के क्षण में, भगवान कृष्ण के जीवन को एक असफलता के रूप में प्रस्तुत करते हुए यह कह रहे थे कि पूरी दुनिया में धर्म स्थापना करनेवाले श्रीकृष्ण अपने वंश में और अपने राज में धर्म स्थापना न कर पाए। 'वह व्यक्ति वहां पर पूरी तरह फ़ैल रहा।' यादवों

ने अंदरूनी कलह में एकदूसरे को मार दिया, और उसके पहले वे जिस तरह से अधर्मी हो चुके थे – वे उसके बारे में बात कर रहे थे। मूल बात वे यह कहना चाहते थे की 'राम और कृष्ण जैसे अवतार भी असफल रहे है, उन्हें भी दु:ख आए है। यही जीवन की रित है।' पर कहीं न कही बापू ने यहाँ अपने व्यक्तिगत भाव में अतिशयोक्ति कर ली थी। और यहाँ पर भी वही टोली फिर से काम पर लग गई। माहोल को मोरारी बापू के इतने विपरीत कर दिया गया की एक बीजेपी विधायक उन्हें थप्पड़ मारने तक चले गए। इस निरंतर अभियान के कारण, मोरारी बापू का सम्मान और राजनीतिक प्रतिष्ठा घटने लगी। अब, केवल रमेशभाई ओझा रह गए थे, जो कहने लायक बात कहते थे, लेकिन बहुत सावधानी से, यह सुनिश्चित करते हुए कि जो कुछ भी कहा जाए, वह उनके खिलाफ न जाए। इसलिए, उन्होंने मोरारी बापू की तरह खुलकर हमला नहीं किया। गुजरात के विभिन्न भक्ति चैनलों पर प्रसारित होने वाली कथाओं में इस संप्रदाय के लोग मोरारी बापू या रमेशभाई ओझा से ज्यादा दिखने लगे। रामदेव बाबा की आस्था चैनल पर थी इस संप्रदाय की घुसपैठ हो गई, जिसके ज़रिए वे गुजरात से बाहर निकलकर राष्ट्रीय स्तर पर फैलना चाहते थे। तो, एक तरह से गुजरात में रात के समय, ये लोग अनेकों चेनलों पर वृद्ध हिन्दुओं को कथाएँ सुनाते थे। इन कथाओं के नाम राम कथा और भगवद कथा जैसे थे, लेकिन बातचीत परिवारिक जीवन, व्यापार और उनके स्वामिनारायण पर केंद्रित थी। धीरे–धीरे सब कुछ उनके नियंत्रण में चला गया था।

जब मैंने इस संप्रदाय के बारे में सच्चाई उजागर करने के लिए लेख लिखे और हिन्दू समाज को जागरूक करने की कोशिश की, तो संघ के कई लोगों से पश्चाताप और स्वीकृति की बातें सुनीं और देखी, जिन्होंने कहा, "हां, हम उस समय इस संप्रदाय से धोखा खा गए थे। हम इस्तेमाल हुए। मोरारी बापू के राजनैतिक रूप से अप्रासंगिक हो जाने से सामजिक संतुलन बिगड़ गया।"

संघ और इसके संबंधित संगठनों की इन गलतियों को उजागर करने के बावजूद, मेरी संघ के प्रति सम्मान की भावना कम नहीं हुई। इसका मुख्य कारण यह है कि यह स्पष्ट था कि उनके अज्ञान और अंधविश्वास का शोषण किया गया था। जैसे इस संप्रदाय ने हिन्दू नाम के पीछे छिपकर पूरे हिन्दू समाज को धोखा दिया था, वैसे ही उन्होंने संघ को भी धोखा दिया था। संघ और समाज दोनों इस संप्रदाय से एकसाथ और एकसमान रूप से ठगे गए थे। ऊपर बताई गई सभी सावधानी की सलाहें प्राप्त करने के बाद, मैंने संघ के अपने दोस्तों से संपर्क बनाए रखा, बार–बार उनसे जाना कि वे क्या करने का विचार कर रहे है

और मेरी गतिविधियों को लेकर वे कितने आपत्ति दर्ज करते है। उनकी प्रतिक्रियाओं से यह दो बातें स्पष्ट हो गईं: संघ इस मामले में सीधे तौर पर कुछ नहीं कर पाएगा, क्योंकि वह हिन्दुत्व के अपने उन सतही विचारों में बंधा हुआ था, जिसे उसने मुस्लिमों के खिलाफ सभ्यता की लड़ाई पर ध्यान केंद्रित करने के लिए अपनाया था। यह स्थिति उनके सोचने के तरीके और समझ की सीमा में मौजूद कमजोरी को दर्शाती थी। यह स्थिति उनके विचार में मौजूद दोष के कारण उत्पन्न हुई थी, लेकिन संघ के पास इसे संभालने के लिए न तो बौद्धिक और न ही आध्यात्मिक ताकत थी। संघ के अधिकांश स्वयंसेवक इस नई सच्चाई से गहरे आहत थे और उसकी गंभीरता को समझते थे। वे कुछ करना चाहते थे, लेकिन संघ विचार में इस मुद्दे को संबोधित करने का कोई प्रावधान नहीं था। दूसरी बात जो स्पष्ट हुई, वह यह थी कि उस समय संघ मुझे रोकने की कोशिश नहीं कर रहा था, अर्थात् वह मुझे जो मैं कर रहा था, उसे करने की अनुमति दे रहा था। उसने इसमें सत्य को पहचाना। उसने इसे अपना मुद्दा नहीं बनाया, लेकिन माना कि यह एक ऐसा विषय था जिसे संबोधित किया जाना चाहिए।

इसीलिए, मैंने कभी संघ के प्रति अपन सम्मान नहीं खोया। मुझे हमेशा लगता था कि वे मूल रूप से अच्छे लोग हैं, बस बौद्धिक, आध्यात्मिक और हिन्दू आत्म-बोध के दृष्टिकोण से कमजोर है। यही कारण है कि, जबकि मेरा उनके प्रति सम्मान बना रहा है, मुझे अब उनकी हिन्दू धर्म और सभ्यता की रक्षा करने की क्षमता पर विश्वास नहीं रहा है। वे मुसलमानों से निपटने में विशेषज्ञ हैं, लेकिन यही उनके १०० साल के इतिहास में हासिल उपलब्धि है। वे शास्त्रों और धर्म के रूप पर होने वाले आंतरिक हमलों से निपटने के लिए तैयार नहीं हैं। वे बस बाहर से मुसलमान पहचान के साथ लड़ने के लिए तैयार सैनिक है, जो बाह्य हिन्दू पहचान को धारण किए हुए है। लेकिन उस बाह्य हिंदु पहचान के भीतर अगर वैदिक धर्म के ज्ञान और स्वरूप को, उसके देवी-देता और आराध्यों को ख़त्म कर देनेवाले इस्लाम जैसे आक्रमण हो, तो वह उसे संभालने के लिए शक्ति हिन् है। वे न केवल ऐसी चुनौतियों के लिए अपर्याप्त हैं, बल्कि वे उस लड़ाई में हिन्दुओं के लिए एक अतिरिक्त बोझ या रुकावट भी हैं। जिस प्रकार प्राचीन अरब समाज में इस्लाम ने या यहूदी समाज में रोमन ईसाई धर्म ने आंतरिक धोखे से तख्तापलट किया था, वे ऐसे आंतरिक तख्ता पलट से सनातन धर्म का रक्षण नहीं कर सकते। और इस निष्कर्ष के साथ, मैंने उनके साथ अपनी दोस्ती बनाए रखी, लेकिन इस संघर्ष को स्वतंत्र रूप से जारी रखा।

अध्याय ५

अक्षरधाम के झूठ का भांडाफोड़

हर दिन, सम्प्रदाय के ब्रेनवॉश किए गए लोगों के झुंड मेरी फेसबुक टाइमलाइन पर अपने बेशरम तर्क के साथ धंसे आते थे, और मैं उन्हें हिन्दू धर्म के दर्शन और शास्त्रों का सही ज्ञान और समझ प्रदान कर उनके झूठ को खारिज करता था। कभी-कभी, मैं थक जाता था और सोचता था कि सिर्फ पाँच महीने पहले मैं सनातन धर्म के कितने विशाल विषयों पर गहरे विचार कर रहा था, और अब, मैं कहाँ आ खड़ा हुआ हूँ? मैं खुद को सबसे प्राथमिक अवधारणाओं को समझाने की स्थिति में पाता, जैसे वे गहरी सच्चाईयाँ हों ऐसी अवधारणाएँ जिन्हें मेरे घर के बच्चे भी जानते थे। इस कार्य में संलग्न होने से पहले, मैं सनातन धर्म के शास्त्रों को आधुनिक युग की वैज्ञानिक शब्दावली में लाने का काम कर रहा था, जहाँ इन ग्रंथों के आध्यात्मिक सत्य को समकालीन विज्ञान की भाषा में परिभाषित किया जा सके और भारतीय ज्ञान से संबंधित भविष्य के वैज्ञानिक अन्वेषणों के लिए एक आधार प्रस्तुत किया जा सके। लेकिन यहाँ, मुझे उस स्तर पर उतरना पड़ा जिसे मैंने कभी अनुमान नहीं किया था, जैसा कि आप इस अध्याय में देखेंगे।

इन ब्रेनवॉश किए गए भेड़ों में से एक, जो 'भगवान श्री स्वामिनारायण' नाम से एक फेसबुक अकाउंट चला रहा था, उसने मुझसे एक बार कहा, "हमारे भगवान की शरण में आओ। शास्त्र कहते हैं कि केवल उन्हें सर्वोपरी भगवान मानकर तुम अक्षरधाम का सर्वोत्तम स्थान प्राप्त करोगे।" मैंने शांतिपूर्वक उत्तर दिया, "चल झूठे! हिन्दू शास्त्रों में अक्षरधाम नाम का कोई स्थान ही नहीं है।" उस व्यक्ति के अगले शब्दों में जो उन्माद था, वह स्पष्ट था। उसने कहा, "और अगर मैं तुम्हें हिन्दू शास्त्रों में अक्षरधाम का उल्लेख दिखा दूं, तो तुम क्या करोगे?

85

क्या तुम स्वामिनारायण की कंठी पहनकर स्वामिनारायण धर्म को अपनाओगे?"

कुछ पल के लिए, मैं भी विचार में पड़ गया। यह आत्मविश्वास कहां से आता है? मैंने कहा, "जैसा जाकिर नाइक इस्लाम के लिए चुनौतियाँ देता है, वैसा तुम मुझे देना बंद कर। अगर तुम्हारे पास हिम्मत है, तो मुझे दिखाओ।"

और उसके बाद जो हुआ, वह अप्रत्याशित था।

उसने लिखा, "भगवद गीता में अक्षरधाम का उल्लेख," और फिर उसने भगवद गीता के आठवें अध्याय के २१वें श्लोक को उसके अनुवाद के साथ पोस्ट किया:

अव्यक्तोऽक्षर इत्युक्तस्तमाहुः परमां गतिम् ।
यं प्राप्य न निवर्तन्ते तद्धाम परमं मम ॥ २१ ॥

अनुवाद: "जिस अव्यक्त को 'अक्षर' कहा गया है, वही अक्षर नामक अव्यक्त भाव को परम गति कहते हैं। और जो सनातन अव्यक्त भाव को प्राप्त करके मनुष्य लौटकर नहीं आते, वही मुझ विष्णु का परम धाम है।" (भगवद गीता ८.२१)

मैंने उत्तर दिया, "मूर्ख। जैसे तुमने भगवान विष्णु के नामों, जैसे नारायण, हरि, और श्रीजी को चुराकर एक नया भगवान बनाया है, वैसे ही तुमने सनातन धर्म के शास्त्रों से शब्द चुराकर निरर्थक स्थानों की रचना की है? मैंने तुमसे कुछ सच्चे और ज्ञानपूर्ण बातों की उम्मीद की थी। मूर्ख, भगवान विष्णु यहाँ स्वयं के बारे में बात कर रहे हैं, और तुमने अपने नए भगवान को विष्णु के ऊपर एक नए सर्वोपरि भगवान के रूप में स्थापित कर दिया है। यह श्लोक इस बात को प्रमाणित करता है कि तुम जो श्लोक उद्धृत करते हो, वे असल में भगवान विष्णु के बारे में बात कर रहे हैं, और तुम उन श्लोकों को अपने नए भगवान से जोड़ने की कोशिश कर रहे हो। इसके अलावा, इस श्लोक में, भगवान कृष्ण, जो विष्णु के रूप में हैं, कह रहे हैं कि उनका मूल रूप अव्यक्त परब्रह्म है, जो अक्षर है, अर्थात् अविनाशी है। शास्त्रों में, अक्षर का अर्थ है 'जो नष्ट नहीं होता।' वेदों में, 'ॐ' को अक्षर ब्रह्म कहा जाता है क्योंकि यह अव्यक्त ब्रह्म का पहला सूक्ष्म रूप है, जो ध्वनि के रूप में प्रकट हुआ है। इसलिए, ॐ स्वयं ईश्वर है, अविनाशी (अक्षर) ब्रह्म। वह अविनाशी, अव्यक्त अवस्था ईश्वर का शाश्वत रूप है, और वही भगवान कृष्ण के रूप में विष्णु अपना मूल स्थान - मूल रूप बता रहे है। यह आत्मा का सर्वोच्च लक्ष्य है, जब आत्मा इसे प्राप्त

करती है, तो वह कभी इस संसार में वापस नहीं आती। यही इस श्लोक का अर्थ है। फिर, तुम्हारा कथित अक्षरधाम, जिसे वैकुण्ठ और कैलाश से ऊपर कहा जाता है, कहाँ से आया?"

लेकिन वह सुनने के लिए तैयार नहीं था। वह अपने आकाओं की ओर से उसके मन में भरी गई गलत जानकारी का पूरा दस्ता खाली करने पर उतारू था। उसने एक और श्लोक उद्धृत किया:

एवमुक्त्वा स भगवान्म रूद्रणवृतः प्रभुः ।
जगाम भवनं विष्णुरक्षरं परमं पदम ।।

महाभारत के शांति पर्व के ६५.३२ श्लोक में

उसका अनुवाद:

"भगवान विष्णु राजा मंदाता के सामने इन्द्र के रूप में प्रकट हुए, उन्हें निर्देश दिए और फिर अपने निवास स्थान भगवदधाम, जिसे अक्षरधाम भी कहा जाता है, में लौट गए।"

'यह महाभारत में भी उल्लेखित है।' - उसने कहा।

फिर से, मैंने उत्तर दिया, "तुम झूठ लिख रहे हो। मैं वह श्लोक देख सकता हूँ। उसका अनुवाद कुछ इस तरह होता है; 'यह सुनकर वह भगवान महादेव से घिरे हुए प्रभु विष्णु, जो अक्षर परम पद के स्वामी है, अपने धाम को चले गए।'

उसमें यह भी कहा गया है कि निर्देश देने के बाद विष्णु अपने 'अक्षर परम पद' में लौटे, जिसका अर्थ है उनका अविनाशी सर्वोच्च रूप। यह भगवान विष्णु के अविनाशी अव्यक्त परब्रह्म रूप की बात कर रहा है। किसी धाम की नहीं, और फिर भी यह भगवान विष्णु के बारे में है। मूर्ख! क्या तुम यहाँ अपने नए भगवान की महिमा साबित करने आए हो या भगवान विष्णु की महिमा दिखाने आए हो? विष्णु को सर्वोच्च स्वीकार करो, और अपने सहजानंद स्वामी को विष्णु के अवतार भगवान कृष्ण का भक्त और सेवक मानो, जैसे की वे असल में थे। जो श्लोक दे रहे हो, उन्हें अगर मान लो, तो हमारे बीच किसी बहस की जरूरत ही नहीं है। फिर मैं भी शांति से अपने काम पर लौट सकता हूँ। बोलो, अब और क्या कहने को है तुम्हारे पास?"

फिर उसने कूर्म पुराण से एक और श्लोक प्रस्तुत किया:

तद् अक्षरं परमं ज्योतिः तद् विष्णोः परमं पदम् ।

और इस श्लोक का अनुवाद उसने यह दिया, "वह अक्षर सर्वोत्तम प्रकाशों में सर्वोत्तम है। वही विष्णु का सर्वोच्च निवास है।"

अब मुझे मेरी हंसी रोकने में मुश्किल हो रही थी, और अंत में मैं जोर से हंस पड़ा। इस बीच, फेसबुक पर सभी सनातनी योद्धा हमारे इस आदान-प्रदान को पढ़ रहे थे। उन्होंने अपने सोशल मीडिया पेजों और समूहों में पोस्ट करना शुरू कर दिया, "अक्षरधाम का पर्दाफाश हो गया है। अक्षरधाम जैसा कुछ है ही नहीं। कौशिकभाई ने अक्षरधाम के झूठ का भांडा फोड़ दिया।"

पर मैं अभी भी 'भगवान श्री स्वामिनारायण' प्रोफाइल के पीछे वाले आदमी को जवाब दे रहा था। कूर्म पुराण के श्लोक के बारे में, मैंने कहा, "पहले इसे सही से अनुवादित तो करो। इसका सही अनुवाद यह है 'वह अविनाशी (अक्षर) सर्वोत्तम प्रकाश विष्णु का सर्वोच्च निवास है।' यही कहा गया है। और यह भगवान विष्णु का निवास है, उस गरीब आदमी का निवास नहीं, जो १८३० में हैजा से पेट ख़राब होने पर मरा और जो पेशवा बाजीराव से भी अस्सी साल बाद पैदा हुआ था।"

वह आदमी अपनी मूर्खता को स्वीकार करने के बजाय अपनी बहस जारी रखने की कोशिश करता रहा, लेकिन उस दिन बड़ा पर्दाफाश हो गया। और इसका प्रभाव कई दिनों तक रहा। हमारे फेसबुक पर हुए प्रश्नोत्तर के स्क्रीनशॉट फेसबुक और कई व्हाट्सएप समूहों में फैल गए। लोग आश्चर्य में थे कि वे अक्षरधाम के झूठ को कितने वर्षों से सुन रहे थे, बिना कभी इसकी सत्यता की जांच किए या उस पर ध्यान दिए!

दो दिन बाद, मैंने एक विस्तृत लेख लिखा जिसमें यह स्पष्ट किया कि विष्णु पुराण में भगवान विष्णु के वैकुण्ठ को अक्षर विशेषण के साथ वर्णित किया गया है, जिसका अर्थ है अविनाशी, और शिव पुराण में काशी को भी अक्षर-अविनाशी के रूप में वर्णित किया गया है। अक्षर शब्द का उपयोग इन स्थानों के लिए केवल विशेषण के रूप में किया गया था, न कि 'अक्षरधाम' नामक किसी अलग स्थान का वर्णन करने के लिए। अक्षर शब्द का अर्थ है 'अविनाशी,' और सनातन धर्म में भगवान विष्णु के वैकुण्ठ और भगवान शिव के काशी ही अक्षर अविनाशी धाम है।

वेदों में निराकार ईश्वर, जिसे ॐ द्वारा दर्शाया गया है, उसे परब्रह्म कहा जाता है। उन परब्रह्म को पुराणों में पाँच प्रकट रूपों के माध्यम से सामान्य मनुष्यों के लिए समझाया गया है। इन पाँच प्रकट रूपों को सनातन धर्म में पंचदेव कहा

जाता है। जब आदि शंकराचार्य ने वेदिक धर्म की पुनस्थापना की, तो उन्होंने यह घोषणा की कि वेदों का परब्रह्म पुराणों में इन पाँच रूपों में व्यक्त होता है। इन्हें उन्होंने पंचदेव कहा: गणेश, माँ शक्ति, विष्णु, शिव, और सूर्य/ब्रह्मा। केवल इन्हें या इनके अवतार या अंश रूप दिव्य मनुष्य को ही पुराणों में परब्रह्म सर्वोच्च ईश्वर के रूप में पूजा जाता है। इस प्रकार उन्होंने सनातन धर्म को एक स्वरूप दिया, जो चार वेदों, छह दर्शनों, छह वेदांगों और अठारह पुराणों में फैला हुआ है। आदि शंकराचार्य के बाद सभी आचार्य और सनातन धर्म के भीतर बने प्रत्येक सम्प्रदाय इस मूल सिद्धांत को स्वीकार करते हैं। कोई भी भक्ति का मार्ग अपनाए या मोक्ष की परिभाषा कुछ भी हो, पंचदेव उपासना ही सनातन धर्म का मूल शास्त्रोक्त उपासना मार्ग है।

इसलिए उद्धव सम्प्रदाय, जो रामानंद स्वामी की वैष्णव परंपरा का हिस्सा है, उसने भी पंचदेव की पूजा का आदेश दिया था। जब संप्रदाय सहजानंद स्वामी के हाथों में आया, तो उन्होंने भी शिक्षापत्री में यह निर्देश दिया कि भगवान कृष्ण सर्वोच्च इश्वर और पूर्णपुरुषोत्तम परब्रह्म है। इसके साथ ही उन्होंने पंचदेव उपासना करने का भी आदेश दिया। यह स्पष्ट और अपरिवर्तनीय सत्य है। सनातन धर्म के भीतर कोई भी संप्रदाय पंचदेव के अलावा किसी भी रूप में सर्वोच्च निराकार अव्यक्त इश्वर परब्रह्म को स्वीकार नहीं करता। कोई भी नया दिव्य रूप जो प्रकट होता है, उसे परमात्मा के रूप में पूजा योग्य होने के लिए पंचदेव में से किसी का अवतार या अंश कहलाना जरुरी होता है। समाज में विकृतियाँ और भ्रांतियाँ इसलिए उत्पन्न होती हैं क्योंकि लोग सनातन धर्म के इस स्वरूप को नहीं जानते, जो वेदों से लेकर पुराणों तक फैला है। सामाजिक और धार्मिक संस्थाओं को सनातनी समुदाय को इस सत्य की नियमित याद दिलानी चाहिए और ऐसा करके समाज को विकृतियों और अशुद्धियों से मुक्त रखना चाहिए।

दो दिन बाद, १४ मार्च २०२३ को, मैंने एक और लेख लिखा जिसमें मैंने श्रीमद्भागवतम में दिए गए अविनाशी (अक्षर) वैकुण्ठ धाम का सही वर्णन किया, जो 'अक्षर' (अविनाशी) विशेषण के साथ दिया गया है। इसके माध्यम से मैंने इस नकली नारायण के कपोल कल्पित निवास और सच्चे विष्णु नारायण के दिव्य निवास के बीच का अंतर स्पष्ट रूप से प्रस्तुत किया।

◼ नकली अक्षरधाम और सच्चे अक्षर वैकुण्ठधाम के बीच अंतर

जैसा बिज होता है, वैसा ही फल होता है। सनातन धर्म के शास्त्रों से शब्दों और नामों को चुराकर जो एक नया सर्वोच्च भगवान और उसका काल्पनिक

'अक्षरधाम' बनाया गया वह कितना बीभत्स था, आइए वह एकबार फिर जान लेते है। इस नए भगवान को भगवान विष्णु के नामों से गढ़ा गया था और इसे सनातन धर्म के पंचदेवों से ऊपर रखा गया, और इन पंचदेवों को इस नए भगवान के मात्र सेवक के रूप में प्रस्तुत किया गया, जिससे उन्हें पूजा के योग्य नहीं माना गया। इस संप्रदाय की किताबों और उपदेशों के अनुसार, अक्षरधाम में उनका स्वामिनारायण भगवान सभी देवताओं का मालिक है। जब वह अपने सिंहासन की ओर बढ़ते हैं, तो ब्रह्मा, विष्णु, शिव, पार्वती और सभी अन्य देवता अपने हाथ जोड़ते हैं, सिर झुकाते हैं, और उनका सम्मान करते हैं। जब यह नया भगवान अपने सिंहासन पर बैठता है, तो वही पंचदेव, साथ ही अन्य देवता, एक पैर पर खड़े होकर इस नए भगवान की स्तुति करते हैं। यह एक दिव्य निवास की तरह कम और किसी खलनायक के अड्डे की तरह अधिक लगता है, जैसे हिंदी फिल्म के विलन मोगैम्बो का ठिकाना, जहाँ सनातन धर्म के सभी देवता अपने हाथ उठाकर कहते हैं, "यो मोगैम्बो।"

यह है वह विकृत अक्षरधाम। हाँ, वही अक्षरधाम, जिसे आपने छुट्टियों में भ्रमण करते हुए हिंदू मंदिर समझा होगा। जिसे वर्ष २००२ में आतंकी हमले की वजह से हिन्दू मंदिर के रूप में हमदर्दी भी मिली, यह उसी अक्षरधाम का मूल रूप है। वहाँ आप हिंदू देवताओं को देखेंगे और यह मानेंगे कि यह आपका मंदिर है। लेकिन असल में, वहाँ हिंदू धर्म के देवताओं को उपरोक्त वर्णित अपमानजनक तरीके से बंधी बनाया गया है।

अब, आइए भागवत पुराण में जिसे सही माइने में अक्षर (नाशरहित) धाम कहा गया है उस वैकुण्ठ धाम के बारे में श्रीमद भागवद का ही वर्णन जानें। पुराणों में वैकुण्ठधाम को विभिन्न स्थानों पर अक्षर ऊर्जा का निवास और भगवान विष्णु का सर्वोच्च क्षेत्र बताया गया है। समय के साथ, पुराणों में वैकुण्ठधाम के रूप, स्थान और प्रकट रूप का क्रमिक रूप से विवरण मिलता है। भागवत पुराण में, वैकुण्ठ को सभी अन्य क्षेत्रों और निवासों से ऊपर बताया गया है (X.१२.२६), और यह सृष्टि का सर्वोच्च क्षेत्र है जहाँ विष्णु निवास करते हैं (XII.२४.१४)। यह अंधकार और संसार के जन्म-मृत्यु के चक्र से परे है (IV.२४.२९; X.८८.२५)। जो लोग जीवित रहते हुए तीन गुणों से पार हो जाते हैं, वे इसे अपनी अंतिम मंजिल बनाते हैं (XI.२५.२२), और इसके ऊपर कोई स्थान नहीं है (II.२.१८, II.९.९)। जो शांत साधक इस स्थान पर पहुँचते हैं, वे कभी वापस नहीं लौटते (IV.९.२९; X.८८.२५-२६)। वैकुण्ठ के निवासी भौतिक शरीर नहीं रखते; वे शुद्ध रूपों में होते हैं (VII.१.३४), और ये रूप

विष्णु के समान होते हैं (III.१५.१४)। वैकुण्ठ में, विष्णु लक्ष्मी देवी के साथ, स्फटिक की दीवारों वाले महलों में निवास करते हैं। वहाँ के बाग-बगिचे शाश्वत मुक्ति के समान चमकते हैं, जिनमें पूरा वर्ष खिलने वाले वृक्ष होते हैं। वहाँ एक सुगंधित हवा होती है, पक्षियों की आवाजें मधुमक्खियों के गूंजने के साथ मिलती हैं, और शानदार फूल हर जगह खिलते हैं। विष्णु के भक्त अपनी सुंदर पत्नियों के साथ रत्नों, नीलम और सोने से बने आकाशीय वाहन में यात्रा करते हैं, लेकिन इस क्षेत्र के आकर्षक स्त्री-पुरुष एक-दूसरों के मन को विचलित नहीं कर सकते क्योंकि हर कोई कृष्ण के प्रेम में डूबा होता है (III.१५.१४-२५)।

यह है हमारे सनातन धर्म का सच्चा अक्षर वैकुण्ठधाम। हम देख सकते हैं कि यह कितना शांति, दिव्यता और मुक्ति देने वाला लगता है, और इस संप्रदाय का चोरी के शब्दों से बनाए गए 'धाम' की अवधारणा कैसे एक सत्ता-लोलुप शासक के अड्डे जैसी प्रतीत होती है।

अध्याय ६

शास्त्रों की झूठी व्याख्याओं का पर्दाफाश

अक्षरधाम के झूठ का पर्दाफाश होने से संप्रदाय के धोखे के जाल में एक बडी दरार आ चुकी थी। सनातनी योद्धा अब जागृत हो गए थे। यह महत्वपूर्ण था क्योंकि, मेरे इस कार्य में प्रवेश करने से पहले जो सनातनी इस संप्रदाय का विरोध करते थे, वे शास्त्रों की उन झूठी व्याख्याओं से भ्रमित हो चुके थे, जो संप्रदाय द्वारा उन्हें दी गई थीं। संप्रदाय ने कई यूट्यूब चैनल खोल रखे है, और आए दिन नए चैनल खोलता रहता है। और उसके पास एक बडी संख्या में ब्रैनवोश अनुयायी भी है। जब संप्रदाय के उपदेशों में सनातन धर्म के देवताओं के बारे में अपमानजनक टिप्पणियां आने लगीं, तब प्रसिद्ध भागवत कथाकार भाई श्री रमेशभाई ओजा ने कई बार गुजराती समाचार चैनलों पर अपना गुस्सा व्यक्त किया था। एक साक्षात्कार में उन्होंने कहा, "आपके शास्त्रों को गलत तरीके से चितरा गया है, उन्हें सही करें। अन्यथा, परिणाम विनाशकारी होंगे।" इसके जवाब में, संप्रदाय के सदस्यों ने वीडियो बनाए जिनमें पूरी बात को मोड़ते हुए उनके द्वारा की गई शास्त्रों की गलत व्याख्याओं को हिंदू समाज के सामने निर्लज्जता से फेंका गया, और उनके द्वारा किए गए हिंदू देवी-देवताओं के अपमान को शास्त्रगत और सही ठहराया गया था।

यह वीडियो संप्रदाय के अनुयायियों में फैलते है, जिससे सभी ब्रेन वॉश भेड़ों की तरह चारों ओर गलत बातें फैलाने लगते हैं और सनातनी लोगों को दुष्ट जवाब देते है। यह एक ऐसी धोखाधड़ी होती है जिसमें कोई तर्क नहीं होता, स्पष्ट झूठ और दुष्टता होती है, लेकिन बस बोलते रहना और सामने वाले का

92

समय बर्बाद करते रहना उद्देश्य होता है। वे तब तक ऐसा करते हैं जब तक सामने वाला थककर गुस्से में गाली देकर चला न जाए। और जब वह गाली देकर जाता है, तो ये लोग मीठी भाषा में बोलते हैं, "देखो, कैसी गाली दे रहा है। धर्म का कोई संस्कार नहीं सीखा।" यही इनकी कार्यशैली थी।

मैंने उस वीडियो में फैलाई गई आधारहीन बातों का कुछ बार जवाब दिया। लेकिन जैसा मैंने कहा, वे झुंड में हमला करते हैं और आपको बेबुनियाद बातों में उलझाकर थका देने की कोशिश करते हैं। एक बात उनके वीडियो में कही गई थी कि "देखो, विष्णु पुराण में शिव को विष्णु को प्रणाम करते दिखाया गया है, और शिव पुराण में विष्णु को शिव को प्रणाम करते दिखाया गया है, तो क्या ये ग्रंथ भी झूठे हैं?" दूसरी बात कही गई, "कृष्ण के जन्म पर शिव दर्शन करने आए और रामायण में राम ने रामेश्वरम में शिवलिंग स्थापित कर शिव को प्रणाम किया, तो क्या ये बातें भी मनगढ़ंत हैं?" फिर कहा गया, "हनुमान चालीसा में लिखा है, 'और देवता चित्त न धरई, हनुमत सेई सर्व सुख करई।' तो जैसे हम कहते हैं कि केवल स्वामिनारायण भगवान को पूजना चाहिए, वैसे ही क्या हनुमान चालीसा भी झूठी है?"

मैंने इसका जवाब कुछ मिनट की फेसबुक रील बनाकर दिया, जो खूब वायरल हुआ। मैंने कहा, "आप सनातन धर्म में पंचदेव उपासना की व्यवस्था का दुरुपयोग करके बचने की कोशिश कर रहे हैं। रामायण, महाभारत, और पुराणों में शिव और विष्णु की एकता को दर्शाते हुए कई स्थानों पर एक-दूसरे को अपने आराध्य कहते हुए दिखाया गया है। शिव कृष्ण के दर्शन करने आते हैं क्योंकि कृष्ण विष्णु हैं। राम शिव को आराध्य कहते हैं क्योंकि राम विष्णु हैं। विष्णु और शिव एक ही निराकार परब्रह्म के दो साकार रूप हैं। पूरी हनुमान चालीसा में हनुमानजी को भगवान राम के भक्त के रूप में दिखाया गया है, और वे स्वयं जो शिव के अवतार हैं। इसलिए कहा गया है की सिर्फ हनुमान चालीसा करना ही पर्याप्त है, क्योंकि उससे आप शिव और विष्णु दोनों तक पहुंच सकते है।

आपका यह नया भगवान न शिव है, न विष्णु, न पंचदेव का हिस्सा है। वह तो उन सबके ऊपर बैठकर उनका मालिक बन गया है। इसलिए सनातन धर्म के स्वरूप और शास्त्रों के ढांचे के बाहर जाकर उनके ईश्वर का नाम लेना और तुलना करना बंद कीजिए। केवल पंचदेव के रूपों या उनके अवतारों से तुलना हो सकती है, वह भी सनातन धर्म के शास्त्रों के अनुसार। आपका यह २०० साल पहले मरा हुआ व्यक्ति सनातन धर्म के शास्त्रों में राहु-केतु के रूप में भी नहीं आता, बल्कि हिरण्यकश्यप, रावण, कंस, और पौंड्रक के रूप में आता है,

जो स्वयं को भगवान कहते थे और भगवान विष्णु को अपना सेवक बताते थे।"

मेरे इन जवाबों ने सनातन योद्धाओं में उत्साह बढ़ाने का काम किया। लेकिन फिर भी, उस संप्रदाय के यूट्यूब चैनलों और सोशल मीडिया के जाल के सामने इसका असर कम था। ये पोर्टल्स और यूट्यूब चैनल हिंदू धर्म के शास्त्रों के श्लोकों के झूठे अर्थ घड़ते रहे। कहीं अर्थ में कुछ छेड़छाड़ हुई थी, तो कहीं श्लोक कुछ कहता और अनुवाद कुछ और।

मैंने इन श्लोकों का वास्तविक अर्थ दिखाने के लिए एक पीडीएफ बनवाई और सार्वजनिक कर दी। इसके बाद धमाल मच गया। जो लोग अब तक इस संप्रदाय की विकृति को अनदेखा कर रहे थे, वे भी स्तब्ध रह गए। लोग समझ गए की एक सभ्य समाज में जिस बुनियादी प्रामाणिकता की हम उम्मीद लोगों से करते है, उसी को इस संप्रदाय के लोग छोड़ चुके है। वह समाज के इस विश्वास का ग़लत फ़ायदा उठाकर ईज़ झूठ घड़ते है, और समाज में फैलाते है। अब हर किसी को एहसास हो गया कि यह संप्रदाय एक बड़ा षड्यंत्र है, जो झूठ और प्रपंच से भरा है। यह सनातन धर्म के वैदिक आराध्यो को ख़तम करके हिंदू समाज को हथियाने की कोशिश में है।

आइए, इन श्लोकों को संप्रदाय द्वारा बदले गए उनके मनगढ़ंत अर्थ और शास्त्रों के वास्तविक अर्थ के साथ देखें।

✴ १. पद्म पुराण, उत्तरखंड

छंद:

नरःकृष्णो हरिर्धर्मनन्दतो धर्मजीवनः ।
आदिकर्ता सर्वसत्यः सर्वस्त्रीस्वदर्पदा ॥

पद्मपुराण, ७२.१७५

संप्रदाय ने किया हुआ अनुवाद: "धर्म को पुनर्जीवित और संरक्षित करने के लिए, परमात्मा श्री हरि कृष्ण भगवान कलियुग में धर्मदेव के घर मानव के रूप में अवतार लेंगे। वह अनगिनत ब्रह्मांडों के सृजनहार हैं, पूर्ण सत्य का रूप हैं, और इंद्रियों पर विजय प्राप्त कर चुके हैं।"

सही अनुवाद: "जो शिव के त्रिशूल का संहारक है, जो शिव को भी वरदान देता है, वही सर्वोत्तम मनुष्य है, वही कृष्ण है, वही हरि है, वह धर्म में आनंदित होता है। धर्म और सत्य उसकी जीवनशक्ति हैं। वह पहला प्रतिनिधि है, पूर्ण

सत्य का रूप है। वह सभी स्त्री रत्नों के आभूषणों को हराने वाला है। वह उन ऋषियों का नेता है, जिन्होंने उर्वशी को जन्म दिया।"

शिवत्रिशूलविध्वंसी श्रीकंठैकवरप्रदः
नरः कृष्णो हरिर्धर्मनंदनो धर्मजीवनः ॥१७२॥
आदिकर्त्ता सर्वसत्यः सर्वस्त्रीरत्नदर्पहा
त्रिकालजित कंदर्प उर्वशीसृङ्गनीश्वरः ॥१७३॥

सत्यः पूरा अनुवाद झूठा है। यहाँ तक कि छंद संख्या भी गलत है। यह छंद वास्तव में पद्म पुराण के उत्तरखंड के अध्याय ७१ के छंद १७२ और १७३ का संयोजन है। संप्रदाय ने इसे ७२.१७५ के रूप में प्रस्तुत किया है। हरि कृष्ण नाम को सहजानंद स्वामी के कई नामों में से एक के रूप में प्रयोग किया गया है। सहजानंद स्वामी के माता-पिता के नाम, जो हरिप्रसाद पांडे और प्रेमवती पांडे थे, उनको संप्रदाय ने बदलकर धर्मदेव और भक्तिदेवी किया है। क्योंकि शास्त्रों में ये नाम प्राचीन ऋषियों नार-नारायण के माता-पिता के नाम हैं। इस प्रकार, वे इस बनावटी कहानी को सनातन धर्म के शास्त्रों में घुसेड़ने की कोशिश कर रहे हैं।

✴ २. कूर्म पुराण, ब्राह्मी संहिता, २७.१२-१३

छंद:

ये ब्राह्मणा वंशजाता युष्माकं वै सहस्त्रशः ।
तेषां नारायणे भक्तिर्भविष्यति कलौ युगे ॥
परात्परतरं यान्ति नारायणपरा जनाः ।
तते तत्र गमिष्यन्तियेद्विषन्तिमदेश्वरम् ॥

संप्रदाय का अनुवादः भगवान श्रीकृष्ण ऋषियों से कहते हैं, "जो अनेक जीव तुम्हारे वंश में उत्पन्न होंगे, उनकी कलियुग में प्रकट होने वाले पुरुषोत्तम नारायण में भक्ति जाग्रत होगी। वे परब्रह्म नारायण में भक्ति रखने वाले सभी जन, सभी धामों से परे सर्वश्रेष्ठ पद प्राप्त करेंगे। लेकिन जो भगवान शिव का विरोध करेंगे, वे उस धाम को कभी प्राप्त नहीं कर पाएंगे।"

सही अनुवादः "जो हजारों ब्राह्मण तुम्हारे वंश में जन्म लेंगे, उनकी नारायण में भक्ति होगी। नारायण में भक्ति रखने वाले लोग सर्वोच्च पद प्राप्त करेंगे।

लेकिन यदि वे महेश्वर से द्वेष करते हैं, तो वे वहां नहीं पहुंच सकते।"

सत्य: इस श्लोक में "कलियुग में प्रकट होने वाले पुरुषोत्तम नारायण" जैसे किसी भी शब्द का उल्लेख नहीं है, जिसे संप्रदाय के अनुवाद में जोड़ दिया गया है। यह संप्रदाय भगवान विष्णु के नाम "नारायण" और "हरि" को उनसे अलग करके, जहां भी हिंदु शास्त्रों में "नारायण" शब्द आता है, उसे स्वामिनारायण नाम से सहजानंद स्वामी के साथ जोड़ने का प्रयास करता है।

✳ ३. ऋग्वेद १.१५४.०६

श्लोक:

ता वां वास्तून्युश्मसि गमध्यै यत्र गावो भूरिशृङ्गा अयासः ।
अत्राद् तदुरुगायस्य वृष्णः परमं पदमव भाति भूरं ॥

संप्रदाय का अनुवाद:

"सर्वोच्च ब्रह्मलोक में, जहाँ विशाल और दीर्घ प्रकाश की किरणें चारों ओर फैलती हैं, वहाँ परमेश्वर श्री पुरुषोत्तम नारायण विराजमान हैं। वह परम लोक असीमित है। उस लोक में एक विशाल आभा से असीम और विस्तृत प्रकाश की किरणें निकलती हैं, और असंख्य शाश्वत भक्त श्री हरि की निरंतर स्तुति करते हैं। वहाँ श्री हरि सदा अपने शाश्वत भक्तों के साथ निवास करते हैं। भगवान का दिव्य लोक अनंत है, किसी भी सीमा से रहित है, और स्वयं पुरुषोत्तम नारायण के प्रकाश से प्रकाशित होता है।"

श्लोक का वास्तविक अर्थ:

"हे इंद्र और वरुण देव! हम (यजमान दंपत्ति) ऐसी निवास स्थली की कामना करते हैं जो हमारी शरण बन सके, जहाँ स्वास्थ्यप्रद और चमकीली सूर्य किरणें प्रवेश करें। जहाँ सुंदर, सींगों वाली, दूध देने वाली गायें हों। ऐसे उत्तम घरों में, विष्णु, जो बहुजनों द्वारा पूजित हैं, उनके परम धाम की विशेष दिव्यता स्वयंसिद्ध होती है।"

सत्य:

संप्रदाय ने निर्लज्जता से ऋग्वेद के दो पंक्तियाँ लीं और फिर अपनी लंबी सामग्री जोड़ दी, जिसका इस श्लोक से कोई संबंध नहीं है। ऋग्वेद में विष्णु को ३३ देवताओं में से सर्वोच्च देवता बताया गया है। यह विशेष श्लोक विष्णु को समर्पित है। यजुर्वेद में विष्णु को नारायण कहा गया है क्योंकि उनके चरणों से

जल (नीर) बहता है। चूंकि वे सर्वव्यापी हैं, उन्हें यजुर्वेद में वासुदेव भी कहा गया है। यजुर्वेद में विष्णु गायत्री मंत्र बार-बार आकर कहता है: "नारायण वासुदेव हैं और वे विष्णु हैं; हम उस विष्णु देवता को प्रणाम करते हैं।"

✳ ४. शुक्ल यजुर्वेद, ६.३

श्लोक:

याते याते धामान्यु म्म सिगमंध्यु यत्र गावो भूरिशृङ्गा अयासः ।
अत्राद् तदुरुगायस्यु विष्णोऽपरमम्पदमवं भारिं भूरिं ॥

(संप्रदाय का अनुवाद):

"सर्वोच्च ब्रह्मलोक में, जहाँ विशाल और दीर्घ प्रकाश की किरणें चारों ओर फैलती हैं, वहाँ परमेश्वर श्री पुरुषोत्तम नारायण विराजमान हैं। वह परम लोक असीमित है। उस लोक में एक विशाल आभा से असीम और विस्तृत प्रकाश की किरणें निकलती हैं, और असंख्य शाश्वत भक्त श्री हरि की निरंतर स्तुति करते हैं। वहाँ श्री हरि सदा अपने शाश्वत भक्तों के साथ निवास करते हैं। भगवान का दिव्य लोक अनंत है, किसी भी सीमा से रहित है, और स्वयं पुरुषोत्तम नारायण के प्रकाश से प्रकाशित होता है।"

वास्तविक अनुवाद:

"सूर्य की किरणों से प्रकाशित, हम उस परम धाम को प्राप्त करने की इच्छा करते हैं जो सर्वव्यापक, माननीय भगवान विष्णु का है। हम आपको ब्राह्मणों, क्षत्रियों, और वैश्य वर्ग के लिए शक्ति और समृद्धि के उचित वितरक के रूप में मानते हैं। अत: ब्राह्मण विद्वानों को ज्ञान की संपदा, क्षत्रियों को पराक्रम और वीरता, और वैश्य को धन और समृद्धि का आशीर्वाद दें, जिससे लोगों की आयु और संख्या में वृद्धि हो सके।"

सत्य:

इसके पहले के तीसरे क्रम में दिए गए ऋग्वेद के श्लोक का अनुवाद और इस श्लोक का अनुवाद संप्रदाय के वीडियो में एक ही दिया गया है, जो की गलत है। साथ ही इस श्लोक की दूसरी पंक्ति में "विष्णु" शब्द स्पष्ट रूप से लिखा गया है। सच्चे अनुवाद में कहीं भी स्वामिनारायण का उल्लेख नहीं है, जो संप्रदाय ने अपने अनुवाद में डाला है।

✹ ५.स्कंद पुराण, वासुदेव माहात्म्य, १७.१-५

श्लोक:

संप्रदाय का अनुवाद:

तत्त्वेककालसंभूतको टिकोट्यर्कसन्निभम् ।
स व्यचष्ट महतेजी दिव्यं सिततरं मुने ॥१
दिशश्च विदिशः सर्वा ऊर्द्धाधो व्याप्नुवच्च यत् ॥
अक्षरं ब्रह्म कथितं सच्चिदानन्दलक्षणम् ॥२
शा प्रकृतिं पुरुषं चोभौ तत्कार्याण्यपि सर्वशः ॥
व्याप्तं यद्योगसंसिद्धाः षट्चक्राणि निजान्तरे ॥
व्यतीत्य मूर्ध्नि पश्यन्ति वासुदेवप्रसादतः ॥३॥
यद्भासा भासितः सूर्यो वह्निरिन्दुश्च तारकाः ॥
भासयन्ति जगत्सर्वं स्वप्रकाशं तथामृतम् ॥४
यद्वह्मपुरमित्यादुर्भगवद्धाम सात्वताः ॥
यस्यान्तिकेषु परितस्तिष्ठन्त्यर्चकककोटयः ॥५॥

"इस महान चौराहे पर यह अद्भुत प्रकाश क्या है? यह हज़ारों सूर्यों के उदय के समान तेजस्वी, विशाल और अपरिमेय है। यह प्रकाश सभी दिशाओं, उप-दिशाओं, ऊपर और नीचे व्याप्त है और इसे अक्षर ब्रह्म कहा जाता है। यह प्रकाश पुरुष-प्रकृति और उनके समस्त कार्यों में व्याप्त है। यही वह प्रकाश है जिसे सिद्ध योगी अपने मन के सहस्रार चक्र में भगवान की कृपा से छह चक्रों को पार करने के बाद देखते हैं। यह प्रकाश सूर्य, चंद्रमा, अग्नि, और तारों को प्रकाशित करता है और इसे ब्रह्मपुर या पुरुषोत्तम नारायण का धाम कहा जाता है। इस प्रकाश के चारों ओर भक्तों के समूह पूजा में खड़े हैं।"

सत्य:

संप्रदाय के वीडियो में इस श्लोक को अक्षरधाम का वर्णन बताया गया है, लेकिन अगले श्लोक १०, ११ और १२ को पढ़ने पर यह स्पष्ट हो जाता है कि यह विष्णु के धाम वैकुंठ का वर्णन है, न कि अक्षरधाम का। जहाँ भी "अक्षर" शब्द प्रयोग होता है, उसका अर्थ "अविनाशी" होता है, न कि अक्षरधाम।

सही अनुवाद:

स्कंद पुराण, वासुदेव माहात्म्य, १७.१-१२

१. "हे ऋषि, भगवान (विष्णु) ने अत्यंत तेजस्वी और दिव्य प्रकाश प्रकट किया, जो अरबों सूर्यों के समान उज्ज्वल था।

२. वह अविनाशी ब्रह्म (अक्षर ब्रह्म) पूरे ब्रह्मांड के सूक्ष्म आधारों में, ऊपर और नीचे, व्याप्त था। यह अस्तित्व, ज्ञान, और परम आनंद का सार था।

३. यह प्रकाश पुरुष और प्रकृति के सभी रूपों में व्याप्त था। यह वही प्रकाश है जिसे मनुष्य अपने शरीर के छह चक्रों को पार कर भगवान वासुदेव की कृपा से प्राप्त करते हैं।

४. यह वही प्रकाश है जिससे सूर्य, चंद्रमा, अग्नि, और तारों को उनकी चमक मिलती है। यह पूरे जगत को अपने अविनाशी (अक्षर) प्रकाश से प्रकाशित करता है।

५. सत्वत लोग इसे ब्रह्मपुर, भगवान का धाम कहते हैं, जो लाखों भक्तों से घिरा है।

६-७. हे ऋषि, ब्रह्मा और शंकर जैसे देवता पूजा सामग्री लेकर उस (ब्रह्मपुर) की ओर आते हैं। लेकिन केवल वे ग्वाले और गोपियां, जिन्हें कृष्ण की कृपा प्राप्त है, इस तेजस्वी भगवान को देख सकते हैं; अन्य केवल इसकी तेजस्विता देखते हैं, भगवान को नहीं।

८. नारद ने इस अद्भुत, चमकते हुए, दिव्य और अत्यंत सुंदर धाम को देखा, जो बहुमूल्य रत्नों, कई रत्न-जड़े स्तंभों और एक विशाल सभा कक्ष से भरा हुआ था।

९. यह भगवान के भक्तों के घरों की पंक्तियों से प्रकाशित था। ये नर और नारी भक्त आभूषणों और सुंदर वस्त्रों से सुसज्जित थे।

१०.   ऋषि ने आनंदपूर्वक एक अद्भुत सिंहासन देखा, जो बहुमूल्य पत्थरों से बना था और जिसे देखकर सभी चकित हो गए।

११-१२. और उस सिंहासन पर उन्होंने भगवान कृष्ण को देखा, जो नारायण हैं, निर्गुण ब्रह्म, ब्रह्मांड के सर्वज्ञ राजा, और सर्वोच्च पुरुष हैं, जिन्हें उनके भक्त वासुदेव कहते हैं। कुछ भक्त उन्हें 'परमात्मा' कहते हैं, कुछ 'परम ब्रह्म', कुछ 'उच्चतम ब्रह्म', कुछ उन्हें 'भगवान विष्णु', और अन्य 'परमेश्वर', 'परम स्वामी' कहते हैं।"

✴ ६. छांदोग्य उपनिषद, ३.१३.७

श्लोक:

अथ यदतः परी दिवो ज्योतिर्दीप्यते विश्वतः पृष्ठेषु
सर्वतः पृष्ठेष्वनुत्तमेऽत्तमेषु लोके द्विदं वाव
तद्यदिदम स्मिन्नन्तः पुरुषे ज्योतिः ॥

सम्प्रदाय का अनुवाद: अब इस दिव्य स्वर्गीय लोक से ऊपर का प्रकाश, और वह प्रकाश जो सत्यलोक और अन्य उच्च लोकों जैसे कई उच्च स्थानों के ऊपर भी है, वह पुरुष (आत्मा) के अंदर भी मौजूद है।

सही अनुवाद: और फिर, इस स्वर्ग के ऊपर, इस संसार के ऊपर, सभी स्थानों के ऊपर, उस उच्चतम लोक में जहाँ इसके परे कुछ भी नहीं है वहाँ वह प्रकाश प्रकट होता है। वही प्रकाश एक मनुष्य के भीतर (आत्मा के रूप में) भी चमकता है।

सत्य: मूल श्लोक का भावार्थ यह है कि जो शक्ति विश्व में सर्वोच्च और उच्चतम है, वही तत्व सामान्य मानव में भी विद्यमान है। अर्थात, जीव शिव का अंश है, या मूल रूप से वही शिव है। इस भावार्थ को बदलकर प्रकृति और पुरुष की अवधारणा बना दी गई है और इसे ऐसे प्रस्तुत किया गया है जैसे यह कोई अलग ही लोक हो। यह उनके सृष्टि के स्तरों के चार्ट में भी इसी प्रकार दिखाया गया है।

✴ ७. स्कंद पुराण, वासुदेव महात्म्य, १८.४२-४४

श्लोक:

मया कृष्णेन निहताः साड्र्जुनेन रणेषु ये ।
प्रवर्तयिष्यन्त्यसुरास्ते त्वधर्म यदा क्षितौ ॥
धर्मदवात्तदा भक्तादिदं नारायणो मुनिः ।
जनिष्ये कोशले देशे भ्रमौ दि सामग्री द्विनः ॥
मुनिशापान्नृतां प्राप्तानृषींस्तात तथोद्भवम् ।
ततोऽ वितासुरेभ्योऽदं सद्धर्म स्थापयत्रज ॥

सम्प्रदाय का अनुवाद:

भगवान श्री कृष्ण कहते हैं: "मेरे और अर्जुन के द्वारा युद्ध में वध किए गए सवासनिक असुर जब धरती पर अधर्म फैलाने लगेंगे, तब मैं नारायणमुनि के रूप में धरती पर अवतार लूंगा। मैं धर्मदेव और भक्तिदेवी के यहाँ कोसल भूमि में जन्म लूंगा। हे ब्रह्मा, मैं सच्चे धर्म को स्थापित करूंगा और ऋषियों और संतों की रक्षा करूंगा, जो मनुष्यों के रूप में जन्मे दुष्टों से पीड़ित होंगे।"

सही अनुवाद:

४२-४३. वे असुर, जिन्हें मैंने (कृष्ण ने) और अर्जुन ने युद्ध में हराया, धरती पर अधर्म फैलाएंगे, तब मैं नारायण ऋषि के रूप में कोसल भूमि में अपने भक्त धर्मदेव के घर, एक सामवेद मंत्रों का उच्चारण करने वाले ब्राह्मण के रूप में जन्म लूंगा।

४४. हे ब्रह्मा, मैं वेदों में वर्णित धर्म की स्थापना करके उन ऋषियों की रक्षा करूंगा जिन्हें मुनियों और उद्धव के शाप के कारण धरती पर मनुष्यों के रूप में जन्म लेना पड़ा।

४५. कलियुग के अंत में, मैं कल्कि के रूप में अवतार लूंगा। एक दिव्य घोड़े पर सवार होकर, मैं मलेच्छों से उत्पन्न अत्यंत पापी लोगों का नाश करूंगा।

४६. जब वेदों में वर्णित धर्म को असुर नष्ट कर रहे होंगे, तब मैं धर्म की रक्षा के लिए अवतार लूंगा।

(स्कंद पुराण, वासुदेव महात्म्य, १८.४२-४६)

सत्य:

इस श्लोक में भक्तिदेवी का कोई उल्लेख नहीं है, जिसे सम्प्रदाय ने अपने झूठे अनुवाद में जोड़ा है। इसके अलावा, सहजानंद स्वामी के पिता का नाम हरिप्रसाद पांडे था, धर्मदेव नहीं। हिंदू पुराणों में नर-नारायण के माता-पिता का नाम धर्मदेव और भक्तिदेवी था, और इस सम्प्रदाय ने सहजानंद स्वामी के माता-पिता के नाम बदलकर उन्हें नर-नारायण के माता-पिता का नाम दिया है। स्कंध पुराण का यह अध्याय भगवान विष्णु के नर-नारायण अवतार की बात कर रहा हैं जहाँ नर-नारायण के रूप में भगवान विष्णु अपने कल्कि अवतार की भविष्यवाणी कर रहे है। यह अनुवाद दिखाता है कि कैसे सम्प्रदाय ने विभिन्न ग्रंथों को तोड़-मरोड़कर झूठे संबंध जोड़ने की कोशिश की है।

✳ **८. पद्म पुराण, उत्तर खंड**

श्लोक:

ततः स्वामिनमालोक्य लोकानां स्वामिनं विभुम् ।
यमालोक्य न पश्यन्ति निरयं जातु चिन्नराः ।
स्वर्गे कल्पशतं स्थित्वा मुक्तसंसारवासनाः ॥
मुक्तिं च प्रतिपद्यन्ते नात्र कार्या विचारणा ।

सम्प्रदाय का अनुवाद:

भगवान स्वामिनारायण, जो समस्त ब्रह्मांड के परमेश्वर और स्वामी हैं, जिनकी केवल एक झलक पाने से ही यमलोक (नरक) से मुक्ति मिलती है। जो उन्हें देखते हैं, वे सौ कल्पों तक स्वर्ग में अपार आनंद का अनुभव करते हैं, सांसारिक इच्छाओं से मुक्त हो जाते हैं और परम मोक्ष प्राप्त करते हैं। (पद्म पुराण, उत्तर खंड, १७६.४८-५०)

सत्य:

पहले तो इस श्लोक का स्थान गलत है। यह वास्तव में पद्म पुराण के १८० वें अध्याय (१७६ नहीं, जैसा कि दावा किया गया) का है और ४८ वें श्लोक के दूसरे भाग से लेकर ४९-५० श्लोकों का है। इसके अलावा, "स्वामीनमलोकाय" शब्द का अर्थ "स्वामिनारायण " के रूप में अनुवादित किया है, जो गलत है। उस शब्द का सही अर्थ है "समस्त प्राणियों के स्वामी"। पद्म पुराण में यह शब्द भगवान विष्णु के लिए लिखा गया है।

सही अनुवाद:

जो सौ कल्प तक स्वर्ग में रहकर पृथ्वीलोक पर जन्म लेने के बंधन से मुक्त हो जाते हैं, वे सभी लोकों के स्वामी के दर्शन करते हैं। उन्हें देखने वाला व्यक्ति फिर कभी नरक का अनुभव नहीं करता। जो सौ कल्प तक स्वर्ग में रहकर भौतिक संसार में जन्म लेने की इच्छा से मुक्त हो जाते हैं, वे मोक्ष प्राप्त करते हैं। इस बारे में कोई संदेह नहीं होना चाहिए।

✳ ९. वराह पुराण, १०.१५-१६

श्लोक:

एवं विष्णुर्मदेशानां नाम ग्रदाव्यवस्थितः ।
स च नारायणो देवः कृते युगवरे प्रभुः ॥
त्रेतायां रुद्ररूपस्तु द्वापरे यज्ञमूर्तिमान ।
कलौ नारायणो देवी बदुरुपी व्यजायत ।।

सम्प्रदाय का अनुवाद:

इस प्रकार, भगवान विष्णु ने सभी महान देवताओं के नामों का उल्लेख किया। सत्य युग में भी, भगवान अवतार लेते हैं। त्रेता युग में, वे रुद्र के रूप में प्रकट होते हैं, और द्वापर युग में, वे मूर्तिमान यज्ञ के रूप में प्रकट होते हैं। कलियुग में, परमेश्वर पुरुषोत्तम नारायण प्रकट होंगे, जो विभिन्न देवताओं और देवी-देवताओं के रूपों का प्रकटीकरण करेंगे।

सही अनुवाद:

इस प्रकार, विष्णु ने उन महान देवताओं के नाम स्थापित किए। कृत युग (सत्य युग) में, वे नारायण हैं। त्रेता युग में, वे रुद्र हैं, और द्वापर युग में, वे यज्ञ रूप में प्रकट होते हैं। कलियुग में, भगवान नारायण अनेक रूपों में अवतरित होंगे।

सत्य:

सम्प्रदाय के झूठे अनुवाद का उद्देश्य यह साबित करना है कि वराह पुराण में कलियुग में किसी स्वामिनारायण भगवान की भविष्यवाणी की गई है, जो विभिन्न देवताओं और देवी-देवताओं को प्रकट करेंगे। लेकिन यह गलत है। ये श्लोक वास्तव में विष्णु के विभिन्न युगों में अवतारों के बारे में हैं।

✳ १०. कृष्ण उपनिषद, २.६

श्लोक:

स एव भगवान युगे तुरीयेऽपि ब्रह्मकुले (ब्रढाण्या) जायमानः सर्व उपनिषद उद्दिदिधीर्षुः सर्वाणि धर्मशास्त्राणि विस्तार विष्णुः सर्वानपि जनान संतार विष्णुः
सर्वानपि वैष्णवान् धर्मान् विजृम्भय न्सर्वानपि पाषण्डानिचखान ।

सम्प्रदाय का अनुवाद:

कलियुग में, परम भगवान एक ब्राह्मण के पुत्र के रूप में जन्म लेंगे। वे सभी उपनिषदों और सनातन धर्म ग्रंथों के सार का वर्णन करेंगे। वे नास्तिकों को भक्तों में परिवर्तित करेंगे और उनके दैत्य स्वभाव को हराएंगे। वे वैष्णव धर्म का पालन करेंगे और धर्म की स्थापना करेंगे।

सत्य:

इस अनुवाद में कोई गलती नहीं है। जो छेड़छाड़ की गई है, वह यह है कि यह श्लोक भगवान विष्णु के लिए लिखा गया है, जबकि इसे सम्प्रदाय ने अपने "नए भगवान" से जोड़ने की कोशिश की। यहाँ अज्ञान यह है कि "वैष्णव" शब्द का अर्थ ही "विष्णु का भक्त" है, जबकि इनका नया भगवान तो विष्णु का भी साहब बनकर उनसे सेवा और आरती कराता है।

✹ ११. श्रीमद्भागवतम् ११.५.३२

श्लोक:

कृष्णवर्णं त्विषा कृष्णं साङ्गोपाङ्गास्त्रपार्षदम् ।
यज्ञैः सङ्कीर्तनप्रायैर्यजन्ति दि सुमेधसः ॥

सम्प्रदाय का अनुवाद:

कलियुग में प्रकट होने वाले भगवान विशेष रूप से श्रीकृष्ण भगवान का वर्णन अपनी वाणी में करेंगे। उनके अंग नीलम से निकलने वाली चमकती हुई ज्योति के समान प्रकाशित होंगे, और उनके विग्रह का रंग "अकृष्ण" अर्थात गोरा होगा। उनके अंग-प्रत्यंग मानव के समान होंगे, जिन पर वे सुंदर आभूषण धारण करेंगे। उनका नामस्मरण ही उनका अस्त्र होगा, अर्थात वे शस्त्र धारण नहीं करेंगे। वे अपने पार्षदों और संतों के साथ विचरण करेंगे। कलियुग के बुद्धिमान मनुष्य यज्ञों के माध्यम से उनकी आराधना करेंगे, उनके गुणों, लीलाओं आदि का गान करेंगे और उनके नाम का संकीर्तन करेंगे।

सही अनुवाद:

कलियुग में भगवान का दिव्य स्वरूप गहरे रंग का होगा, और उनका शरीर नीलमणि के समान चमकेगा। उनके स्वरूप को शंख, चक्र और अन्य दिव्य आभूषणों से सजाया जाएगा। वे अपने सहचरों, जैसे सूनंद, से घिरे होंगे। कलियुग के ज्ञानी पुरुष यज्ञों द्वारा उनकी पूजा करेंगे, उनके नाम, गुण और लीलाओं का

गान करेंगे और उनके नाम का जाप करेंगे।

सत्य:

इस श्लोक का अनुवाद यहाँ विकृत किया गया है। पहला वाक्य विशेष रूप से जोड़ा गया है ताकि यह साबित किया जा सके कि श्रीमद्भागवतम् में स्वामिनारायण का उल्लेख किया गया है। और भी बातें ऐसे ही जोड़ी गई है जो श्लोक में नहीं है।

✸ १२. श्रीमद्भागवतम् ११.५.३८-३९

श्लोक:

कृतादिषु प्रजा राजन कला विच्छन्ति सम्भवम् ।
कलौ खलु भविष्यन्ति नारायणपरायणाः ।
क्वचित्क्वचिन्महाराज द्रविडेषु च भूरिशः ॥
ताम्रपर्णा नदी यत्र कृतमाला पयस्विनी ।
कावेरीच महापुण्या प्रतीचीच मदानदी ।

संप्रदाय का अनुवाद: "हे राजन! सतयुग, त्रेता और द्वापर युग के निवासियों को इस कलियुग में जन्म लेने की तीव्र इच्छा रहती है; क्योंकि इस कलियुग में भगवान पुरुषोत्तम नारायण और उनके आश्रय लेने वाले अनेक भक्त जन्म लेंगे। ये भक्त कई स्थानों पर होंगे, और दक्षिण भारत यानी द्रविड़ देश में भी कई भक्त देखे जाएंगे, जहाँ ताम्रपर्णी, कृतमाला, पयसिनी, सबसे पवित्र कावेरी, महानदी और प्रति नामक नदियाँ बहती हैं।"

सही अनुवाद: "राजन, सतयुग, त्रेता और द्वापर की प्रजा यह चाहती है कि हमारा जन्म कलियुग में हो, क्योंकि कलियुग में कुछ स्थानों पर भगवान नारायण के शरणागत और उनके आश्रमों में निवास करने वाले अनेक भक्त उत्पन्न होंगे। महाराज विदेह, कलियुग में द्रविड़ देश में अधिक भक्त पाए जाते हैं, जहाँ ताम्रपर्णी, कृतमाला, पयसिनी, परम पवित्र कावेरी, महानदी और प्रति नामक नदियाँ बहती हैं। राजन, जो मनुष्य इन नदियों का जल ग्रहण करते हैं, उनका अंत:करण शुद्ध हो जाता है और वे भगवान वासुदेव के भक्त बन जाते हैं।"

सत्य: यहाँ स्वामिनारायण के अनुवाद में पुन: भगवान विष्णु के कलियुग में होने वाले अवतार को स्वामिनारायण के रूप में ठहराने के लिए श्लोक के

अनुवाद और मूल भाव के साथ छेड़छाड़ की गई है। सवाल वही है कि उन्होंने जिस नए भगवान को खड़ा किया है, वह कहाँ से विष्णु हैं? जैसे उस नकली भगवान के लिए भगवान विष्णु के नाम चोरी किए गए हैं, वैसे ही भगवान विष्णु के लिए लिखे गए पुराणों में उसका उल्लेख घुसेड़ने की कोशिश हो रही है – चोरी, विकृतीकरण और झूठे अनुवादों से।

✴ १३. ब्रह्म वैवर्त पुराण, खंड ४, पूर्वार्ध, २२.४८

श्लोक:

$$\text{अंशेन ज्ञानिनां श्रेष्ठौ नरनारायणावृषी ।}$$
$$\text{त्वं च धर्मसुतो भूत्वा लोकविस्तारकारकः ॥}$$

संप्रदाय का अनुवाद: "आप, भगवान नर-नारायण स्वयं धर्मदेव के पुत्र रूप में कलियुग में अवतार लेंगे। आप ज्ञानियों में श्रेष्ठ होंगे और अपनी थोड़ी सी शक्ति से ही समस्त लोगों का उद्धार करेंगे।"

सही अनुवाद: "नर-नारायण रूप में वे श्रेष्ठ ऋषि भी आपके ही अंश रूप में उत्पन्न हुए थे। धर्म के पुत्र के रूप में आपने ब्रह्मांड का विस्तार किया। वर्तमान में आप स्वयं कृष्ण रूप में प्रकट हुए हैं, और आप ही सभी शाश्वत अवतारों का मूल बीज हैं।"

सत्य: इस श्लोक के मूल अनुवाद में कहीं यह नहीं कहा गया है कि कलियुग में नर-नारायण धर्मदेव के पुत्र रूप में अवतार लेंगे। यह स्वामिनारायण के अनुवाद में ही लिखा गया है। इसके अलावा, इस पुराण के इन दो श्लोकों के पहले के श्लोकों में भगवान विष्णु के एक के बाद एक अवतारों का वर्णन किया गया है। और अंत में ४८ वें श्लोक के बाद ४९ वें श्लोक में कहा गया है, "और वर्तमान में आपने भगवान कृष्ण के रूप में अवतार लिया है।" इसका अर्थ है कि नर-नारायण, जिनकी यहाँ चर्चा की गई है, का जन्म कृष्ण से पहले हुआ था। अतः मूल रूप से यह श्लोक कृष्ण से पहले हुए भगवान विष्णु के अंश नर-नारायण की चर्चा करता है, न कि भविष्य में होने वाले किसी नारायण के अवतार की।

✳

तो, ये थे उनके द्वारा चुने गए श्लोक, जिनका उन्होंने गलत अर्थ निकालकर और झूठ बोलकर अपने पाखंड का प्रचार किया। ये तेरह उद्धरण अब सत्य सामने

आने के बाद प्रभावहीन हो चुके हैं, लेकिन सनातन धर्म के वेदों से लेकर रामायण, महाभारत और अठारह पुराणों तक के शास्त्रों में लाखों की संख्या में श्लोक हैं। जैसे कोई चोर एक स्थान पर चोरी करते हुए पकड़ा जाए तो कुछ समय जेल में बिताने के बाद नए स्थान पर नए लोगों को लूटने के लिए चला जाता है, वैसे ही ये झूठे और दुष्ट लोग शास्त्रों के महासागर में से अन्य पंद्रह-बीस श्लोक चुनकर, अपने अनुवाद में मनचाहा लिखकर, फिर से लोगों को गुमराह कर सकते हैं। और यह कहीं न कहीं किसी न किसी के सामने जारी रहेगा। इसलिए दुष्टों के षड्‌यंत्र के अंत के बिना उनकी दुष्टता का अंत मुश्किल है। लेकिन क्योंकि ये वही पहले तेरह श्लोक या श्लोक-समूह थे, जिनके साथ इस झूठ का आरंभ किया गया था, इनके झूठ उजागर होने से इस संप्रदाय की धोखाधड़ी और मानसिकता समाज के सामने आ गई है।

हिंदू समाज ने समझ लिया कि जिस सच्चाई और सात्विकता की अपेक्षा समाज एक सामान्य व्यक्ति से करता है, वह भी इस संप्रदाय से नहीं की जा सकती। मतलब, एक समूह पूरे सभ्य समाज के साथ इतने बेतहाशा झूठ कैसे बोल सकता है और वह भी इतने लंबे समय तक? यह किसी शेयर बाजार के घोटाले के पकड़े जाने जितना बड़ा झूठा घोटाला था, जो उस दिन सामने आ गया।

■ सनातनी योद्धा की यादें:

लेकिन आज जब यह अध्याय लिख रहा हूँ, तब दुख के साथ यह भी लिखना आवश्यक हो चुका है कि इस घोटाले को उजागर करने वाला सनातनी योद्धा, यह पुस्तक प्रकाशित होने के दो महीने पहले ही मृत्युलोक त्याग गया। उसका नाम था यश खखर। इस पुस्तक के समाज के सामने उपलब्ध होने का समय करीब आया, तो मुझे उसकी याद आई। डेढ़ महीने से वह सोशल मीडिया पर सक्रिय नहीं था, न कोई संदेश भेजा था। मैंने उसे वॉट्सएप संदेश भेजा कि वह कहां है, सब ठीक है या नहीं? शाम तक कोई जवाब नहीं आया तो मैंने फोन किया। उसकी बहन ने फोन उठाया और बताया कि २९ अगस्त, २०२४ को उसका निधन हो गया।

वह राजकोट का रहने वाला था और अहमदाबाद में नौकरी करता था। हर दो-तीन महीने में मुझसे मिलने पालनपुर आता था और हर बार भारत और आध्यात्मिकता से जुड़े कुछ न कुछ सवाल लेकर आता। बीच-बीच में जब ज़रूरत पड़ती, तो संदेश के माध्यम से सवाल पूछता। उसके सवाल इतने गहरे और गंभीर होते कि मैं उसके जवाब देने के लिए यूट्यूब पर लाइव सत्र आयोजित करता।

२०१९ में, मैंने उसे अष्टांग योग की दीक्षा दी थी। इसके बाद समय के साथ उसमें जो आध्यात्मिक परिवर्तन और गहराई आई, वह अत्यधिक प्रभावशाली थी। फोन पर बार-बार परेशान करने वाला एक नासमझ लड़का एक ऐसा मित्र बन गया जिसकी वैचारिक गहराई साठ वर्ष के कई बुजुर्गों से ज्यादा थी। यह वह विकास था जो उसने कुछ वर्षों में साधा था। जब उसकी मृत्यु हुई, तब उसने सद्गुरु के ईशा आश्रम जाने की फ्लाइट टिकट बुक कर रखी थी।

शादी के लिए वह हमेशा मना करता था। आखिरी बार जब वह मुझसे मिलने आया, तो मैंने उससे कहा था कि सांसारिक कार्यों से दूर रहकर उनसे बचा नहीं जा सकता; उनके बीच से होकर गुजरने से ही उन्हें समझा और जीता जा सकता है। इसके बाद उसने घरवालों को लड़की देखने की अनुमति दी थी। जब उसे समय मिलता, तो मेरे गुजराती लेखों का हिंदी में अनुवाद करके मुझे भेजता। एक बार मैंने उसका अनुवाद पोस्ट किया और नीचे उसका नाम लिखा, तो उसने मुझसे कहा, "मेरा नाम मत दीजिए, सर। मुझे वही करने दीजिए, जैसा आपने सिखाया है नि:स्वार्थ कर्म।"

इस अध्याय में दिए गए हिंदू शास्त्रों के श्लोकों के झूठे अनुवाद, जिन्हें इस संप्रदाय ने समाज में फैलाया था, उन्हें भी उसी ने पकड़ा था। उसने मुझे पद्मपुराण का पहला श्लोक भेजा और कहा, "सर, यह सारे अनुवाद गलत हैं। मैंने जांच कर ली है।" मैंने उससे कहा, "ठीक है, इन सभी श्लोकों के गलत अनुवादों के नीचे सही अनुवाद लिखो और संबंधित शास्त्र को पढ़ने के ऑनलाइन लिंक जोड़कर यह बताओ कि यह श्लोक किस पेज पर है। एक पीडीएफ तैयार करो। इसे समाज में वितरित करेंगे। यही हमारा कर्म होगा।" उसने यह पीडीएफ मात्र दस दिनों में तैयार कर दी। उस समय उसने कहा था, "सर, पोस्ट में मेरा नाम मत लिखिए।" लेकिन आज मैं उसका नाम यहां लिख रहा हूं।

किसी करीबी को अचानक खोने का यह मेरा पहला अनुभव था, और यह बेहद दर्दनाक था। जब मैंने उसके पिता से फोन पर बात की, तो उन्हें कहा, "गर्व कीजिए कि ऐसा आत्मा आपके घर में जन्मा, जिसने मात्र २०-२२ साल की उम्र में योग दीक्षा ली और जीवन का उद्देश्य ढूंढने की कोशिश की। करीब २६ साल की उम्र में उसने वह गहराई पा ली, जो ७० साल के लोग भी नहीं पा पाते।" उन्होंने कहा, "इसलिए भगवान ऐसे लोगों को जल्दी बुला लेते हैं।"

मैंने कहा, "वह वहां जाएगा, जहां उसकी यात्रा तेज़ी से पूरी हो सके। मुझे उसकी चिंता नहीं है। बस, जब आप उसे याद करें, तो यह प्रेरणा लें कि जीवन

में जो खोजने और करने लायक कार्य था वह वो उस छोटी उम्र में शुरू कर चुका था। और यदि आपने अभी तक इसे शुरू नहीं किया, तो अब इसे करना चाहिए। यह प्रेरणा ही उसे सच्ची श्रद्धांजलि होगी।"

यश को मेरी ओर से यह श्रद्धांजलि है: "शाबाश बेटे। जितना जिया, सच्चा जिया। यह जीवन सफल रहा, और वह आगामी जीवन को सफल बनाने वाला बीज बनेगा। शाबाश। हमें तुम पर गर्व रहेगा।"

तो वे गुमनाम सनातनी योद्धा, जिनका उल्लेख मैं इस पुस्तक में वक्त वक्त पर कर रहा हूं, वे ऐसे ही यश जैसे लोग हैं। इन सनातनी योद्धाओं ने ही मुझे इस काम को करने की प्रेरणा दी है। यह वही लोग हैं, जिनको यह पुस्तक शुरुआत में ही समर्पित किया गया है, क्योंकि सत्य इसी प्रकार के लोगों के माध्यम से संसार में संरक्षित रहता है।

अध्याय ७

संघ और शंकराचार्य

जब आप अपने धर्म की रक्षा के लिए एक लंबी, असंभव-सी यात्रा पर निकलते हैं, तो अक्सर आपको ये बातें सुनने को मिलती हैं: "इसका कोई अंत नहीं है। यह प्रयास व्यर्थ है। अब किसी बदलाव के लिए बहुत देर हो चुकी है।" ये बातें आपके शुभचिंतक कह सकते है, जो आपकी सुरक्षा के लिए चिंतित हैं। ये बातें वे कायर भी कह सकते है, जिन्होंने हमेशा समर्पण के माध्यम से शांति पाई है। या फिर शुभचिंतक बनने का ढोंग करने वाले कालनेमि जैसे दुश्मनों से भी ये बातें आ सकती हैं। वो चाहे कहीं से भी आए, ये बातें सुनने के बाद आपका मन दो ही तरह से प्रतिक्रिया करता है। पहली, वह आपको याद दिलाता है कि आपका लक्ष्य क्यों आवश्यक है, जिससे आप दोबारा केंद्रित होकर और अधिक मेहनत करने की ताकत पाते हैं। दूसरी, आपका मन पीछे मुड़कर यह देखने की कोशिश करता है कि अब तक आपने जो प्रयास किया है, उसका क्या प्रभाव पड़ा।

ये दो विचार हर उस सनातनी योद्धा के मन में रहते थे, जिन्होंने जाने-अनजाने इस धर्म रक्षा के कार्य में किसी ना किसी समय छलांग लगा दी थी। और अब मैं भी उनमें से एक बन चुका था। जब पिछले दो अध्यायों में उजागर किए गए सत्य प्रकाश में आए, तो समाज में इस संप्रदाय की धोखाधड़ी पर जो चुप्पी थी, वह धीरे-धीरे गुस्से में बदलने लगी। जो लोग तटस्थ थे, या जो इस संप्रदाय के व्यावसायिक कार्यों से प्रभावित थे, उन्हें अब समझ आने लगा था कि यह केवल हिंदू समाज के साथ धोखा नहीं है, बल्कि भीतर से किया गया एक गहरा विश्वासघात और छल है, प्रपंच है। हिंदू धर्म, जिसने सदियों तक विदेशी आक्रमणों का सामना किया था, अब एक आंतरिक हमले का शिकार हो गया था

एक ऐसा हमला जो हिंदू पहचान और भाषा में छिपकर हुआ था और इसलिए बाहरी खतरों से भी अधिक घातक था।

इस संप्रदाय के वश में आए हिंदू, जो हजारों वर्षों से अपने पूर्वजों के वैदिक देवताओं की पूजा कर रहे थे, धीरे-धीरे उन्हें त्यागने लगे थे, और उन्हें इसका एहसास या रंज भी नहीं था। आरएसएस के स्वयंसेवक और बीजेपी के कार्यकर्ता व्यक्तिगत रूप से यह सब जानकर हैरान और बेचैन थे, लेकिन संगठन और पार्टी की निष्ठाओं से बंधे होने के कारण वे ज्यादा कुछ नहीं कर सकते थे। हालांकि, छह-सात महीने के तीव्र संघर्ष के बाद मिली यह जागरूकता भी हमारे लिए एक बड़ी उपलब्धि की तरह थी और हमें आशा प्रदान करती थी।

सोशल मीडिया पर सक्रिय लोगों के बीच जागरूकता फैलने लगी। लोगों ने इस संप्रदाय के चकाचौंध भरे मुखौटे से दूरी बनानी शुरू कर दी। प्रमुख स्वामी के १०० वें जन्मदिन का वह उत्सव, जिसे प्रमुखस्वामी को एक नए भगवान के रूप में स्थापित करने के लिए आयोजित किया गया था, वह सपना उस उत्सव के अंत आते आते बिखर चुका था। हमारे द्वारा शुरू किए गए इस अभियान ने उनके इस षड्यंत्र को विफल कर दिया। एक नए भगवान को बनाने की बात तो दूर, पिछले डेढ़ सौ वर्षों से बनाए गए उस झूठे भगवान को भी अब लोग धोखा और छल का जाल समझने लगे थे। लोग कहने लगे थे, "इनका सच सामने आ गया है।"

हालांकि, हिंदू समाज के भीतर धार्मिक ज्ञान का एक बड़ा शून्यावकाश था, और सच्चे आध्यात्मिक नेताओं का अभाव था। जागृत सनातनियों के पास करने को बहुत काम था, लेकिन उनका मार्गदर्शन करने वाला कोई नहीं था। अधिकतर संत विदेशी पंथो का विरोध करना अपना मुख्य कर्तव्य मानते थे, क्योंकि इससे उन्हें राजनीतिक पहचान मिलती थी। जो संत उपनिषदों, षड्दर्शन और प्रामाणिक योगिक प्रथाओं के सच्चे ज्ञान को सिखाने पर ध्यान केंद्रित करते थे, उन्हें कम मान्यता मिलती थी। इसके बजाय, जो संत मुसलमानों के खिलाफ बोलते थे या आरएसएस और बीजेपी के राष्ट्रवादी विचारों से जुड़े रहते थे, उन्हें जल्दी से स्वीकार किया जाता था और उन्हें बड़ा बनाया जाता था। इस खाली स्थान का फायदा स्वामिनारायण संप्रदाय ने उठाया, जो मुसलमानों के विरोध में आरएसएस और बीजेपी के साथ जुड़ गया, जबकि हिंदू धर्मग्रंथों को भ्रष्ट कर, समाज पर एक नया परमेश्वर थोप रहा था।

इस संप्रदाय की सच्चाई उजागर करने के साथ-साथ मैंने एक यूट्यूब चैनल

भी शुरू किया, जहाँ मैं सनातन धर्म के सच्चे ग्रंथों और सिद्धांतों पर जनता को शिक्षित करने विद्वान संतों के साथ चर्चा करने की कोशिश कर रहा था। इस बीच, गुमनाम सनातनी योद्धा इस लड़ाई को सार्वजनिक क्षेत्र में जमीन पर लाने के लिए समर्थन की तलाश में जुटे रहे। एक सनातनी योद्धा ने स्वतंत्र रूप से अहमदाबाद के एक वकील से कानूनी सलाह मांगी, ताकि इस संप्रदाय की विकृत रचनाओं के खिलाफ कार्रवाई की जा सके। शुरू में वकील ने केस मुफ्त में लड़ने का आश्वासन दिया, लेकिन कुछ दिनों बाद उन्होंने केस लेने से मना कर दिया। इससे हमें एहसास हुआ कि केवल एक विश्वसनीय और समर्पित वकील, जो सनातन धर्म के प्रति वफादार हो और इस संप्रदाय की धोखाधड़ी को अच्छी तरह समझता हो, इस कार्य को आगे बढ़ा सकता है।

सनातनी योद्धा गुजरात भर में आश्रम-आश्रम घूमते रहे, हिंदू संतों को इस संप्रदाय के विश्वासघात के बारे में बताते रहे और कार्रवाई की विनती करते रहे। लेकिन संत भी यही सोचते थे: इस लड़ाई की शुरुआत कहाँ से करें? मोरारी बापू का राजनीतिक प्रभाव निष्क्रिय हो चुका था, और इसने भाई श्री रमेशभाई ओझा को भी सतर्क बना दिया था, जो सत्ता किसके प्रभाव में है उस तथ्य के प्रति सचेत थे।

इस समय के दौरान, एक सनातनी योद्धा मार्गदर्शन लेने के लिए डंताली में स्वामी सच्चिदानंद महाराज से मिलने गए। स्वामीजी ने उन्हें बधाई देते हुए कहा, "यह देखकर खुशी होती है कि आप जैसे लोग अकेले इस मार्ग पर चल रहे हैं। भीड़ के उठने या समाज के पूरी तरह जागने और विरोध में आवाज उठाने का इंतजार मत कीजिए। वह कभी नहीं होगा। आपको लड़ाई जारी रखनी होगी, और समाधान केवल कानूनी रूप से ही आएगा। आपको अदालत जाना पड़ेगा; कोई और तरीका नहीं है। तभी समाज जागेगा।" जब पूछा गया कि कौन मदद कर सकता है, तो ९० वर्ष से अधिक उम्र के अनुभवी संत ने अपने ज्ञान से उत्तर दिया, "कोई आपकी मदद नहीं कर सकता। हर कोई अपने लाभ के लिए खेल रहा है। द्वारका जाइए और हमारे शारदा पीठ के शंकराचार्य से मिलिए। उन्हें सब कुछ बताइए, और वे आपका समर्थन करेंगे।" जब शंकराचार्य से संपर्क करने का तरीका पूछा गया, तो स्वामीजी ने उत्तर दिया, "मुझे उन विवरणों का पता नहीं है। बस जाइए और उनसे मिलने की कोशिश कीजिए। वे आपकी बात सुनेंगे।"

इस प्रकार, स्वामी सच्चिदानंद महाराज ने सनातनी योद्धा को शंकराचार्य की ओर निर्देशित किया, जिससे इस गाथा में एक नया अध्याय जुड़ गया। अन्य कई नामों की तरह, मैं स्वामी सच्चिदानंदजी का नाम लेने से बच सकता था, क्योंकि

उनका आश्रम उसी क्षेत्र में स्थित है जहां यह संप्रदाय फला-फूला है। इसलिए उन्होंने अपने जीवन में हमेशा इस संप्रदाय को लेकर दोहरी निति अपनाई है। उन्होंने अपने प्रवचनों में इस संप्रदाय के लोगों की उपस्थिति में उनकी व्यवस्था और अन्य व्यवहारिक बातों की प्रशंसा की है, लेकिन अन्य प्रवचनों में, उन्होंने इस संप्रदाय के स्वामीयों की अवतारों और वैदिक इश्वरो को किनारे कर स्वयं को ही सर्वोपरि भगवान बताने के दावों पर घृणा और क्रोध भी व्यक्त किया है। उसे व्यक्ति पूजा कहकर अधम से अधम कहा है। उनकी उन्नत उम्र को देखते हुए, अब मैं उनका नाम लेने में कोई जोखिम या हानि नहीं देखता। इसके विपरीत, उन्होंने जो रास्ता दिखाया, वह महत्वपूर्ण था, जैसा कि इस कहानी के आगे के अध्यायों में दिखेगा। इस लड़ाई की भविष्य में जो भी दिशा होगी, उस मोड़ पर स्वामी सच्चिदानंदजी का समयोचित, सटीक और अनुभवी मार्गदर्शन मिलना सम्मान का पात्र रहेगा, और मैं उनके नाम को छुपाकर उन्हें उनके योग्य सम्मान से वंचित नहीं करना चाहता। हालाँकि, इस पुस्तक की गुजरती आवृती बाहर आते ही जब यह किस्सा भी सामने आया, तब से संप्रदाय के मिशनरी जैसे स्वामीयों ने सच्चिदानंद महाराज की शुभेच्छा मुलाकाते लेना और उसके वीडियो बनाकर उन्हें अपने साथ करने की कोशिशे शुरू कर दी है। स्वामी सच्चिदानंदजी के संप्रदाय के पाखण्ड को उजागर करते हुए पुराने बयान और इस पुस्तक से यह प्रसंग बहार आने के बाद संप्रदाय के मिशनरियों का उन तक पहुंचना निचे की लिंक पर दिए गए वीडियो में दिखाया गया है।

(वीडियो लिंक: https://drive.google.com/file/d/१२SvkE६०dU oyQhVAC६t२anutvapzNnwxQ/view?usp=sharing)

इस प्रकार, मार्ग और स्पष्ट हो गया। कुछ ही महीने पहले, सितंबर २०२२ में, सदानंद सरस्वती महाराज को द्वारका के शारदा पीठ का नया शंकराचार्य नियुक्त किया गया था। सनातनी योद्धा उनसे मिलने पर विचार कर रहे थे, लेकिन इसमें एक जटिलता थी। सदानंद सरस्वती, स्वरूपानंद सरस्वतीजी के शिष्य थे, जिन्होंने द्वारका और जोशीमठ दोनों के शंकराचार्य के रूप में कार्य किया था। हाल के वर्षों में, स्वरूपानंद सरस्वतीजी की कांग्रेस-समर्थित शंकराचार्य की छवि विकसित हो गई थी। नरेंद्र मोदी के प्रधानमंत्री बनने के बाद, स्वरूपानंद सरस्वतीजी ने उनके खिलाफ कुछ टिप्पणियां की थीं। इसके अलावा, मध्य प्रदेश के पूर्व कांग्रेस मुख्यमंत्री दिग्विजय सिंह अक्सर उनके शिष्य के रूप में उनसे मिलने जाते थे। स्वरूपानंदजी ने साई बाबा की मूर्तियों को हिंदू मंदिरों में स्थापित करने का विरोध करके राष्ट्रीय मीडिया में विवाद खड़ा कर दिया था, यह दावा करते हुए कि

साई बाबा मुस्लिम थे। वह आह्वान देर से गुप्त रूप से स्वीकार और सम्मानित हुआ, लेकिन प्रारंभ में उन्होंने आलोचना का सामना किया।

हालांकि, सितंबर २०२२ में स्वरूपानंद सरस्वतीजी की मृत्यु के बाद, उनके शिष्य सदानंद सरस्वतीजी को शंकराचार्य नियुक्त किया गया और वे हिन्दुओं के धर्मांतरण को रोकने के लिए सक्रिय रूप से काम करने वाले एक दृढ़ नेता के रूप में प्रसिद्ध हुए। फिर भी, उनके साथ जुड़ने का खतरा बहुत बड़ा था। जैसे मोरारी बापू को बदनाम किया गया था, इसी प्रकार सनातन धर्म के वैदिक ईश्वरों को नष्ट करने की इस संप्रदाय की साजिश के खिलाफ यह आन्दोलन भाजपा के खिलाफ कांग्रेस समर्थित आन्दोलन के रूप में झूठा चित्रित किया जा सकता था। यह एक बड़ा जोखिम था, जिसके लिए मैं तैयार नहीं था। इसलिए, मैंने उस मार्ग से दूरी बना ली और आरएसएस में अपने दोस्तों से पूछता रहा, "आप सब चुप क्यों हैं?" और "आप कुछ क्यों नहीं कर रहे हैं?"

इसी समय, गुजरात क्षेत्र के एक वरिष्ठ आरएसएस नेता ने मुझसे दो बार उल्लेख किया था, "संघ एक शोध और कंटेंट डेवलोपमेंट प्रकोष्ठ शुरू कर रहा है, और मैं आपको गुजरात के लिए मुख्य समन्वयक बनाना चाहता हूं।" जब उन्होंने देखा कि मैंने किस प्रकार इस संप्रदाय द्वारा हिंदू शास्त्रों में किए गए भ्रष्टाचार का पर्दाफाश किया, तो वे भी व्यक्तिगत रूप से इस मुद्दे से चिंतित हो गए, हालांकि एक संघ नेता के रूप में, उन्होंने इस विषय से दूरी बनाए रखी, यह कहते हुए कि संघ आधिकारिक रूप से इस संप्रदाय का समर्थन नहीं करता। संघ के अनुभवी सदस्यों ने कहा कि अब जबकि संघ को इस समस्या की जानकारी हो गई है, वे इसे अपने तरीके से धीरे-धीरे हल करेंगे। मैंने संघ की पद्धतियों पर भरोसा करते हुए इस प्रयास में शामिल होना चाहा, क्योंकि संघ ने हिंदू सभ्यता की रक्षा के लिए हमेशा काम किया है। मेरे पास इस कार्य को आगे बढ़ाने के लिए और कोई नहीं था, इसलिए मैंने जो कुछ संघ मार्ग से हो सकता था, उससे जुड़ने का निर्णय किया। एकबार मुझे यकीन हो जाए कि संघ गुजरात में इस संप्रदाय के अतिक्रमण से सनातन धर्म की रक्षा करेगा, तो मैं इस कार्य को छोड़कर अन्य मुद्दों पर ध्यान केंद्रित करना चाहता था। इन कारणों से, जब उन क्षेत्रीय नेता ने एक दिन औपचारिक रूप से मुझे यह भूमिका देने की पेशकश की, तो मैंने सहमति दी, और अहमदाबाद (कर्णावती) स्थित हेडगेवार भवन में आयोजित एक कार्यक्रम में यह जिम्मेदारी स्वीकार की। इस प्रकार, मैं संघ से जुड़ गया, जबकि अन्य गुमनाम सनातनी योद्धा जिनमें से कई इस संप्रदाय के खिलाफ लड़ने के लिए संघ छोड़ चुके थे शंकराचार्य को जोड़ने

के मार्ग पर अग्रेसर हुए।

शोध प्रकोष्ठ के साथ हमारा कार्य शुरू करने के बाद, वरिष्ठ आरएसएस नेता ने मुझे दिल्ली भेजा, जहां मुझे एक कार्यशाला में भाग लेना था। मुझे लगा कि उन्होंने मेरी सिफारिश की थी, संभवत: यह मानते हुए कि संघ के विचारों के प्रति मेरा अनुभव लाभकारी होगा, लेकिन शायद यह भी आशा करते हुए कि मैं दिल्ली में वरिष्ठ संघ नेताओं के सामने इस संप्रदाय के बारे में सच्चाई प्रस्तुत करने का कोई तरीका खोज लूंगा। जो मैंने देखा, उसके आधार पर, संघ में निचले स्तर से ऊपर तक जानकारी पहुंचाना कठिन था, क्योंकि संघ में निर्देश ज्यादातर ऊपर से नीचे की ओर आते थे। दिल्ली में मेरा अनुभव संक्षेप में यह था: मैंने भारतीय सभ्यता के लिए गहराई से चिंतित देशभक्त देखे, लेकिन दुश्मन के प्रति उनका शत्रु बोध इतना अधिक हो चुका था कि उनका आत्म-बोध लगभग शून्य था। उन्हें अपने दुश्मनों की खामियां और बुरी नीयत पहचानने और उनका जवाब देने के तरीके सिखाए जाते थे। लेकिन यह गहरी चर्चा नहीं होती थी कि हम अपने दुश्मनों के विरोध में कौन हैं, और उन क्षेत्रों में मानवता को हिंदू सिद्धांत क्या प्रदान करते हैं, जहां दुश्मन हमारे समाज को भ्रष्ट करने की कोशिश करता है। वे पूरी तरह से प्रतिक्रियावादी बन गए थे। यह उनका काम था। मैंने दिल्ली यात्रा का उपयोग संघ को बेहतर समझने के लिए किया, लेकिन संप्रदाय के मुद्दे को नहीं उठाया।

शोध प्रकोष्ठ की बैठकों में, मैंने संबंधित विषयों पर अपने पास मौजूद सभी ज्ञान साझा किया, बिना अपनी सोच को सीमित किए। मैंने उन्हें उनके एजेंडे के लिए जो आवश्यक हो, लेने दिया और बाकी को नजरअंदाज करने दिया। सूरत में हुई एक क्षेत्रीय बैठक में, मैं उस वरिष्ठ नेता, जिन्होंने मुझे इस पद पर नियुक्त किया था, और अन्य संघ सदस्यों के साथ गया। इन बैठकों में किए गए कार्यों की रिपोर्ट देना और ऊपर से प्राप्त किसी भी नए निर्देश को समझना शामिल था। इन चर्चाओं को विमर्श कहा जाता था, लेकिन जैसा कि मैंने समझा, ये मूल रूप से उच्च स्तर पर लिए गए निर्णयों को नीचे के स्तर पर लागू करने के बारे में अधिक था।

इस बैठक में, हमारे उस वरिष्ठ नेता ने शीर्ष क्षेत्रीय अधिकारियों के सामने स्वामिनारायण संप्रदाय का मुद्दा उठाया। उन्होंने कहा, "हमें स्वामिनारायण संप्रदाय के विवादित बयानों वाले मसले में कुछ करना होगा। सनातनी हिंदुओं की प्रतिक्रिया बहुत आक्रामक हो रही है, और स्थिति खराब हो सकती है।" यह सुनकर मुझे खुशी हुई और उनके प्रति सम्मान भी बढ़ा। हालांकि, मैंने उनके तर्क

में एक खामी देखी। बयान तो केवल सतह पर हैं; समस्या की जड़ उन विकृत पुस्तकों में है, जिन्हें इस संप्रदाय ने अधार्मिक नियत से तैयार किया है। उनके सभी विचार उन्हीं पुस्तकों से उत्पन्न होते हैं और उनके संन्यासियों के मन में स्थापित किए जाते है। फिर वही संन्यासी सत्संग रूपी कथाओं और प्रवचनों से उस विकृति को समाज में फैलाते है। फिर भी, मैंने समझा कि यहां बहुत अधिक मांग करना कठिन हो सकता है और वास्तव में, ऐसा ही हुआ।

गुजरात प्रांत अधिकारी के सूचन के जवाब में, क्षेत्रीय अधिकारी ने कहा, "हमें इसमें नहीं पड़ना हैं। हम अपने काम पर टिके रहेंगे। दक्षिण भारत में भी इस तरह की बहसें होती रही हैं कि शिव महान हैं या विष्णु। हम इसमें नहीं पड़ेंगे।" यह सुनकर, मैंने संघ की बैठक में पहली बार इस विषय पर अपनी बात कही: "यहां एक बड़ा अंतर है जिसे समझने की आवश्यकता है, और इसके लिए कम से कम हमारे ग्रंथों की कुछ बुनियादी जानकारी समझनी होगी। दक्षिण भारत में शैव और वैष्णव के बीच बहस पुराणों पर आधारित है। सनातन धर्म में पंचदेव की अवधारणा केंद्रीय है, जहां एक व्यक्ति पंचदेवों में से किसी एक को अपना इष्टदेव मान सकता है और बाकी चार को उसी परम ईश्वर के विभिन्न रूप या अंश मान सकता है। यह पुराणों में स्थापित की गई साकार पूजा है, जिसके माध्यम से सामान्य मनुष्य को साकार से निराकार की ओर ले जाने का मार्ग दिया गया है। लेकिन यह संप्रदाय वेद और पुराणों की परंपरा से हटकर पंचदेवों को अस्वीकार कर रहा है। इसके बजाय, वे एक नए खोजे गए सर्वोच्च देवता को शिव, विष्णु, मां शक्ति, ब्रह्मा, और गणेश से ऊपर उठा रहे हैं एक ऐसा देवता जिसका सनातन ग्रंथों से कोई संबंध नहीं है और जो केवल २०० वर्ष पहले एक साधारण मानव था। यह वैसा ही है जैसा १४०० साल पहले अरब में हुआ था, जब प्राचीन अरब समाज के देवताओं को एक सर्वोच्च देवता, अल्लाह, से बदल दिया गया था। संपूर्ण प्राचीन अरब संस्कृति, जो मूर्तिपूजक थी, समाप्त हो गई। ये लोग एक नए सर्वोच्च देवता को सनातन धर्म पर स्थापित कर रहे हैं, हमारे देवताओं को केवल सेवक के रूप में खारिज कर रहे हैं और हिंदुओं को अपने ही वैदिक और पौराणिक देवताओं का अपमान करने के लिए ब्रैन वॉश कर रहे हैं।"

उन्होंने मुझे बीच में ही रोकते हुए कहा, "ठीक है, बस। लेकिन आप इसमें इतना गहराई में क्यों उतर रहे हो? हमें इसमें नहीं पड़ना है। उत्तर भारत में भी ऐसा एक राधा स्वामी संप्रदाय है। यह भी वैसा ही है। चलने दो। कम से कम वे ईसाई तो नहीं बन रहे।"

मैंने कहा, "यह उससे ज्यादा खतरनाक है, क्योंकि यह विदेशों में हिंदुओं का धर्मांतरण कर रहा है। यह भी धर्मांतरण का एक रूप है, और यह ईसाई धर्म की तुलना में तेजी से बढ़ेगा। कुछ दशकों के बाद, जब उनकी संख्या विदेशों में बढ़ जाएगी, तो यह एक बड़े संघर्ष को जन्म देगा। भारत में इसका प्रभाव बहुत अधिक होगा, उससे भी बड़ा, जो हम वर्तमान में विदेशों में खालिस्तानी सिखों के मुद्दों में देख रहे हैं। भारत के हिंदुओं को यह तय करने के लिए मजबूर किया जाएगा कि या तो वे सभी हिंदू देवताओं को छोड़ दें और इस नए सर्वोच्च देवता को स्वीकार करें, या फिर एक आंतरिक संघर्ष का सामना करें, जहां उनके कई रिश्तेदार दूसरी तरफ खड़े होंगे। यह वैसा ही होगा जैसा इस्लाम के उदय के दौरान पुराने अरबों में हुआ था, जहां मोहम्मद के अनुयायी अपने ही रिश्तेदारों के खिलाफ खड़े हो गए थे। इस मसले को संबोधित करने का यही समय है, और शायद, यह आखिरी सही समय है।"

लेकिन उन्होंने मुझे फिर से बीच में रोक दिया। उन्होंने कहा, "हां, ठीक है। चिंता करने की जरूरत नहीं। हम इसमें नहीं पड़ रहे हैं। हम बस अपने हिंदुत्व के विचार पर टिके रहेंगे।"

मैंने पूछा, "ऐसा कौन सा हिंदुत्व का विचार है जो इतने बड़े विलुप्ति के ख़तरे को भी नहीं देख रहा है?"

"है," उन्होंने फोन पर देखते हुए कहा, और मुझे रुकने का इशारा किया। पास बैठे हमारे प्रांत अधिकारी नेता ने मुस्कुराते हुए कहा, "वो है।" मैं भी मुस्कुराया और चुपचाप संयम और अनुशासन के खोल में वापस चला गया। जो मैं नहीं कह सका वह यह था कि राधा-स्वामी संप्रदाय ने अभी तक न तो राजनीतिक समर्थन प्राप्त किया है, न किसी व्यावसायिक समुदाय की ताकत, और न ही विदेशों में बसे हिंदुओं में उनके वैदिक देवताओं को खत्म करने की कोशिश की है। गुजरात और विदेशों में इस संप्रदाय को जो राजनैतिक और व्यावसायिक वर्ग का समर्थन मिला है, वही इस संकट को जन्म देता है।

मैं चुपचाप शिष्टता के खोल में लौट आया, लेकिन पहले जितना शांत नहीं था। अंदर एक डर जाग गया था। "ये लोग अपने ही किसी संसार में जी रहे हैं। संप्रदाय समझ चुका है कि उनका वह जो भी हिंदुत्व का विचार है वह उनके लिए कवच के रूप में काम करता है। इस संपूर्ण विकृति को ताकत इस कवच से मिलती है।" बाद में, उसी बैठक के दौरान, उन क्षेत्रीय अधिकारी ने यह भी संकेत दिया, "इन सभी संप्रदायों के अनुयायी बहुत समर्पित और कट्टर

होते हैं, वे सोशल मीडिया पर बहुत प्रभावी रूप से सक्रिय रहते हैं। हमें संगठन के हमारे कार्यों के लिए उनका उपयोग करना चाहिए।" जब मैंने यह सुना, तब उनसे जो थोड़ी-बहुत आशा मेरे मन में बची हुई थी, उसे भी मैंने ख़त्म कर दी।

कुछ दिन बाद, मैंने कर्णावती में हेगड़ेवार भवन में एक बैठक में भाग लिया, जहां एक अन्य वरिष्ठ RSS अधिकारी समूह को संबोधित कर रहे थे। चर्चा इस बारे में मुड़ी कि कैसे आर्यसमाज हिंदुओं को उनके मूर्तिमंत देवताओं से दूर कर रहा है, और कैसे यह पंजाब में हिंदू धर्मांतरण का कारण बना है। मैंने अपने विचार व्यक्त करते हुए कहा, "आर्यसमाज के लोग अच्छे हैं, लेकिन वे एक सीमित विचारधारा तक सीमित हो गए हैं। उन्होंने हिंदू शास्त्रों को काट-छांट कर छोटा कर दिया है, वेदों के 'ॐ' को कुछ इस तरह बदल दिया है जैसे निराकार अल्लाह हो। उसका साकार रूप नहीं हो सकता, वह प्रकृति में व्यक्त नहीं हो सकता। अंग्रेजों के वक्त के उन सुधार आंदोलन के दौरान हिंदू धर्म में से मूर्ति पूजा और प्रकृति पूजा निकालने की नियत से यह किया गया है। उसके बाद वहां मोक्ष का भी कोई ठीक विचार या अर्थ नहीं बचता है। अपनी सीमित विचारधारा में फिट होने के लिए, उन्होंने भगवद गीता को सात सौ श्लोकों से मात्र सत्तर श्लोकों में संक्षिप्त कर दिया है। ठीक वैसे ही जैसे अल्लाह की पूजा नमाज पड़कर की जाती है, वेदों का निराकार भगवान यज्ञ के माध्यम से पुकारा जाता है। शरीयत कानून और दूसरों को 'काफिर' कहकर मतांतरित करने के जुनून के अलावा, बाकी सब कुछ लगभग एक जैसा है। जबकि सामने इस्लाम में जन्नत का लालची और कामुक उपहार मानव को आर्यसमाज के कठोर-शुष्क जीवन के मुकाबले कहीं अधिक आकर्षक और नशीला लक्ष्य प्रदान करता है। इसलिए, जहाँ आर्यसमाजी ज्यादा होते हैं, वहाँ मुसलमानों या ईसाइयों के आर्यसमाज में वापस आने के स्थान पर अपने देवी-देवता से दूर हो चुके लक्ष्य हीन हिंदुओं का इस्लाम या ईसाइयत में धर्मांतरण अधिक सुलभ हो जाता है। संघ को आर्यसमाज को सनातन धर्म के बृहद स्वरूप में वापस लाने की कोशिश करनी चाहिए, उसके बाद वे बड़े काम के है।" लेकिन वरिष्ठ अधिकारी ने तुरंत इसे नकारते हुए कहा, "हम शास्त्रों से जुड़े लोग नहीं हैं। क्या हम लोग शास्त्रों से मार्गदर्शित होते हैं? हम इसमें नहीं पड़ेंगे। हमारा ध्यान केवल सांस्कृतिक मुद्दों पर है।"

लेकिन संस्कृति क्या है? क्या केवल बाहरी प्रतीक? माथे पर तिलक, मुंडन किए हुए सिर पर शिखा, और केसरिया वस्त्र? गायों और सत्संगों की बातें करना, वेदों और शास्त्रों के नाम का उच्चारण करते हुए उनके अर्थों को घुमा देना? अगर हिंदू सभ्यता उस देवता से जुड़ जाए जिसे यीशु या अल्लाह की

तरह बनाया गया हो, और वेदों और पुराणों के सभी देवी-देवताओं को इस नए देवता के सेवक दिखाकर पूज्य योग्य मानने से खारिज कर दिया गया हो, तब भी क्या इसे हिंदू संस्कृति कहा जा सकता है? भारत की बृहद विविधता के बावजूद, सभी हिंदू के रूप में एक पहचान रखते है, न कि वेदों या उपनिषदों के कारण जिन्हें अधिकांश ने पढ़ा तक नहीं है बल्कि क्योंकि वे देश के चारों कोनों में विष्णु के अवतारों, शिव और शक्ति की पूजा करते हैं।

भगवान विष्णु के तुलसी से विवाह के बाद, हमारे शुभ विवाहों के मुहुर्त शुरू होते है। लेकिन अगर इसके बजाय, माँ तुलसी का सनातन धर्म के सारे वैदिक आराध्य देवों के ऊपर खड़े किए गए किसी जीसस जैसे नए ईश्वर से विवाह कराना शुरू हो जाए, तो भी क्या यह हिंदू संस्कृति रहेगी? जब इस नए व्यक्ति को नीलकंठवर्णी नाम देकर शिवरात्रि के दिन शिवलिंग के स्थान पर उस पर अभिषेक किया जाय, और भगवान शिव को उसकी चरणों में बैठाया जाय- क्या तब भी वह हिंदुत्व रहेगा? जब नवरात्रि के नौ दिन माँ शक्ति के लिए होने वाले गरबा को बंद करके, शरद पूर्णिमा की एक ही रात गरबा किया जाए, जहाँ मध्य में यह नया सर्वोपरि भगवान हो – तब भी क्या वह हिंदुत्व है? जब भगवान जगन्नाथ की रथयात्रा, जिसमें कृष्ण, सुभद्रा, और बलराम होते हैं, उनकी रथयात्रा बंद करके इस नए एकमात्र ईश्वर की रथयात्रा निकालने लगे, जिसका उस अवसर के साथ कोई संबंध नहीं है – फिर भी क्या वह हिंदू धर्म कहलाएगा?

स्वर्ग में बैठे यीशु की तरह अक्षरधाम नामक स्वर्ग में बैठा हुआ एक नया भगवान हो, जिसके साथ विष्णु के "नारायण" नाम को जोड़ दिया गया हो, जबकि स्वयं विष्णु सहित सनातन धर्म के सभी ईश्वर वहाँ उसके सेवक के रूप में स्तुति करते हुए दिखाए जाते हों। वेदों के निराकार "ॐ" के स्थान पर सृष्टि में सबसे ऊँचा स्थान इस नए साकार भगवान को दे दिया जाए, और सनातन धर्म के शास्त्रों की पूरी शब्दावली का अर्थ बदलकर इस नए भगवान के अधीन कर दिया जाए। उसके नाम पर भगवा वस्त्र पहने लोग अनुयायीओ के घरों में घुसकर, उनके व्यवसाय, नौकरी से लेकर उनके पारिवारिक जीवन तक में चर्च के पादरियों की तरह हस्तक्षेप करते हों। चर्च के स्कूलों की तरह यहाँ भी गुरुकुलों में बच्चों के साथ स्वामीयों द्वारा सृष्टि-विरोधी कार्य किए जाते हों। संभोग को मुख्य पाप कहने वाले पादरियों की तरह, स्त्री का चेहरा तक न देखने की बात करने वाले ये स्वामी भीतरखाने कई स्त्रियों का यौन शोषण करते हों। पूरा समाज, रोमन कैथोलिक चर्च की तरह, इस हिंदू दिखने वाले संप्रदाय की कैद में हो, इस नए भगवान के किसी स्वर्ग जैसे धाम को जीवन का लक्ष्य मानकर तब भी क्या यह

हिंदुत्व होगा? गाय, तिलक, भगवा वस्त्र, माथे का मुंडन और शिखा, सब कुछ होगा, लेकिन क्या यह सनातन धर्म होगा? और क्या सनातन धर्म के बिना कोई भारतीय संस्कृति स्वीकार्य है? क्या राम, कृष्ण, शिव और माँ अम्बा के बिना, क्या निराकार "ॐ" के बिना भी भारतीय संस्कृति हो सकती है? ये सारे प्रश्न संघ की विचारधारा में उपस्थित भयंकर कुंठा को उजागर कर रहे थे, क्योंकि उनके उत्तर संघ के पास नहीं थे।

संस्कृति और पहनावे के तौर पर आज भी अरब की वही छवि है जो प्राचीन अरब की देवी-देवताओं की संस्कृति में थी। फिर वहाँ इस्लाम आया, जिसने केवल एक ही सर्वशक्तिमान ईश्वर का विचार प्रस्तुत किया, और पूरे धार्मिक स्वरूप को बदल दिया। देखने में आज भी वही अरब संस्कृति है, लेकिन क्या वह वास्तव में प्राचीन अरब रह गया है? संघ की विचारधारा में जो अधूरापन था, वहीं इस संप्रदाय ने अपना खेल खेला है। परिणामस्वरूप, इतना विकृत और सनातन-विरोधी बन चुका यह संप्रदाय भी गुजरात के संघ में प्रभुत्व रखता है। संघ की विचारधारा में उपस्थित यह खोट ही उसे आगे ऐसे कार्य करने को प्रेरित करती है, जो हम इस पुस्तक में देखेंगे। कोई व्यक्ति, संगठन या समाज अगर अपने ही किसी अधूरे विचार का गुलाम बन जाए, और समय पर अपने विचार में मौजूद दोष को न देख सके, तो अच्छी नीयत होने के बावजूद उसके कदम अनजाने में किन कर्मों की ओर बढ़ते हैं, यह हम देखेंगे।

इस प्रकार, मैं जिस दिशा में गया था, वहाँ संभावनाएँ लगभग खत्म हो गई थीं। मेरा रास्ता बंद था, और मैं उस कार्य को लेकर अब वहाँ फँस चुका था। लेकिन यह पूरी यात्रा का केवल एक इंटरवल था। असली युद्ध अब शुरू होना था। क्योंकि उन गुमनाम सनातनी योद्धाओं ने, जिन्होंने मुझे अपने नाम न देने को कहा था, अद्भुत कार्य कर दिखाया था। उन्होंने पूरे गुजरात में घूम-घूमकर सनातन धर्म के सभी छोटे-बड़े संतों को इस संप्रदाय की सच्चाई से वाकिफ करा दिया था।

अधिकांश समय वे इन संतों को संप्रदाय के लिखे हुए ग्रंथ और तस्वीरें दिखाते, और साथ में मेरे लिखे लेख भी देते। उन्होंने द्वारका जाकर शारदापीठ के शंकराचार्यजी से मिलने का समय भी ले लिया था, और मुझे साथ चलने के लिए कह रहे थे। उनकी इच्छा थी कि मैं वहाँ उपस्थित होकर शास्त्रों के साथ पूरी बात समझा सकूँ कि क्या गलत किया गया है। मैं किसी कारणवश शंकराचार्यजी से मिलने से बच रहा था, जिसका कारण आगे एक अध्याय में आएगा। लेकिन मैंने उन्हें शंकराचार्यजी के नाम एक पाँच पन्नों का पत्र लिखकर दिया, जिसमें पूरी

समस्या क्या है, यह विस्तार से बताया।

सनातनी योद्धा वह पत्र लेकर शंकराचार्यजी से मिले। शंकराचार्यजी ने कहा, "हम्म। अच्छा लिखा है। धर्म के प्रति आपकी जागरूकता सराहनीय है। लेकिन मैं इस पत्र और तस्वीरों के आधार पर कुछ नहीं कह सकता। मुझे वह सभी ग्रंथ लाकर दीजिए, मैं उन्हें देखकर अपना निर्णय दूँगा।"

उनके आदेश के बाद, लौटते समय वे योद्धा सीधे जूनागढ़ गए और BAPS मंदिर से कुछ ग्रंथ खरीदे। इसके बाद, भुज मंदिर, गोंडल मंदिर और मणिनगर मंदिर से भी ग्रंथ इकट्ठे किए गए और शंकराचार्यजी के प्रतिनिधि संत को सौंपे गए। इस प्रकार, अंततः इस युद्ध में सनातनी योद्धाओं को मार्गदर्शन देने वाला एक हाथ मिला।

अध्याय ८

शंकराचार्य और सारंगपुर

"प्रणाम,

श्री सदानंद सरस्वती महाराज,

जगद्गुरु शंकराचार्य पीठाधीपति,

शारदा पीठ, द्वारका

स्वामिनारायण संप्रदाय पश्चिम भारत में की गई एक ऐसी ही कोशिश है, जैसी १४०० वर्ष पहले देवी-देवताओं वाले अरब समाज में एक सर्वोपरी ईश्वर 'अल्लाह' को स्थापित करके की गई थी। और ऐसी ही कोशिश अब गुजरात में की जा रही है, जहां सदियों से जगद्गुरु आदिशंकराचार्य द्वारा स्थापित शारदा मठ स्थित है।

एक समय की बात है, घनश्याम पांडे नाम के व्यक्ति उत्तर प्रदेश से संन्यास लेकर भारत भ्रमण करते हुए १८ वर्ष की आयु में गुजरात पहुंचे। गुजरात में वे गढ़ड़ा के कृष्ण भक्ति में समर्पित उद्धव संप्रदाय के अनुयायी बने और उस संप्रदाय के वैष्णव गुरु रामानंद स्वामी के शिष्य बन गए। स्वामी रामानंद ने उन्हें उद्धव संप्रदाय में संन्यास दीक्षा देकर 'सहजानंद स्वामी' नाम दिया। सहजानंद स्वामी भी कृष्ण भक्त थे। लेकिन तीन वर्षों बाद रामानंद स्वामी का देवलोकगमन हुआ, और उसके बाद संप्रदाय का नेतृत्व सहजानंद स्वामी के हाथों में आ गया। सहजानंद स्वामी ने लोगों को कृष्ण भक्ति के लिए 'स्वामिनारायण' नाम का एक नया मंत्र दिया। इसके बाद लोग उन्हें 'स्वामिनारायण' कहने लगे। लेकिन सहजानंद स्वामी के निधन के बाद (या कुछ लोगों के मतानुसार, उनके जीवन के अंतिम पाँच वर्षों में) कृष्ण भक्त सहजानंद स्वामी लुप्त हो गए। श्रीकृष्ण

और कृष्ण भक्ति भी गायब हो गई। और उस मंत्र के नाम से सहजानंद स्वामी को एक नए भगवान के रूप में स्थापित कर दिया गया। उनका नाम 'भगवान स्वामिनारायण' रखा गया। उद्धव संप्रदाय में जो कृष्ण भक्त लोग आते थे, उन्हें 'हरि भक्त' कहा जाता था। अब वही हरि भक्त स्वामिनारायण के भक्त कहे जाने लगे। इस प्रकार 'स्वामिनारायण' के साथ 'हरि' शब्द भी सहजानंद स्वामी के नाम के रूप में जोड़ लिया गया। इसी तरह वल्लभाचार्य पंथ का भगवान कृष्ण के लिए प्रायोजित 'श्रीजी' नाम भी सहजानंद के साथ जोड़ा गया।

ये सब नाम, जो सनातन धर्म के भगवान विष्णु के थे, चुरा लिए गए। साथ ही, सनातन धर्म के पंचदेव समेत भगवान विष्णु को भी इस नए भगवान स्वामिनारायण का सेवक बताया गया। हिंदू शास्त्रों में वर्णित 'अविनाशी (अक्षर) वैकुंठधाम' से 'अक्षर' शब्द चुराकर एक नया 'अक्षरधाम' इस नए भगवान को दे दिया गया। इस अक्षरधाम में स्वामिनारायण सिंहासन पर विराजमान हैं, और उनके सामने ब्रह्मा, विष्णु, शिव, मां शक्ति और सनातन धर्म के सभी देवी-देवता हाथ जोड़कर स्तुति करते हुए खड़े हैं। इस अक्षरधाम को वैकुंठ, गोलोक, कैलाश, ब्रह्मलोक और अन्य सभी धामों से श्रेष्ठ बताया गया है। इतना ही नहीं, सनातन धर्म के शास्त्रों में वर्णित अन्य सभी धामों को 'माया के प्रभाव' में बताया गया है, जहां जाकर जीव को त्रीविध ताप सहना पड़ता है। मुक्ति केवल इस नए भगवान के 'अक्षरधाम' में ही संभव है। अक्षरधाम की तुलना में सनातन धर्म के अन्य धाम नरक तुल्य माने गए हैं।

इस संप्रदाय के ग्रंथों और प्रवचनों में रोज सनातन धर्म के देवी-देवताओं का अपमान किया जाता है। जैसे अरब समाज में इस्लाम के उदय के साथ 'अल्लाह' को सर्वोपरी ईश्वर बताकर अरब के देवी-देवताओं को अस्वीकार किया गया था, वैसे ही इस नए स्वामिनारायण भगवान के माध्यम से सनातन धर्म को नष्ट करने का प्रयास हो रहा है। फर्क बस इतना है कि इस्लाम अपने पूर्वजों के देवी-देवताओं को झूठा कहकर नकार देता था, जबकि स्वामिनारायण संप्रदाय में सनातन धर्म के सभी देवी-देवताओं को नए भगवान का सेवक बनाकर उन्हें 'पूजने के लिए अयोग्य' बताया जाता है।

शुरुआत में, ये लोग हिंदुओं को अपनी ओर आकर्षित करने के लिए सनातन धर्म के देवी-देवताओं का उल्लेख करते हैं, उनके मंदिरों में सनातन धर्म के देवी-देवताओं की स्थापना करते हैं, ताकि हिंदुओं को यह लगे कि यह उनके धर्म का ही मंदिर है। लेकिन धीरे-धीरे उनके पुस्तकों और प्रवचनों के माध्यम से ब्रेनवॉश किया जाता है कि ये सभी देवता स्वामिनारायण के अधीन हैं और

उन सबकी शक्ति स्वामिनारायण से ही आती है। इसलिए, मनुष्यों को केवल मूल भगवान, यानी स्वामिनारायण की पूजा करनी चाहिए। जो लोग पूरी तरह से इस पंथ में शामिल हो जाते हैं, उन्हें अपने घर में स्वामिनारायण के अलावा किसी अन्य भगवान की छवि या मूर्ति रखने की सख्त मनाही कर दी जाती है। उन्हें माँ अंबा की नवरात्रि में भाग लेने की भी अनुमति नहीं दी जाती। उनके अनुयायियों के घर में अगर कोई राम धुन या नरसिंह मेहता का कृष्ण भजन बजता है, तो उनके स्वामी क्रोधित हो जाते हैं।

स्वामिनारायण संप्रदाय की BAPS शाखा ने इस विकृति में ईसाई धर्म के रोमन कैथोलिक स्वरूप को अपनाया है। उनकी बनाई हुई विचारधारा को संक्षेप में समझा जाए तो यह इस प्रकार है: हमारे सनातन धर्म के शास्त्रों से शब्द लेकर, उन्हें एक नए प्रारूप में ढालकर समझाया गया है। तीन शब्द सबसे महत्वपूर्ण हैं: पहला परब्रह्म, दूसरा प्रकट ब्रह्म, और तीसरा ब्रह्म। उनके संस्थापक सहजानंद स्वामी, जिन्हें बाद में उन्होंने स्वामिनारायण कहना शुरू किया, वे उनके लिए साकार परब्रह्म हैं, यानी संपूर्ण ब्रह्मांड के स्वामी। वह एकबार आ गए और पृथ्वी पर स्वामिनारायण धर्म की स्थापना कर गए; अब वे कहीं दूर अक्षरधाम नामक अपनी जगह पर हैं।

दूसरा शब्द प्रकट ब्रह्म है। उनके BAPS संस्था के वर्तमान प्रमुख को प्रकट ब्रह्म कहा जाता है, जो परब्रह्म स्वामिनारायण के सीधे संपर्क में हैं। एक तरह से, धाम में स्थित परब्रह्म पृथ्वी पर संस्था प्रमुख के रूप में प्रकट रहते हैं, इसलिए उन्हें प्रकट ब्रह्म कहा जाता है। इस प्रकार, कृष्ण भक्ति से शुरू हुई सहजानंद स्वामी की व्यक्ति पूजा, अब प्रकट ब्रह्म के नाम पर BAPS संस्था के प्रमुखों तक सीमित हो गई है।

जैसे रोमन कैथोलिक चर्च में पोप होते हैं, जो स्वर्ग में जीसस के सीधे संपर्क में होते हैं और उनके प्रतिनिधि माने जाते हैं, वैसे ही इस संस्था के प्रमुख पृथ्वी पर परब्रह्म के निर्देशानुसार कार्य करते हैं। जब स्वामिनारायण संप्रदाय के अनुयायियों को आवश्यकता होती है, तो वे स्वामिनारायण से संपर्क करते हैं। ये संस्था प्रमुख अपनी संस्था के अनुयायियों को अक्षरधाम नामक उस धाम का पासपोर्ट भी हस्ताक्षर करके देते हैं, जो अब्राहमिक धर्मों के जन्नत और हेवन की तरह एक स्वर्ग है, जहाँ मृत्यु के बाद जाना जीवन का अंतिम लक्ष्य माना जाता है। लेकिन यह प्रकट ब्रह्म केवल एक नहीं हैं। उनके भगवान स्वामिनारायण ने आदेश दिया था कि माँ शक्ति, गणपति, शिव, और हनुमान की भी प्रकट ब्रह्म के रूप में पूजा करनी चाहिए। यानी, हमारे सनातन धर्म के भगवान उनके स्वामिनारायण

से शक्ति प्राप्त करने के बाद ही धरती पर उनके प्रतिनिधि के रूप में भक्तों के सामने प्रकट होकर परिणाम दे सकते हैं। चूँकि हमारे भगवान और देवी-देवता प्रकट रूप में नहीं हैं, इसलिए उन्हें मंदिरों में मूर्तियों के रूप में स्थापित किया जाता है, और सनातन धर्म के अनुयायी उन्हें अपने भगवान मानकर वहाँ जाते हैं। लेकिन चूँकि उनकी संस्था के वर्तमान प्रमुख ही पृथ्वी पर मनुष्य रूप में विद्यमान एकमात्र प्रकट ब्रह्म हैं, इसलिए वे अन्य प्रकट ब्रह्म (सनातन धर्म के देवी-देवता) से महान और अधिक पूजनीय माने जाते हैं। जब वर्तमान संस्थाओं के प्रमुखों का निधन होता है, तो वे परब्रह्म स्वामिनारायण के बाद अक्षरधाम में दूसरे स्थान पर विराजते हैं और उन्हें 'अक्षर' कहा जाता है। उनकी संस्था का नाम 'बोचासनवासी अक्षर पुरुषोत्तम संस्था' (BAPS) इसी कारण पड़ा।

इस संप्रदाय की विभिन्न शाखाओं में सृष्टि का एक चार्ट दिया जाता है, जिसमें सबसे ऊपर उनके साकार भगवान, फिर अक्षर बने स्वामी, और उनके नीचे उनके अनुयायी होते हैं, जिन्हें मृत्यु के बाद 'अक्षर मुक्त' कहा जाता है। इसके बाद भी कुछ स्तरों के बाद ब्रह्मा, विष्णु और शिव का स्थान आता है।

BAPS में उन्होंने इसी दर्शन को 'अक्षर-पुरुषोत्तम दर्शन' नाम से विकसित किया है, जिसे वे सनातन धर्म के छ: वेदांत दर्शनों के साथ सातवें दर्शन के रूप में जोड़ने का प्रयास कर रहे हैं। उनके भद्रेशदास नामक एक स्वामी को बेंगलुरु की एक संस्कृत कॉलेज में तैयार कर, इस दर्शन के जनक और सनातन धर्म के सातवें आचार्य बनाने की कोशिश की जा रही है। उन्होंने काशी के ब्राह्मणों के बीच छोटे कार्यक्रम आयोजित कर, यह दिखाने के लिए वीडियो बना लिए हैं कि इस दर्शन को मान्यता मिल गई है। १९४७-४८ में यह संप्रदाय अदालत में यह कह चूका है की वे हिन्दू नहीं है, पर अब इनके इरादे भिन्न है। अब वे हिन्दू धर्म से अलग पड़ना नहीं चाहते, अब वे इसके अंदर रहकर पुरे सनातन धर्म को एक सर्वोपरि इश्वर के निचे लाकर पूरा हिंदू समाज हड़पना चाहते है, और वैदिक देवी-देवताओं को नामशेष करना चाहते है।

जैसे कोई चोर दूसरों की संपत्ति लूटकर अपने को राजा बना ले और फिर अन्य राजाओं के बीच खड़ा होकर खुद को बड़ा साबित करने की कोशिश करे, वैसे ही इस संप्रदाय ने सनातन धर्म के शास्त्रों से शब्द और नाम चुराकर एक काल्पनिक दर्शन विकसित किया है और अब सनातन धर्म को अपने अधीन करने की कोशिश कर रहा है। यह संप्रदाय विदेशों में बसे हिंदुओं को उनके बनाए मंदिरों के जरिए अपने पक्ष में कर रहा है। वे हिंदू धर्म के एक संप्रदाय के रूप में विदेशी हिंदुओं के बीच अत्यधिक सक्रिय हो गए हैं और धीरे-धीरे उन्हें अपने

नए बनाए भगवान से जोड़ते हुए वैदिक इश्वरो की उपासना को नष्ट कर रहे हैं। इस संकट की स्थिति में, गुजरात के सनातन धर्मावलंबियों की ओर से आपश्री को अनुरोध है कि आप उचित प्रयास करें।"

✳

यह उस पत्र का अंश है जिसे मैंने शारदा पीठ के शंकराचार्यजी को सनातनी योद्धाओं के माध्यम से भेजा था। वे इस सम्प्रदाय से पूरी तरह अज्ञात नहीं थे; उन्हें सनातन धर्म के देवताओं के प्रति असम्मान की रिपोर्ट मिली थी और उन्होंने प्रमुख स्वामी जन्म-शताब्दी उत्सव के अंतिम दिन वहां जाकर डांट भी लगाई थी। हालांकि, उन्होंने इन कार्यों को केवल उनके गुरु को ऊँचा उठाने के अनैतिक प्रयासों के रूप में देखा था। अब उन्हें समझ में आ रहा था कि यह केवल अनैतिक नहीं था यह एक संगठित आक्रमण था। उन्होंने गुजरात के सभी सनातनी संप्रदायों और अखाड़ों को एक बैठक या सम्मेलन के लिए आमंत्रण भेज दिया। उनका विचार था कि संतों की बैठक कर स्वामिनारायण पंथ की सभी शाखाओं से उनके विकृत साहित्य के लिए पत्र-व्यवहार द्वारा जवाब मांगें। लेकिन इससे पहले ही सनातनी संतों के अंदर भरा आक्रोश बाहर आ गया।

हुआ यूं कि सारंगपुर मंदिर के प्रांगण में कुछ महीने पहले जो एक ऊंची हनुमान प्रतिमा स्थापित की गई थी, उसके आधार में बने एक चौकोर स्तंभ पर चारों ओर विभिन्न भित्ति चित्र उकेरे गए थे। और ये भित्ति चित्र कुछ और नहीं, बल्कि वही विकृत चित्र थे, जो उनके पुस्तकों में थे और जिनके बारे में जनजागृति सनातनी योद्धाओं द्वारा फैलाई जा रही थी। उनमें हनुमानजी को सहजानंद स्वामी और उनके माता-पिता की सेवा करते हुए दिखाया गया था। ये चित्रों की फोटो खींचकर सनातनी योद्धाओं ने संतों को वॉट्सऐप पर भेजा, और संत आक्रोश में आकर बाहर आ गए। सभी सनातनी ईश्वरों के अपमान के मुद्दे पर जैसे-तैसे क्रोध दबाकर बैठे संतों ने मीडिया में विरोध शुरू कर दिया, और गुजराती टीवी मीडिया में मौजूद सनातनी पत्रकारों ने भी इस मामले को पूरा महत्व दिया।

लेकिन सनातनी संतों के इस विरोध के शुरू होते ही 'चोर की दाढ़ी में तिनका' वाली कहावत के रूप में स्वामिनारायण संप्रदाय के स्वामीयों के भड़काऊ भाषण सामने आने लगे। वडोदरा गुरुकुल के दर्शनवल्लभ स्वामी के एक भाषण में उन्होंने धमकी देते हुए कहा, "तुम गांजा और चिलम पीकर सनातनी और हिंदू होने का ढोंग करते हो, हम तो सिर पर शिखा रखकर बिना किसी व्यसन के माथे पर तिलक करते हैं और हमारे शास्त्रों का वचन पालन करते हैं। इसलिए

स्वामिनारायणवालों को छेड़ने की हरकतें बंद करो। सारी दुनिया इधर से उधर हो जाए, लेकिन हमारे भगवान सर्वोपरि हैं, थे, और रहेंगे।"

सारंगपुर में विवादित भित्ति चित्रों के एक सनातनी योद्धा द्वारा खींचे गए वह फोटो जिनके वायरल होने से सारंगपुर विवाद सामने आया।

इसके साथ ही वड़ताल के नौतमस्वामी का भी ऐसा ही एक भाषण सामने आया जिसमें उन्होंने कहा, "किसी को डरने की जरूरत नहीं है। हमारे शास्त्रों में सब कुछ लिखा हुआ है। स्कंध पुराण और अन्य कई पुराणों में भगवान स्वामिनारायण का उल्लेख है। छोटे-मोटे लोग क्या कहते हैं, उस पर ध्यान मत

दो। किसी भी भित्ति चित्र को हटाने का सवाल ही नहीं उठता।"

पिछले अध्यायों में हमने चर्चा की थी कि प्रवीणभाई तोगड़िया से जुड़े संघ के एक स्वयंसेवक, जो नरेंद्रभाई मोदी के तोगडियाजी से विरोध के कारण संघ से अलग हो गए थे, और धीरे-धीरे नौतमस्वामी के शरण में चले गए थे। उसी स्वयंसेवक ने पूरे भारत के संतों का एक संगठन बनाया जिसका नाम था 'अखिल भारतीय संत समिति' और इस समिति में नौतमस्वामी गुजरात के अध्यक्ष थे। हालांकि यह समिति अखिल भारतीय थी, लेकिन इसके राष्ट्रीय अध्यक्ष भी गुजरात से ही थे, और अन्य कई संत भी गुजरात से ही थे। नौतमस्वामी के इस विवादित भाषण के बाद संत समिति में मौजूद सनातनी संतों का स्वाभिमान भी आहत हुआ, और उन्होंने गुजरात के बाहर किसी स्थान पर बैठक कर नौतमस्वामी को न केवल समिति के अध्यक्ष पद से हटा दिया, बल्कि पूरी समिति से ही अलग कर दिया।

अब नौतमस्वामी के भाषण का अंश तो मुख्य मीडिया में गूंज चुका था, और वह संत समिति के अध्यक्ष थे, इसलिए उसका जवाब संत समिति की ओर से आ गया और न्याय हुआ। लेकिन टपोरी की तरह सनातनी लोगों को धमकाने वाले दर्शनवल्लभ स्वामी का वीडियो मैंने दो महीने बाद देखा, जब सनातनी योद्धाओं ने वह वीडियो मुझे भेजा और कहा, "साहब, इसका कोई सही जवाब नहीं आया है। हो सके तो कुछ जवाब दीजिए।" मैंने वह दो मिनट का वीडियो देखा और उस स्वामी की बातों का जवाब फेसबुक पर एक छोटा लेख लिखकर दिया। वह लेख नीचे दिया गया है।

■ "सनातनी कौन है और कौन नहीं है? एक स्पष्ट उत्तर"

३ नवम्बर, २०२३ / फेसबुक

सनातन शब्द का अर्थ है शाश्वत, जो न तो किसी समय शुरू हुआ और न ही जिसका कोई अंत है। जिसकी कोई शुरुआत करने वाला व्यक्ति नहीं है। जिसका प्रवर्तन किसी विशेष समय पर नहीं हुआ। जो हमेशा से यहाँ है और हमेशा रहेगा, वह सनातन है। और उस सनातन को आचरण में लाने के लिए उसे धारण करना, यही 'सनातन धर्म' कहलाता है। इसलिए, अगर कोई बापू अपनी कथा में कुछ उल्टा-सीधा कह दे या कोई बाबाजी चिलम या गांजा फूँक ले, तो इसका सनातन धर्म से कोई लेना-देना नहीं है। क्योंकि वे सनातन धर्म के प्रवर्तक नहीं हैं।

लेकिन जिनकी मौत खुद के मल में उलझकर हुई और जिन्हें मरे अभी

२०० साल भी नहीं हुए, उस व्यक्ति को जो अपना भगवान और प्रवर्तक मानते हैं, वे संप्रदाय या पंथ सनातन धर्म की इस शास्त्रसम्मत परिभाषा में नहीं आते, नहीं आते, और बिलकुल नहीं आते। चाहे वे चोटी बाँधें, माथे पर तिलक करें, भगवा वस्त्र पहनें, या और कोई दिखावा करें। जिनका भगवान और प्रवर्तक कोई एक व्यक्ति है और जिनकी शुरुआत एक समय विशेष पर हुई है, वे सनातन के दायरे में नहीं आते। जैसे कि जीसस और मोहम्मद के प्रवर्तन से शुरू हुए पंथ सनातन की परिभाषा में नहीं आते।

वेदों का 'ॐ' स्वरूप, जो निराकार ब्रह्म है, वह पुराणों में पंचदेव के रूप में साकार होकर प्रकट होता है। वे निराकार 'ॐ' और साकार पंचदेव को अपना ईश्वर मानने वाले लोग ही सनातन धर्मी हैं। क्योंकि वह परमेश्वर स्वयं सनातन है। उसका कोई आदि और अंत नहीं है। उसकी और उसके सिद्धांतों की उत्पत्ति का कोई समय नहीं है। वह हमेशा से यहाँ है। उस ईश्वर की चेतना को अपनी आत्मा में अनुभव कर उसे धारण करना ही सनातन धर्म है।

भित्ति चित्रों से जुड़ा एक विवाद यह भी था कि सारंगपुर मंदिर प्रांगण में स्थापित हनुमानजी की मूर्ति को स्वामिनारायण संप्रदाय का तिलक किया गया है, जो हटाया जाना चाहिए क्योंकि स्वामिनारायण संप्रदाय वैष्णव स्वरूप में नहीं आता। इसके जवाब में वडताल गादी के लोग भारत के विभिन्न स्थलों पर स्थित अन्य संप्रदायों की हनुमान मूर्तियों के फोटो ले आए, जिनमें हनुमानजी को सभी सनातनी संप्रदायों के तिलक लगाए गए थे।

जब इस मुद्दे पर संत थोड़े असमंजस में आए, तो इसका विरोध करते हुए मैंने फेसबुक पर लिखा: "वे सभी संप्रदाय सनातन धर्म के पंचदेव स्वरूप का पालन करते हैं। उन सभी संप्रदायों की मूर्तियों वाले हनुमान वही रामभक्त हनुमान हैं जिनकी उपासना हनुमान चालीसा से की जाती है। लेकिन यह संप्रदाय सनातन धर्म के पंचदेव से ऊपर एक नया सर्वोपरि ईश्वर लेकर आया है। यह पंचदेव से अलग सर्वोपरि ईश्वर सनातन धर्म का स्वरूप नहीं है। इसलिए यह संप्रदाय हनुमानजी को अपना तिलक लगाने की बात तो दूर, उन्हें अपने मंदिर में स्थापित भी नहीं कर सकता। क्योंकि यहाँ यह हनुमानजी को भगवान राम या भगवान विष्णु से अलग किसी अज्ञात व्यक्ति का सेवक दिखाता है। जैसे ईसाई हनुमानजी को जीसस का सेवक दिखाकर उनके गले में क्रॉस नहीं पहना सकते, उसी तरह यह संप्रदाय उनके ललाट पर अपना तिलक नहीं कर सकता। बात स्पष्ट है।"

❋

मामला अब पूरी तरह गरमा चुका था। एक गढ़वी भाई सारंगपुर प्रांगण में लगाए गए पुलिस बंदोबस्त को चकमा देकर भित्ति चित्रों तक पहुँच गए और चित्रों पर काली स्याही पोतकर उन्हें तोड़ने लगे। अंतत: पुलिस ने उन्हें पकड़कर हिरासत में लिया और कोर्ट ले गई।

दूसरी ओर, सनातनी संतों का एक आंदोलन आकार लेने लगा था। इस संप्रदाय द्वारा बनाए गए विभिन्न स्थानों से रोज़ नए विवादास्पद फोटो वायरल हो रहे थे। सारंगपुर के भित्ति चित्रों जैसे ही चित्र मैंने मुंबई के वर्ली में स्थित महालक्ष्मी मंदिर के रास्ते पर रोड किनारे बने इस संप्रदाय के मंदिर में देखे। किसी ने पोइचा में शिव-पार्वती को सहजानंद स्वामी की सेवा करते दिखाने वाले मॉडल के फोटो खींचकर शेयर किए।

मुंबई के वरली स्थित स्वामिनारायण मंदिर में विवादास्पद भित्तिचित्र

पोइचा मंदिर में यह विवादास्पद मूर्तियाँ पाई गईं, पर इस समय देवी पार्वती की मूर्ति को भगवान शिव की ओर घुमा दिया गया है ताकि विवादों से बचा जा सके। हालांकि, सनातनियों के लिए यह अभी भी अस्वीकार्य है कि भगवान शिव और पार्वती को सहजानंद स्वामी की मूर्ति के पास खड़ा दिखाया गया है, जिसे नीलकंठवर्णी के रूप में चिह्नित किया गया है।

अब सनातनी संत पूरी तरह से जागरूक हो गए थे। ३ सितंबर, २०२३ को अहमदाबाद के सनाथल क्षेत्र स्थित लाम्बे नारायण भारती आश्रम में प्रमुख सनातनी संतों की एक सभा आयोजित हुई। पहली बार, सनातन धर्म के प्रतिनिधियों ने स्वामिनारायण संप्रदाय का बहिष्कार करने की घोषणा की और सारंगपुर से विवादास्पद भित्तिचित्र हटाने के लिए एक अल्टीमेटम जारी किया। दो दिन बाद, लिम्बडी, सुरेन्द्रनगर में एक और संतों की सभा आयोजित की गई, जिसमें गुजरात के विभिन्न हिस्सों से सनातनी संतों ने भाग लिया।

जैसे ही ये घटनाएँ हुईं, सरकार, राष्ट्रीय स्वयंसेवक संघ (RSS) और विश्व हिंदू परिषद (VHP) सक्रिय हो गए। अहमदाबाद स्थित शिवानंद आश्रम के अध्यक्ष स्वामी परमात्मानंद सरस्वतीजी की मध्यस्थता में, VHP ने स्वामिनारायण संप्रदाय के प्रतिनिधियों और सनातनी संतों के बीच शिवानंद आश्रम में बैठक आयोजित की। इस बैठक में राष्ट्रीय स्तर पर RSS के शीर्ष नेता राम माधव भी उपस्थित थे। स्वामिनारायण संप्रदाय को ५ सितंबर, २०२३ की सुबह तक विवादास्पद भित्तिचित्रों को हटाने के लिए सहमत होना पड़ा।

४ सितंबर की शाम को शिवानंद आश्रम में एक प्रेस कॉन्फ्रेंस आयोजित की गई, जिसमें बैठक के परिणाम की घोषणा की गई। प्रेस कॉन्फ्रेंस में बताया

गया कि वड़ताल के आचार्य राकेशप्रसादजी ने स्वामिनारायण संप्रदाय को हिंदू समाज का हिस्सा बताया है, और यह भी कहा कि समाज की भावनाओं को ठेस न पहुंचे, इसलिए दीवार चित्र अगले दिन सुबह तक हटा दिए जाएंगे। साथ ही, वड़ताल के आचार्यजी ने स्वामिनारायण के स्वामीयों को विवादित बयान न देने के लिए कहा। यह भी घोषणा की गई कि शारदापीठ के शंकराचार्य जगद्गुरु श्री सदानंद सरस्वती और वड़ताल के आचार्य श्री राकेशप्रसादजी के आशीर्वाद से एक समिति बनाई जाएगी, जो स्वामिनारायण संप्रदाय से जुड़े सभी विवादों को सुलझाने का काम करेगी।

हालांकि, हनुमानजी के ललाट से तिलक हटाने का कोई उल्लेख नहीं किया गया। यह कार्य उस दिन अधूरा रह गया था, और आज भी अधूरा है। संतों ने इसे अगले चरण में वार्ता के माध्यम से हल करने की योजना बनाई थी, लेकिन आगे का प्रयास रुकावटों से भरा रहा।

उस दिन पहली नजर में मामला सुखद रूप से समाप्त होता दिखा। एक साल से जो बातें हम कह रहे थे, वह अब राज्य में एक बड़ा मुद्दा बन चुका था, जिसके प्रभाव गुजरात से बाहर भी दिखाई दिए। मुझे शांति और संतोष का अनुभव हुआ, जैसे मेरा कार्य पूरा हो गया हो, और अब संघ और वीएचपी गंभीरता से पूरे मामले को संभाल लेंगे। मैं संघ में शोध आयाम के क्षेत्र में अपना कार्य कर रहा था।

लेकिन दीवार चित्र हटने के बाद सोशल मीडिया पर एक नई मुहिम शुरू हुई। अब स्वामी संप्रदाय की आहत प्रतिष्ठा को दुरुस्त करने और उसे फिर से समाज में स्वीकार्य बनाने का प्रयास शुरू हुआ, वही पुराने झूठे दावों के साथ। उन सभी शास्त्रों की गलत व्याख्या, जो हमने अध्याय ६ में देखी थी, फिर से सोशल मीडिया पर प्रसारित की जा रही थी। यूट्यूब पर चल रही न्यूज़ चैनलों में संप्रदाय के स्वामीयों द्वारा उन्हीं श्लोकों की गलत व्याख्या वाले वीडियो आ रहे थे।

मुझे फिर से इसमें हस्तक्षेप करना पड़ा। मैंने छठे अध्याय में बताए गए उन श्लोकों के सही अर्थ और संप्रदाय के बदनीयती से लिखे गए अर्थ को उजागर करने वाली पीडीएफ जनता के सामने रखी और उसे उन न्यूज़ पोर्टल की तरह कार्य करती यूट्यूब चैनलों तक भी पहुँचाया। इसका असर हुआ। वही यूट्यूब चैनलों ने अपने एंकरों के माध्यम से जवाब दिया कि "आपने शास्त्रों के श्लोकों को ही बदल दिया है। संस्कृत का ज्ञान न होने का फायदा उठाकर यह सब झूठ फैलाया गया है।"

इसके साथ ही टीवी न्यूज़ चैनल शंकराचार्यजी के पास गए और उनका स्पष्टीकरण मांगा। शंकराचार्यजी ने स्पष्ट रूप से कहा, "स्कंध पुराण में कहीं भी स्वामिनारायण का उल्लेख नहीं है। शास्त्रों में जो नारायण हैं, वह भगवान विष्णु हैं, स्वामिनारायण या सहजानंद स्वामी नहीं।"

शंकराचार्यजी के मामले में शामिल होने से यह विवाद राष्ट्रीय स्तर तक पहुँच गया। आपको याद होगा, BAPS के भद्रेशदास ने कपोल कल्पित "अक्षर-पुरुषोत्तम दर्शन" पेश किया था और संप्रदाय ने भद्रेशदास को शंकराचार्य, रामानुजाचार्य, और वल्लभाचार्य की श्रेणी का सातवां आचार्य घोषित कर दिया था। जब कोई उनकी असलियत नहीं जानता था, तब BAPS के स्वामीयों ने काशी की विद्वत परिषद में सामान्य सहमति के जरिए कुछ पंडितों की उपस्थिति में भद्रेशदास के दर्शन को मान्यता दिलाने का दावा करते वीडियो यूट्यूब पर डाल दिए थे।

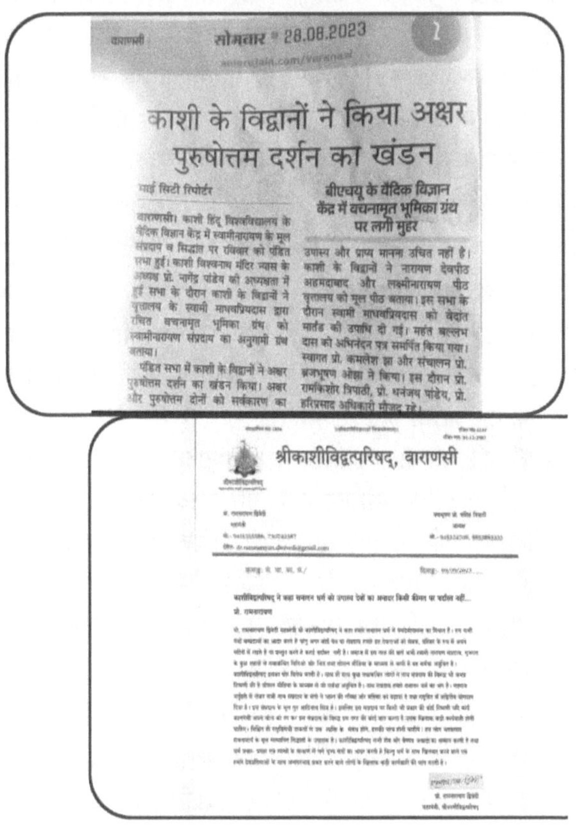

अमर उजाला समाचार पत्र का अंश और काशी विद्वत परिषद का सार्वजनिक बयान

अब सारंगपुर की घटना के बाद काशी से दो बड़े समाचार आए। बनारस हिंदू विश्वविद्यालय (BHU) के वैदिक विज्ञान केंद्र ने अक्षर-पुरुषोत्तम दर्शन का खंडन किया, और यह समाचार अमर उजाला में छपा। इसके साथ ही वही काशी की परिषद, जिसने भद्रेशदास के दर्शन को मान्यता दी थी, ने इस संप्रदाय को कड़ी फटकार लगाते हुए एक सार्वजनिक बयान जारी किया। यह बयान परिषद के महामंत्री श्री रामनारायण द्विवेदी के हस्ताक्षर से था।

९ सितंबर २०२३ को काशी विद्वत परिषद द्वारा जारी सार्वजनिक बयान कुछ इस प्रकार था:

"काशी विद्वत परिषद ने कहा है कि सनातन धर्म के उपास्य देवताओं का अपमान किसी भी कीमत पर सहन नहीं किया जाएगा। प्रोफेसर रामनारायण द्विवेदी, महासचिव, काशी विद्वत परिषद ने कहा, 'हमारे सनातन धर्म में पंचदेव उपासना की व्यवस्था है। हम सभी पंथों और संप्रदायों का सम्मान करते हैं, लेकिन यदि कोई संप्रदाय हमारे इष्ट देवताओं को सेवक या चाकर के रूप में अपने मंदिरों में स्थापित करता है या इस प्रकार प्रस्तुत करता है, तो यह बिल्कुल अस्वीकार्य है। हाल ही में स्वामिनारायण संप्रदाय, गुजरात के कुछ स्थानों से तथाकथित वीडियो, चित्र और सोशल मीडिया के माध्यम से ऐसी बातें सामने आई हैं, जो सर्वथा अनुचित हैं। काशी विद्वत परिषद इसका कड़े शब्दों में विरोध करती है।

साथ ही, कुछ तथाकथित लोगों ने नाथ संप्रदाय के विरुद्ध भी अभद्र टिप्पणियां की हैं (इस संप्रदाय के एक स्वामी ने नाथ संप्रदाय के साधुओं को 'कानफट्टा' कहकर उपहास उड़ाया था), जो सर्वथा अनुचित है। नाथ संप्रदाय हमारे सनातन धर्म का अभिन्न अंग है। महाराज भर्तृहरि से लेकर सभी नाथ संप्रदाय के संतों ने भारत की महिमा बढ़ाई है और राष्ट्रहित में अमूल्य योगदान दिया है। इस संप्रदाय के मूल गुरु भगवान आदिनाथ शिव हैं। अत: इस संप्रदाय के विरुद्ध किसी भी प्रकार की टिप्पणी यदि कोई व्यक्ति कालनेमि जैसा वेश धारण कर करता है, तो उसके खिलाफ कड़ी कार्रवाई होनी चाहिए। निश्चित रूप से ऐसे व्यक्ति का संबंध राष्ट्रविरोधी ताकतों से होगा। इसकी जांच होनी चाहिए।

हम लोग भगवत्पाद शंकराचार्य द्वारा स्थापित मूल सिद्धांतों के उपासक हैं। काशी विद्वत परिषद सभी शैव और वैष्णव अखाड़ों का सम्मान करती है तथा धर्म प्रचार प्रसार एवं शास्त्रों के सरंक्षण में लगे पूज्य संतों का आदर करती है। किंतु धर्म के साथ खिलवाड़ करने वाले एवं हमारे देवप्रतिमाओं के साथ अनादरभाव प्रकट करने वाले लोगों के खिलाफ कड़ी कार्यवाही की माँग करती है।"

✳

इस प्रकार, हमारी मेहनत रंग लाई थी। शुरुआत हो चुकी थी। सौराष्ट्र क्षेत्र में स्वामिनारायण के तिलक चिह्न वाले निशान जो हिंदू मंदिरों में लगाए गए थे, उन्हें उखाड़कर फेंकने वाले वीडियो 'जय श्रीराम' के नारों के साथ सामने आ रहे थे।

वहीं दूसरी ओर, शास्त्रों के गलत अर्थों को उजागर करती मेरी फेसबुक पोस्ट के बाद मुझे संघ की ओर से संदेश आया कि, "हमारे पदाधिकारी किसी विषय में व्यक्तिगत रूप से शामिल नहीं हो सकते। आप अपना कंटेंट किसी और को दें और चर्चा जारी रखें। लेकिन अपने नाम से करेंगे तो संघ के अन्य स्वयंसेवक भी इसमें कूद पड़ेंगे।" बात तर्कसंगत थी, इसलिए मैंने उनकी बात मान ली।

लेकिन दूसरी तरफ, एक गुट द्वारा स्वामिनारायण संप्रदाय की छवि सुधारने का अभियान जारी था। रोज कुछ न कुछ झूठ सामने आते। एक बार मैंने एक अन्य निष्ठावान योद्धा को उसके उत्तर लिखकर भेजे और फेसबुक पर पोस्ट करने को कहा। लेकिन कई समस्याएं थीं। हर बार विपरीत तर्कों का जवाब देने में वह सक्षम नहीं थे, और मुझे खुद लिखकर भेजना पड़ता।

दूसरी समस्या थी नाम की, विश्वसनीयता और प्रमाणिकता की। दूसरे शब्दों में, 'ब्रांड' की। जो कुछ मैं लिखता था, उसका प्रभाव मेरे शब्दों की विश्वसनीयता और प्रमाणिकता के कारण ज्यादा होता था। लेकिन मेरे नाम के बिना वह प्रभाव कम हो जाता था। इस बीच, अहमदाबाद में स्वामिनारायण संप्रदाय के ही अनुयायियों द्वारा प्रकाशित 'धर्मजिज्ञासा' नामक पत्रिका में वे सारे झूठ फिर से प्रकाशित हुए, जिन्हें हमने सोशल मीडिया पर महीनों पहले खारिज कर दिया था। स्थिति यह हो गई थी कि सोशल मीडिया पर वे लड़ाई हार रहे थे। टीवी न्यूज चैनलों के एंकर उन्हें पहचान चुके थे। एक-दो खरीदी हुई चैनलों को छोड़कर कोई उनकी झूठी बातों का प्रसार नहीं कर रहा था। इसलिए वे अपने अनुयायियों और उन्हीं लेखकों के सहारे रह गए थे, जिन्हें उन्होंने अब तक बनाया था।

'धर्मजिज्ञासा' वाले भाई के झूठ का पर्दाफाश करने के लिए मैंने एक लेख लिखा और एक फेसबुक वीडियो भी बनाया, जिसने काफी असर डाला। लेकिन मुझे फिर से कहा गया कि इस मामले में सार्वजनिक रूप से बाहर न आऊं। मैंने फिर चुप रहने की कोशिश की, लेकिन फिर एक बड़ी घटना हो गई।

अध्याय ९

संघ से अलग हटकर सनातन पक्ष में यात्रा

खेडा में, बजरंग दल की एक जुलूस मुस्लिम क्षेत्र से गुज़री, जिसके परिणामस्वरूप स्थानीय मुसलमानों द्वारा पथराव किया गया। इसके जवाब में, हिंदू संगठनों से जुड़े कई लोगों ने फेसबुक पर पोस्ट किया, "सारंगपुर में दीवारें तोड़ने गए वे लोग कहां हैं? यहां गणेश जुलूस पर पथराव किया जा रहा है हमें आपकी जरूरत है।" ऐसी पोस्टें आरएसएस, वीएचपी और बीजेपी के स्वयंसेवकों के फेसबुक वॉल पर दिखीं, जिनमें से कुछ मेरे दोस्त थे। कमेंट सेक्शन में उन सनातनी योद्धाओं का मजाक उड़ाया गया, जिन्होंने स्वामिनारायण संप्रदाय के बारे में सत्य को सनातनी समुदाय तक पहुँचाने के लिए दो वर्ष तक स्वतंत्र रूप से काम किया था। संप्रदाय का विरोध कर जो लोग बात यहां तक लेकर आए थे, उनका आज तक साथ तो इन संगठन के लोगों ने नहीं दिया था। लेकिन अब पहली बार जब हिंदू समाज में एक जागृति आई थी, तब वे सनातन के योद्धाओं का उपहास कर रहे थे, जैसे कि मुसलमान विरोध में वो जो करते थे, वही हिंदू धर्म की एकमात्र सेवा है। यहीं से मैंने चुप रहने की कोशिशें छोड़ दीं। मैंने एक फेसबुक पोस्ट लिखी।

■ खेड़ा-ठासरा में जो हुआ, उसके बारे में मेरे विचार और उस मुद्दे पर संप्रदाय के बचाव में तर्क देने निकले लोगों के लिए एक विनम्र संदेश

तारीख: १७ सितंबर, २०२३

आपको अधिक पीड़ा और नुकसान किससे महसूस होता है? स्टालिन, हिंदू कम्युनिस्ट और खालिस्तानी सिखों से, या इस्लामिस्टों और ईसाई पादरियों से?

निश्चित जवाब है पहले तीन से, जिन्होंने भीतर से हमारे लोगों को विकृत और ब्रेनवॉश कर हमसे अलग कर दिया है। हमें नष्ट करने में जो अपना धार्मिक आदेश मानते हैं, उन विदेशी संप्रदायों से तो हम सदियों से लड़ रहे हैं और जीते भी हैं। लेकिन भारत के एक और क्षेत्र में ये स्टालिन जैसे लोग हमारे ही भीतर से तैयार न हों, इसके लिए कुछ हिंदू लड़ रहे हैं। ऐसे में अन्य हिंदू रक्षकों को उन्हें कृतज्ञता के भाव से देखना चाहिए। उन्हें मन ही मन धन्यवाद देना चाहिए कि अपनी किसी मजबूरी या कमजोरी में जो जरूरी लड़ाई वे नहीं लड़ सकते, उसे ये सनातनी लड़ रहे हैं। और जब जिहादियों या ईसाई मिशनरियों से लड़ने की बात आएगी, तब भी वे लोग ही बेहतर लड़ सकेंगे, जो अपने भीतर उठे सनातन विरोधियों को पहचान सकते हैं और बिना किसी भय या लालच के उनके खिलाफ खड़े हो सकते हैं। ऐसे लोग बाकी हिंदू रक्षकों की तुलना में अधिक शक्तिशाली हैं, क्योंकि जब बात सनातन धर्म की आती है, तो उन्हें मजबूर करने वाला कोई बाहरी तत्व नहीं होता।

जो लोग राम, कृष्ण, शिव, और जगदंबा को दास बनते और रोज अपमानित होते देख कर भी कुछ नहीं बोलते और अपमान करने वालों का बचाव करने को मजबूर हैं, वे मुसलमानों के किसी पत्थरबाज को हाथा बनाकर धर्म-जागरूक लोगों पर तंज कसने का घृणित कार्य न करें। यह दर्शाता है कि उनका अंत:करण उन्हें भीतर से सत्य कह रहा है, और वे उसके विपरीत अपने अहंकार को बचाने के लिए सनातन धर्म के स्वतंत्र रक्षकों को नीचा दिखाने का प्रयास कर रहे हैं।

मैंने ऐसी एक पोस्ट देखी है। आशा करता हूं कि ऐसी दूसरी पोस्ट न देखूं। अगर चुप रहने और अनुशासन में रहने को कहा गया है, तो हर जगह चुप रहें और केवल वहां ध्यान दें, जहां लड़ने का निर्देश दिया गया है। इस्लामिस्टों की पत्थरबाजी के खिलाफ पहली जिम्मेदारी सरकार की है, जो सख्त कार्रवाई करे। अगर कोई हिंदू कुछ करने जाएगा, तो उसे कानून हाथ में लेना कहा जाएगा। संप्रदाय वाली बात में भी पहली जिम्मेदारी सरकार की थी। हिंदुत्व के मुद्दे पर चुनी गई सरकार ने ब्रह्मा, विष्णु, शिव, और मां दुर्गा को दास बनाकर गटर और मूत्र में प्रवाहित करनेवाली कथाएँ रचनेवालों को भी सनातनी कहकर चुप्पी साधे रखी। न कोई हिंदू संगठन दो साल तक सामने आया। इसलिए सनातनी समाज को खुद जागरूक होकर जिम्मेदारी अपने हाथ में लेनी पड़ी।

जो संत और सनातनी अपने समाज में उठे सनातन विरोधियों के खिलाफ इतना आक्रोश प्रकट कर युद्ध कर सकते हैं, वे विदेशी संप्रदायों के खिलाफ कितनी हद तक लड़ेंगे, यह कोई भी तटस्थ बुद्धिजीवी समझ सकता है। सरकार

कदम उठाए। अगर नहीं उठा सकती तो स्पष्ट कहे। सनातन विरोधी संप्रदाय के खिलाफ लड़ रहे सनातनी उस लड़ाई में भी अग्रणी बने रहेंगे।

तो वे नादान लड़के अपनी मजबूरी से उपजी हताशा इस तरह न निकालें। अगर ऐसा करते हैं, तो वे "टुकड़े-टुकड़े गैंग" का समर्थन करने वाले कांग्रेसियों जैसे नजर आएंगे। So, Step back and Stay focused wherever you are appointed. जिनके बचाव में यह तर्क दिए जा रहे हैं, उनके इरादे और कर्म पत्थरबाजी करने वालों जैसे ही हैं।

❋

कुछ दिन बाद, एक और बजरंग दल का जुलूस मुस्लिम क्षेत्र में पथराव का शिकार हुआ। कुछ मीडिया में और कुछ हिंदू आवाज़ों ने यह संकेत दिया कि ये घटनाएँ स्वामिनारायण संप्रदाय को सारंगपुर विवाद के बाद फिर से हिंदू समाज में शामिल करने के प्रयास के तहत हो सकती हैं। क्योंकि हिंदू संगठनों में संप्रदाय के लोग अच्छी खासी मात्रा में थे, और वे पैसे और अन्य तरीकों से संगठनों में अग्रसर रहने की कोशिश करते थे। हालांकि, इस बार, जैसे दस दिन पहले हुआ था, सनातनी योद्धाओं का मजाक नहीं उड़ाया गया। लेकिन यदि इस दावे में कोई सच्चाई थी कि ये घटनाएँ संप्रदाय को फिर से हिंदू समाज में शामिल करने के लिए मंचित की गईं, तो इसे बढ़ावा देने वाले लोग पूरी तरह से जमीनी वास्तविकता से अनजान थे। मैं नहीं चाहता था कि मेरे हिंदू संगठन के दोस्त इस जाल में फंसें, इसलिए मैंने दूसरे पथराव की घटना के दूसरे दिन एक लेख लिखा:

■ सनातन धर्म के जुलूसों पर पथराव को लेकर मुस्लिम समुदाय से कुछ सवाल और सुझाव

तारीख: ३० सितंबर २०२३

आइए पहले मुस्लिम पक्ष का तर्क समझते है: वह यह है कि चुनाव नजदीक हैं और गुजरात में स्वामिनारायण संप्रदाय को लेकर हालिया विवादों के कारण जुलूस जानबूझकर मुस्लिम क्षेत्रों से गुजारने की कोशिश की जा रही है या तेज़ संगीत बजाया जा रहा है ताकि मुसलमानों को उकसाया जा सके। हालांकि ऐसा नहीं हो रहा, लेकिन जब कुछ लोग हिंदू शोभायात्रा पर के इस हमले का उपयोग स्वामिनारायण संप्रदाय को बचाने और उसका विरोध करने पर हिंदू समाज को ताने मारने में करेंगे, तब लोगों को ऐसा कहने का कोई आधार जरूर मिलेगा। फिर भी, प्रश्न यह बनता है कि मुस्लिम समुदाय का हमारे सनातनी देवताओं के

जुलूसों पर पत्थर फेंकने का कौन सा नैतिक या संविधानीय अधिकार बनता है?

आप निराकार ईश्वर के रूप में अल्लाह, और उनके अंतिम पैगंबर मुहम्मद को मानते हैं। हिंदू भी निराकार ईश्वर परमब्रह्म को मानते हैं, पर हम पंचदेव रूपी पांच साकार रूपों के माध्यम से उस निराकार ईश्वर को अपने भीतर आत्मअनुभव करने का प्रयास करते है। यह हमारे उस एक निराकार ईश्वर से जुड़ने के कई मार्गों में से एक मार्ग है। कुछ वैसा ही आप नमाज पढ़ते वक्त काबा की ओर मुंह करते हुए करते हैं। लेकिन जबकि आप मानते हैं कि भगवान कभी रूप धारण नहीं करता, हम मानते हैं कि इंसान के भीतर आत्मा रूपी जो तत्व है वहीं वो निराकार परब्रह्म है। और अपने भीतर उसका आत्मअनुभव करके मनुष्य ईश्वरत्व की अभिव्यक्ति कर सकता है। हम उन मनुष्यों को ईश्वर के अवतार कहते है। इस तरह, हम मूलतः एक ही निराकार ईश्वर की बात करते है, फिर भी हम अलग-अलग तरीके से उससे जुड़ते हैं। हम हिंदू एक रूप या मूर्ति का उपयोग करते हैं, जबकि आप एक पैगंबर या देवदूत का उपयोग करते हैं। हम नहीं मानते कि ईश्वर हमसे अलग है, और पैगम्बर जैसे किसी ईश्वरीय दूत से ही हम उससे जुड़ पाएंगे। हम ईश्वर से सीधे जुड़ते है, क्योंकि वह हमारी आत्मा के रूप में मौजूद है। तो जब आप दिन में पांच बार नमाज पढ़ते हुए लाउडस्पीकर पर यह ऐलान करते है कि अल्लाह ही एकमात्र ईश्वर है और मुहम्मद ही उसके एकमात्र पैगम्बर है, तब वह हमारी भी मान्यताओं से विपरीत होता है। पर क्या हमने कभी लाउडस्पीकर से वह बोलने वाली मस्जिदों पर पत्थर फेंके? क्या हमने सार्वजनिक स्थानों पर नमाज पढ़ते वक्त यही बोल रहे मुसलमानों के समूहों पर पत्थर फेंके? अगर आप किसी साकार हिंदु ईश्वर की शोभायात्रा को अपने विश्वास का उल्लंघन मानकर पत्थर फेंक सकते है, तो आपकी अजान और नमाज के शब्दों को भी अपने विश्वास का उल्लंघन मानकर हिंदु समाज पत्थर फेंक सकता है। क्या हम उस दिशा में जाना चाहेंगे?

अगर हम में से किसी ने आपके अल्लाह का अपमान किया या आपके पैगंबर के प्रति अनादर दिखाया, तो इसमें समझने योग्य नैतिक और भावनात्मक कारण हो सकते हैं विरोध के। हालांकि, शारीरिक हिंसा कभी भी उचित नहीं ठहराई जा सकती। यही कारण है कि जब कोई हमारे देवताओं को अपमानजनक तरीके से प्रस्तुत करता है, तब भी हम हिंसा का सहारा नहीं लेते। हम समझाते हैं, बहस करते हैं, सरकार और संगठनों से इस मुद्दे पर कार्रवाई करने की अपील करते हैं, और आवश्यकता पड़ने पर कानूनी कदम उठाते हैं। जैसे एक सनातनी अपने विश्वास की सीमाओं का सम्मान करता है, वैसे ही अन्य समुदायों को भी

अपनी मान्यताओं की सीमाएं समझकर दूसरों के विश्वासों में हस्तक्षेप करने से बचना चाहिए। यही मूल मानवीय शालीनता है और इसे ही हम सभ्यता कहते हैं।

हर किसी को अपने विश्वासों में जीने का अधिकार है, परंतु दूसरों के अधिकारों और विश्वासों का सम्मान करते हुए। यह संदेश है जो वह एक निराकार ईश्वर आज अपने सभी बच्चों को देना चाह रहे हैं। यदि आप उस चरमपंथी सोच को छोड़ सकें, जिसने आपके दिमाग को अमानवीय बनाया है, तो आप समझ पाएंगे कि "मुस्लिम क्षेत्र" या "हिंदू क्षेत्र" जैसी कोई चीज नहीं होती और ना ही कभी हो सकती है।

एक उदाहरण पर विचार करतें है:

कल्पना करें कि कल कोई एक भटका हुआ व्यक्ति एक नया संप्रदाय बनाए, जो धन, राजसत्ता और अनुयायियों के माध्यम से बढ़ने लगे। इस संप्रदाय का मुख्य विश्वास यह हो कि केवल उसके संस्थापक के माता-पिता ही दुनिया के सच्चे माता-पिता हैं, और जो अन्य माता-पिता को स्वीकार करते हैं, वे काफिर हैं, उन्हें खत्म कर देना चाहिए। तो क्या उस नए संप्रदाय के पहले के हम सब 'हिंदू, मुस्लिम और ईसाई' इस संप्रदाय के अनुयायियों के सामने अपने जैविक माता-पिता को छिपाते हुए घूमेंगे? क्या पूरी दुनिया को सिर्फ इस कारण अपने माता-पिता छिपाकर रखने चाहिए क्योंकि उस एक संप्रदाय में दूसरों के माता-पिता को नहीं मानते? या यह विश्वास उस एक समूह को अपने तक ही रखना चाहिए? यह पत्थरबाजी की घटना बस ऐसी ही सामान्य बुद्धिमानी की कमी को दर्शाती है, और हम उम्मीद करते हैं कि ऐसा फिर से न हो। हम २१वीं सदी में हैं, और बस थोड़ी मानवता और सामान्य समझ इन मुद्दों को हल कर सकती है।

अब मैंने फेसबुक पर सनातनी योद्धाओं का खुले तौर पर समर्थन करना शुरू कर दिया था। मैंने अपने मित्रों के माध्यम से संघ पदाधिकारियों को संदेश भी भेजा, जिसमें मैंने कहा कि 'मैंने इन लोगों को RSS के शोध प्रकोष्ठ में जुड़ने से पहले ही समर्थन दिया था। इस संघर्ष में मेरी भूमिका के कारण मुझे शोध कार्य में भाग लेने का निमंत्रण मिला। मैंने सोचा था कि, सारंगपुर विवाद के बाद और जब शंकराचार्य और अन्य सनातनी संत सक्रिय हो जाएंगे, तब RSS और VHP सनातन धर्म की ओर से इस मुद्दे को संबोधित करेंगे। लेकिन अब, जो मैं देख रहा हूँ, वह इस संप्रदाय की छवि को बहाल करने के प्रयास हैं। इसलिए, मैं इन सनातनी योद्धाओं को अकेला नहीं छोड़ सकता। मेरा धर्म उनके साथ है।

जब तक इस कार्य को मेरी जरूरत है, मुझे अपनी भूमिका निभानी होगी। यदि आवश्यक हो, तो आप शोध प्रकोष्ठ में मेरे पद को पुन: आवंटित कर सकते हैं।' इस संदेश को भेजने के बाद भी, मैंने शोध कार्य जारी रखा, हालांकि वातावरण अब पहले जैसा नहीं था।

मेरी उस टीम के सभी स्वयंसेवक व्यक्तिगत रूप से मेरे साथ थे, सारंगपुर विवाद से व्यक्तिगत रूप से खुश भी थे, क्योंकि वे भी चाहते थे कि यह संप्रदाय सही मार्ग पर आए। लेकिन संघ के स्वयंसेवक होने के नाते उन्हें चिंतित भी रहना पड़ता था। उन्हें विवाद को सुलझाकर स्वामिनारायण को भी हिंदू मानते हुए हिंदू समाज को एक साथ रखने की बात करनी थी, और मुसलमानों के खतरे के खिलाफ जो वे करते थे, वह करते रहना था। मेरे अलावा कुछ अन्य सदस्य, जो मेरी तरह बाहर से सीधे संघ से जुड़े थे, वे भी मेरी तरह चिंतित थे और इस संप्रदाय के खिलाफ बोलते थे। लेकिन संघ के स्वयंसेवक के रूप में जुड़े दोस्तों की दुनिया व्यक्तिगत भावनाओं और संघ के विचारों के बीच बंटी हुई थी। मैं उन्हें अपनी वजह से और अधिक चिंता या पीड़ा नहीं देना चाहता था, इसलिए मैं धीरे-धीरे उनसे दूर होने के लिए उस संप्रदाय की गतिविधियों पर सार्वजनिक तौर पर सटीक प्रतिक्रिया देने लगा। और वह प्रतिक्रियाएं धीरे धीरे कितनी सटीक और खुली होती गई वह आप निचे दिए गए लेख और उत्तरों में देखेंगे। यह संघ के पद से हट जाने का मेरा तरीका था।

उसी समय, अमेरिका के न्यू जर्सी में BAPS द्वारा उसके सबसे बड़े मंदिर का उद्घाटन हो रहा था। सामान्य परिस्थितियों में, उसके उद्घाटन समारोह को गुजरात में बहुत बड़े पैमाने पर प्रचारित करने की योजना थी, लेकिन समय अब बदल चुका था। गुजरात में मामला गंभीर था, कोई उस मंदिर का नाम लेना भी नहीं चाहता था। लेकिन संप्रदाय के अनुयायी और उनके समर्थक लोग उस आयोजन को बड़ा करके संप्रदाय की प्रतिष्ठा को फिर से स्थापित करने की कोशिश कर रहे थे। लेकिन सब बेकार जा रहा था। सनातनियों के हृदय की भावनाओं को व्यक्त करने के लिए मैंने उस समय यह अत्यंत महत्वपूर्ण लेख लिखा।

▋ सनातनी भारतीयों के साथ विश्वासघात करके बनाई गई रावण की लंका विदेश में रहने वाले सनातनी भारतीयों और भारत की हिंदू संस्थाओं के लिए एक संदेश

२६ सितंबर, २०२३/ फेसबुक पर

स्वामिनारायण संप्रदाय इस समय अपने पाप छुपाने के लिए अमेरिका में

८ तारीख को होने वाले अपने बड़े अक्षरधाम मंदिर के उद्घाटन के लिए भारी पीआर कर रहा है। अब, यह वही मंदिर है, जहां लगभग २०० साल पहले जन्मे एक व्यक्ति को मुख्य आसन पर बैठाकर सनातन धर्म के सभी ईश्वर और देवी-देवताओं को उनके दरबारी के रूप में दिखाया जाएगा। वेदों से लेकर पुराणों तक, सनातन धर्म का स्वरूप निर्गुण परब्रह्म की साकार पंचदेव (गणेश, सूर्य, विष्णु, शिव और शक्ति) रूप में उपासना करने और उस माध्यम से सगुण साकार से निर्गुण निराकार की ओर जाने की है। कोई भी दिव्य पुरुष या स्त्री, जो इन पंचदेव के अंश या अवतार रूप में हो, वही सनातन धर्म का हिस्सा माना जाता है। लेकिन अब, इन स्वामिनारायण वालों ने भगवान विष्णु के नारायण और हरि नाम को चुराकर एक नए भगवान की रचना की है, जो भगवान विष्णु की पत्नियों-राधा जी, लक्ष्मी जी और तुलसी जी को अपनी पत्नियां कहता है, लेकिन खुद को भगवान विष्णु, भगवान शिव, ब्रह्मा जी, मां शक्ति और अन्य देवी-देवताओं का आराध्य बताता है। ऐसा कोई भगवान का स्वरूप न तो हमारे सनातन धर्म में है, न ही ऐसा कोई धाम है, जहां हमारे ये सभी ईश्वर किसी अज्ञात व्यक्ति के सेवक या भक्त हों।

लेकिन फिर भी, हमारी हिंदू संस्थाएं और पार्टियां अब खुशी-खुशी इस भौतिक चकाचौंध से प्रभावित होकर उस स्थान की प्रशंसा शुरू कर देंगी, जहां सनातन धर्म के हमारे सभी ईश्वर किसी इंसान के दास के रूप में कैद हैं। गुजरात और भारत में जैसे हिंदू संगठनों को इन लोगों ने फंसाया है, वैसे ही विदेश में बसे हिंदुओं को भी ये लोग हमारे इन कैद किए गए भगवान दिखा-दिखाकर फंसा रहे हैं। इस तरह अमेरिका, कनाडा, ऑस्ट्रेलिया और ब्रिटेन में सनातनी लोगों का धर्मांतरण हो रहा है, जो आगे चलकर कनाडा के खालिस्तानी सिखों से भी बड़ा सिरदर्द बनेगा।

भारत से बाहर रहने वाले सभी सनातनियों और भारत के हिंदू संगठनों को यह समझना जरूरी है कि अगर एक बिगड़े हुए बच्चे की जिद के सामने झुकने वाले माता-पिता के समान हम अगर इन लोगों को अपना काम आगे बढ़ाने की अनुमति देते हैं, तो इससे सनातन धर्म का विनाश कैसे हो सकता है। अगर हम सनातन धर्म के स्वरूप से बाहर के किसी ऐसे व्यक्ति को, जो पंचदेवों में से किसी का अवतार नहीं है, पंचदेवों का आराध्य या सर्वोपरि ईश्वर बताने की अनुमति देते हैं, तो यह पूरी दुनिया को ऐसा करने का रास्ता दिखा देगा। फिर यीशु और अल्लाह को भी पंचदेवों का आराध्य दिखाया जा सकता है। इस्लाम के किसी पीर, फकीर, और मौलवी को भी इस रूप में दिखाया जा सकता है,

और भविष्य में भारत और विश्व में ऐसे लोग खड़े किए जा सकते हैं, जो ब्रह्मा, विष्णु, शिव, और शक्ति के आराध्य बनें और हमारे पंचदेव उनके सेवक हों। पूरे विश्व में हर जगह राम, कृष्ण, शिव, और मां शक्ति के साथ लोग खिलौनों की तरह खेलेंगे, और उन्हें दास दिखाने वाली ऐसी घिनौनी कहानियां फैलाई जाएगी, जिसकी हम कल्पना भी नहीं कर सकते। इस तरह सनातन धर्म का अस्तित्व मिट जाएगा। ये लोग वह चाबी मांग रहे हैं, जो सनातन धर्म को नष्ट करने के लिए जरूरी है। साकार पंचदेव ही सनातन धर्म के इर्द-गिर्द बनी एकमात्र दीवार का दरवाजा हैं, जो इसके स्वरूप की रक्षा करता है। आज तक कोई बाहर से इस किले के दरवाजे को खोल नहीं सका है, इसलिए ये लोग इसे अंदर से खोलने की कोशिश कर रहे हैं।

इन लोगों को वह देने का प्रश्न ही नहीं उठता, जो वे चाहते हैं। क्योंकि यह वैसा ही है जैसे घर की स्त्री को निर्वस्त्र कर बाजार के बीच में खड़ा कर देना। फिर उसकी इज्जत को नुकसान पहुंचाने के लिए बाहरी लुटेरों की जरूरत नहीं पड़ेगी, बाजार में खड़े लोग ही यह काम कर देंगे। इसी तरह, इन लोगों द्वारा झूठे तौर-तरीकों से कमाए गए पैसे से बनाई गई भव्य चर्च जैसी इमारतों से प्रभावित होकर, हम सनातन धर्म के विनाश की चाबी इन लोगों को नहीं दे सकते। सनातन धर्म अपने ज्ञान और दिव्यता से दुनिया को चकित करता है और मानवजाति को दिव्य बनाता है। इस प्रकार के भौतिक चकाचौंध वाले चर्च तो रोमन सम्राटों के आश्रित बने ईसाई धर्म की नीति है। हमें इसकी नकल करने की जरूरत नहीं है।

दुनिया के सामने हमारा प्रतिनिधित्व करने के लिए इस्कॉन के कृष्ण भक्ति में डूबे मंदिर पर्याप्त हैं। इसके अलावा, सनातन धर्म के गूढ़ ज्ञान में डूबने के लिए स्वामी विवेकानंद द्वारा स्थापित वेदांत सोसाइटी सबसे उत्कृष्ट है। अमेरिका के बुद्धिजीवी भी इन स्थलों पर जाते हैं। इसलिए, विदेशों में रहने वाले सनातनियों को इसी स्थलों पर जाना चाहिए।

■ झूठ और कुतर्कों का सटीक उत्तर

इस बीच, स्वामी संप्रदाय की सनातन विरोधी छवि को साफ करके सनातनी समाज में उन्हें फिर से मुख्यधारा में लाने की कोशिशें उनके अनुयायियों के माध्यम से लगातार जारी थीं। वे सबकुछ पहले जैसा करना चाहते थे, लेकिन सुधरना नहीं चाहते थे। वे उसी सर्वोपरि इश्वर के भ्रम को बनाए रखना चाहते थे, और

उसी विकृत किताबों को प्रचारित करना चाहते थे। जैसा कि पिछले लेख के अंत में कहा गया, सनातनी समाज से उन्हें सनातन धर्म को नष्ट करने की स्वीकृति चाहिए थी। और इसके लिए वे हर दिन नए-नए झूठ और कुतर्क पेश कर रहे थे।

लेकिन अब सनातनी समाज जाग गया था। अमेरिका में BAPS मंदिर के उद्घाटन से पहले, उनके द्वारा फैलाए गए कुछ झूठ मेरे पास भी पहुंचे। मैंने उन झूठ का जवाब दिया, जो निम्नलिखित हैं। इन उत्तरों ने सोशल मीडिया पर उनके झूठे प्रयासों को पूरी तरह विफल कर दिया।

झूठ: स्वामिनारायण संप्रदाय एक शुद्ध वैष्णव परंपरा है।

सत्य: "वैष्णव" शब्द का अर्थ है "विष्णु का भक्त।" रामानंद स्वामी का उद्धव संप्रदाय एक कृष्ण भक्ति परंपरा था, इसलिए वह एक वैष्णव संप्रदाय था। सहजानंद स्वामी ने भी अपनी शिक्षापत्री में भगवान कृष्ण को सर्वोत्तम देवता माना था और कृष्ण की भक्ति के साथ पंचदेव की पूजा की आज्ञा दी थी। उन्होंने कृष्ण भक्ति के लिए स्वामिनारायण मंत्र दिया था। इस समय तक वह एक वैष्णव संप्रदाय था। लेकिन फिर उन्ही सहजानंद स्वामी को भगवान कृष्ण और वैदिक पंचदेव से बड़ा देवता बनाया गया, और भगवान विष्णु के नाम नारायण को चोरकर उन्हें ही 'स्वामिनारायण' नाम दे दिया गया। अब इस संप्रदाय के ग्रंथों के अनुसार, भगवान विष्णु को अन्य पंचदेव के साथ सहजानंद स्वामी का सेवक बताया गया है। इस संप्रदाय के ग्रंथों में भगवान विष्णु और कृष्ण के बारे में अपमानजनक कथन लिखे गए हैं।

भगवान विष्णु का धाम वैकुंठ धाम है, लेकिन इसके स्थान पर इस नए भगवान को सनातन शास्त्रों में कहीं नहीं उल्लेखित वैसा 'अक्षरधाम' नाम का नया धाम दिया गया है। और इस नए धाम में सनातन धर्म के प्रत्येक ईश्वर और देवी-देवताओं को इस नए स्वामिनारायण भगवान के दास और दरबारी के रूप में कैद किया गया है। आज के स्वामिनारायण संप्रदाय की सभी शाखाओं का यही स्वरूप है।

झूठ: रामानुजाचार्य इस संप्रदाय के आचार्य हैं, और विशिष्टाद्वैत उनका मत है, सामवेद उनका वेद है, और उनकी शाखा कौठमी है।

सत्य: रामानंद स्वामी का उद्धव संप्रदाय ही विशिष्टाद्वैत मत का था। इसके बाद जो स्वामिनारायण संप्रदाय बनाया गया, वह वेदों से लेकर पुराणों तक के पूरे सनातन धर्म के स्वरूप से बाहर है। सनातन धर्म का द्वैत, विशिष्टाद्वैत, और अद्वैत, सभी मत परब्रह्म की पंचदेव (विष्णु, शिव, शक्ति, गणेश, सूर्य) रूप में उपासना

का सिद्धांत रखते हैं। जबकि इस नए स्वामिनारायण संप्रदाय में इन पंचदेवों से अलग किसी नए ईश्वर को पंचदेव के ऊपर स्थापित किया गया है, जो जीसस या अल्लाह की तरह एकमात्र ईश्वर है। रामानुजाचार्य पीठ के वर्तमान आचार्य श्री राघवाचार्य ने हाल ही में इस संप्रदाय को सनातन धर्म के लिए खतरा बताया है। (वीडियो लिंक: https://drive.google.com/file/d/१९NfKZ९IOVLBV२vIDHF४-OFxki-ZnYNAE/view?usp=sharing)

झूठ: गुजरात में लक्ष्मीजी का सबसे बड़ा मंदिर वड़ताल श्री स्वामिनारायण मंदिर है, जहाँ २०० वर्षों से लक्ष्मीजी की सेवा-पूजा हो रही है और उन्हें प्लैटिनम के वस्त्र पहनाए जाते हैं।

सत्य: ये मूल छह मंदिर सहजानंद स्वामी ने श्रीकृष्ण को नारायण स्वरूप में स्थापित कर बनाए थे। लेकिन फिर इसी संप्रदाय के पुस्तक और प्रवचनों के अनुसार सहजानंद स्वामी ने उसी लक्ष्मी नारायण की मूर्ति के पास स्वयं की मूर्ति स्थापित की और अपने आप को उन सबका सर्वोपरि ईश्वर बताया। आज भी उस मंदिर में लक्ष्मी नारायण के साथ पास में उनसे भी ऊँची सहजानंद स्वामी की मूर्ति है, जिसे यह लोग हरिकृष्ण महाराज कहते है। आज इस संप्रदाय में नारायण के रूप में स्वामिनारायण नामक नए भगवान को पूजा जाता है। यहाँ तक कि भगवान कृष्ण की पत्नी श्रीलक्ष्मीजी और राधाजी को यह नया भगवान अपनी पत्नी कहता है, लेकिन श्रीकृष्ण, जो भगवान विष्णु के अवतार हैं, उन्हें अपना सेवक कहता है। यानी यहाँ सहजानंद स्वामी, जो लक्ष्मीजी को माता मानकर पूजते थे, उसी लक्ष्मीजी को सहजानंद स्वामी की पत्नी के रूप में इस संप्रदाय की पुस्तकों में स्थापित कर दिया गया है।

झूठ: ऐसे ३००० मंदिरों में देवताओं के लिए थाल, श्रृंगार और वस्त्रों पर हर साल १५० करोड़ रुपये से अधिक खर्च किया जाता है। इस संप्रदाय के सिर्फ अमेरिका में २०० से ज्यादा मंदिर है।

सत्य: इस संप्रदाय के हर मंदिर में सनातन धर्म के ईश्वरों को इसलिए बैठाया गया है ताकि सनातन धर्म के लोग अपने ईश्वरों को देखकर इन मंदिरों में जाएँ, और फिर किसी भी प्रकार से उन्हें यह मान्यता दिलाई जाय कि वह सारे वैदिक ईश्वर इस संप्रदाय के नए सर्वोपरि भगवान के सेवक है, इसलिए सिर्फ उस सर्वोपरि भगवान को ही पूजना चाहिए। यह हमारा कथन नहीं है। बीएपीएस के मूल पुस्तक 'अक्षर पुरुषोत्तम उपासना' के पृष्ठ ५८-५९ पर यह स्पष्ट लिखा गया है। साथ ही वड़ताल के एक स्वामी का इसी बात को कहते

हुए वीडियो भी उपलब्ध है।

झूठ: यह चर्च या मस्जिद नहीं है, यह हिंदू सनातन धर्म के मंदिर हैं।

सत्य: इस संप्रदाय का स्वरूप ईसाई धर्म जैसा ही है, जहाँ केवल संप्रदाय और उसके नए ईश्वर को सनातन धर्म के सारे वैदिक देवी-देवताओं से ऊपर सर्वोपरि मानने से स्वर्ग जैसे अक्षरधाम में स्थान मिलने का लालच दिया जाता है। ईसाई संप्रदाय में यह भगवान जीसस और स्वर्ग हेवन है, यहाँ वह क्रमश: सहजानंद स्वामी और अक्षरधाम है। बीएपीएस की संरचना में कैथोलिक ईसाईयों के पोप जैसे प्रमुख हैं। सहजानंद स्वामी और ईसाई पादरियों व अंग्रेज अधिकारियों के बीच की मिलीभगत भी हम जानते हैं। (अगले अध्याय में)

झूठ: जो संप्रदाय के साधु अयोध्या राम मंदिर बनाने के लिए आंदोलन करते हैं और एक एक महीना जेल में भी जाते हैं। जो स्वामिनारायण संप्रदाय जन्माष्टमी, शिवरात्रि, होली, उत्तरायण, दिवाली, राम नवमी, हनुमान जयंती, विष्णु याग, मारुति याग, लक्ष्मी पूजन, सरस्वती पूजन, धनुरमास – श्रावण मास शिवपूजन जैसे पूजा-पाठों पर हर साल सवा सौ करोड़ का खर्च करते हैं। जो दुनियाभर में ३००० से ज्यादा मंदिरों का संचालन करते हैं। ४०० से ज्यादा जिनके पास शिक्षा स्कूल और गुरुकुल हैं, जिनमें साढ़े सात लाख छात्र रहते हैं। २५० से ज्यादा गौशालाओं का संचालन करते हैं और गायों की सेवा करते हैं। ७५ से ज्यादा जो अस्पताल चलाते हैं। रोज ४-४.५ लाख लोगों को औसतन नि:शुल्क अन्न क्षेत्र में भोजन कराते हैं। जो संप्रदाय के दुनियाभर में बसे लाखों परिवार हर दिन प्रात:काल धोती पहनकर भगवान की पूजा करते हैं। लाखों परिवार के लोग एकादशी, जन्माष्टमी, शिवरात्रि, राम नवमी और श्रावण मास के व्रत उपवास करते हैं। स्वामिनारायण संप्रदाय के लाखों भक्त सुबह-शाम रामकृष्ण गोविंद, जय जय गोविंद की धून बोलते हैं। जो संप्रदाय के लाखों लोग अपने सिर में शिखा रखते हैं अर्थात चोटी रखते हैं। जो संप्रदाय के पास ३००० मंदिर हैं तो वह क्या चर्च हैं?? मस्जिदें हैं?? उन मंदिरों पर हिंदू सनातन धर्म का ही ध्वज फहराता है। इतना बड़ा जो संप्रदाय धार्मिक गतिविधि करता है, उसे लोग कहते हैं कि तुम सनातन नहीं हो...??? अब इसे कौन समझाए भाई जिसे ये सब भी दिखाई न देता हो...??? इतना करने के बाद भी किसे नीचा दिखाया, किसे ऊँचा दिखाया – इस सब पर ध्यान देना बंद करके सिर्फ यह मान लो कि तुम्हें संप्रदाय की गतिविधियों से ईर्ष्या होती है, जलन होती है तो मुद्दा पूरा हो जाता है।

सत्य: सनातन धर्म के लिए कार्य करने वाली एक छोटी गिलहरी भी

हमारी पूज्य है, उसकी ईर्ष्या नहीं होती, उससे प्रेरणा ली जाती है। यही सनातनी समाज का चरित्र है। लेकिन इस संप्रदाय की सारी हिंदू गतिविधि एक षड्यंत्र और विश्वासघात करने के लिए दिखावा है। हजारों वर्षों से सनातन धर्म के आराध्य पंचदेव रूपी ईश्वर के ऊपर सनातन धर्म के स्वरूप एवं शास्त्र में कहीं न बैठने वाला एक नया ईश्वर बैठा दिया गया है, जिसे वह स्वामिनारायण कह रहे हैं। वह अल्लाह जैसा एक सर्वोपरि भगवान है, जिसे मानने के बाद हिंदुओं के घरों से सारे सनातनी वैदिक ईश्वर हटा दिए जाते हैं। यह सारे हिन्दू देखाव, हॉस्पिटल और गुरुकुल ईसाईयों की धर्मांतरण गतिविधियों से नक़ल किए गए है, जीसस जैसा एक अनजाना इश्वर सनातन धर्म पर बिठाकर वैदिक देवी-देवताओं को ख़तम करने के लिए।

फिर १८ अक्टूबर, २०२३ को मैंने एक छोटी फेसबुक पोस्ट लिखी, जिसने विरोधियों में सबसे ज्यादा खलबली मचाई और सनातनी समाज में सबसे ज्यादा निश्चल स्पष्टता उत्पन्न की। वह स्पष्टता उस दिन से आज तक लगातार बढ़ती जा रही है। वह पोस्ट यह थी:

"कोई आपके सामने 'जय स्वामिनारायण' बोले तो उसका अर्थ 'अल्लाह-उ-अकबर' बोलने जैसा ही होता है। क्योंकि वह हिंदुओं के भगवान विष्णु को नारायण नहीं कह रहा है। उसने विष्णु का नाम चुराकर एक नया सर्वोपरि भगवान खड़ा किया है, जिसे वह स्वामिनारायण कह रहा है। वह अल्लाह जैसा एक सर्वोपरि भगवान है, जिसे मानने के बाद हिंदुओं के घरों से सारे सनातनी ईश्वर हटा दिए जाते हैं। इसलिए जैसे आपको कोई 'अल्लाह-उ-अकबर' या 'अल्लाह हाफिज़' बोले तो आप सामने जय श्रीराम, जय श्री कृष्ण या हर हर महादेव बोलते हैं, वैसे ही इस 'जय स्वामिनारायण' के सामने भी बोलना चाहिए, जब तक वह यह न कह दे कि वह नारायण भगवान कृष्ण या विष्णु है।"

इसके बाद कुछ मूर्ख तर्क जो इस संप्रदाय के ब्रेनवॉश हुए अनुयायी फैलाते जा रहे थे, मुझे दिए गए। और मैंने उन सभी का जवाब देते हुए सनातनी योद्धाओं को एक पोस्ट लिखकर दी। वे कुतर्क और उनके जवाब नीचे दिए गए हैं।

कुतर्क: राम- कृष्ण का भी उल्लेख उनके जन्म से पहले नहीं है। तो स्वामिनारायण का उल्लेख उनके जन्म से पहले कैसे होगा?

सनातनी जवाब: राम और कृष्ण पंचदेव में से एक भगवान विष्णु के

अवतार हैं। पंचदेव जैसे-जैसे अवतार लेते हैं, वैसे-वैसे उनकी कथाएँ और चरित्र लिखे जाते हैं। लेकिन पंचदेव तो मूल निराकार परब्रह्म स्वरूप हैं। वे हमेशा से यहाँ हैं। उनका न जन्म होता है, न मृत्यु। उनके अवतार मानव रूप में आते हैं और मनुष्यों की तरह जन्म लेते हैं और शरीर छोड़ते हैं, ताकि मानवजाति को मार्गदर्शन दिया जा सके। इतनी सामान्य बात सनातनी घर में जन्मा एक छोटा बच्चा भी समझता है, लेकिन आपकी धार्मिक शिक्षा आपके संप्रदाय के उन पाखंडी स्वामीयों से हुई है, इसलिए आप यह सामान्य बात भी नहीं जानते।

कुतर्क: स्कंधपुराण में स्वामिनारायण के जन्म का उल्लेख किया गया है।

सनातनी जवाब: यह झूठ का पर्दाफाश किया जा चुका है। स्कंधपुराण और बाकी सब शास्त्र के वे सभी श्लोक जो भगवान विष्णु और उनके आगामी कल्कि अवतार के बारे में लिखे गए हैं, उनके आपने झूठे अनुवाद करके अज्ञानी हिंदुओं के सामने फैलाए हैं। लेकिन अब उनका भंडा फूट चुका है। जगदगुरु शंकराचार्य महराज ने भी कह दिया है कि स्कंधपुराण में स्वामिनारायण का कोई उल्लेख नहीं है, और ऐसा हो ही नहीं सकता। स्कंधपुराण भगवान विष्णु की बात करता है, और सनातन धर्म के शास्त्रों में 'नारायण' भगवान विष्णु का ही एक प्रसिद्ध नाम है। (वे सारे झूठे श्लोक जिसकी पोल हमने अध्याय ६ में खोली है।)

कुतर्क: हमें हमारा धर्म मानने दो, तुम अपना धर्म मानो।

सनातनी उत्तर: मैं किसी के घर चोरी करके लूट का सामान अपने घर लाऊं और फिर उस व्यक्ति से, जिसके घर चोरी की, यह कहूं कि मुझे यह सामान इस्तेमाल करने दे, तेरे घर में जितना बचा है, वह तू इस्तेमाल कर। इसे दुष्टता और नीचता कहते हैं। डंडे से कूटा जाता है ऐसे लोगो को। इस्लाम की स्थापना के समय नए अस्तित्व में आए मुसलमान भी पुराने अरब और यहूदियों से यही कहते थे। लेकिन इसका असल मतलब यही था कि - हमने जो यह नया सर्वोपरि भगवान बनाया है और सनातन धर्म के शास्त्रों का अर्थ पलटकर, झूठ बोलकर जो 'एकमात्र हम ही श्रेष्ठ है' का दावा किया है, उसे चुप रहकर और विरोध न करकर फलने-फूलने दो, ताकि एक दिन राजनीति, व्यापार और अन्य षड्यंत्रों के जरिए ताकतवर होकर हम तुम्हें खत्म कर दें। इस्लाम ने यही कहा था और वही किया।

कुतर्क: कृष्ण भगवान का भी विरोध हुआ था।

सनातनी उत्तर: बिल्कुल हुआ था। केवल कृष्ण भगवान ही नहीं, भगवान विष्णु का भी विरोध हुआ था। और वो सब विरोध करने वाले हिरण्यकशिपु और

शिशुपाल जैसे दैत्य थे। जैसे आज भी तुम्हारे संप्रदाय के स्वामीयों के प्रवचन कृष्ण भगवान को नीचा दिखाते हुए उन्हें 'हत्यारा' और 'ग्वाला' कहने वाले बयानों से भरे पड़े हैं, वैसे ही उस समय भी लोग थे। इसलिए वे मारे गए, और यदि तुम नहीं सुधरे तो तुम्हारा भविष्य भी वही होगा। तुम्हारे व्यापारी स्वामी तुम्हें बचा नहीं पाएंगे। वे खुद को भी नहीं बचा पाएंगे। हर वो व्यक्ति जो उन्हें बचाने के लिए बीच में आएगा, नष्ट होगा। यही सनातन धर्म का इतिहास है। यही उसका अविरत प्रवाह है।

कुतर्क: स्वामिनारायण को समझने के लिए तुम्हें सत्संग में आना होगा।

सनातनी उत्तर: जिस सत्संग से तुम्हारे जैसे मूर्ख जन्म लेते हों, जिस सत्संग से राम और कृष्ण को हत्यारा कहने वाले भगवाधारी पैदा होते हों, जहाँ ब्रह्माजी को मूत्र में बहाती हुई और भगवान् शिव को उठाकर पटकने वाले स्वामीयों की कथाए घड़ी जाती हों, वह एक सनातनी के लिए तो क्या, संसार के किसी भी सात्विक व्यक्ति के लिए सत्संग नहीं है। वह दारू, जुआ और व्यभिचार होने वाले अड्डे से भी नीच स्थान है। ऐसे स्थान को बंद कराना ही सभ्य समाज का दायित्व है।

कुतर्क: तुम हिंदुओं में फूट डाल रहे हो। हमें एक रहने की जरूरत है।

सनातनी उत्तर: सनातनी हिंदू समाज को इतना निर्बल और कायर समझने की जरुरत नहीं है कि उसे अपनी रक्षा के लिए तुम्हारे जैसे धर्मद्रोहियों की आवश्यकता पड़ेगी। राम और रावण की एकता नहीं होती। जो ऐसा प्रयास करता है, वह बिका हुआ कायर और गद्दार है। और तुम हिंदू रहे ही कब, जो फूट की बात करते हो? तुमने तो हिंदुओं के बीच रहकर उनके शास्त्रों को दूषित किया, उनके आराध्यों को नीचा दिखाकर उनके धर्म को नष्ट करने की कोशिश की। तुम एक दुर्जन आक्रांता हो। तुम्हारे साथ एकता की बात करना वैसा ही है, जैसे खिलाफत आंदोलन का समर्थन करके गांधीजी ने हिंदुओं को मुसलमानों के साथ एकता दिखाने की बात कही थी। वहाँ दुश्मन अंग्रेज बताए जाते थे, यहाँ मुसलमान बताए जाते हैं। यह वही भूल दोहराने और करवाने का प्रयास है। दुष्टता को जब तुम ढकते हो या बचाते हो, तो वह और बड़ा राक्षस बनकर सामने आती है। उसे जहाँ हो, वहीं खत्म कर देना चाहिए। उसे एक कदम भी आगे बढ़ने का अवसर नहीं देना चाहिए।

कुतर्क: हिम्मत हो तो मुसलमानों के खिलाफ बोलो।

सनातनी उत्तर: तुम्हारे खिलाफ हम जो कहते हैं, वही जरुरत पड़ने पर मुसलमानों के खिलाफ भी कहते हैं। हमारी सोशल मीडिया टाइमलाइन सनातन धर्म के सम्मान और रक्षा के लिए कहे गए शब्दों से भरी हुई है। लेकिन हम इतने मूर्ख नहीं कि उनसे भी अधिक खतरनाक लोगों को केवल इसलिए पहचान न सकें कि उनका पहनावा और नाम हिंदू जैसा है। हमारी सनातन निष्ठा पहनावे और नाम देखकर भेदभाव नहीं करती। यह तथ्य हमें अंदर से कचोटता है कि हमारे बीच रहकर भी तुमने हमारे आराध्यों के बारे में जो कहा और लिखा है, वह आज तक मुसलमानों ने भी नहीं कहा। तुम उस नीचता तक गिर चुके हो।

कुतर्क: हमने पूरे विश्व में सनातन धर्म का नाम रोशन किया है बड़े मंदिर बनाकर। हमने प्राकृतिक आपदाओं और अन्य प्रकार से बहुत लोकसेवा की है।

सनातनी जवाब: आप सनातन धर्म में हैं ही नहीं। आप तो बस षड्यंत्रकारी आक्रांता हैं, जो हिंदुओं को भ्रमित करके सनातन धर्म को इस्लाम और ईसाइयों की तरह एक बाह बाहरी सर्वोच्च ईश्वर के अधीन लाकर समाप्त करना चाहते हैं। आपके चर्च जैसे मंदिर उस षड्यंत्र की नींव हैं। आपकी स्कूलें, अस्पतालें और सेवाकार्य वही हैं, जो पिछले पांच शताब्दियों से भारत में ईसाई मिशनरियां कर रही हैं। आपके प्रमुख स्वामी का जीवन वही है, जो मदर टेरेसा का था। सनातनियों को पहले यह बात पता नहीं थी, इसलिए अब तक उनको संत मानकर सम्मान दिया। लेकिन अब सबको समझ आ गया है कि अंदर से आपकी मंशा वही थी, जो आपकी भ्रष्ट किताबों में लिखी गई है।

कुतर्क: हमारे मंदिरों में भी राम, कृष्ण और शिव होते हैं। आपको शास्त्रों का ज्ञान नहीं है।

सनातनी जवाब: हां, और वो कैसे, किस सोच के साथ तुम्हारे मंदिरों में होते हैं, यह अब हम समझ चुके हैं। आपके BAPS के पुस्तक 'अक्षरपुरुषोत्तम उपासना' में साफ-साफ लिखा गया है कि कैसे सहजानंद स्वामी ने हिंदू धर्म के भगवानों को अपने मंदिरों में स्थापित करके हिंदुओं को मंदिरों में बुलाया, और फिर उन्हें धीरे धीरे समझाया गया कि उन सारे वैदिक ईश्वरों के सर्वोपरि ईश्वर वे यानी की सहजानंद स्वयं है। जहां तक शास्त्रों की बात है, आप अंग्रेजों के वक्त लिखी गई जिन विकृत किताबों को शास्त्र कहते हैं, वे हमारे लिए गोबर के बराबर भी नहीं हैं। हमें उनके बारे में सबकुछ पता चल चुका है, और इसलिए आपकी असलियत भी समझ आ चुकी है। सनातन धर्म के सच्चे शास्त्रों का ज्ञान तो पीढ़ियों से हमारी चेतना में बहता आ रहा है, वह हमारे डीएनए में रचा-बसा

है। इसलिए आपको देखते ही समझ में आ जाता है कि आपने सनातन शास्त्रों में कहां-कहां गंदगी फैलाने की कोशिश की है। आपके संप्रदाय के स्वामीयों को उन विकृत किताबों से तैयार किया गया है, और उन्होंने वही विकृति आपमें भरी है। यही कारण है कि आपकी सनातनी चेतना मृतप्राय हो चुकी है।

कुतर्क: आपने कृष्ण को कहां देखा है? स्वामिनारायण रूप में हमें तो प्रत्यक्ष भगवान मिले।

सनातनी जवाब: वह मूर्खतापूर्ण चित्र या कार्टून, जिसे आप 'स्वामिनारायण भगवान' कहते हैं, उसे आपने देखा नहीं, बनाया है। वह सहजानंद स्वामी थे, जो भगवान कृष्ण के भक्त थे और कृष्ण को अपने स्वामी भगवान नारायण कहते थे। सहजानंद स्वामी की दाढ़ी और चेहरे पर बड़े-बड़े मस्से थे, जो उनके पुराने चित्रों और मूर्तियों में स्पष्ट दिखते हैं। लेकिन जब आपने उन्हें भगवान बना दिया, तो उनके चेहरे को भी बदल दिया। आपने उनके चेहरे को इस्कॉन के भगवान कृष्ण की मूर्तियों जैसे बना दिया और फिर उसे कृष्ण से भी ऊपर कोई सर्वोपरि भगवान बना दिया। यह कुछ ऐसा है की किसी को अपने पिता का चेहरा पसंद न आने पर, फोटो में पिता के चेहरे पर किसी फिल्मी हीरो का चेहरा चिपकाकर वो उसे अपना पिता कहने लगे।

जहां तक भगवान कृष्ण को देखने की बात है, जब वे मनुष्य रूप में अवतरित हुए थे, तब भी उन्होंने कहा था, "यह शरीर मेरा मूल स्वरूप नहीं है। मैं वही अव्यक्त अविनाशी (अक्षर) परब्रह्म हूं, जिससे यह संसार व्याप्त है। मैं समस्त संसार में निवास करता हूं।" हम उस समय पृथ्वी पर विचरण कर चुके सिर्फ उनके शरीर को भगवान कृष्ण नहीं मानते। हम उन्हें उनके मूल परब्रह्म स्वरूप में रोज अपनी चेतना में अनुभव करते हैं। जब-जब हम आप जैसे दुष्टों के खिलाफ सत्य के लिए लड़ते हैं, तब-तब परब्रह्म रूपी श्रीकृष्ण हमारे माध्यम से कार्य करते हैं। वही निराकार, अव्यक्त, अक्षर (अविनाशी) परब्रह्म हमारा अंतिम गंतव्य है। उसमें विलीन हो जाना ही हमारा लक्ष्य है। वही हमारा मोक्ष है। हमें उन्हें देखने की जरूरत नहीं है; हमें उनसे एक हो जाना है। हमें आपके मोगैम्बो के अड्डे जैसे उस अक्षरधाम में नहीं जाना।

स्वामिनारायण, ब्रिटिश अधिकारी और ईसाई मिशनरी

अब हम स्वामिनारायण उर्फ़ सहजानंद स्वामी पर ईसाई मिशनरियों और ब्रिटिश अधिकारियों के प्रभाव की चर्चा करेंगे, और जानेंगे कि कैसे इस गहरे सबंध ने इस संप्रदाय के और गुजरात के सामाजिक इतिहास को आकार दिया।

संघ के शोध आयाम के संयोजक के रूप में, जब मैं विभिन्न ऐतिहासिक घटनाओं और व्यक्तियों पर शोध कर रहा था, तब पहली बार मेरा ध्यान सहजानंद स्वामी के कार्यकाल पर केंद्रित हुआ। अब तक मैंने केवल उनके ग्रंथों और वर्तमान स्वरूप में दिखने वाली सनातन-विरोधी विकृतियों को उजागर करने का कार्य किया था। यह मान्यता थी कि यह सब सहजानंद स्वामी की मृत्यु के बाद शुरू हुआ होगा। लेकिन जैसे एक्स-मुस्लिमों के सामने आने के बाद हमें इस्लाम के बारे में यह दूसरा तथ्य समझना पड़ रहा है कि कुछ भी बाद में नहीं बिगड़ा, बल्कि वह सबकुछ जो आज है उसके बीज संस्थापक के समय में ही पड़ चुके थे। इसी प्रकार अब मुझे सहजानंद स्वामी के कार्यकाल को देखने की इच्छा हुई।

मेरा ध्यान इस संप्रदाय के ग्रंथों में लिखे उस कथन पर गया, जहाँ लिखा है कि "स्वामिनारायण ने अंग्रेज अधिकारी माल्कम को आशीर्वाद दिया कि उसका शासन सौ वर्ष तक चलेगा।" यहाँ मुझे लगा कि दाल में कुछ काला अवश्य है। मैंने गूगल पर खोज की, 'स्वामिनारायण और ब्रिटिश अधिकारी माल्कम'। इस खोज के दौरान गूगल पर इस संप्रदाय की ईस्ट इंडिया कंपनी और ईसाई पादरियों के साथ जुड़ाव की जो ऐतिहासिक जानकारी सामने आई, वह उस कथन के बिल्कुल विपरीत चित्र प्रस्तुत करती थी। आशीर्वाद स्वामिनारायण ने नहीं दिया था, बल्कि

आशीर्वाद माल्कम ने स्वामिनारायण को दिया था। आइए जानते हैं इन ब्रिटिश दस्तावेजों में प्रस्तुत तस्वीर को।

१८१५ में फ्रांस के नेपोलियन की वाटरलू की लड़ाई में हार के बाद, अंग्रेजों का दबदबा दुनिया में बढ़ गया। और तभी से अंग्रेजों ने वैश्विक स्तर पर 'पैक्स ब्रिटानिका (Pax Britannica)' नामक एक अभियान शुरू किया, जिसका अर्थ है 'ब्रिटिश शांति'। इस अभियान का उद्देश्य यह था कि जिन क्षेत्रों पर अंग्रेजों का अधिकार हो, वहाँ के समाज को सभ्य (अंग्रेज जैसे) बनाने के प्रयास किए जाएँ और अंग्रेजी सरकार के साथ उनकी समरसता और शांति स्थापित की जाए। दुनिया भर में ब्रिटिश शासित क्षेत्रों में यह अभियान १८१५ में शुरू हुआ और १९१४ में प्रथम विश्व युद्ध की शुरुआत के साथ इसका अंत हुआ।

इस सौ वर्षों के Pax Britannica अभियान के दस्तावेजों का एक विशाल संग्रह ब्रिटेन की यूनिवर्सिटियों और पुस्तकालयों में उपलब्ध है। इनमें गुजरात में पैक्स ब्रिटानिका को कैसे लागू किया गया, यह भी लिखा गया है। इन दस्तावेजों में सहजानंद स्वामी के बारे में विस्तृत चर्चा है। जिस प्रकार बंगाल में पैक्स ब्रिटानिका अभियान के दस्तावेजों में राजा राममोहन राय एक महत्वपूर्ण पात्र के रूप में उभरते हैं, उसी प्रकार गुजरात में इस अभियान में सहजानंद स्वामी का उल्लेख है।

राजा राममोहन राय के साथ बंगाल में जो सामाजिक सुधार आंदोलन चला, वह वास्तव में पैक्स ब्रिटानिका का ही एक हिस्सा था। इन्हीं दस्तावेजों के आधार पर ब्रिटेन के लेखकों ने ऑक्सफोर्ड और कैम्ब्रिज विश्वविद्यालय के लिए स्वामिनारायण संप्रदाय पर कुछ पुस्तकें लिखी हैं। इनमें प्रमुख हैं रेमंड ब्रैडी विलियम्स की An Introduction of Swaminarayan Hinduism और उनकी अन्य पुस्तक A New Face of Hinduism – Swaminarayan Religion।

इन पुस्तकों और दस्तावेजों में अंग्रेज गवर्नर जॉन माल्कम को मुख्य नायक बताया गया है, जिसने सहजानंद स्वामी रूपी एक सहायक पात्र की मदद से गुजरात में Pax Britannica स्थापित की। ब्रिटिश दस्तावेज और ईसाई पादरियों की डायरियों में सहजानंद स्वामी को हिंदू–ईसाई संवाद का जनक और ब्रिटिश एवं स्वामिनारायण हिंदुओं के संबंधों को आगे बढ़ाने वाला व्यक्ति बताया गया है। वह हिंदू शास्त्रों का नया अर्थ निकालने और उन्हें शुद्ध करने वाले समाज सुधारक के रूप में वर्णित हैं।

अब आइए इन दस्तावेजों और पुस्तकों में वर्णित इतिहास को जानते हैं। यहाँ प्रस्तुत सभी जानकारी ब्रिटिश दस्तावेजों और स्वामिनारायण संप्रदाय के अनुयायियों से बातचीत के दौरान प्राप्त जानकारियों से बनी रेमंड ब्रैडी विलियम्स की पुस्तक An Introduction of Swaminarayan Hinduism के अध्याय १ The Beginning of Swaminarayan Hinduism से ली गई है।

उन्नीसवीं सदी की शुरुआत में गुजरात में दो नेता दो अलग दिशाओं से आए और उन्होंने गुजराती समाज में ऐसा उथल-पुथल मचाया जिसकी गूंज आज भी गुजरात और विदेशों में बसे गुजराती समुदायों में सुनाई देती है। ये दो नेता थे बॉम्बे प्रेसीडेंसी के गवर्नर जॉन मैल्कम और स्वामिनारायण हिंदूवाद के सहजानंद स्वामी। जॉन मैल्कम वही थे जिन्होंने १८१८ में पेशवा के अंग्रेजों के सामने आत्मसमर्पण को स्वीकार किया था। इसके साथ ही गुजरात अंग्रेजों के नियंत्रण में आ गया, जहां वडोदरा को अपना राज्य स्वतंत्र रूप से चलाने का अधिकार दिया गया क्योंकि वडोदरा के गायकवाड़ ने १७८२ में ही पेशवा से अलग होकर ब्रिटिश संरक्षण स्वीकार कर लिया था। इस प्रकार, वडोदरा राज्य को छोड़कर पूरा गुजरात अंग्रेजों के नियंत्रण में आ गया। लेकिन अंग्रेज दस्तावेज के अनुसार, यह गुजरात पेशवा के कुशासन के कारण कई रियासतों और लुटेरों के इलाकों में बंटा हुआ था। समाज में हिंसा और कुरीतियां चरम पर थीं। एक प्रकार से उस समय का गुजरात पूरे भारत में सबसे अधिक हिंसक और बिखरा हुआ क्षेत्र था। बंगाल का समाज शिक्षित और बुद्धिजीवी था, इसलिए वहां राजा राममोहन राय की मदद से ईसाई और ब्रिटिश सिद्धांतों के साथ हिंदुओं का सामाजिक आंदोलन खड़ा किया गया। लेकिन गुजरात जैसे हिंसक और अस्त-व्यस्त समाज में ब्रिटिश शांति का यह आंदोलन ईसाई मिशनरियों से लाना कठिन था।

इसलिए क्रांतिकारी विचारों वाले जॉन मैल्कम ने ईसाई मिशनरियों से अलग हटकर गुजराती समाज के धार्मिक नेताओं के माध्यम से समाज को अंग्रेजी सरकार के साथ जोड़ने का प्रयास किया। इसके लिए उन्होंने सहजानंद स्वामी की मदद ली, जो काठियावाड़ के एक क्षेत्र में अच्छे अनुयायियों के साथ सक्रिय थे। उनका निवास स्थान दादा ख़ाचर नामक एक प्रमुख काठी जमींदार का घर था। दादा ख़ाचर उनके अनुयायी बनने के कारण खाचर की जागीर के सभी तेरह-चौदह गांव सहजानंद स्वामी के अनुयायी बन गए थे। सहजानंद स्वामी इन गांवों में एक वैष्णव जैसा लेकिन सामाजिक सुधारवादी पंथ चला रहे थे।

लेकिन १८०२ में रामानंद स्वामी का उध्दव संप्रदाय संभालने से लेकर १८१८

में अंग्रेजों के गुजरात में आने तक के सोलह वर्ष का समय सहजानंद स्वामी के लिए गुजरात की जनता द्वारा विरोध और उत्पीड़न का दौर था। काठियावाड़ के कुछ राजाओं ने उन्हें धर्मविहीन और जनता को भ्रमित करने वाला बताकर बलपूर्वक रोकने का प्रयास किया था। अंग्रेजों के आने से पहले पेशवा ने सहजानंद स्वामी के अहमदाबाद में प्रवेश पर प्रतिबंध लगाया हुआ था। जनता में उनके प्रति रोष का कारण जातिगत भेदभाव वाले उपदेश देना, महिलाओं का अनादर करना और मूल वैष्णव संप्रदाय से अलग उपदेश देना आदि थे। रामानंद स्वामी का संप्रदाय सहजानंद स्वामी के हाथों में आने के बाद रामानंद स्वामी की दो महिला शिष्याओं और एक पुरुष शिष्य रघुनाथदास ने सहजानंद का विरोध कर उध्दव संप्रदाय छोड़ दिया था। इससे भी समाज में सहजानंद स्वामी के खिलाफ विरोध था।

लेकिन फरवरी १८१८ में अंग्रेजों द्वारा अहमदाबाद का नियंत्रण अपने हाथ में लेते ही खेडा के मजिस्ट्रेट एडवर्ड आयरनसाइड ने सहजानंद स्वामी के अहमदाबाद में प्रवेश पर से प्रतिबंध हटा दिया और उन्हें मिलने आने के लिए आमंत्रित किया। स्वामिनारायण संप्रदाय के ग्रंथों में आयरनसाइड का उल्लेख 'इरॉन साहब' के रूप में कई बार किया गया है। संप्रदाय की पुस्तकों में 'इरॉन साहब' को स्वामिनारायण को यह विश्वास दिलाने वाला व्यक्ति बताया गया है कि अंग्रेज उनके उपदेश देने के अधिकार की रक्षा करेंगे और उनके साधुओं को उत्पीड़न और हमलों से बचाएंगे। स्वामिनारायण और आयरनसाइड की पहली मुलाकात १८०९ में खेडा में हुई थी, और वे १८१७ में भी मिले थे।

१८१८ में जब अहमदाबाद में अंग्रेजी सत्ता आई, तो आयरनसाइड ने सहजानंद स्वामी को बुलाया। १८१९ में उन्होंने सहजानंद स्वामी को कालीपुर में मंदिर निर्माण के लिए भूमि देने का वचन दिया और कहा कि अब वे सूरत जा रहे हैं और अहमदाबाद में डनलप साहब (जॉन एंड्रू डनलप) रहेंगे।

जॉन एंड्रू डनलप १८१९ में अहमदाबाद के पहले कलेक्टर नियुक्त हुए। डनलप ने १८२० में सहजानंद स्वामी को अहमदाबाद में मंदिर निर्माण के लिए भूमि प्रदान करने की अनुमति ब्रिटेन की सरकार से दिलवाई। उसी जमीन पर फरवरी १८२२ में कालुपुर का नर-नारायण मंदिर बनकर तैयार हुआ। रेमंड विलियम्स अपनी पुस्तक An Introduction to Swaminarayan Hinduism में लिखते हैं, "१८२० में अहमदाबाद के कलेक्टर ने सहजानंद स्वामी को मंदिर बनाने के लिए जमीन दी, और पहला मंदिर वहीं बना। इस प्रकार, अंग्रेज इस संप्रदाय के पहले मंदिर के निर्माण में शामिल थे, जो इस बात का सटीक प्रतीक था कि 'पैक्स ब्रिटानिका' और 'पैक्स सहजानंदा' समान लक्ष्यों की ओर बढ़ने

वाले समांतर आंदोलन थे। १८२३ में जब नर-नारायण मंदिर का उद्घाटन हुआ, तो सहजानंद स्वामी के साथ ५०,००० लोग उपस्थित थे। इस प्रकार, अंग्रेजों के आने से पहले सहजानंद स्वामी के वर्ष विरोध और उत्पीड़न के थे, लेकिन अंग्रेजों के आने के बाद के उनके अंतिम दस वर्ष महान सफलता, उच्च सम्मान और बड़े सामाजिक सुधार के वर्ष बने।"

■ ईसाई पादरियों के साथ मुलाकातें:

आयरनसाइड (इरोन साहिब) और एंड्रू डनलप, बॉम्बे प्रेसीडेंसी के गवर्नर जॉन मैलकम की योजना के तहत सहजानंद स्वामी के साथ काम करने वाले अंग्रेज़ अधिकारी थे। जॉन मैलकम ने आगे इस कार्यक्रम में ईसाई बिशपों को भी जोड़ा। एंड्रू डनलप ने कालूपुर मंदिर के निर्माण के दौरान के दो वर्षों में सहजानंद स्वामी के जीवन और कार्यों पर एक रिपोर्ट तैयार की, जिसका नाम था "हिंदुओं का एक नया संप्रदाय" (A New Sect of Hindus)। डनलप ने इस रिपोर्ट को सबसे पहले कलकत्ता की बिशप कॉलेज के पहले प्रिंसिपल विलियम होज मिल के साथ साझा किया।

कालूपुर मंदिर के उद्घाटन के चार महीने बाद, जून १८२२ में, जब विलियम होज मिल गुजरात के दौरे पर आए, तो डनलप ने उन्हें यह रिपोर्ट दिखाई, जिसे मिल ने अपनी डायरी में लिखा। यह डायरी अब ऑक्सफोर्ड विश्वविद्यालय की बोडलियन लाइब्रेरी में संरक्षित है। इस रिपोर्ट का विस्तारित संस्करण १८२२ में बॉम्बे कूरियर में गुमनाम रूप से प्रकाशित हुआ था, जिसे 'स्वामिनारायण हिंदुवाद' पर अंग्रेज़ी में पहली कृति माना जाता है।

स्वामिनारायण के अनुयायी इन ब्रिटिश अधिकारियों के साथ संपर्क और जानकारी के मध्यस्थ थे। विलियम होज मिल अपनी डायरी में उल्लेख करते हैं कि उन्होंने एक गृहस्थ कुबेरसिंह छड़ीदार और साधु भजनानंद स्वामी से मुलाकात की और इस रिपोर्ट पर चर्चा की। कुबेरसिंह ने ईसाई धर्म के ग्रंथों की मांग की, जिसे मिल ने स्वीकार करते हुए उन्हें ईसाई (बाइबल) नए करार के सभी ग्रंथ दिए। कुबेरसिंह ने प्रत्येक ग्रंथ के नाम और विषयवस्तु लिखे और इन्हें स्वामिनारायण के साथ साझा करने का वादा किया। साथ ही, उन्होंने मिल को उनके संप्रदाय के सिद्धांतों से संबंधित सभी संस्कृत या हिंदी ग्रंथ भेजने का वादा भी किया। उनके भाई मोतीलाल चोपदार, अहमदाबाद में ब्रिटिश ईस्ट इंडिया कंपनी के कार्यालय में क्लर्क के रूप में काम करते थे और ब्रिटिश और स्वामिनारायण नेताओं के बीच बैठक आयोजित करने में मध्यस्थ की भूमिका निभाते थे।

भजनानंद स्वामी काव्यशास्त्र, पुराणों और आयुर्वेदिक औषधियों के विद्वान थे। वचनामृत के पाँच प्रवचनों में उनका छह बार उल्लेख हुआ है। भजनानंद स्वामी ने विलियम होज मिल से राजा राममोहन राय के उपदेशों की जानकारी मांगी, जिनके सुधारों ने बंगाल में विवाद खड़ा किया था और जिन्हें मिल व्यक्तिगत रूप से जानते थे। भजनानंद ने कहा कि मिल उन्हें राय के कुछ प्रकाशन हिंदी या संस्कृत में भेजें।

मार्च १८२५ में, एक अन्य पादरी, बिशप रेजिनाल्ड हेबर, सहजानंद स्वामी से मिलने आए। प्रसिद्ध कवि, स्तोत्र लेखक और कलकत्ता के लॉर्ड बिशप हेबर, अपनी कलकत्ता से बॉम्बे यात्रा के दौरान, नडियाद में सहजानंद स्वामी से मिले। सहजानंद स्वामी अपने भतीजे के जनेऊ संस्कार के कार्यक्रम के लिए नडियाद आए हुए थे। हेबर अपने लेखन में इस मुलाकात को विचित्र बताते हैं, क्योंकि सहजानंद स्वामी के साथ २०० घुड़सवार थे, और उससे भी अधिक संख्या में बंदूकधारी अनुयायी थे। सहजानंद स्वामी की सुरक्षा के लिए यह प्रबंध अंग्रेज़ों ने किया था। हेबर के साथ भी १०० घुड़सवार थे। हेबर को विलियम होज मिल ने सहजानंद स्वामी के बारे में पहले से बता रखा था। नडियाद पहुंचने के बाद, काठियावाड़ के एक राजकुमार ने भी हेबर से मुलाकात की और स्वामिनारायण संप्रदाय के बारे में नकारात्मक बातें बताईं। इस राजकुमार ने इस संप्रदाय को बलपूर्वक दबाने का प्रयास किया था, लेकिन अंग्रेज़ों ने उसे रोक दिया। अंग्रेज़ों द्वारा सहजानंद स्वामी की प्रशंसा किए जाने के कारण, हेबर ने सम्मानपूर्वक उनसे मुलाकात की।

मुलाकात में, सहजानंद ने अपने कुछ प्रोजेक्ट्स के लिए हेबर का समर्थन और ब्रिटिश अधिकारियों के साथ अच्छे संबंध स्थापित करने की आशा जताई। मुलाकात के बाद, उन्होंने वडताल में लक्ष्मीनारायण मंदिर, एक निवासस्थान और एक अस्पताल के लिए आर्थिक मदद की मांग की। हेबर ने मंदिर के निर्माण के लिए समर्थन देने से इनकार कर दिया, लेकिन अस्पताल और निवास स्थान के लिए बंबई के गवर्नर श्री एल्फिंस्टन से सहायता की मांग करने की सहमति दी।

चर्चा का मुख्य मुद्दा भगवान के सिद्धांत पर असहमति थी। सहजानंद ने ईश्वर की अभिव्यक्ति को लेकर स्वामिनारायण संप्रदाय द्वारा प्रस्तुत एक अलग हिंदू स्वरूप को समझाने की कोशिश की, लेकिन हेबर इसे स्वीकार नहीं कर पाए। सहजानंद ने कहा कि जो है और जो एक ही है, उसके कई नाम हो सकते हैं। हमने और अन्य हिंदुओं ने उसे ब्रह्म कहा है। हेबर ने इसे एक प्रकार के एकेश्वरवाद के रूप में स्वीकार किया, लेकिन यह पश्चिमी ईसाई एकेश्वरवाद

नहीं था।

हैबर को सहजानंद के इस स्पष्टिकरण से आश्चर्य हुआ कि कृष्ण भगवान का एक स्वरूप है जिसकी वे पूजा करते हैं, और साथ ही सहजानंद स्वयं को भी भगवान का एक स्वरूप मानते थे। सहजानंद ने अपनी मान्यता समझाते हुए कहा कि "विभिन्न देशों में भगवान के कई अवतार हुए हैं, एक ईसाइयों के लिए, और भूतकाल में एक हिंदुओं के लिए," और फिर कुछ संकेत देते हुए उन्होंने कहा कि कृष्ण या सूर्य का दूसरा अवतार उनमें (सहजानंद) हुआ है। इस संकेत के साथ सहजानंद स्वामी ने हैबर को एक चित्र भेंट किया जिसमें बीच में श्वेतद्वीपपति वासुदेव खड़े थे और उनके बगल में नर-नारायण ऋषि उन्हें पंखा झल रहे थे।

इस प्रकार, धीरे-धीरे ब्रिटिश सहायता और संबंधों की मदद से सहजानंद स्वामी का प्रभाव और प्रतिष्ठा बढ़ती गई, और उन्होंने एक के बाद एक कुल छह मंदिर बनाए। हैबर के प्रसंग से यह रहस्य स्पष्ट होता है कि १८२४ में सहजानंद स्वामी द्वारा लिखी गई शिक्षापत्री में उन्होंने भगवान कृष्ण को ही अपने आराध्य और पूर्ण पुरुषोत्तम सर्वोपरि ईश्वर बताया और पंचदेव उपासना करने का निर्देश दिया था। लेकिन बाद में लिखे गए वचनामृत में स्वयं को ही सर्वोपरि पुरुषोत्तम ईश्वर के रूप में स्थापित करते हुए कई वचन दिए। यह परिवर्तन शिक्षापत्री लिखने के बाद आया प्रतीत होता है, और संभावना है कि यह परिवर्तन उसके एक वर्ष बाद सन १८२५ में बिशप हैबर से मुलाकात और वडताल के लक्ष्मी-नारायण मंदिर के निर्माण के दौरान या उसके बाद हुआ।

हैबर ने सहजानंद स्वामी की ईश्वर की अवधारणा को एकेश्वरवाद का एक रूप माना, लेकिन इसे ईसाई दृष्टिकोण से अलग बताया। उन्होंने वडताल मंदिर के लिए भूमि देने से इनकार कर दिया। लेकिन साथ ही अस्पताल और निवास भवन के लिए आर्थिक सहायता देने की बात क़बूलकर यह संकेत दिया कि अगर सहजानंद अपने एकेश्वरवाद को और अधिक ईसाई स्वरूप के निकट लाएंगे, तो ब्रिटिश अधिकारी और ईसाई पादरी उनसे प्रसन्न होकर अधिक सहायता करेंगे। शायद इसी कारण, १८२५ में वडताल का लक्ष्मी-नारायण मंदिर तैयार होने पर सहजानंद स्वामी ने लक्ष्मी-नारायण की मूर्ति के बगल में अपनी एक मूर्ति स्थापित करवाई और उसे हरिकृष्ण महाराज नाम दिया। वडताल के स्वामी आज अपने प्रवचनों में और अन्य फिरके अपनी पुस्तकों में कहते हैं कि उस समय सहजानंद स्वामी ने कहा था कि "जब लोग इस मंदिर में अपने इष्ट देव लक्ष्मी-नारायण

के दर्शन के लिए आएंगे, तो धीरे-धीरे उनकी श्रद्धा हरिकृष्ण महाराज के रूप में उन्हें (सहजानंद को) सर्वोपरि ईश्वर के रूप में जानकर दृढ़ होगी।" इस प्रकार, इस संपूर्ण सनातन विरोधी विकृत संप्रदाय की नींव इसी क्षण में दिखाई देती है।

इस तरह, ब्रिटिश अधिकारियों और ईसाई बिशपों को सहजानंद स्वामी के पीछे लगा कर गवर्नर जॉन मैलकम ने गुजरात में Pax Britannica स्थापित किया। और जब यह कार्य पूरा हो गया, तो सेवानिवृत्ति से पहले फरवरी १८३० में, जॉन मैलकम पहली बार राजकोट में सहजानंद स्वामी से मिलने आए, वह भी इसलिए क्योंकि सहजानंद स्वामी गंभीर बीमारी से ग्रसित थे। इस पर रेमंड विलियम्स अपनी पुस्तक में लिखते हैं, "२८ फरवरी, १८३० को राजकोट में सर जॉन मैलकम और स्वामिनारायण की मुलाकात हुई, जो गुजरात में ब्रिटिश नियंत्रण और स्वामिनारायण हिंदूवाद के सहजानंद स्वामी की बढ़ती लोकप्रियता का स्वाभाविक परिणाम थी। यह मुलाकात पहले ब्रिटिश अधिकारियों और ईसाई पादरियों की स्वामिनारायण के धार्मिक नेताओं के साथ हुई कई बैठकों का परिणाम थी। यह बैठक सहजानंद स्वामी की अंतिम बीमारी के दौरान हुई और उनकी अंतिम मुलाकातों में से एक थी। जून में सहजानंद स्वामी के निधन के बाद, उसी साल दिसंबर में जॉन मैलकम भी ब्रिटेन लौट गए। उनकी जोड़ी ने उन ताकतों को गति दी, जिन्होंने भारत के राजनीतिक, सामाजिक, और सांस्कृतिक परिदृश्य को महत्वपूर्ण रूप से प्रभावित किया। इन ताकतों ने ब्रिटेन और आधुनिक संक्रमण नेटवर्क में, जहां कहीं भी गुजरात से प्रवास हुआ, प्रभाव डालना जारी रखा।"

रेमंड विलियम्स अपनी पुस्तक में यह भी लिखते हैं कि, "गुजराती लंबे समय से ब्रिटिश शासन और सहजानंद के मंत्रालय के जुड़ाव को पहचानते हैं। उस समय की एक पुरानी गुजराती कहावत है: 'टोपी [ब्रिटिश की हेलमेट] और तिलक [स्वामिनारायण संप्रदाय के अनुयायियों द्वारा माथे पर किया गया निशान] एक साथ आए है, और वे एक साथ ही जाएंगे।' अंग्रेज आए और गुजरात में व्यापक परिवर्तन के एजेंट बने। उनका प्रभाव हर जगह स्पष्ट है, लेकिन वे अदृश्य हो गए हैं। गुजरात में और अब इंग्लैंड में भी तिलक बहुतायत में हैं, और सहजानंद द्वारा स्थापित धार्मिक संस्था गुजरात के धार्मिक जीवन में और जहां कहीं भी गुजराती हैं, एक प्रमुख शक्ति बनी हुई है।"

लेकिन यहाँ अंग्रेज लेखक गुजरात के समाज की सच्ची तस्वीर और गुजरातियों की वास्तविक भावना को समझने में चूक कर गया है। क्योंकि यह पुरानी कहावत पूरे समाज की उलझन को उजागर करती है। और आज इस पुस्तक में दिखाई गई इस संप्रदाय की जो विकृति हम देख रहे हैं, उसका निर्माण कार्य

हमारे वे गुजराती पूर्वज २०० साल पहले ही झेल रहे थे। विदेशी सत्ता और अपने धर्म के विपरीत संप्रदाय के गठजोड़ से समाज में उठी बेचैनी इस कहावत में झलकती है। एक पूरा समाज एक कहावत का सहारा लेकर प्रतीक्षा करने का साहस जुटा रहा था कि एक दिन यह समय बीत जाएगा। लेकिन इस पुस्तक के दूसरे अध्याय में दिखाई गई विकृति के बाद यह कठोर सत्य हमारे सामने आता है कि वह समय पूरी तरह कभी बीता ही नहीं। क्योंकि सहजानंद स्वामी के उस संप्रदाय ने नई-नई टोपियों (सत्ताओं) के साथ जुड़ने और उनका उपयोग करने की क्षमता विकसित कर ली थी। आज़ादी के बाद कांग्रेस और फिर भाजपा। और आज, बिल्कुल २०० साल बाद, जब यह लिखा जा रहा है, २०१७ से २०२४ तक गुजरात के सनातनी समाज में वही उलझन है जो १८१७ से १८३० के बीच और उसके बाद थी। फर्क बस इतना है कि टोपी के रूप में अंग्रेज़ अधिकारी और ईसाई पादरियों की जगह भाजपा और हिंदू संगठन आ गए हैं। और पिछले सात सालों से, आज का गुजराती समाज उसी पुरानी कहावत का भाव दूसरे शब्दों में कहता है। आज वह कहता है, "यह तो इस संप्रदाय को वर्तमान सत्ता का पूरा समर्थन है, इसलिए यह सब पाखंड चल रहा है। जिस दिन यह सरकार नहीं रहेगी, उस दिन इसका पाप का घड़ा भी भर जाएगा।"

लेकिन न तो आज का गुजराती समाज यह जानता है, न ही आज की सत्ताधारी पार्टियाँ, कि इस संप्रदाय की उत्पत्ति ही इस खेल से हुई है। पैसे, भोग, और सत्ता की लालच में इस संप्रदाय के स्थानों पर सलाम ठोकने को अपना सौभाग्य समझने वाले भाजपा और सहयोगी संगठन यह नहीं जानते कि उनकी जैसी कई टोपियाँ इस संप्रदाय ने बदल दीं, और वह क्रम में तीसरे या चौथे होंगे। जॉन मैलकम उन्हें सत्ता और चर्च के गठजोड़ से समाज पर वर्चस्व स्थापित करने का वह यूरोपीय रास्ता दिखा गया है। और उसी में पारंगत यह संप्रदाय सनातन धर्म और उसके आराध्य ईश्वरों को नष्ट करने के लिए आपका उपयोग कर रहा है।

ईसाई पादरियों और अंग्रेज़ों के संपर्क के बाद इस संप्रदाय में जो परिवर्तन आया, उसमें भगवान कृष्ण नहीं, सहजानंद स्वामी सर्वोच्च पूर्णपुरुषोत्तम भगवान हो गए, और भगवान कृष्ण/विष्णु सहित सनातन धर्म के सभी ईश्वर उनके दास हो गए। लेकिन कहा जाता है कि आप जैसा बोते हैं, वैसा ही काटते हैं। सहजानंद स्वामी की मृत्यु के बाद इस संप्रदाय में किस प्रकार के पाखंड और आंतरिक सत्ता संघर्ष हुए, इसकी जानकारी वडताल और BAPS के बीच हुए कोर्ट केस पर आधारित पुस्तक 'बोचासन बंड का इतिहास' में मिलती है। इसके बाद का इतिहास इस संप्रदाय में बार-बार किसी स्वामी द्वारा स्वयं को सर्वोच्च

ईश्वर घोषित करने, और फिर संप्रदाय द्वारा उसे निर्वासित करने से बनी नई-नई शाखाओं के निर्माण का रहा है, जहाँ प्रत्येक नई शाखा धर्म और आध्यात्मिक जगत में एक नई विकृति लेकर आती है।

यह संपूर्ण जानकारी हासिल करने के बाद मैंने यूरोप में रोमन सत्ता के गठजोड़ से ईसाई धर्म कैसे स्थापित हुआ, इस पर लेख लिखे। इस संप्रदाय के इतिहास पर नजर डालने से यह स्पष्ट हुआ कि उसने अंग्रेजों से लेकर कांग्रेस और भाजपा तक, जो भी सत्ता में हो, उसके साथ मिलकर अपना सनातन धर्म विरोधी ढाँचा गुजरात में फैलाने की कोशिश की। यह उसका मोरस ऑपरेंडी रहा है। इसलिए वह पूरा अब्राहमिक वृक्ष, जहाँ एक नया सर्वोच्च ईश्वर स्थापित होते ही उसके पहले की सभ्यता और आराध्य देवों का किस तरह विनाश होने लगता है, और उसके साथ किस प्रकार के अत्याचार होते हैं, इस पर मैंने दो लेख लिखकर लोगों को चेताया।

■ कैसे स्थापित हुआ ईसाई धर्म? यीशु को भगवान किसने घोषित किया?

✴ आज के गुजरात की स्थिति इससे कैसे मिलती-जुलती है? जानिए इस लेख में।

२ अक्टूबर २०२३, फेसबुक पोस्ट से

सन ३३ में यीशु के निधन के बाद उनके अनुयायी नाज़रेथ छोड़कर अलग-अलग क्षेत्रों में फैलने लगे। उन्होंने रोम की ओर बढ़कर यूरोप में एक ईश्वर के यीशु के संदेश का प्रचार शुरू किया। लेकिन लगभग ढाई सौ साल तक रोम के सम्राटों द्वारा यीशु के अनुयायियों को उसी प्रकार सूली पर चढ़ाकर मारा गया, जैसे यीशु को मारा गया था। इस दौरान धीरे-धीरे रोम के साम्राज्य में यीशु मसीह के अनुयायियों की संख्या हज़ार तक पहुंच गई।

इन अनुयायियों के प्रभाव में आकर रोम की रानी यीशु मसीह की अनुयायी बन गईं। रानी ने धीरे-धीरे अपने पति, रोम के सम्राट कॉन्स्टनटाइन को प्रभावित करके उन्हें ईसाई बनने के लिए तैयार कर लिया। और फिर सन ३१२ में सम्राट कॉन्स्टनटाइन ने एक सभा बुलाई, जिसमें यीशु के उपदेशों का पालन करने वाले संप्रदाय को ईसाई धर्म के रूप में मान्यता दी गई। उन्होंने ईसाई धर्म को रोमन साम्राज्य का राजधर्म घोषित कर दिया। इसी सभा में यीशु को भगवान के रूप में मान्यता दी गई, जो तब तक एक संत के रूप में माने जाते थे। रोमन चर्च

की स्थापना हुई और ईसाई धर्म के आज जो नियम हैं, वे तय किए गए। २५ दिसंबर को यीशु का जन्मदिन मनाने का निर्णय भी यहीं हुआ। साथ ही, यीशु से जुड़ी कई कहानियां, जो पहले अस्तित्व में नहीं थीं, इस समय बनाई गईं।

यही प्रक्रिया १८१८ के बाद मुंबई के गवर्नर जॉन मैलकम और ईसाई पादरियों के साथ सहजानंद स्वामी की मुलाकातों के बाद देखी गई, जब कृष्ण-भक्त सहजानंद स्वामी से एक नए स्वामिनारायण भगवान बनाने और नई-नई सनातन धर्म विरोधी विकृत कथाएं गढ़ने का काम शुरू हुआ।

इस तरह ईसाई धर्म रोमन की सत्ता का आश्रित बना और रोमन समाज पर चर्च के जरिए एक नए संप्रदाय के नियम लागू किए गए। नागरिकों को राज्य और ईसाई आस्था – इन दोनों कानूनों का पालन करना अनिवार्य हो गया। "यीशु मसीह और उनके पिता ही एकमात्र भगवान हैं, और कोई नहीं," यह धारणा प्रमुख बन गई। ईसाई पादरियों का समाज पर वर्चस्व लगातार बढ़ता गया। वर्जिन मैरी के सिद्धांत के पीछे महिलाओं को चर्च के लिए खतरा माना गया, और एक समय ऐसा भी आया जब स्वतंत्र विचार रखने वाली ५०,००० से अधिक महिलाओं को जीवित जला दिया गया। कभी-कभी चर्च ने अपनी सुविधा के अनुसार राजा या रानी को गद्दी पर बनाए रखने के लिए रानी को अपने ही पुत्र से विवाह करने पर मजबूर किया। रोमन सत्ता और चर्च की सांठगांठ इतनी भयावह हो गई कि अठारहवीं सदी तक का पूरा चौदहसो वर्ष का काल "काला इतिहास" माना जाता है, जिसका दस्तावेज़ प्रसिद्ध पुस्तक "ए हिस्ट्री ऑफ क्रिश्चियन चर्च" में मिलता है। गैलीलियो और न्यूटन जैसे वैज्ञानिकों से लेकर स्वतंत्र विचारकों तक को किस तरह परेशान किया गया, यह भी इस पुस्तक में बताया गया है।

अंतत: सतरहवीं-अठारहवीं सदी में वैज्ञानिकों और विचारकों का एक समूह तैयार हुआ, जिसने समाज को सत्ता और संप्रदाय के इस गठबंधन की गुलामी से बाहर निकालने के विचार दिए। वॉल्टेयर जैसे महान विचारकों ने एक नया सिद्धांत प्रस्तुत किया, जिसे "पंथनिरपेक्षता" (सेक्युलरिज्म) का विचार कहा गया। यह विचार यहीं से उत्पन्न हुआ कि सत्ता और पंथ या संप्रदाय के बीच कोई संबंध नहीं होना चाहिए। पंथ और संप्रदाय समाज और व्यक्ति का निजी विषय है, और इसे किसी भी प्रकार से राज्यसत्ता से जुड़ा हुआ नहीं होना चाहिए। यूरोप की इस वैचारिक क्रांति से ही अठारहवीं सदी के उत्तरार्ध में अमेरिकी क्रांति और फ्रांसीसी क्रांति हुईं, जिनसे लोकतांत्रिक सरकारें अस्तित्व में आईं।

भारत में धर्म का संप्रदाय के रूप में राज्यसत्ता पर आश्रित होना पहली

बार सम्राट अशोक के बौद्ध मिशन में देखा गया। लेकिन वही अशोक का वंशज बृहद्रथ जब बौद्ध धर्म के नास्तिकवाद में उलझ गया और दुश्मन मगध तक आ पहुंचे, तब उसके शिवभक्त सेनापति पुष्यमित्र शुंग ने बृहद्रथ की हत्या कर दी और स्वयं राजा बनकर दुश्मनों को पीछे धकेल दिया। इसके बाद धीरे-धीरे भारत में पुन: सनातन धर्म के राजाओं की संख्या बढ़ने लगी, और इस कारण समाज में फैले बौद्ध धर्म पर सत्ता की कृपा समाप्त हो गई। तब शंकराचार्य आए, जिन्होंने समाज में शास्त्रार्थ करके बौद्ध मत को हटाया। जब तक बौद्ध समर्थित शासक सत्ता में थे, तब तक कोई शंकराचार्य जैसे आचार्य सामने नहीं आ पाए यह एक रहस्यमय तथ्य है।

सनातन धर्म किसी संप्रदाय के रूप में न होने के कारण कभी भी राज्यसत्ता से जुड़कर समाज पर अपना प्रभुत्व थोपने का प्रयास नहीं करता, लेकिन विदेशी स्वरूप वाले भारत और बाहर के संप्रदाय यही कार्य सबसे पहले करते हैं। इनका प्रसार भी इसी मार्ग से होता है।

✷

■ **क्या आप जानते हैं कि मुसलमानों और यहूदियों के बीच दुश्मनी का मुख्य कारण क्या था? जानें कि यह इतिहास आज हमारे लिए कितना बड़ा सबक है।**

१९ अक्टूबर, २०२३ / फेसबुक पर

अब्राहम की पत्नी का नाम सारा था। लेकिन सारा से अब्राहम को कोई संतान नहीं हुई। तब अब्राहम ने सारा से दूसरी शादी की अनुमति मांगी। सारा ने उन्हें हाजरा से विवाह करने की अनुमति दी। अब्राहम ने हाजरा से विवाह किया और उनको एक पुत्र हुआ, जिसका नाम रखा गया इस्माइल। लेकिन इस बच्चे के जन्म के बाद अब्राहम और सारा को भी एक पुत्र हुआ, जिसका नाम रखा गया ईसाक। अरबों ने हाजरा के पुत्र इस्माइल के वंश को अपने नबी माने, और यहूदियों ने सारा के पुत्र इसाक के वंश को अपने ईश्वरीय दूत माने। इस प्रकार एक ही पिता लेकिन अलग-अलग माताओं के वंश के रूप में अरब और यहूदी अस्तित्व में आए। दोनों की परंपराएं, देवी-देवता आदि काफी हद तक समान थे, लेकिन दोनों वंशों में अपने-अपने पूर्वजों को पैगंबर मानने के मुद्दे पर अंतर बना रहा।

इसी में, यहूदियों में अनेक देवी-देवताओं के स्थान पर एक ईश्वर की बात करने वाले ईसा का जन्म हुआ। और ईसा की मृत्यु के ३०० साल बाद, रोमन सम्राट कॉन्स्टेंटाइन ने अपनी पत्नी के प्रभाव में आकर ईसाई धर्म को स्वीकार

किया और इसे रोमन साम्राज्य का आधिकारिक धर्म घोषित कर दिया। इस प्रकार, अचानक यहूदी इसाई राज्य व्यवस्था के अधीन हुए और धीरे धीरे अल्पसंख्यक बन गए। उनके समुदाय से ही बने ईसाइयों की संख्या बढ़ने लगी। यूरोप में पिछले १६०० वर्षों तक यहूदियों पर जो अत्याचार हुए, वे इन्हीं रोमन ईसाइयों ने किए। इन अत्याचारों का अंत सबसे खतरनाक अध्याय के साथ हुआ जो हिटलर ने किया, जिसमें ६० लाख यहूदियों को गैस चैंबरों में डालकर मारा गया। इसका मुख्य कारण यह था कि यहूदियों ने ईसा मसीह और उनके पिता को एकमात्र ईश्वर के रूप में स्वीकार नहीं किया, और यहूदी राजाओं ने इसा मसीह की हत्या करवाई थी। इन कारणों से ईसाइयों में यहूदियों के प्रति नफरत बनी रही।

यरूशलम और मध्य पूर्व के क्षेत्रों में इस्लाम के उदय तक यहूदी अपनी पहचान बनाए हुए थे। सातवीं सदी में, अरबों में भी प्राचीन देवी-देवताओं को नकारते हुए एकमात्र ईश्वर अल्लाह की बात करने वाले पैगंबर मोहम्मद सामने आए। मोहम्मद और उनके अनुयायियों ने इस्लाम धर्म की स्थापना की और अरबों को या तो इस्लाम में परिवर्तित किया या मार डाला। इसके बाद, वे वर्तमान इज़राइल के क्षेत्र में पहुंचे, जहां यहूदी रहते थे। अब मोहम्मद ने इस्लाम धर्म के अनुयायिओं के सामने एक नई शर्त रखी। उन्होंने अब्राहम की पत्नी सारा से उत्पन्न इसाक के वंशजों को भी अपना नबी माना, जिसे पहले के अरब नहीं मानते थे। असल में यह कोई अच्छाई या उपकार नहीं था। मोहम्मद स्वयं को अरबों के वंश के आखरी पयगम्बर स्थापित कर चुके थे, और अब उन्हें यहूदियों के वंश के सारे पूर्व नबियों को स्वीकारकर उस वंश का भी आखरी नबी बन जाना था, ताकि यहूदी भी प्राचीन अरबों की तरह खत्म होकर नए ईश्वर अल्लाह और उनके कानूनों के तहत आ जाए। चाल यह थी की अब्राहम के दोनों बेटो के वंशजो का आखरी पयगम्बर या नबी सिर्फ मोहम्मद ही साबित हो। इसलिए जब मुसलमान यहूदियों के पास पहुंचे, तो शर्त यह रखी कि यहूदी अब्राहम की पत्नी हाजरा से उत्पन्न इस्माइल के वंशजों को अपना पैगंबर मानें और मोहम्मद को उनके अंतिम पैगंबर के रूप में स्वीकार करें।

यहूदियों ने इसे मानने से इनकार कर दिया। क्योंकि वे जानते थे कि जैसे मुसलमानों ने अरबों की सभ्यता और धार्मिक स्वरूप को नष्ट कर दिया था, वैसा ही वे यहूदियों के साथ भी करेंगे। मोहम्मद को अंतिम पैगंबर मानने का अर्थ था कुरान को स्वीकार करना। यहूदियों ने इस बात को नहीं माना, और तभी से मुसलमानों और यहूदियों के बीच संघर्ष शुरू हुआ। यहूदी मारे गए, विस्थापित हुए, सदियों तक पूरी दुनिया में शरणार्थी के रूप में रहे और भीषण हत्याकांडों

का सामना किया, लेकिन उन्होंने अपनी पहचान नहीं छोड़ी। वे वैसे ही बने रहे जैसे प्राचीन काल में थे।

अपने स्वरूप को बनाए रखने की जिद में उन्होंने सभी नरसंहार सहन किए। और इसी कारण, जब १९४७ में उन्हें फिर से उसी स्थान पर एक छोटे से तहसील के बराबर का देश दिया गया, जहां उनकी सभ्यता का जन्म हुआ था, तो वे फिर से सशक्त बनने लगे। आज, जितना क्षेत्र उन्हें दिया गया था, उससे तीन गुना अधिक वे आसपास के मुस्लिम देशों के आक्रमणों का जवाब देकर प्राप्त कर चुके हैं। और आज भी, पश्चिमी दुनिया में, विशेष रूप से अमेरिका में, यहूदी लॉबी सबसे शक्तिशाली मानी जाती है, जो सरकार से अपनी इच्छानुसार निर्णय करवाती है।

✸ यहूदियों के इस इतिहास में हिंदू समाज के लिए दो सबक हैं:

१. अपने भीतर उत्पन्न होने वाले पंचदेव से भिन्न एकमात्र सर्वोपरि इश्वर वाले ऐसे संप्रदायों को समय रहते समाप्त कर दें, अन्यथा ईसाइयों ने यहूदियों के साथ सोलह सौ वर्षों तक जो किया, वही यह नया संप्रदाय आपको नष्ट करने के लिए करेगा।

२. निर्गुण परब्रह्म के साकार स्वरूप के रूप में वेद-पुराणों में दिए गए पंचदेव के विधान को उसी अडिगता से बनाए रखें, जैसे यहूदियों ने अपना स्वरूप बनाए रखा। यदि कोई आपसे उस पंचदेव के स्वरूप को छोड़ने या उसमें किसी बाहरी को स्वीकारने के लिए कहता है, तो उसे अपना शत्रु समझें। वह आपके धार्मिक स्वरूप के आसपास की अंतिम दीवार को तोड़ने आया है। यदि वह दीवार टूट गई, तो कोई भी आपका सर्वोपरि ईश्वर बन सकता है। यदि आप अपना स्वरूप बनाए रखते हैं, तो यहूदियों की तरह सदियों बाद भी फिर से उठ खड़े हो सकते हैं। लेकिन यदि अपना स्वरूप छोड़ दिया, तो मानो आप कभी अस्तित्व में थे ही नहीं। शत्रु आपको छिन्न-भिन्न कर देंगे। इसलिए, यदि आप हिंदू हैं, तो इन दोनों बातों पर दृढ़ रहें। एक स्वरूप तभी बनता है जब उसकी कोई सीमा हो, चाहे वह अत्यधिक विस्तृत हो, लेकिन हो जिसका उल्लंघन न हो सके। उस सीमा के साथ किसी भी प्रकार का समझौता न करें। और साकार इश्वरो में पंचदेव सनातन धर्म की वह सीमा है।

✻

और फिर मैंने गुजरात के वर्तमान संदर्भ में एक व्यंग्य लेख लिखा, जो बहुत कुछ कम शब्दों में स्पष्ट कर देता है:

■ चलो सर्वोपरि भगवान बनें... इससे आसान कुछ नहीं

२० अक्टूबर २०२३ / फेसबुक पर

चलो, हम भी कोई छोटा-मोटा पुस्तक लिखें और सर्वोपरि भगवान बन जाएं। वैसे मैंने तो पहले ही लिख दिया है, और वह इन सौ-दोसौ वर्षों के किसी भी सर्वोपरि ने जो लिखा है, उससे अधिक विकसित है। आठ वर्षों के सारे लेख इकट्ठा करें, तो वचनामृत जैसा एक और बड़ा ग्रंथ तैयार हो जाए। चलो, आप भी यह करें। हम सब सर्वोपरि भगवान बनें। हर घर में सृष्टि का एक सर्वोपरि भगवान होना चाहिए।

यह बहुत मुश्किल नहीं है। बस एक काम करना है। एक निर्लज्ज ज़िद बनाए रखें कि 'हां, हम सर्वोपरि हैं।' मूर्खों की एक टोली बना दे और उस टोली को आपसी लालच से बांधकर बड़ी करते रहे। इतनी की सत्ता की एक वोटबैंक बन सके। गोल-गोल बातें करते रहें, कोई तार्किक उत्तर न दें। बस, 'मैं सर्वोपरि हूं', इस ज़िद पर अड़े रहें। एक न एक दिन सामने वाला थक जाएगा और चला जाएगा। वह हमें मूर्ख और दुष्ट कहकर थककर चला जाएगा, लेकिन जब वह चला जाए तब हमें यह कहना है, 'देखो, समय-समय पर जो भी विरोध करने आए, सब हारकर चले गए। हम सर्वोपरि थे, हैं और रहेंगे।'

पूरी चाल यही है। उनके भीतर के स्वामी इसे जानते हैं। इसीलिए, समय-समय पर कोई न कोई अलग हो जाता है और स्वयं को भगवान घोषित कर देता है। उनका इतिहास ऐसे सर्वोपरियों से भरा हुआ है और वर्तमान में भी चारों ओर ऐसे ही घूम रहे हैं। अगर सत्ता सिर्फ सोच लें, तो छह महीनों में ये सारे सर्वोपरि लाइन में आ जाएं। लेकिन सत्ता का क्या कहें, किसे डंक मारना है और किसे मार दे। इसलिए विरोध करने से बेहतर है कि हर घर में कई सर्वोपरि और संप्रदाय खड़े कर दिए जाएं। वैसे भी हरि के नाम हैं हजार, तो हजार सर्वोपरियों तक विष्णु के नाम चुराने में कोई परेशानी नहीं होगी। यह आसान है। बस अंतिम हद के बेशर्म बनना है। चलो, यही करते है!

अध्याय 11

हिंदू धर्मांतरण के लिए स्वामिनारायण संप्रदाय की तीन-चरणीय साजिश

फिर से उस पल पर लौटते हैं, जब बिशप रेजिनाल्ड हेबर को सहजानंद स्वामी ने कहा की ईश्वर का एक रूप कृष्ण का है जिसकी उनका संप्रदाय पूजा करता है, और फिर यह संकेत दिया कि कृष्ण या सूर्य ने दूसरा अवतार उनमें (सहजानंद में) लिया है। इस घटना के संदर्भ में लेखक रेमंड ब्रैडी विलियम्स लिखते हैं, "हेबर को दिया गया यह संकेत वास्तव में स्वामिनारायण धर्म में ईश्वर के स्वरूप के बारे में एक जटिल शिक्षा से जुड़ा था। जिस धार्मिक परंपरा की स्थापना सहजानंद ने की, उसके अनुयायी उन्हें स्वामिनारायण के रूप में पूजते हैं, जो ईश्वर का स्वरूप हैं (हालांकि इस अभिव्यक्ति की प्रकृति को लेकर उनके बीच मतभेद है)। यह हिंदू धर्म का एक क्षेत्रीय रूप है, और इसके विभिन्न समूहों में व्याख्या में भिन्नता है।"

अपनी पुस्तक 'An Introduction of Swaminarayan Hinduism' में रेमंड विलियम्स १९वीं सदी के ब्रिटिश अधिकारियों और ईसाई मिशनरियों के अनुभवों, और स्वामिनारायण संप्रदाय के अनुयायियों के साथ अपनी बातचीत पर आधारित होकर लिखते हैं कि स्वामिनारायण संप्रदाय में मुख्य रूप से तीन प्रकार के अनुयायी हैं। एक प्रकार के अनुयायी का मानना है कि सहजानंद ने यह सिखाया कि कृष्ण ही पुरुषोत्तम या परब्रह्म का सर्वोच्च स्वरूप हैं और केवल वही पूजा और ध्यान के योग्य देवता हैं। इसलिए स्वामिनारायण धर्म को कभी-कभी, हालांकि पूरी तरह सटीक नहीं, गुजरात के कृष्ण संप्रदाय के रूप में पहचाना जाता है।

167

इस पहचान को इस संप्रदाय के साहित्य, मंदिरों, और धार्मिक प्रथाओं में पर्याप्त समर्थन प्राप्त है। परंतु लेखक बताते है की बात वहीं पर नहीं ठहरती है, उसके आगे दो और स्तर के दर्शन सामने आते है जो संप्रदाय के अनुयायियों में ज़्यादा प्रचलित हो रहे है। दूसरा यह है के स्वामिनारायण कृष्ण का ही स्वरूप थे, कहीं पर कहा गया है कि पुरुषोत्तम मूल ईश्वर है जिसके प्राचीन अवतार कृष्ण थे, और अर्वाचीन अवतार सहजानंद स्वामिनारायण है। पर वे यहाँ पर भी ना ठहरकर एक तीसरा दर्शन पेश करते है, जहाँ सहजानंद स्वामिनारायण ही मूल परमेश्वर पुरुषोत्तम है, और राम, कृष्ण वे सब उनके अवतार है।

वास्तव में सत्य यह है कि यह कोई त्रीस्तरीय दर्शन नहीं है, बल्कि यह त्रीस्तरीय षड्यंत्र है। उन स्थानों पर जहां इस संप्रदाय का अस्तित्व नहीं है, वहां यह शुरुआत उस पहले स्तर से करता है, जहां कृष्ण को पुरुषोत्तम परमेश्वर माना जाता है, और सहजानंद स्वामी को एक कृष्ण भक्त कहा जाता है। अर्थात यह एक वैष्णव संप्रदाय के रूप में प्रवेश करता है। वहां कुछ समय बिताने और नियमित भक्तों को जोड़ने के बाद, यह दूसरे स्तर की बात शुरू कर देता है कि स्वामिनारायण उर्फ सहजानंद स्वामी ही कृष्ण का स्वरूप हैं।

फिर, जब भक्त स्थिर हो जाते हैं, तब यह एक मध्यवर्ती विचार प्रस्तुत करता है कि एक सर्वोच्च पुरुषोत्तम परमेश्वर हैं, जिन्होंने पहले कृष्ण के रूप में अवतार लिया और अब नवीनतम रूप में स्वामिनारायण के रूप में प्रकट हुए। इसके बाद यह सीधे तीसरे स्तर पर चला जाता है कि वह सर्वोच्च पुरुषोत्तम स्वयं स्वामिनारायण हैं, जिनका धाम अक्षरधाम है। राम और कृष्ण उनके अवतार हैं, जिनका निवास स्थान निचले धामों में है। इनके हिंदू शास्त्रों को भ्रष्ट करके लिखे गए ग्रंथ (जिन्हे ईसाई पादरी विलियम होज सहजानंद स्वामी के द्वारा 'हिंदू ग्रंथों को शुद्ध करना' कहते है) इन तीन स्तरों में विकसित होकर आख़िर में इस नई विकृत स्तर पर पहुंचते है, जहाँ घनश्याम पांडेजी को सनातन धर्म के पंचदेव के ऊपर उनके आराध्य ईश्वर के रूप में बिठाया जाता है।

यह इस कार्य के लिए कृष्ण को आधार या बैसाखी बनाते है। इसीलिए, जब BAPS और संप्रदाय की वडताल मूल गादी के बीच बीसवी सदी के आरंभ में कोर्ट केस चला, तब मूल गादी ने कोर्ट में BAPS को यह कहते हुए लताड़ा था की उन्होंने कृष्ण को छोड़ दिया है, जब की कृष्ण तो इस संप्रदाय का आधार है। पर असल में जब वे कृष्ण को अपना आधार बता रहे थे, तब वे उन्हें अपना आराध्य नहीं बता रहे थे। आराध्य तो उनके सिर्फ और सिर्फ स्वामिनारायण सहजानंद ही है, यह उनके ग्रंथ बार बार कहते है। असल में, वे

यह कर रहे थे की कृष्ण ही तो वह आधार है जिस पर चढ़कर सहजानंद स्वामी उर्फ घनश्याम पांडेजी को पहेले कृष्ण के साथ पुरुषोत्तम का अवतार और बाद में स्वयं पुरुषोत्तम बनाया गया है। अगर कृष्ण ही नहीं होंगे तो पुरुषोत्तम शब्द का ही आधार नहीं मिलेगा, क्योंकि भागवत पुराण में सिर्फ कृष्ण को पूर्ण पुरुषोत्तम कहा गया है। फिर वे कृष्ण को बैसाखी बनाकर पांडेजी उर्फ सहजानंद स्वामी को पुरुषोत्तम कैसे बना सकते थे? यह इनकी मूलभूत सच्चाई है।

तो फिर BAPS ने ऐसे क्या परिवर्तन ला दिए थे? संप्रदाय की सिर्फ वड़ताल मूल गादी नीलकंठवर्णी को गुजरात आने से पहले जंगलों में सूर्य भगवान की तपस्या करते हुए दिखाती है, जहां भगवान सूर्य प्रसन्न होकर नीलकंठ वर्णी को वरदान मांगने को कहते है, और इच्छित वरदान देते है। वह वर्णी को भगवान विष्णु की मूर्ति को स्थापित कर दिनों तक विष्णु की पूजा करते हुए दिखाती है, और इस बीच शिव और पार्वती वर्णी की तपस्या से प्रभावित होकर एक वृद्ध दंपति का भेष लेकर उन्हें आशीर्वाद देने आते है। वर्णी उनको पहचान लेते है, और हाथ जोड़कर शिव-पार्वती की स्तुति करते है। इससे प्रसन्न होकर शिव-पार्वती उन्हें वैराग्य का वरदान देते है। यही वर्णी जब गुजरात में आकर रामानंद स्वामी से मिलते है, तब उनसे कृष्ण का दर्शन या आत्मसाक्षात्कार कराने की बिनती करते हुए वैष्णव पंथ में दीक्षा माँगते है। मूल गादी में इस तरह पहले भगवान कृष्ण को पूर्ण पुरुषोत्तम के रूप में स्थापित करते हुए, सहजानंद स्वामी को उनका भक्त बताया गया है, और फिर क्रमश: ऊपर दर्शाए गए तीन स्तरों के प्रपंच से घनश्याम पांडेजी को पुरुषोत्तम के रूप में स्थापित किया गया है।

जबकि, BAPS और उसको देखकर सीखे उस संप्रदाय के अन्य फिरके सीधा पुरुषोत्तम से शुरुआत ही करते है। यहाँ तक की दूसरी मूल गादी कालुपुर के पुस्तकों में भी इसी स्तर की विकृति है। BAPS की पुस्तके बतातीं है की नीलकंठवर्णी के दर्शन करने जंगल में सूर्य देव आए, और नीलकंठ वर्णी ने सूर्यदेव को आशीर्वाद दिया। हनुमानजी और शिव-पार्वती नीलकंठवर्णी उर्फ घनश्याम पांडेजी के दर्शन करने आए, और उन्होंने नीलकंठवर्णी की सेवा माँगी। इसलिए बाद में नीलकंठवर्णी ने सहजानंद स्वामी के रूप में जब अपने मंदिर बनाए, तो शिव-पार्वती की मूर्ति पास में स्थापित करके उन्हें अपनी सेवा में रखा। इसके पहले बद्रिकाश्रम में नर नारायण देव ने उनको प्रणाम किया। लक्ष्मीजी आई और घनश्याम पांडेजी को पति के रूप में नमस्कार करते हुए सेवा का अवसर देने के लिए कहने लगी, तो सामने पांडेजी बोले कि अभी नहीं, वे जब गुजरात के काठियावाड़ में जाएंगे तब लक्ष्मीजी को बुलाएंगे।

यह सारी विकृति जो हमने अध्याय २ में देखी, वह मूल गादी से इस तरह अलग पड़ती है। सरल शब्दों में, जैसे एक दारु का गैरकानूनी धंधा करने वाले पिता के चार-पाँच पुत्र उस गुनाख़ोरी में बाप से भी आगे बढ़कर ड्रग्स और हथियारों की तस्करी का गैरकानूनी धंधा करने लगते हैं - वैसा ही फर्क यहाँ मूल संप्रदाय के अपराध और बाद में बने फिरकों के अपराध के बीच में है।

■ आईए, पुस्तक 'An Introduction of Swaminarayan Hinduism' के अध्याय ३ 'The Theology of Swaminarayan Hinduism से लिए गए अंशों से इस संप्रदाय का यह तीन स्तरीय प्रपंच समझते है।

✹ श्रीकृष्णः पूर्ण पुरुषोत्तम भगवान

श्रीकृष्ण नारायण का दिव्य स्वरूप है, जो पृथ्वी पर स्वयं को प्रकट करते हैं। इस स्वरूप में सहजानंद ने राम और कृष्ण दोनों को भगवान के रूप में प्रशंसा की और कहा कि भक्तों को भगवान के इस स्वरूप का ध्यान करना चाहिए। रेयमंड की पुस्तक के अनुसार, बिशप हेबर से मुलाकात के बाद लिखे गए शिक्षापत्री के एक श्लोक में यह निर्देश दिया गया है:

"वह अस्तित्व, जिसे विभिन्न नामों से जाना जाता है जैसे तेजस्वी कृष्ण, परब्रह्म, भगवान, पुरुषोत्तम वही सभी अभिव्यक्तियों का कारण है। वही हमारे द्वारा चुने गए देवता के रूप में हमारे द्वारा पूजा जाता है।"

सहजानंद ने समझाया कि कृष्ण अनेक स्वरूपों में प्रकट होते हैं। जब वे राधा के साथ होते हैं, तो उन्हें राधा-कृष्ण के नाम से सर्वोच्च स्वामी के रूप में माना जाता है; रुक्मिणी के साथ वे लक्ष्मी-नारायण के रूप में जाने जाते हैं; अर्जुन के साथ वे नर-नारायण के रूप में पहचाने जाते हैं; और अन्य दिव्य व्यक्तियों के साथ जुड़े होने पर उन्हें अन्य नामों से पुकारा जाता है।

सहजानंद ने अपने शिष्यों से कहा, "मुझे ज्ञात है कि सभी अवतार अंततः भगवान के ही हैं। लेकिन मुझे श्रीकृष्ण के अवतार से लाखों गुना अधिक प्रेम है। मुझे लगता है कि, 'यह अवतार अन्य सभी की तुलना में महान और अधिक शक्तिशाली है। इसके अलावा, इसमें अवतार और अवतार के स्रोत के बीच का भेद नहीं किया जा सकता।'" (वचनामृत)।

अवतारों के इस प्राथमिकता क्रम में कृष्ण सर्वोच्च हैं क्योंकि वे दिव्य स्वभाव को उच्चतम स्तर पर प्रकट करते हैं। राधा-कृष्ण, लक्ष्मी-नारायण, नर-नारायण,

कृष्ण-बलराम और इसी प्रकार के सभी भिन्न-भिन्न नाम एक ही देवता के विभिन्न स्वरूपों को संदर्भित करते हैं। वे सिखाते हैं कि यद्यपि भगवान अलग-अलग नामों और विभिन्न सहचरों के साथ प्रकट हुए, फिर भी वे सभी सर्वोच्च भगवान के रूप में कृष्ण से संबंधित हैं।

अहमदाबाद के कालूपुर मंदिर में सहजानंद द्वारा बनाई गई पहली केंद्रीय छवि नर-नारायण की है। दीक्षा के समय सहजानंद ने कृष्ण मंत्र का उपयोग किया: "श्रीकृष्ण, आप मेरे आश्रय हैं," और यह मंत्र आज भी कालुपुर और वड़ताल की धार्मिक विधियों में उपयोग किया जाता है।

कृष्ण भगवान का सर्वोच्च स्वरूप हैं यह शिक्षा वल्लभाचार्य संप्रदाय की स्थिति के निकट समानांतर है, जो कृष्ण की प्राथमिक उपासना का संकेत देती है। इसलिए, इस परंपरा को "कृष्ण परंपरा" कहने के लिए कुछ तर्कसंगत कारण हैं। हालांकि, यह संप्रदाय में केवल एक दृष्टिकोण है, और स्थिति इससे कहीं अधिक जटिल है।

✸ स्वामिनारायण: कृष्ण का एक स्वरूप

एक व्यापक मान्यता यह भी है कि सहजानंद स्वयं कृष्ण के स्वरूप थे। बिशप हेबर सहजानंद को यह कहते हुए सुनते हैं कि कृष्ण भगवान वह स्वरूप हैं जिसकी उनका समूह पूजा करता है, और इसके बाद वह संकेत देते हैं कि "कृष्ण या सूर्य का दूसरा अवतार उनमें (सहजानंद में) स्थापित है।" (इस चरण में) माना जाता है कि कृष्ण ने इस संसार में लोगों के हित के लिए विभिन्न लोकों और समयों में अनेक स्वरूप धारण किए हैं। कुछ अनुयायियों का विश्वास है कि सहजानंद, जिन्हें उनकी श्रेष्ठ भूमिका में स्वामिनारायण कहा जाता है, और कृष्ण में कोई मौलिक अंतर नहीं है। उन्होंने स्वयं को एक समय पर कृष्ण और अन्य समय पर स्वामिनारायण के रूप में प्रकट किया, जो ईश्वर की अभिव्यक्तियों में नवीनतम हैं।

(*इस प्रकार, यह चरण भगवान कृष्ण को पुरुषोत्तम नाम से अलग करता है, और कृष्ण तथा सहजानंद दोनों को उस पुरुषोत्तम नाम के भगवान के अवतार के रूप में वर्णित करता है। जबकि सनातन धर्म के पुराणों में, गीता में और विशेषत: श्रीमद भागवत में सिर्फ श्रीकृष्ण ही विष्णु के पूर्ण अवतार होने की वजह से पूर्ण पुरुषोत्तम कहे जाते है। सनातन धर्म में अन्य किसी अवतार या भगवान के लिए यह विशेषण नहीं जोड़े जाते।)

इस समूह के प्रारंभिक कवि-गायक प्रेमानंद की कविताएँ, कृष्ण-भक्ति से

स्वामिनारायण-भक्ति की ओर बढ़ती हुई इस प्रवृत्ति को दर्शाती हैं। योगी त्रिवेदी इस विकास पर प्रकाश डालते हैं:

"प्रेमानंद सावधानीपूर्वक कृष्ण-भक्ति और स्वामिनारायण-भक्ति के बीच की रेखा को बनाए रखते हैं। वे कृष्ण-भक्ति को वैष्णव परंपरा के साथ संप्रदाय को जोड़े रखने के लिए उपयोग करते हैं, जबकि स्वामिनारायण-भक्ति के लिए अपने विशेष प्रकार के लेखन का संग्रह तैयार करते हैं। और इस प्रकार, नवजात संप्रदाय का दर्शन गढ़ते हैं।" (२०१६:१९८)

त्रिवेदी निष्कर्ष देते हैं:

"कृष्ण, कुछ धार्मिक विधियों, त्योहारों और लीलाओं के दौरान, भक्ति कथाओं में नायक के रूप में अपनी भूमिका बनाए रखते हैं, जिनमें स्वामिनारायण केंद्रीय भूमिका में नहीं होते। जबकि, जब (संप्रदाय के) उच्च धर्मशास्त्र के विषय विकसित किए जाते हैं, तब प्रेमानंद कृष्ण-भक्ति को स्वामिनारायण-भक्ति से प्रतिस्थापित कर देते हैं। हो सकता है कि संगीत, भजन और अन्य माध्यमों में कृष्ण-भक्ति की यह रणनीतिक अभिव्यक्ति ही इस संप्रदाय और इसके अनुयायियों को उस पतली भेदरेखा पर चलने की अनुमति देती है, जहाँ वे अपना अलग दर्शन गढ़ और प्रचारित कर सकते हैं, और साथ ही अन्य वैष्णव संप्रदायों में घुलमिल सकते हैं। संभवत: इसी इच्छा को साकार करने के लिए स्वामिनारायण के कवियों ने कृष्ण और स्वामिनारायण के भजन साथ गाने की प्रेरणा दी।" (२१३-२१४)

✳

इन अंशों में योगी त्रिवेदी, और उनके माध्यम से यह अंग्रेज़ी लेखक रेमंड ब्रेडी विलियम्स, इस संप्रदाय के अनुयायियों की उस रणनीति को समझ जाते हैं, जिसे अभी मुख्यधारा के सनातनी संत और संगठन नहीं समझ पाए हैं। लेखक रेमंड विलियम्स इस विषय को और गहराई पे ले जाते हैं। वे लिखते हैं:

"सहजानंद के जीवनकाल में स्वामिनारायण के रूप में उनकी दिव्यता की स्वीकृति बढ़ती जा रही थी। स्वामिनारायण समूह का इतिहास रामानंद स्वामी से शुरू होता है, जो कृष्ण के भक्त थे। रामानंद स्वामी (ज. १७३९) बिहार के एक ब्राह्मण परिवार में जन्मे थे। बारह वर्ष की आयु में उन्होंने प्रसिद्ध विद्वानों से शिक्षा प्राप्त करने के लिए पवित्र मंदिरों की यात्रा की। अंतत: वे काठियावाड़ पहुँचे, जहाँ उनकी भेंट आत्मानंद नामक तपस्वी से हुई। आत्मानंद ने उन्हें शंकराचार्य की अद्वैत परंपरा में दीक्षा दी। इसके बाद वे दक्षिण भारत के श्रीरंगम गए, जहाँ उन्होंने रामानुज के संशोधित अद्वैतवाद (विशिष्ट अद्वैत) के सत्य को समझा, जो

शंकराचार्य के दर्शन का विकल्प था।

कहानी के अनुसार, श्रीरंगम में लगभग छह महीने के प्रवास के बाद एक रात रामानंद ने रामानुज पर ध्यान केंद्रित किया और सो गए। रामानुज उन्हें स्वप्न में दिखाई दिए, उन्हें दीक्षा दी, और उन्हें विष्णु के चिन्ह प्रदान किए, जो कहा जाता है कि उनके शरीर पर जागने पर प्रकट हुए। इस प्रकार, वे रामानुज द्वारा नियुक्त आचार्यों की पंक्ति में शामिल हो गए और रामानुज के उपदेशों को उत्तर दिशा में, काठियावाड़ में प्रचारित करने का आदेश प्राप्त किया।

गुजरात लौटने पर, रामानंद ने संन्यासियों और गृहस्थों दोनों को अपने अनुयायी के रूप में संगठित किया। इस समय उनके संप्रदाय का व्याप तय करना मुश्किल है। १७९९ में, जब वे भुज गए, तब नीलकंठवर्णी उनके आश्रम में आए। नए तपस्वी से मिलने के लिए भुज से बुलाए जाने के बाद, रामानंद ने नीलकंठ को अपने समूह में स्वीकार किया और उन्हें वैष्णव तपस्वी के रूप में दीक्षा दी। इस दीक्षा के साथ उन्हें एक नया नाम, सहजानंद स्वामी, दिया गया, जो उनकी नई स्थिति को दर्शाता है। (वडताल गादी के सत्संगी चरित्र भाग –१ के अनुसार नीलकंठ वर्णी गुजरात पहुँचने से पहले भगवान विष्णु की पूजा और आराधना की थी, और गुजरात में रामानंद स्वामी से मिलने पर कहा था की उन्हें अपने तत्व रूप का दर्शन हो गया है, पर भगवान कृष्ण का दर्शन नहीं हुआ और वे उसके लिए व्याकुल है। रामानंद स्वामी ने उन्हें कृष्ण का साक्षात्कार दिलाने का आश्वासन दिया और अपने वैष्णव संप्रदाय में दीक्षा दी।)

वे लगभग दो वर्षों तक रामानंद के आश्रम में एक तपस्वी के रूप में रहे (१७९९–१८०१)। इसके बाद, कहानी के अनुसार, रामानंद ने इस युवा तपस्वी की आध्यात्मिक श्रेष्ठता और दिव्यता को पहचाना और, अपनी युवावस्था की ऊर्जा और मुक्तानंद जैसे अन्य संभावित उत्तराधिकारियों की परिपक्वता के बावजूद, उन्होंने जेतपुर में एक सार्वजनिक सभा में सहजानंद को गुरु और उत्तराधिकारी के रूप में नियुक्त किया।

इसके थोड़े समय बाद, दिसंबर १८०२ में, रामानंद का निधन हो गया। इस प्रकार, रामानंद स्वामी संप्रदाय की कथा में एक ऐसे व्यक्ति के रूप में दिखाई देते हैं जिन्होंने महान शिक्षक के लिए मार्ग तैयार किया। स्वामिनारायण संप्रदाय में यह भी कहा जाता है कि रामानंद स्वामी भगवान कृष्ण के चचेरे भाई और भक्त उद्धव के अवतार थे, जिन्हें भविष्य में पुन: अवतरित होकर कृष्ण के नए अवतार सहजानंद स्वामी के लिए मार्ग तैयार करना था। इस कारण रामानंद

स्वामी के संप्रदाय को उद्धव संप्रदाय कहा जाता था।

(यह बाद में बनाई गई कथा हो सकती है, क्योंकि कृष्ण-भक्ति के संप्रदायों में राधा का जैसा महत्व है, वैसा ही महत्व कृष्ण-भक्त उद्धव का भी है। वैष्णव पुराणों में उद्धव को राधा और गोपियों की तरह ही तीव्र कृष्ण-भक्ति करने वाले पुरुष भक्त के रूप में दिखाया गया है। यही किसी भी वैष्णव संप्रदाय का 'उद्धव संप्रदाय' नाम होने का कारण हो सकता है, जहाँ उद्धव स्वाभाविक रूप से कृष्ण की भक्ति करते हुए पुरुष भक्तों के संप्रदाय का प्रतीक हैं।)

सहजानंद स्वामी को समूह के स्वीकृत नेता बनने के लिए उल्लेखनीय विरोध का सामना करना पड़ा। समूह के कुछ सदस्य अलग हो गए। दो महिलाएं, वालबाई और हरबाई, जो रामानंद की लंबे समय से सहयोगी थीं और समूह की नेता और उपदेशक थीं, उन्होंने सहजानंद की सत्ता को स्वीकार करने से इनकार कर दिया। सहजानंद, जो उनके पोते के समान उम्र के थे, उन्हें स्वीकार करना उनके लिए कठिन था। उन्होंने जोरदार विरोध किया, और इसके चलते सहजानंद द्वारा उन्हें समूह से बाहर निकाल दिया गया। अहमदाबाद में रामानंद के एक पुरुष शिष्य ने रामानंद से जुड़े चार मंदिरों में से एक मंदिर और पंद्रह सन्यासियों को समूह से अलग कर लिया। अन्य मंदिर भी असंतुष्ट हो गए।

सहजानंद के लिए सौभाग्य की बात यह थी कि उत्तराधिकार का सबसे मजबूत दावा रखने वाले तपस्वी मुक्तानंद स्वामी ने उनका नेतृत्व स्वीकार कर लिया। मुक्तानंद स्वामी रामानंद स्वामी के सबसे वरिष्ठ शिष्य थे और सहजानंद से बाईस वर्ष बड़े थे। वर्तमान में संप्रदाय में यह कहा जाता है कि मुक्तानंद ने एक दृष्टि देखी थी जिसमें उन्होंने महसूस किया कि रामानंद स्वामी केवल नगाड़ा बजाने वाले थे, जबकि सहजानंद असली कलाकार थे। नतीजतन, मुक्तानंद ने सहजानंद के सम्मान में १८०२ में एक स्तुति रची, जिसे आरती के रूप में गाया गया। यह स्तुति आज भी संप्रदाय के मंदिरों और घरों में नियमित रूप से गाई जाती है।

संप्रदाय की शुरुआती रचना के दौरान, १८०४ में ही सहजानंद को 'यम-दंड' नामक काव्य में भगवान के रूप में वर्णित किया गया। यह काव्य संप्रदाय की पहली ऐतिहासिक रचना थी। इसके लेखक निष्कुलानंद स्वामी ने इसमें सहजानंद को पूर्ण शिक्षक और कृष्ण का अवतार बताया। इस काव्य के अंतिम अध्याय में सहजानंद को मोक्ष प्रदान करने वाले के रूप में धन्यवाद दिया गया है। रामानंद स्वामी ने सहजानंद को 'नारायण मुनि' नाम दिया था, लेकिन १८०४ में 'यम-दंड'

के समय से उन्हें स्वामिनारायण कहा जाने लगा। और इस नाम मिलने के बाद, तथा 'यम-दंड' में इस नाम के साथ उन्हें ईश्वर के समकक्ष स्थापित करने के बाद, सहजानंद ने अपने अनुयायियों को धार्मिक विधियों में पुनरावृत्ति के लिए एक नया मंत्र दिया: "स्वामिनारायण"। बहुत ही कम समय में, ईश्वर का उपदेशक (स्वामिनारायण) स्वयं ईश्वर बन गया।

(*रेमंड विलयम्स की किताब से यह इतिहास जानने के बाद ऐसा प्रतीत होता है कि, गुजराती समाज और रामानंद स्वामी के कुछ शिष्यों में सहजानंद स्वामी के प्रति जो कड़ा विरोध था, उसी के सामने सहजानंद को स्वीकारने वाले रामानंद स्वामी के अनुयायियों ने सहजानंद स्वामी को ज्यादा से ज्यादा दिव्य और उच्चतम बनाकर अपने पक्ष को सशक्त करने का प्रयास किया। दो वर्ष पहले आश्रम में आए एक उन्नीस वर्ष के युवा को एक चालीस वर्ष का गुरुभाई इसी तरह की कल्पना मन में खड़ी करके गुरु के वारिस के रूप में अपने ऊपर स्वीकार कर सकता था। साथ ही दो वर्ष पूर्व ही उत्तरप्रदेश से आए सहजानंद को पास के ही क्षेत्र बिहार से आए रामानंद स्वामी ने अपने गुजरात का आश्रम सौंप दिया, और अपने वयोवृद्ध शिष्यों के ऊपर उसे बिठा दिया – यह प्रदेशवाद की संभावना भी वहां घटी उस असामान्य घटना में बताई जाती है। वह घटना या निर्णय जिसने आगे चलकर उस क्षेत्र में सनातन धर्म पर इतने बड़े संकट को जन्म दिया।)

परिस्थितियों में बदलाव से स्वामिनारायण की जीवनशैली में परिवर्तन आया। पहले, उन्होंने सांसारिक वस्तुओं के त्याग में बहुत सख्त अनुशासन अपनाया था। उन्होंने सभी पारिवारिक संबंधों और सांसारिक संपत्तियों से संपर्क तोड़ दिया था। उन्होंने ब्रह्मचर्य के कठोर नियमों का पालन किया, जिसके तहत उनके अनुयायियों को स्त्रियों को छूने, देखने या बात करने से भी मना किया गया। लेकिन, संप्रदाय के दिव्य नेता के रूप में, उन्हें अपनी कुछ व्यक्तिगत तपस्याओं को हल्का करने के लिए विवश होना पड़ा, कम से कम उनके बाहरी स्वरूप में। हालांकि, उन्होंने अपने सन्यासी अनुयायियों से त्याग की मांग जारी रखी। उनके अनुयायी उन्हें भोजन, वस्त्र, सोना और कीमती आभूषणों की असाधारण भेंटें देते थे। उन्होंने एक राजकुमार के समान जीवन जिया, एक ऐसे राष्ट्र में, जहां राजकुमार अत्यंत वैभवशाली रहते थे।

(*इस जीवनशैली से) अपने प्रचार के दौरान, विभिन्न बिंदुओं पर, अनुयायियों को अनुभव हुआ कि सहजानंद मानव स्वरूप में भगवान का रूप हैं। इसलिए, कहा जाता है:

"यह प्रवचन सुनकर, सभी साधु और सत्संगी समझ गए कि श्रीकृष्ण भगवान का जो अव्यक्त स्वरूप है, जिसकी श्रीजी महाराज (सहजानंद स्वामी) ने बात की थी, वह कोई और नहीं, बल्कि स्वयं श्रीजी महाराज हैं। वे भक्ति और धर्म के पुत्र हैं, और उनके समान कोई नहीं है। केवल वही हमारे इष्टदेव हैं और वही हमारे गुरु हैं।" (वचनामृत, वडताल)

(*अर्थात श्रीकृष्ण भगवान का जो मूल अव्यक्त स्वरूप है, परब्रह्म के रूप में, वह यही स्वामिनारायण हैं। ऐसा वडताल गद्दी का वचनामृत कहता है। यहां यह जानना भी जरूरी है कि सहजानंद स्वामी अर्थात घनश्याम पांडेजी के माता पिता का नाम हरिप्रसाद पांडे और प्रेमावती पांडे था। परन्तु, बाद में सहजानंद स्वामी को नारायण रूप में बताने के लिए शास्त्रों में उल्लेखित नर नारायण ऋषि के माता पिता के सांकेतिक नाम धर्म पिताऔर भक्ति माता का नाम देकर उनके उत्तर प्रदेश के माता पिता के नाम गुजरात में बैठे बैठे बदल दिए गए।)

रेमंड विलियम्स अपनी पुस्तक में संप्रदाय के अनुयायीयों से बातचीत के आधार पर लिखते है, 'इस रहस्य को (की सहजानंद ही उनके इष्टदेव परमेश्वर है) पहचानने के लिए आंतरिक दृष्टि का विकास आध्यात्मिक प्रगति का मार्ग था। कुछ अनुयायियों को सहजानंद स्वामी द्वारा समाधि अवस्था में डाला गया, जहां वे इस सत्य को "देखने" में सक्षम हुए। उस समय, इन घटनाओं को सहजानंद के चमत्कार माना गया। जिन लोगों ने इस समाधि में सहजानंद को परमब्रह्म के रूप में स्वीकार नहीं किया, वे बार-बार इस सिद्धांत का विरोध करते रहे।'

(*स्वामी दयानंद सरस्वती ने यह आरोप लगाया था कि सहजानंद स्वामी को गर्दन की नस दबाकर लोगों को बेहोश करने की महारत थी, जिसे वे समाधि देना कहते थे। यह अंश कहता है कि जिन लोगों ने ऐसी समाधि में सहजानंद को परमब्रह्म के रूप में नहीं स्वीकारा, उन्होंने उनका विरोध जारी रखा।)

रेमंड विलियम्स की पुस्तक के अनुसार, इसके बाद, स्वामिनारायण और श्रीकृष्ण की छवियों और कथाओं का विलय हुआ। श्रीमद्भागवत और अन्य पुराणों में श्रीकृष्ण के पूर्वजन्म की जो कथाएं हैं, उन्हें स्वामिनारायण के जन्म की कथा से जोड़ने का प्रयास किया गया। अनुयायियों के एक समूह ने रामानंद स्वामी को उद्धव के रूप में पहचाना, जो सहजानंद स्वामी के माध्यम से श्रीकृष्ण का आह्वान करते थे।

फ्रांकोइस मेलिसन ने सुझाव दिया कि द्वारका के मंदिर में जिस नाम से श्रीकृष्ण की पूजा होती है - "रणछोड़ छोगला," वह नाम मुकतानंद स्वामी

द्वारा सहजानंद को भी कहा गया है। मंदिरों में स्वामिनारायण की मूर्तियों का प्रतीकात्मक परिधान द्वारका के श्रीकृष्ण के जैसा है (मेलिसन)। इस प्रकार, कुछ सत्संगी स्वामिनारायण को श्रीकृष्ण के समकक्ष मानते हैं। यह समानता कथाओं और प्रतीकों की विविधता में प्रदर्शित होती है।

✴ स्वामिनारायण सर्वोपरि पुरुषोत्तम के रूप में

विभिन्न समूहों के सदस्यों से बातचीत यह दर्शाती है कि अधिकांश अनुयायी मानते हैं कि स्वामिनारायण सर्वोच्च व्यक्ति पुरुषोत्तम की एकमात्र और पूर्ण अभिव्यक्ति हैं, और राम व कृष्ण सहित अन्य सभी भगवानों की अभिव्यक्तियों की तुलना में शक्ति और प्रभावशीलता में श्रेष्ठ हैं। संप्रदाय के धर्मशास्त्रियों का इस विषय में वचनामृत के इन उद्धरणों की ओर संकेत है:

'भगवान शाश्वत स्वरूप रखते हैं। वे असंख्य ब्रह्मांडों के सृष्टिकर्ता, पालनकर्ता और संहारक हैं; वे अपने अक्षरधाम में सदा विद्यमान हैं; वे सभी देवताओं के स्वामी हैं; और यही (स्वामिनारायण) वह स्वरूप है जो हमारी आंखों के सामने प्रकट हुआ है।' (वचनामृत गढ़ड़ा III ३५.१२, पृ. ७३१)

'वे उस धाम के ही स्वामी हैं अक्षर और मुक्तों के स्वामी, परब्रह्म पुरुषोत्तम जो यहां सत्संग में उपस्थित हैं।' (वचनामृत अहमदाबाद III ६.९, पृ. ७५२)

जो लोग इस मत का अनुसरण करते हैं, उनके अनुसार, स्वामिनारायण कृष्ण का स्वरूप नहीं थे, जैसा कि कुछ लोग मानते हैं, बल्कि पुरुषोत्तम का पूर्ण स्वरूप थे, जो स्वयं सर्वोच्च ईश्वर हैं। कुछ अनुयायियों के बीच स्वामिनारायण की तुलना अन्य अवतारों से करना अनुचित माना जाता है। यही एकेश्वरवादी दर्शन की पहचान के लिए आधार है। इसे स्वामिनारायण के जन्म की द्विशताब्दी समारोह में नैरोबी के मंदिर और अन्य स्थानों पर प्रदर्शित किए गए बैनर में भी व्यक्त किया गया: "भगवान एक और अद्वितीय हैं।"

सर्वोपरि स्वामिनारायण के दर्शन से विभिन्न देवताओं के क्रम की पहचान स्पष्ट होने लगती है। देवता (ईश्वर) ब्रह्मांड की सृष्टि, संरक्षण और संहार की प्रक्रियाओं में संलग्न हैं। वे संसार (माया) के प्रवाह में हैं क्योंकि वे सृष्टि की गतिविधियों से जुड़े हैं। अवतारों को पुरुषोत्तम द्वारा जगत में भेजा गया है, और वे उनकी इच्छा के अनुसार प्रकट होते हैं। पुरुषोत्तम की शक्तियां अवतारों के माध्यम से मानव मुक्ति के लिए सौंपे गए कार्यों को पूरा करने में प्रकट होती हैं। इस दृष्टिकोण के अनुसार, सभी अवतार पुरुषोत्तम की पूर्णता के समान स्तर को प्रकट नहीं करते। जैसा कि देखा गया, मानव स्वरूप वाले अवतारों

को प्राथमिकता दी जाती है, और उनमें से राम और कृष्ण को। लेकिन सबसे उच्चतर, स्वामिनारायण हैं, जिन्हें पृथ्वी पर अपने मानव रूप में पुरुषोत्तम के पूर्ण और संपूर्ण स्वरूप के रूप में माना जाता है।

कुछ आधुनिक व्याख्याकार अवतार की भाषा का उपयोग करते हुए यह सुझाव देते हैं कि "वे अवतारी हैं, अवतार नहीं।" (देखें वचनामृत, लोया १८.१८, पृ. ३६४)

जो लोग स्वामिनारायण की पहचान पुरुषोत्तम से करते हैं, वे ज्ञानी भक्तों द्वारा समझे गए स्वामिनारायण के मानव स्वरूप और अक्षरधाम में पुरुषोत्तम स्वरूप की पहचान की पुष्टि के लिए तर्क का सहारा लेते हैं। जब सहजानंद ने अपने प्रारंभिक शिष्यों को यह रहस्य बताया, तो उन्हें विरोध का सामना करना पड़ा। (वचनामृत, लोया १८.४, पृ. ३५८) उन्होंने स्वीकार किया कि यह एक कठिन सिद्धांत है, जिसे आसानी से गलत समझा जा सकता है, और यह कई लोगों को संप्रदाय छोड़ने का कारण बनेगा।

इसलिए उन्होंने सिखाया: "यहां आपके समक्ष जो भगवान पुरुषोत्तम का दिव्य स्वरूप प्रकट हुआ है और जो अक्षरधाम में विराजमान दिव्य स्वरूप है, इन दोनों में बिल्कुल कोई भेद नहीं है।" (वचनामृत गढ़ड़ा III, ३८.३, पृ. ३३७f)

जो मनुष्य पृथ्वी पर प्रकट हुए मानव स्वरूप का ध्यान करेगा, वह अक्षरधाम में भगवान के दिव्य और तेजस्वी स्वरूप को देखेगा और संसार व पुनर्जन्म के चक्र को पार कर जाएगा, क्योंकि पुरुषोत्तम और अक्षर, दोनों ही माया से परे हैं। (वचनामृत, गढ़ड़ा II, १३.९, पृ. ४४५)

जैसा कि देखा गया, स्वामिनारायण और पुरुषोत्तम तथा कृष्ण के संबंध को लेकर कम से कम तीन स्तरों की समझ समूह के साहित्य और भक्तों के उत्तरों में देखी जा सकती है। जो इन तीनों विचारों को मानते हैं, वे दावा करते हैं कि यह सहजानंद की शिक्षा की सटीक व्याख्या को दर्शाता है।

... एक विचार यह है कि सहजानंद की समझ में कुछ विकास हुआ था, जिसके चलते उन्होंने संन्यास और कृष्ण उपासना के सुधारक के रूप में शुरुआत की और अपने जीवन के अंतिम चरण में स्वयं को पुरुषोत्तम कौन पूर्ण स्वरूप माना। एक समान सिद्धांत यह है कि हालांकि उन्हें हर समय अपने सच्चे स्वरूप की स्पष्ट दृष्टि थी, उनके शिक्षण में क्रमिक विकास हुआ क्योंकि उनके अनुयायी उनके स्वरूप की अधिक संपूर्ण समझ प्राप्त करने के लिए तैयार हुए। साहित्य से यह स्पष्ट होता है कि उन्होंने अपनी शिक्षाओं को अपने श्रोताओं की ग्रहण क्षमता

के अनुसार प्रस्तुत किया और पुरुषोत्तम रूप में अपनी पहचान के बारे में अपने निकटतम शिष्यों को छोड़कर खुले तौर पर चर्चा करने से बचते रहे। समूह के सदस्य तर्क देते हैं कि जन्म के क्षण से ही सहजानंद पुरुषोत्तम का पूर्ण स्वरूप थे और स्वयं को ऐसा ही मानते थे। इस प्रकार, वे यह सुनिश्चित करते हैं कि साहित्य में देखे जाने वाले अर्थ के अंतर उनके समझ या शिक्षण में विकास के कारण नहीं थे, बल्कि व्यक्तिगत शिष्यों की समझ में भिन्नता के कारण थे।

✸ ब्रह्मांडों की संरचना

अनुयायियों के अनुसार, पवित्र ब्रह्मांड की कल्पना में देवताओं और भगवानों के अलग-अलग स्वर्गीय निवास या राज्य होते हैं। इन स्थानों को चित्रित किया जा सकता है, जैसे कि कुछ मंदिरों में किया गया है, और इन्हें स्थानों के रूप में वर्णित किया जाता है, लेकिन वे अस्तित्व की अवस्थाएँ हैं। सर्वोच्च धाम अक्षर है, या अव्यक्त स्वरूप में अक्षरधाम। यह माना जाता है कि सर्वोच्च व्यक्ति पुरुषोत्तम अपने भक्तों के साथ अक्षरधाम में निवास करते हैं। कई लोग मानते हैं कि स्वामिनारायण अक्षरधाम के स्वामी पुरुषोत्तम हैं और वहाँ से सहजानंद के रूप में मानव स्वरूप में प्रकट हुए। (*ठीक वैसे जैसे इसाई स्वर्ग में गॉड ईश्वर के रूप में बैठे है जो जीसस के रूप में धरती पर आए थे।) कुछ यह मानते हैं कि कृष्ण और राम सर्वोच्च स्वरूप के प्रत्यक्ष स्वरूप नहीं हैं, बल्कि अन्य शाश्वत अस्तित्वों के हैं। वे क्रमश: गोलोक और वैकुंठ के कई निम्न स्तरों के अध्यक्ष माने जाते हैं। दूसरे मानते हैं कि कृष्ण और राम वास्तव में सर्वोच्च व्यक्ति के स्वरूप थे, यद्यपि अक्षरधाम से निम्न स्तर पर। कृष्ण का निवास स्थान गोलोक और राम का वैकुंठ माना जाता है। देवता अन्य निम्न स्थानों के अध्यक्ष हैं। इस प्रकार, अक्षरधाम को प्राथमिक सर्वोपरि निवास स्थान मानते हुए अन्य निवास स्थानों की वंशवेलीय संरचना मानी जाती है। अक्षरधाम सर्वोच्च धाम है, और पुरुषोत्तम, जिन्हें भगवान के तेजस्वी स्वरूप के रूप में वर्णित किया जाता है, उन्हें अक्षरधाम का वासी और सभी अवतारों का कारण माना जाता है।

▮ त्रिस्तरीय प्रपंच को जानना

इस तरह, अंग्रेज़ी लेखकों ने इस संप्रदाय के आंतरिक स्वरूप को इतनी गहराई से समझ लिया है, जबकि हमारे गुजरात में हिंदू धर्म की सेवा या रक्षा के लिए निकले हुए लोगों को उनके शास्त्रों और धर्म के स्वरूप के साथ हुए इस बड़े षड्यंत्रकारी बदलाव की कोई जानकारी नहीं है। अंग्रेज़ लेखक रेमंड

ब्रैडी विलियम्स ने अपनी पुस्तक An Introduction to Swaminarayan Hinduism में इस संप्रदाय के जटिल और मनगढ़ंत त्रीस्तरीय दृष्टिकोण को एक विदेशी व्यक्ति के रूप में सरल शब्दों में समझाने का प्रयास किया है। साथ ही उन्होंने इसकी असंगतता और कल्पनाशीलता को सूक्ष्मता से रेखांकित करने की कोशिश भी की है।

तो, किसी भी स्थान पर हिंदुओं के बीच यह संप्रदाय इन तीन क्रमिक स्तरों के प्रपंच से स्वामिनारायण नाम का एक नया सर्वोपरि ईश्वर सनातन धर्म के वैदिक आराध्य देवो के ऊपर खड़ा करता है। और इसके बाद शुरू होती हैं वे सारी विकृतियां, जो इस पुस्तक में, विशेष रूप से दूसरे अध्याय में गुजरात में फैली हुई देखी गई हैं। यह त्रीस्तरीय प्रपंच ही उनका हिंदुओं को मतांतरित करने का मुख्य हथियार है। यह उत्तर प्रदेश के छपैया, अयोध्या के राम मंदिर, उत्तराखंड के धामों और जगन्नाथ पुरी जैसे अन्य सनातन धामों में पहले स्तर के वैष्णव संप्रदाय के मुखौटे के साथ पांव जमाने की कोशिश कर रहे हैं। पूरी में जगन्नाथ मंदिर के पाँच किलोमीटर के अंतर में ही इस संप्रदाय को मंदिर बनाने के लिए विशाल जगा दे दी गई है। उज्जैन महाकाल मंदिर के नए बनाए गए कॉरिडोर में भिंत चित्रों पर इस संप्रदाय के तिलक का सिम्बल लगा दिया गया है। जबकि गुजरात में यह संप्रदाय इसी तरह गांव-शहरों में पुराने हो चुके सनातन धर्म के मंदिरों के पुन निर्माण का ठेका लेता है, और फिर नया बनाते वक्त अपने तिलक के सिम्बल, अपने स्वामियों की मूर्ति या फ़ोटो वहाँ रख देता है। और बाद में पूरा मंदिर वह हड़प लेता है जिसमें सनातन धर्म के उस मंदिर के अधिष्ठाता देव उनके सहजानंद स्वामी के सेवक के रूप में बनकर रह जाते है। ऐसे कई रामजी मंदिर, कृष्ण मंदिर, शिव मंदिर और हनुमान मंदिर के साथ गुजरात में हो चुका है। अब वे वर्तमान सत्ता को फुसलाकर वही मार्ग गुजरात बहार के महाकाल जैसे मंदिरों के लिए अपनाने की कोशिश में है। इस तरह, यह संप्रदाय राज सत्ता से जुड़कर अब अपने इसी त्रिस्तरीय प्रपंच के बल पर गुजरात के बाहर भारत के अन्य राज्यों में स्थापित होने की कोशिश कर रहा है।

इस षड्यंत्र में उनका सबसे बड़ा प्रपंच यह है कि उन्होंने सनातन धर्म के शास्त्रों में भगवान कृष्ण के लिए प्रयुक्त "पुरुषोत्तम" और "अक्षरब्रह्म" जैसे शब्दों को रामानुज के विशिष्ट-अद्वैत दर्शन से चुराकर सीधे अपने नकली नारायण से जोड़ दिया है (देखें अध्याय १८)।

वैष्णव पुराणों में "पुरुषोत्तम" शब्द केवल भगवान कृष्ण के लिए प्रयुक्त हुआ है और उन्हीं से इसका अस्तित्व प्रकट होता है। गीता के आठवें अध्याय में

भगवान श्रीकृष्ण कहते हैं, "इस संसार में दो प्रकार के पुरुष हैं। एक क्षर अर्थात नाशवान, और दूसरे अक्षर अर्थात अविनाशी। प्राणियों, मनुष्यों और वनस्पतियों का शरीर क्षर-नाशवान है, और उस शरीर को धारण कर चलाने वाला जीवात्मा अक्षर-अविनाशी है। लेकिन संसार के इन दोनों पुरुषों से भी ऊपर एक उत्तम पुरुष है, जो सृष्टि के तीनों लोकों में प्रवेश कर समस्त संसार को धारण और पोषण करता है। उस तीसरे उत्तम पुरुष को अव्यय (अविनाशी), परमेश्वर, परमात्मा जैसे नामों से जाना जाता है। इस प्रकार, मैं नाशवान समुदाय से परे हूं और अविनाशी जीवात्मा से भी उत्तम हूं। इसलिए लोग और वेद मुझे पुरुषोत्तम नाम से प्रसिद्ध करते हैं।" (८.१६-१८) और फिर साकार रूप में स्थित वह निराकार, अव्यक्त परब्रह्म श्रीकृष्ण कहते हैं, "हे भारत! जो ज्ञानी पुरुष मुझे इस प्रकार तत्व रूप में पुरुषोत्तम स्वरूप जानता है, वह सर्वस्व जानने वाला पुरुष सर्व प्रकार से निरंतर मुझ परमेश्वर की ही भक्ति करता है।" (८.१९)

श्रीकृष्ण भगवान विष्णु के एकमात्र पूर्ण अवतार होने के कारण उन्हें पूर्णपुरुषोत्तम कहा जाता है। और इसी कारण श्रीकृष्ण में और भगवान विष्णु के पूर्ण स्वरूप में कोई अंतर नहीं रहता। इसलिए केवल भगवान श्रीकृष्ण के लिए श्रीमद्भागवत के रूप में एक श्रेष्ठ पुराण रचा गया है, जिसमें उन्हें भगवान विष्णु के स्थान पर रखकर सर्वोच्च पुरुषोत्तम रूप में मूल परमेश्वर के रूप में भक्ति मार्ग से पूजा जाता है। भागवत पुराण के अनुसार ही श्रीकृष्ण विष्णु के रूप में सर्व अवतार के अवतारी कहलाते है, जहां अवतार और उनके मूल स्रोत का भेद समाप्त हो जाता है। यही रामानुजाचार्य के विशिष्टाद्वैत मार्ग से लेकर इस्कॉन सहित सभी वैष्णव संप्रदायों में श्रीकृष्ण की भक्ति का दार्शनिक आधार है। यह रामानंद स्वामी के उद्धव संप्रदाय की पुरुषोत्तम रूप में श्रीकृष्ण भक्ति का भी दर्शन था, जिसे सहजानंद स्वामी के आने के बाद स्वामिनारायण नाम से एक पाखंडी और प्रपंची मोड़ दिया गया। सहजानंद स्वामी के इस संप्रदाय ने 'पुरुषोत्तम' शब्द को श्रीकृष्ण से और 'नारायण' शब्द को विष्णु से अलग किया और सहजानंद को पुरुषोत्तम नारायण घोषित किया, जबकि श्रीकृष्ण और विष्णु को अपने से बहुत नीचे के स्थान के देव बना दिया। यह नीचता सनातन धर्म और उसके शास्त्रों के स्वरूप पर एक आक्रमण है, एक भीतरघात है, जो इस नकली नारायण के प्रपंची संप्रदाय ने किया है।

अध्याय समाप्त करते समय हम आपको BAPS की पुस्तक अक्षरपुरुषोत्तम उपासना के पृष्ठ संख्या ५८-५९ पर दिए गए उस लेख से छोड़ रहे हैं, जिसमें सहजानंद स्वामी ने इस त्रीस्तरीय षड्यंत्र को उस समय के गुजराती समाज में

कैसे लागू किया, यह स्वयं BAPS के द्वारा वर्णित किया गया है। यह त्रीस्तरीय षड्यंत्र उनकी मौरस ऑपरेन्डी है, जिसे उस समय के गुजराती समाज से लेकर आजकल के विदेशों में बसे गुजराती और हिंदुओं पर यथास्थिति में लागू किया जा रहा है।

अक्षरपुरुषोत्तम उपासना पुस्तक के पृष्ठ संख्या ५८-५९ पर एक सवाल का जवाब दिया गया है। सवाल है, 'अगर भगवान स्वामिनारायण सर्वोपरि हैं, तो वचनामृत, संप्रदाय के अन्य पुस्तकों और परमहंसों के कीर्तन में उन्हें कृष्ण क्यों कहा गया है?'

जवाब बिल्कुल वही दिया गया है, जैसा इस्लाम के उदय से पहले के देवी-देवताओं वाले अरब समाज पर अल्लाह नाम के एक नए सर्वोपरि ईश्वर को स्थापित करने के लिए दिया जाता था। जवाब है, 'श्रीजी महाराज (सहजानंद स्वामी) के प्रकट होने के समय कई मतपंथ, शक्ति पंथ, असत संप्रदाय, गुरुओं, वाहमों, जंत्र-मंत्र-तंत्र आदि का जोर था। उन सभी से इस नए संप्रदाय का विरोध बहुत तीव्र था। ऐसे कठिन समय में अगर मनुष्यधारी खुद को परमात्मा कहे तो लोग गुस्से में आकर इस संप्रदाय में आएंगे ही नहीं। जैसे इलाज की जरूरत के अनुसार दवा दी जाती है, वैसे पहले सत्पुरुष जैसे, फिर अवतार जैसे और फिर सर्वावतारी पुरुषोत्तम जैसे कहे गए।... जीवों को उनके स्व रूप में जोड़ने के लिए श्रीजी महाराज ने जहां जो उपासना प्रधान थी, वहां उन देवताओं की मूर्तियाँ स्थापित कीं, ताकि मुक्ति के इच्छुक लोग अपने इष्टदेव का दर्शन करें और फिर संतों के संग से श्रीजी महाराज के सर्वोपरि रूप की उपासना दृढ़ करें। इस प्रकार संप्रदाय में सर्वोपरि उपासना क्रमश: प्रसिद्ध हुई।'

अध्याय १२

सनातन धर्म संरक्षण समिति

अब आइए ४ सितंबर २०२३ की शाम अहमदाबाद के शिवानंद आश्रम में आयोजित प्रेस कॉन्फ्रेंस की ओर लौटते हैं। स्वामी परमात्मानंद सरस्वतीजी ने पत्रकारों को विश्व हिंदू परिषद (विहिप) की मध्यस्थता में सनातनी संतों और स्वामिनारायण संप्रदाय के सदस्यों के बीच हुई बैठक के बारे में जानकारी दी। उन्होंने घोषणा की कि सारंगपुर मंदिर में विवादित भित्तिचित्र अगले दिन सुबह तक हटा दिए जाएंगे। उन्होंने यह भी बताया कि एक समिति का गठन किया जाएगा, जिसकी अध्यक्षता शारदा पीठ के जगद्गुरु शंकराचार्य श्री सदानंद सरस्वतीजी और स्वामिनारायण वड़ताल गादी के आचार्य राकेशप्रसादजी करेंगे। इनकी कृपा से यह समिति स्वामिनारायण संप्रदाय से जुड़े सभी विवादों को सुलझाने का प्रयास करेगी। यह एक आशाजनक विचार प्रतीत हो रहा था, लेकिन यह समिति कभी अस्तित्व में नहीं आई।

सत्रह दिन बाद, २१ सितंबर को, जूनागढ़ के शेरनाथ बापू के गोरखनाथ आश्रम में सनातनी संतों की एक बड़ी सभा आयोजित हुई, जिसमें सनातन धर्म की रक्षा के लिए एक समिति बनाने की घोषणा की गई। यह सभा २१ सितंबर २०२३ को हुई थी, और आज, जब मैं यह अध्याय लिख रहा हूं, तो दिन २७ सितंबर २०२४ है। इस पिछले एक वर्ष में जो भी हुआ, वह इस समिति के चारों ओर ही रहा है। ४ सितंबर को स्वामी परमात्मानंदजी की प्रेस कॉन्फ्रेंस के बाद, चीजें एक अलग दिशा में चली गईं। वह समिति, जिसमें स्वामिनारायण संप्रदाय के सदस्य और सनातनी संत शामिल होने थे, वह केवल सनातनी संतों की समिति ही बनकर रह गई। इसके कारण स्पष्ट नहीं हैं, लेकिन कुछ अटकलें लगाई गईं कि सनातनी संतों को लगा कि विहिप स्वामिनारायण संप्रदाय के धन और वोट

बैंक से प्रभावित है और इसलिए पूरी तरह से निष्पक्ष नहीं है। कुछ ने यह भी उल्लेख किया कि आरएसएस के नेता राम माधव ने ४ सितंबर को शिवानंद आश्रम की बैठक में भाग लिया था, और जब भित्तिचित्रों को हटाने का निर्णय लिया गया, तो वह वड़ताल जाकर आचार्य राकेशदासजी और अन्य स्वामीयों से मिले, लेकिन किसी भी सनातनी संत या शंकराचार्य से मिलने नहीं गए। उस दिन की प्रेस कॉन्फ्रेंस में, स्वामी परमात्मानंद सरस्वतीजी ने शंकराचार्य और वड़ताल के आचार्य राकेशप्रसादजी, दोनों को समान सम्मान से एक स्तर पर संबोधित किया, बिना उस श्रद्धा को रेखांकित किए, जो सनातन धर्म में शंकराचार्य की सर्वोच्च संप्रभुता के लिए होती है।

आने वाले दिनों में, हिंदू संतों के वीडियो सामने आए, जिनमें वे निराशा व्यक्त करते हुए कह रहे थे, "विहिप को धार्मिक मामलों में इतनी दखल देने की क्या जरूरत है? क्या धर्म और संत विहिप के निर्देशों पर काम करेंगे?" यह स्पष्ट होते दिख रहा था कि स्वामिनारायण संप्रदाय आरएसएस और विहिप के संरक्षण में था और विहिप का रुख इस संप्रदाय की ओर झुका हुआ था। सनातनी संतों ने इसे विहिप द्वारा धार्मिक मामलों में अति हस्तक्षेप के रूप में देखा। कड़े शब्दों में कहा जाए तो, ऐसा प्रतीत हुआ कि स्वामिनारायण संप्रदाय, आरएसएस, विहिप और भाजपा एक इकाई के रूप में कार्य कर रहे थे, पर्दे के पीछे चर्चा और योजनाएँ बना रहे थे, और फिर सनातनी संतों के समक्ष एकजुट होकर सामने आ रहे थे। इसने सनातनी संतों को अपनी समिति बनाने के लिए प्रेरित किया, जो विहिप की योजना से अलग थी।

उस समय, मैं संघ के शोध विभाग का संयोजक था। मुझे सनातनी योद्धाओं से फोन आए, जिन्होंने कहा, "सर, हम अनुशंसा कर रहे हैं कि आपको इस समिति में शामिल किया जाए और हम चाहते हैं कि आप इसका हिस्सा बनें।" मुझे बताया गया कि मुझे डॉ. वसंत पटेल नामक एक सज्जन से फोन आएगा, जो इस प्रयास में संतों के साथ शामिल थे। मुझे वसंतभाई का फोन आया, और इस प्रकार मैं अहमदाबाद स्थित डॉक्टर वसंत पटेल के संपर्क में आया, जिनके साथ मैं आने वाले वर्ष में इस अभियान के लिए कई कदम साथ चलने वाला था। वसंतभाई नियमित रूप से गुजराती टीवी न्यूज़ चैनलों पर विभिन्न विषयों पर पैनल चर्चाओं में दिखाई देते थे और अपने निडर, निष्पक्ष विचारों के लिए जाने जाते थे। उन्होंने सनातन धर्म के सिद्धांतों और परंपराओं की रक्षा के लिए एक सनातन संरक्षण बोर्ड स्थापित करने की मांग भी उठाई थी। चूंकि मेरे घर में गुजराती न्यूज़ चैनल नहीं देखे जाते थे, मैं इससे अनजान था। फोन पर बात

करने के बाद, हम एक-दूसरे के काम से परिचित हुए, और उन्होंने कहा, "मैं आपका नाम आगे बढ़ाऊंगा और हम समिति के एक सलाहकार समूह के रूप में गृहस्थों की एक टीम बनाएंगे।" मैंने सहमति व्यक्त की, और अगले दिन, २१ सितंबर की सुबह, जब बैठक होने वाली थी, मैंने यह पोस्ट फेसबुक पर लिखी:

◼ सनातनी संतों की जूनागढ़ में आज की सभा को एक विनम्र सुझाव

२१ सितंबर, २०२३

आज, मुझे २०१४ के चुनावों से पहले बाबा रामदेव के आचार्यकुलम में आयोजित संतों की सभा की याद आ रही है, जहाँ सनातन धर्म के सभी प्रमुख संतों ने नरेंद्र मोदीजी को भारत का अगला प्रधानमंत्री बनने के लिए अपना समर्थन और आशीर्वाद दिया था। उस सभा में, सनातन धर्म के सभी प्रमुख संत, जिनमें मोरारी बापू, बाबा रामदेव, रमेशभाई ओझा, आर्य समाजी संत और अन्य सनातनी संस्थानों के संत उपस्थित थे। मोदीजी ने कहा था, "यह देश न तो राजाओं ने बनाया है और न नेताओं ने। इस देश को संतों ने बनाया है। और जब भी आवश्यकता पड़ी, इस देश को संतों ने ही बचाया है।"

जिस संप्रदाय के लिए आज की जूनागढ़ सभा आयोजित की गई है, उस संप्रदाय का कोई भी सदस्य उस प्रसंग में उपस्थित नहीं था। २०१४ में वह दृश्य था, लेकिन २०१५ के आरक्षण आन्दोलन, २०१६ की नोटबंदी और २०१७ के गुजरात चुनाव की घटनाओं ने पूरे समीकरण को बदल दिया। २०१४ में मोदीजी के साथ खड़े सनातनी संत धीरे-धीरे गायब हो गए, और उनकी जगह स्वामिनारायण संप्रदाय के स्वामी दिखने लगे। उन तीन वर्षों में जो बदलाव हुआ, वही गुजरात के सनातनी समाज की वर्तमान स्थिति का कारण है।

आज, अगर मुझे प्रधानमंत्री मोदीजी से मिलने का अवसर मिले, तो मैं उनसे एक बात कहूंगा: "मोदीजी, आपने बहुत कुछ किया है और उत्कृष्ट किया है। लेकिन उन सभी उपलब्धियों की कीमत आप ने गुजरात में चुकाई है। और अब, राजनीति में आपके पास जो समय बचा है, उसमें आपको उस स्थिति को सुधारने की ज़िम्मेदारी लेनी चाहिए। क्योंकि यह एक ऐसी स्थिति है, जो आपके जाने के बाद आपकी प्रतिष्ठा को कलंकित करेगी, आप को इतिहास में अपयश दिलाएंगी, क्योंकि गुजरात का पूरा सनातनी समाज उसी तरह की गुलामी में धकेल दिया जाएगा, जैसा आज तमिलनाडु के सनातनी हिंदू और पंजाब के सनातनी सिख झेल रहे हैं। इस मुद्दे को संबोधित किए बिना मत जाइए। यदि आप इस स्थिति से पूरी तरह अवगत नहीं हैं, तो जान लीजिए कि आपके गुजरात के संपर्क सूत्र

भ्रष्ट हो चुके हैं। स्वयं आइए और गुजरात के सच्चे सनातनी संतों और समाज से मिलकर वास्तविक स्थिति को समझिए।"

यही, संक्षेप में, इस मुद्दे की जड़ है। पिछले दो-तीन वर्षों में हमने सनातन धर्म का जो अपमान सुना है, जो दर्दभरी बातें पढ़ी हैं, और जो पीड़ादायक छवियाँ और मॉडल देखे हैं, वे सभी इसी बदलाव से उत्पन्न हुए हैं। संतों से मेरी विनम्र प्रार्थना यह है: चाहे यह मोदीजी की गलती हो या आपकी, चाहे यह गलत मोड़ उन्होंने लिया हो या आपने इस पर विचार करें और प्रयास करें कि २०१४ वाला दृश्य फिर से बहाल हो, जहाँ सनातनी हिंदू समाज अपने प्रिय नेता और सच्चे संतों के साथ गर्व से खड़ा था। उस दृश्य में जो संतोष, गर्व और सुरक्षा की भावना थी, वह अब मिट चुकी है। कुछ सनातनी मित्र मुझे इस जूनागढ़ सभा में शामिल होने और पाँच मिनट बोलने की सलाह दे रहे थे, लेकिन मैंने सोशल मीडिया पर जो कहना था, वह पहले ही कह दिया है। और आज मैं मूल समस्या को साझा कर रहा हूँ, जो मैंने पहले उल्लेख नहीं की थी। इस संत सभा में जो भी निर्णय लिए जाएं, मुझे अधिक कहने की आवश्यकता नहीं है, लेकिन इस मूल समस्या को सच्चे इरादे से संबोधित करना सबसे महत्वपूर्ण है। सनातन धर्म की जय हो।

✳

इस तरह, इस मुद्दे पर पहलीबार मैंने इसकी मूल समस्या शब्दों में व्यक्त की जो लोग हर रोज आपस में फुसफुसाते थे; नरेंद्र मोदी का इस संप्रदाय से इतना निकट चले जाना की वह गुजरात के सनातनी समाज को लुप्त होने के लिए निहथ्था छोड़ दे।

लेकिन वह उस दिन भी चालु रहा। जूनागढ़ की उस संत बैठक में वीएचपी ने अपना खेल खेला। उसने सनातनी संतों में भी संघ-वीएचपी के कहे अनुसार चलने वाले सरकारी संतों को घुसा दिया। माहौल पूरी तरह तैयार था। दो वर्षों से सनातनी योद्धाओं ने ज़मीन पर जो कार्य करके इस मुद्दे को यहाँ तक पहुँचाया था, वह अब इस सभा के रूप में सभी गुजराती न्यूज़ चैनलों के कैमरों के सामने था। बैठक में एक प्रदर्शन लगाया गया था जहाँ सनातन धर्म और उसके आराध्यों का अपमान करने वाले सभी वीडियो, चित्र और लेख दिखाए जाने थे, जिन्हें हमने अध्याय २ में देखा। लेकिन वीएचपी के लोगों ने वहाँ मौजूद अपने सरकारी संतों के साथ मिलकर इसका विरोध किया और वह प्रदर्शन बंद करवा दिया। वे स्वयं उस कानूनी सलाहकार समिति में भी रहे जिसमें मुझे और वसंतभाई को रखा गया था। इसके बाद जब संतों के प्रवचनों की बारी आई तो वीएचपी के उन्हीं

सरकारी संतों द्वारा स्वामिनारायण संप्रदाय की प्रशंसा करते हुए प्रवचन दिए गए। यहाँ तक कहा गया कि यदि यह संप्रदाय साथ न रहा तो तिरंगे में से हरा रंग ऊपर आ जाएगा और भगवा रंग नीचे चला जाएगा। फिर वही मुसलमानों से डराकर इस संप्रदाय के मुसलमानों जैसे एक नए सर्वोच्च ईश्वर को स्वीकार कराने का प्रयास। यानी सनातनियों के लिए गुजरात में दो तरफ से खाई थी। उन्हें कहा जा रहा था कि मुसलमानों से डरकर जियो और उन लोगों को अपनाओ जो कहते हैं - राम और कृष्ण से तो इस संप्रदाय का एक मामूली सत्संगी लड़का करोड़ों गुना तेजस्वी है, इतना कि वह डाकोर में कृष्ण के दर्शन के लिए नहीं जाता, बल्कि वह कृष्ण को दर्शन देने जाता है। माँ आद्यशक्ति को तो शक्ति ही 'जय स्वामिनारायण' के जाप से मिलती है, भगवान शिव तो ऐसे शिवजी हैं जिन्हें सहजानंद स्वामी का एक साधारण शिष्य भी बाज़ू में उठा कर पछाड़ दे और शिवजी उसके सामने हाथ जोड़ें। सनातनी समाज को यह सब स्वीकारने के लिए कहा जा रहा था, अगर मुसलमानों से बचना है तो!

उस दिन 'सनातन धर्म संरक्षण समिति' का गठन तो हुआ, उसके अंतर्गत विभिन्न समितियाँ भी बनाई गईं, लेकिन सनातनी संतों का आत्मविश्वास हिला दिया गया। स्वामिनारायण संप्रदाय की सनातन विरोधी गतिविधियों के खिलाफ हिंदू संतों का जो आंदोलन खड़ा हुआ था उसे उस दिन विफल करने की कोशिश की गई। यह सुनिश्चित किया गया कि वह समिति कभी कार्यान्वित न हो। सबको व्यक्तिगत संपर्क कर निरुत्साही बनाकर शांत किया जा रहा था।

सनातनी संतों की समिति बनाने की कोशिश को उनकी पहली बैठक में ही रफ़ा-दफ़ा करने की कोशिश हुई। सनातनी संतों का एक वर्ग गुस्से से कहता रहा कि 'तुम कौन हो जो धर्म के मामले में इतनी दखलअंदाज़ी कर रहे हो, तुम्हें बीच में आने की ज़रूरत ही क्या है, हम अपने धर्म की रक्षा खुद कर लेंगे।' लेकिन इसके विपरीत संघ ने वीएचपी के रूप में ऐसे सरकारी संत खड़े किए जो कहते थे, 'स्वामी संप्रदाय के बिना तो हमारा उद्धार ही नहीं।' उन्हें यह जानना ही नहीं था कि संप्रदाय के स्वामी कौन से ग्रंथ पढ़-पढ़ कर तैयार होते हैं, वहाँ बच्चों को किस तरह की बालकथाएँ सुनाकर बड़ा किया जाता है, और यह सब कैसे गुजरात और विदेश के गुजरातियों में भरा जा रहा है! उन्हें बस मुसलमानों का डर दिखाना था और इस संप्रदाय का बचाव करना था। जबकि सामान्य सनातनी समाज अपनी सामूहिक चेतना से यह सरल बात महसूस कर सकता था और दबी ज़ुबान से कहता भी था कि यह सब उस संप्रदाय के पैसे और सुविधाओं में डूबे हुए हैं। उन्हें धर्म और आराध्यों की परवाह नहीं, उन्हें सन्यासी बनने के

बाद भी बस सत्ता की अच्छी सूची में रहना है और बड़े बनना है।

इस प्रकार, समिति में कोई किसी को पूछने लायक नहीं रहा। जो-जो समितियों में घुसे हुए वीएचपी के लोग और सरकारी संत थे, वे बात को स्थगित करने की ओर ले गए। और यहाँ, फिर वही अज्ञात सनातनी सक्रिय हो गए। वे फिर से शंकराचार्य जी से मिलकर बात आगे बढ़ाने की कोशिश करने लगे। उन्होंने मुझसे संपर्क किया, 'साहब, पिछली बार हम आपका पत्र लेकर गए थे, लेकिन हम अपनी धार्मिक भावना अच्छी तरह व्यक्त नहीं कर पाए। इसलिए इस बार आप आइए और हमारी ओर से बात कीजिए।' इस बार भी मैंने शुरू में टालमटोल की, लेकिन अंततः समिति के सदस्य के रूप में उनका साथ देने के लिए चल पड़ा।

■ द्वारिका और शंकराचार्य:

द्वारिकाधीश के दर्शन वर्षों से मेरे एक अधूरे कार्य के रूप में चिन्हित थे। मेरी धार्मिक जीवनशैली ऐसी थी कि मैं स्वयं से किसी मंदिर में जाने की योजना नहीं बनाता था। जहां भी दर्शन की इच्छा होती, उसे मन में रखता और जीवन की धारा में आध्यात्मिक मार्ग पर प्रवाहित रहता। जिस दिन वह धारा मुझे किसी मंदिर के द्वार पर ले जाती, उस दिन मन में अहोभाग्य की अनुभूति के साथ अपना मन और आत्मा समर्पित कर देता। द्वारिकाधीश के दर्शन का अवसर पैंतीस वर्ष की आयु में तब आया जब भगवान कृष्ण के एक भक्त को भगवान कृष्ण से भी बड़ा भगवान बनाकर पूरे सनातन धर्म को नष्ट करने का षड्यंत्र सामने आया। उस षड्यंत्र का विरोध करने के लिए बनी समिति के संदर्भ में हमें द्वारिका स्थित शारदापीठ के पीठाधीश्वर जगद्गुरु शंकराचार्यजी से मिलने जाना था।

समिति के गठन के तीसरे दिन, यानी २४ सितंबर को, हम द्वारिका पहुंचे। उस दिन हमने सुबह और शाम, दो बार शंकराचार्यजी से संवाद किया। सुबह की मुलाकात औपचारिक थी, मैंने उन्हें अपनी पुस्तक भेंट की और उन्होंने मुझे शुभकामनाएं दीं। कुछ बातें संप्रदाय और समिति को लेकर हुईं। दोपहर में मैंने वसंतभाई पटेल से फोन पर चर्चा की और शाम की बैठक में क्या मांग करनी है, इस पर उनका विचार लिया। वसंतभाई ने कहा, "गुरुजी से कहें कि हम संप्रदाय के सभी मंदिरों और शाखाओं को सनातन धर्म की ओर से नोटिस भेजें, जिसमें उनके पुस्तकों में लिखी गई सनातन धर्म विरोधी बातें और अपमानजनक बातों का जवाब देने को कहा जाए। उन्हें एक सप्ताह का समय दिया जाए। इस तरह शुरुआत करें।" यह विचार मुझे भी पसंद आया।

शाम की बैठक में हमने शंकराचार्यजी से एक लंबी चर्चा की। शास्त्रों की व्याख्या और संप्रदाय के कुतर्कों और झूठ पर बातें हुईं। उन्होंने भी कहा, "नोटिस भेजने का विचार अच्छा है, लेकिन उन्हें जवाब देने के लिए एक महीने का समय दें। हमें उन्हें इतना समय देना चाहिए। लेकिन नोटिस समिति के लेटरहेड पर जाएगी। इसके लिए समिति का ट्रस्ट के रूप में पंजीकरण होना आवश्यक है।" उन्होंने यह भी कहा, "जूनागढ़ में उन्होंने मुझसे समिति के अध्यक्ष बनने की मांग की थी, लेकिन मैंने अभी तक इसे स्वीकार नहीं किया है। मैं इस पर विचार करूंगा जब कोई मुझे मिलने आएगा। अभी तक उस समिति से सिवाय आपके कोई मिलने नहीं आया है।"

शाम ७:३० बजे हमारी बैठक समाप्त हुई, और हम प्रसन्न मन से वहां से निकले। अब मार्ग स्पष्ट हो गया था। बस समिति की ट्रस्ट के रूप में पंजीकरण की प्रतीक्षा थी। लेकिन संतों के बीच संरचनात्मक कोई सामंजस्य नहीं था। कौन किसके पास जाए? कौन किससे कहे कि हमें शंकराचार्यजी के पास जाकर उन्हें अध्यक्ष बनने को कहना चाहिए? जो सक्रिय थे, वे बात को निष्क्रिय बनाए रखने के इच्छुक थे। दूसरी ओर, स्वामी संप्रदाय अपनी खोई हुई प्रतिष्ठा को पुन: स्थापित करने में लगा हुआ था। वडताल में दीवार पर चित्र हटाने की बात से उनकी जो पीछे हटने की स्थिति बनी थी, और जो मानहानि हुई थी, उसके बाद मुख्यधारा में लौटने के लिए वडताल मंदिर एक बड़े उत्सव की योजना बना रहा था। उनके सोशल मीडिया अनुयायी अधिक सक्रिय हो गए थे और सनातनी संतों और उनकी समिति का मजाक उड़ा रहे थे। कुछ अभी भी वही कट्टर बातें बार-बार लिख रहे थे।

कोई लिखता, "सनातनी अब मान लो, स्वामिनारायण भगवान ही सभी अवतारों के अवतारी हैं। एक बार वह आ गए, तो अब पहले के सभी भगवानों को पूजने की आवश्यकता नहीं है। मूल परब्रह्म वही हैं।" तो कोई गीरनार के साधुओं की चिलम पीने की बातों को को याद दिलाकर कहता, "यह समिति बनाएंगे?"

इन सभी के बीच, जब तक समिति पंजीकृत न हो, सनातन योद्धाओं का उत्साह बनाए रखने के लिए मैंने एक नया कार्य प्रारंभ करने की घोषणा की। घोषणा थी, "अब सनातन धर्म संरक्षण समिति गुजरात के गांवों शहरों में स्थित सनातन धर्म के मंदिरों का उनके आराध्य देव और पुजारी के नाम और नंबर सहित रजिस्ट्रेशन करेगी। उनकी एक वेबसाइट बनेगी और सनातन मंदिरों का एक पूरा संगठन बनाया जाएगा। इन मंदिरों में वेदों से लेकर पुराणों में दर्शाए गए तैंतीस कोटि देवताओं और पंचदेव के मंदिर तथा गुरु-गादी के अंतर्गत उन सभी

योगी या गुरु के मंदिर शामिल होंगे, जिनका संदेश वेदों से लेकर पुराणों तक के सनातन धर्म के स्वरूप के अनुसार होगा। संक्षेप में, स्वामिनारायण संप्रदाय, साईं बाबा और ब्रह्माकुमारी जैसी संस्थाओं के मंदिर इसमें शामिल नहीं होंगे। इस संगठन का केंद्र द्वारिका स्थित शारदापीठ होगा।"

जूनागढ़ की बैठक के केवल छह दिन बाद यह घोषणा हुई। इसके तुरंत बाद सनातनी समाज और कुछ छोटी यूट्यूब चैनलों में समिति के सक्रिय होने की खबरें फैलने लगीं। यह दर्शाता है कि मीडिया के साथ पूरा सनातनी समाज भी अपने इष्ट देवताओं का अपमान करने वाले और वैदिक ईश्वरों को नष्ट करने की कोशिश करने वाले इस षड्यंत्र का जवाब देने के लिए कितना बेचैन था। यह जागरूकता ही हिंदू चेतना की विशेषता थी, जिसे संघ और विश्व हिंदू परिषद इस मुद्दे में समझने में विफल रहे थे।

मैंने, वसंतभाई और हर्षद भारती बापू ने एक-एक वीडियो बनाकर सोशल मीडिया पर अपलोड किया। इन वीडियो में गाँव-गाँव के मंदिरों के पुजारियों से समिति की ओर से निवेदन किया गया कि मंदिरों की पंजीकरण प्रक्रिया में आने वाले स्वयंसेवकों का साथ दें। केवल पांच दिनों में, हमने गुजरात के विभिन्न हिस्सों में लगभग चालीस स्वयंसेवकों को तैयार कर लिया और राज्यभर में तक़रीबन डेढ़ सौ मंदिरों का पंजीकरण करवा दिया। पर इसका नकारात्मक जवाब भी आया। यही वह समय था जब इस संप्रदाय के अंध भक्तों ने मेरे और वसंतभाई के क्लिनिक के गूगल पेज पर एक-स्टार वाली नकारात्मक रेटिंग और समीक्षाएं देना शुरू कर दीं। यह सोशल मीडिया पर किया गया एक तरह का पलटवार था। वसंतभाई को ज्यादा समस्या नहीं हुई क्योंकि उनके क्लिनिक को पच्चीस वर्ष हो चुके थे, और उनके गूगल पेज पर चार सौ से अधिक सकारात्मक रिव्यू थे। लेकिन मेरा क्लिनिक का गूगल पेज केवल दो साल पुराना था। चूंकि मेरे शहर में ऑनलाइन समीक्षा के आधार पर क्लिनिक चुनने का प्रचलन अभी नहीं आया था, न ही मैंने कभी अपने मरीजों से रिव्यू देने को कहा, इसलिए मेरे पेज पर कोई समीक्षा नहीं थी।

परिणामस्वरूप, मेरा गूगल पेज पर "खराब डॉक्टर है", "क्लिनिक गंदा था", "इलाज बहुत खराब है" जैसी कई नकारात्मक टिप्पणियों से भर गया। यह सिलसिला यहीं नहीं रुका। उन्होंने मेरी अंग्रेजी उपन्यास को भी एक-स्टार रेटिंग देकर बुरी समीक्षा दीं, जबकि इस उपन्यास को भारत की सबसे बड़ी पुस्तक समीक्षा एजेंसी ने ५ में से ४.५ स्टार दिए थे और इसे २०२३ के १० सर्वश्रेष्ठ लीगल थ्रिलर उपन्यासों में स्थान दिया था। उस संप्रदाय के अनुयायियों ने यही

इस पुस्तक के गुजराती और अंग्रेजी संस्करण के एमेज़ोन पेज पर भी किया है, और जब आप यह पुस्तक पढ़ रहे होंगे तब इस हिंदी संस्करण के साथ भी वह हो चुका होगा। वह संघ के क्षेत्र अधिकारी इसी का तो फायदा उठाने को कह रहे थे कि इन संप्रदायों के अनुयायी बहुत कट्टर और सोशियल मीडिया पर टोली में सक्रिय रहनेवाले होते है। अब मैं उसे देखा रहा था कि कैसे जब आप सांप पालते है, तो वह सिर्फ आपके निर्धारित दुश्मन को ही नहीं डँसेंगे, कभी ना कभी वह आप को भी दुश्मन मान लेंगे और आप के साथ वही करेंगे जो आपके दुश्मन के साथ करते थे। पर क्या आप जानते हैं, यह नकारात्मक रिव्यू देने वाले कौन थे? मेरे स्थान से ३००-४०० किलोमीटर दूर बैठे वडोदरा और सूरत के ब्रेनवॉश किए गए अंध भक्त, जिनमें से कुछ डॉक्टर भी थे।

जब सनातनी योद्धाओं को इस बात की जानकारी मिली, तो उन्होंने सकारात्मक समीक्षाएं देकर मेरे क्लिनिक की रेटिंग को कुछ हद तक सुधारने की कोशिश की। आज भी मेरे क्लिनिक के गूगल पेज पर वही दो विरोधाभासी समीक्षाएं हैं, और उनमें से एक भी वास्तविक नहीं है। मेरे द्वारा देखे गए १५,००० से अधिक मरीजों में से किसी ने भी वहां कोई समीक्षा नहीं दी है। आज जब मैं इन नकारात्मक टिप्पणियों को देखता हूँ, तो इन्हें शांत चित्त से पढ़ता हूँ। पीड़ा देनेवाले उन झूठे नकारात्मक शब्दों को पढ़कर अपने उन सूक्ष्म कर्मों को धोने की कोशिश करता हूँ, जिन्होंने इस कार्य में उन निर्दोष लोगों का दिल दुखाया होगा जो कभी अपने अज्ञान और भोलापन से इस सम्प्रदाय के ढाँचे में भावनात्मक रूप से फँस गए होंगे।

लेकिन अंध भक्तों की इस नकारात्मक दुर्भावना का हम पर कोई प्रभाव नहीं पड़ा। हमने और अधिक मेहनत से मंदिरों की पंजीकरण प्रक्रिया को व्यापक रूप से आगे बढ़ाने, संतों और शंकराचार्यजी के वीडियो संदेश प्राप्त करने की कोशिश शुरू की। हमने समिति के संतों से अनुरोध किया कि वे इस कार्य के लिए वीडियो बनाकर हमें दें, और बात शंकराचार्यजी के शिष्यों तक भी पहुंचाई।

इसके बाद सनातन और सरकारी दोनों प्रकार के संतों में एक बार फिर उत्सुकता जागी कि, "इस समिति को चला कौन रहा है?" वे फिर सक्रिय हो गए, अंदरूनी बातचीत और संदेशों का आदान-प्रदान शुरू हुआ। अंततः, उन्हें समिति को मंच प्रदान करने के लिए कुछ त्वरित कदम उठाने की जरूरत महसूस हुई। हमने संतों के वीडियो मांगे थे, लेकिन इसके बजाय हमें यह संदेश मिला, "यह सब अभी बंद करो। अक्टूबर महीने की २७ तारीख को गांधीनगर के पेथापुर में स्थित श्री मुक्तानंद बापू के कैलाशधाम में एक विशाल धर्म सभा का आयोजन

हुआ है। उस दिन 'श्री सनातन धर्म संस्कृति संरक्षण ट्रस्ट' की घोषणा की जाएगी। जगद्गुरु शंकराचार्यजी उस दिन समिति और ट्रस्ट के अध्यक्ष पद को संभालेंगे। उन्होंने सनातन धर्म के सभी संतों को संदेश भेजा है। सभी आने वाले हैं।"

निशाना सही जगह लगा था। २७ अक्टूबर को मैं, वसंतभाई और एक अन्य सनातनी योद्धा, जिन्होंने सबसे पहले स्वामी सच्चिदानंदजी से मिलकर शंकराचार्यजी तक पहुंचने का मार्ग खोजा था, पेथापुर के कैलाशधाम पहुंचे। वहाँ हमने कुछ संतों से मुलाकात की, जो वास्तव में इस विषय को लेकर चिंतित थे और इसे लेकर प्रयासरत थे। उनमें से एक थे हिम्मतनगर के पास के रामानंदी संत गौरांगशरणजी। मैंने उनमें एक सच्चे संत को देखा। न तो उन्हें किसी नाम या अनुयायियों की लालसा थी और न ही किसी राजनीतिक महत्वाकांक्षा की। वे बस एक संत के दायित्व के रूप में अपना धर्म पालन और धर्म रक्षा का दायित्व निभाने को उत्सुक थे। ऐसे कुछ और भी संत थे वहाँ जिन्हे देखकर सही माईने में संत की तरह मान देने का मन हो। उनमें से एक श्री कनकेश्वरी देवी भी थी जिनका वक्तव्य विषय के अनुरूप बहुत सटीक रहा था। एक अन्य संत, जो इस कार्य में पूर्ण निष्ठा से लगे थे, वे थे वडोदरा के नाथपंथी डॉ. ज्योतिरनाथ महाराज। वे अक्सर मीडिया से संपर्क में रहकर और अन्य स्वतंत्र तरीकों से भी सनातन रक्षा की इस मुहिम को आगे बढ़ाने की कोशिश करते थे।

लेकिन साथ ही हमने यह भी देखा कि जिनका वह आश्रम था, वह मुक्तानंद बापू सभी संतों को शांत रहने के लिए कह रहे थे, "देखो, आप इस मामले को और अधिक उग्र मत बनाइए। हमें मुस्लिम और ईसाईयों के खिलाफ लड़ना है।" वही पुरानी बात।

शाम के करीब छह बजे संत मंच पर आए और फिर भाषणबाजी हुई। लेकिन इस बार माहौल थोड़ा संतुलित था। जूनागढ़ की बैठक जैसे वीएचपी के संत और सनातनी संतों के बीच टकराव का स्थान बन गई थी, वैसा यहाँ नहीं हुआ। वीएचपी के वही सरकारी संत यहाँ भी मंच पर थे। यहाँ भी उन्होंने ऐसा ही बोला, जो इस समिति के लक्ष्य के विपरीत था, बस शब्दों और अंदाज़ में थोड़ी नरमी थी।

दूसरी तरफ, कणकेश्वरी माता, रामानंदी आचार्य गौरांगशरणजी, कच्छ से आए एक युवा संत और अन्य संतों ने सनातन धर्म की रक्षा के लिए इस विषय पर जो आवश्यक था, उसे बड़े सटीक और निर्भीक तरीके से कहा। लेकिन अंत में शंकराचार्यजी ने अपने आधे घंटे के प्रवचन में जो कहा, उससे हमारे अंदर

न केवल एक हल्की उम्मीद जगी, बल्कि उनके प्रति हमारे मन में सम्मान भी बढ़ा। उन्होंने बिना किसी बात को छिपाए, निडर होकर जो कहना था, कह दिया।

पूरे कार्यक्रम का मुख्य केंद्र था मुक्तानंद बापू का इस पूरे आंदोलन में प्रमुख बनना। उनके आश्रम की एक इमारत को इस नई बन रही समिति और ट्रस्ट के कार्यालय के रूप में घोषित किया गया। शंकराचार्यजी को समिति और ट्रस्ट का अध्यक्ष और मुक्तानंद बापू को कार्यकारी अध्यक्ष नियुक्त किया गया।

और फिर मुक्तानंद बापू की वाणी सुनने के बाद, हम ने लगभग यह समझ लिया कि वह सब क्या था? यह वही था जो १८८५ में एक अंग्रेज ए.ओ. ह्यूम ने भारतीय कांग्रेस पार्टी की स्थापना के साथ किया था। भारतीयों द्वारा १८५७ जैसा विद्रोह फिर से न हो, इसलिए उन्हें कांग्रेस पार्टी के रूप में एक मंच दिया गया, जहाँ वे इकठें हों और हर दो-तीन महीने में ऐसी बैठकें करें और भाषणबाजी करें। यह समिति ऐसी ही एक कांग्रेस बनने वाली थी, और मुक्तानंद बापू बीजेपी और संघ के ए.ओ. ह्यूम थे।

हमें इस बात से कुछ तसल्ली मिली कि शंकराचार्य जी अपने दृष्टिकोण में दृढ़ थे, और समिति के चारों ओर चल रही सभी राजनीतिक चालबाजियों के बावजूद उनका दृष्टिकोण और हौंसला नहीं बदला था। वह आशा का एक प्रकाशस्तंभ थे। लेकिन इसके अलावा, उस दिन हमने समिति से लगभग सारी बड़ी उम्मीदें हटा दी, यह समझते हुए कि अब से चीजें धीमी गति से चलेंगी, और मुक्तानंद बापू केवल उतना ही करेंगे जितना संघ या बीजेपी की अनुमति होगी। शंकराचार्य को खाली औपचारिकताओं में उलझा रहना पड़ेगा, और जो कुछ भी ए.ओ. ह्यूम को बताया गया होगा, वही अंतत: किया जाएगा।

इस अंतिम निष्कर्ष के साथ, मैं, वसंतभाई और वह सनातनी योद्धा वहां से निकल पड़े। उस दिन के बाद, वसंतभाई और मैंने अपनी दिशा बदल दी। विचार यह था कि अगर सब कुछ संघ से ही संचालित होना है, तो क्यों न हम अखिल भारतीय संत समिति के संतों से मिलें, जो संघ के संगठन के रूप में चलती है। वहां भी सनातन धर्म की चिंता करने वाले संत अवश्य होंगे। और इस विचार के अनुसार, हमने संघ की संत समिति के माहौल में प्रवेश करने का प्रयास किया। इसकी चर्चा हम आने वाले अध्याय में करेंगे। लेकिन इस अध्याय का अंत मैं उस लेख से करूंगा, जो मैंने पेथापुर में आयोजित संत सभा में वीएचपी के एक सरकारी संत के भाषण के विरोध में अगले दिन लिखा था। वह सरकारी संत मंच पर बोले थे, 'इतिहास देखिए। आप इतिहास देखेंगे तो समझ

पाएंगे कि जो-जो सनातन से अलग हुए हैं, वे आगे बढ़े हैं। बौद्ध धर्म सनातन से अलग होकर देखिए कितने देशों में फैल गया! इसलिए सनातन से किसी ऐसे पंथ को अलग मत कीजिए। इसका विभाजन मत कीजिए।'

मूल रूप से यह स्वामी संप्रदाय को संरक्षण देने की बात थी, जिसका मैंने नीचे दिए लेख के माध्यम से उत्तर दिया और उन संत को भी भेजा।

✳

■ सनातन धर्म से अलग हुए पंथों का क्या हुआ?

✳ क्या वे आगे बढ़े, सीमित हुए, या बुलबुले की तरह फूलकर फट गए? एक तार्किक विश्लेषण।

२८ अक्टूबर, २०२३ / फेसबुक पर

सनातन धर्म से अलग हुए लेकिन हिंदू धर्म का ही हिस्सा माने जाने वाले बौद्ध, जैन और सिख पंथ वास्तव में कभी अलग होने के लिए बनाए ही नहीं गए थे। सिद्धार्थ गौतम और वर्धमान नाम के दो क्षत्रिय राजकुमार सत्य की खोज में संसार त्यागकर जंगल की ओर चले गए। दोनों ने गुरुकुल में वैदिक शिक्षा प्राप्त की थी। लेकिन सत्य की खोज के समय उनके कदम किसी स्थापित परंपरा के अनुसार वैदिक गुरु के सान्निध्य की ओर नहीं बढ़े। वे जंगल में स्वयं तपस्या करके सत्य की खोज करने लगे।

अब सत्य तो एक ही है, और उस पर किसी का एकाधिकार नहीं है। और सनातन धर्म के अनुसार, प्रत्येक पथ अंततः एक ही सत्य की ओर जाता है। इसलिए उन दोनों को भी सत्य मिला, और वह वही था जो उन्हें उपनिषदों के माध्यम से गुरुकुल में पढ़ाया गया था। बस उन्होंने उस सत्य को वर्णित करने में कुछ अलग शब्दों का प्रयोग किया और उसकी खोज का अपना मार्ग दुनिया को दिया। इसी प्रकार जैन और बौद्ध पंथ अस्तित्व में आए, जिनमें सत्य को वैदिक परंपरा से अलग तरीके से खोजा और बताया गया। लेकिन सत्य और उपदेश वही था। जन्मों के चक्र से मुक्ति।

इसी प्रकार, मुस्लिम आक्रमणकारियों के खिलाफ खत्री गुरुओं ने जिस खालसा पंथ की स्थापना की, वह वैदिक 'ॐ' को ईश्वर मानकर उसकी रक्षा के लिए लड़ने वाली एक सेना थी। हिंदू परिवारों में से एक संतान हिंदू रही और दूसरी पगड़ी और कृपाण धारण कर सिख बनी। इसलिए किसी ने भी हिंदू से अलग होने के लिए पंथ नहीं बनाया, बल्कि हिंदुओं ने ही सत्य के प्रति अपना दायित्व

निभाने के लिए जो नए मार्ग खोजे, वे अलग पंथ बन गए। और आगे चलकर उनमें कहीं-कहीं वैदिक मूल से भटकाव आ गया।

अब सनातन धर्म से अलग हुए इन पंथों की आज सनातन धर्म की तुलना में स्थिति क्या है, इसे समझें:

एक समय ऐसा था जब दुनिया का आधे से ज्यादा हिस्सा बौद्ध धर्म का अनुयायी बन चुका था, लेकिन आज बौद्ध धर्म केवल जापान और म्यांमार जैसे छोटे-छोटे देशों में ही सीमित रह गया है। इन सभी छोटे देशों की कुल बौद्ध जनसंख्या भारत के सनातन धर्मियों की जनसंख्या से बहुत कम है। चीन, जो कभी बौद्ध धर्म को मानता था, अब कम्युनिस्ट और नास्तिक हो चुका है। यही चीन तिब्बत से बौद्धों को खदेड़ चुका है, जो दुनिया का सबसे बड़ा बौद्ध देश था। ये तिब्बती बौद्ध अब भारत में शरण लेकर जीवन जी रहे हैं। अफगानिस्तान, जो कभी बौद्ध धर्म का बड़ा केंद्र था, अब तालिबान के नियंत्रण में है। वहां के बौद्ध या तो मारे जा चुके हैं या इस्लाम कबूल कर चुके हैं। इंडोनेशिया, जो बौद्ध धर्म से जुड़ा हुआ था, आज दुनिया का सबसे बड़ा मुस्लिम देश बन चुका है। श्रीलंका में अधिकांश लोग अब ईसाई हो गए हैं।

सिख समुदाय केवल भारत के पंजाब में बचा है। पाकिस्तान के पंजाब और कश्मीर से सिखों को समाप्त कर दिया गया है। जो सिख कनाडा गए, उनकी भारतीय पहचान धीरे-धीरे मिट रही है और खालिस्तान के नाम पर उनका ब्रेनवॉश किया जा रहा है। भारत के पंजाब में भी वही स्थिति बन रही है। जब पढ़े-लिखे लोग बाहर चले जाते हैं तो गांव वीरान व पिछड़े रह जाते हैं, बस ऐसे पंजाब के गरीब सिख अब ईसाई बन रहे हैं।

जैन धर्म, जो भारत में है, कई शाखाओं में बंटने के बावजूद भी जीवित है। लेकिन जैन समुदाय अल्पसंख्यक समुदाय है। जैन धर्म की स्थिति बौद्ध और सिख धर्म जैसी नहीं हुई, इसके दो मुख्य कारण हैं। पहला, जैन धर्म ने कभी बौद्ध धर्म की तरह सत्ता के सहारे आगे बढ़ने का प्रयास नहीं किया। उन्होंने अपने अस्तित्व को आज भी अपने तीर्थंकरों के तपस्या मार्ग का पालन करके बनाए रखा है। भले ही इसे कोई अतिवादी कहे, लेकिन इसी तपस्या ने जैन धर्म को बचाए रखा है। दूसरा मुख्य कारण यह है कि जैन धर्म ने कभी बौद्ध और सिख धर्म की तरह अपने वैदिक मूल से अलग होने का प्रयास नहीं किया। उनके पहले तीर्थंकर ऋषभदेव, कुछ पुराणों में विष्णु और शिव के अवतार कहे गए हैं। इसी प्रकार उनके बाद के तीर्थंकर और जैन समाज हमेशा सनातनी समाज के निकट

रहे हैं। वे सामाजिक और सांस्कृतिक रूप से बौद्ध और सिखों की तरह अलग नहीं हुए। यही कारण है कि जैन धर्म को सनातनी समाज का संरक्षण मिला है।

इससे यह संकेत मिलता है कि सत्य और अमरता के पर्याय माने जाने वाले सनातन धर्म के जितने निकट कोई रहता है, वह उतना ही स्थिर रहता है। जो उससे दूर हो जाता है, वह बुलबुले की तरह एक बार बड़ा होकर फिर फूट जाता है।

अध्याय १३

पारंपरिक संत और संघ-समर्थित संत

अब हम इस मुद्दे में संघ और संतों के राजनीतिक खेल के मूल में उतरने वाले हैं। इसके लिए हमें कुछ समय पीछे जाना होगा। मैंने पहले कहा था कि जब सनातनी योद्धा मुझे शंकराचार्य जी से मिलने ले जाना चाहते थे, तब मैं इस बात को टाल रहा था। पहली बार तो मैंने एक पत्र लिखकर दे दिया, और काम बन गया। लेकिन दूसरी बार, प्रारंभिक आनाकानी के बाद, मैं मिलने गया। इस आनाकानी का कारण थे पुरी के शंकराचार्य, जगद्गुरु श्री निश्चलानंद सरस्वतीजी, जिन्होंने पिछले कुछ वर्षों से यह प्रचार शुरू कर दिया था कि वर्ण और जाति जन्म से ही होती है, और सब कुछ जन्म से ही तय है।

भागवद गीता के उस श्लोक का भी वे विपरीत अर्थ लगाते थे, जहां भगवान कृष्ण स्पष्ट कहते हैं, "मनुष्य के गुण और कर्म को ध्यान में रखकर मैंने इस सृष्टि को चार वर्णों में विभाजित किया है।" वे इसका अर्थ यह लगाते थे कि पूर्वजन्म में जीव के गुण और कर्म जैसे होते हैं, उसी के अनुसार उसका जन्म होता है। इस प्रकार भगवान ने जीव को उसके पिछले जन्म के गुण और कर्म से जन्म ही ऐसा दिया है, तो सब कुछ जन्म से ही तय है। मुझे डर था कि अगर यही सब कुछ शारदापीठ के शंकराचार्य, श्री सदानंद सरस्वतीजी, से भी सुनने को मिला, तो शायद मैं शंकराचार्य के पद और उन पीठों के प्रति अपना सम्मान खो बैठूंगा। शायद मैं उनके भी विरोध में चला जाऊं। फिर भी, समय की मांग थी कि मुझे यह मुलाकात करनी ही थी और इससे होकर गुजरना था।

२४ सितंबर को जब मैं द्वारका शारदा मठ पहुंचा, तो शंकराचार्यजी से

मिलने से पहले उनके कुछ शिष्यों से मिला। वे सभी मेरे बारे में सुन चुके थे, इसलिए हमारी बातचीत शास्त्रों और स्वामी संप्रदाय के विरोध पर ही केंद्रित रही। वहां मैंने उन्हें रोका और पूछा,

"मैं गुरुजी (शंकराचार्यजी) से मिलने से पहले एक सवाल पूछना चाहता हूं। क्या पुरी के शंकराचार्य निश्चलानंदजी वर्ण को जन्म आधारित मानकर जो कह रहे हैं, वह उनका व्यक्तिगत मत है या हमारे शारदापीठ के शंकराचार्यजी का भी यही मत है?"

मुझे बहुत विनम्रता और प्रेम से उत्तर मिला, "सिर्फ हमारे शंकराचार्य या चारों शंकराचार्य ही नहीं, कौशिक भाई, छह के छह दर्शनों के सभी आचार्यों का यही मत है। हम लेफ्टिस्टों के दबाव में आकर इससे दूर भागने लगे हैं। हमारी पूरी वर्णाश्रम व्यवस्था है।"

इसके बाद हमारे बीच एक लंबी चर्चा छिड़ गई, जहां मैंने उन्हें समझाने की कोशिश की कि वर्ण गुण, कर्म, और स्वभाव से होते हैं यह बात सामान्य समझ और शास्त्रों से भी मेल खाती है। लेकिन शास्त्रों के वे पंडित, जो जन्म से ब्राह्मण थे, शास्त्रों का अर्थ अलग तरह से करके मुझे बताते रहे कि उनकी बात सही है।

अंततः हमने मित्रतापूर्ण वातावरण में इस चर्चा को हंसते-हंसते वहीं छोड़ दिया और गुरुजी से मिलने का समय आ गया। तब हम वर्तमान विषय पर ध्यान केंद्रित कर रहे थे। लेकिन उस दिन मैं और मेरे साथ आए सनातनी योद्धा भी यह बात समझ गए कि असल में संघ और शंकराचार्य पीठों या ब्राह्मणवादी आचार्यों के बीच एक प्रकार का कोल्ड वॉर इसी कारण है। इस समस्या का हल ढूंढने या आचार्यों की सत्ता को संतुलित करने के लिए संघ इन स्वतंत्र बाबाओं, संप्रदायों, और संस्थाओं के साथ अधिक जुड़ा हुआ है। और यही बात स्वामी संप्रदाय ने संघ को अपने रंग में रंगने के लिए पूरी तरह इस्तेमाल की है, खासकर गुजरात और विदेशों में।

द्वारका से लौटने के बाद मैंने जयपुर डायलॉग्स के संस्थापक संजय दीक्षितजी से संपर्क किया। मूल रूप से उत्तर प्रदेश के निवासी संजय दीक्षितजी राजस्थान से सेवानिवृत्त एक IAS अधिकारी थे। वे राजस्थान क्रिकेट एसोसिएशन के सदस्य और निर्देशक भी रह चुके थे, और उनके संपर्क भारत की ब्यूरोक्रेसी में बहुत व्यापक थे। जयपुर में स्थायी रूप से रहने वाले संजयजी ने सेवा निवृत्ति के बाद जयपुर डायलॉग्स नामक एक यूट्यूब चैनल शुरू किया था, जिसमें वे

भारत और विश्व के हिंदू समर्थक विचारकों और शोधकर्ताओं को आमंत्रित कर विभिन्न विषयों पर यूट्यूब पॉडकास्ट के रूप में चर्चा करते थे। उनकी चैनल बहुत प्रसिद्ध और प्रेरणादायक बन चुकी थी और उसने ज्ञान देने और फैलाने का महत्वपूर्ण कार्य किया था।

मैं उनके साथ जुड़ा हुआ था, और हम अक्सर हिंदू सभ्यता से जुड़े अनेक विषयों पर व्हाट्सएप के माध्यम से चर्चा करते थे। उन्होंने जयपुर डायलॉग्स की ओर से एक चुनौती रखी थी कि अगर कोई यह साबित कर दे कि हिंदू धर्म में वर्ण जन्म से हैं, तो उसे २० लाख रुपये (अंदाजित, राशि में अंतर हो सकता है) इनाम दिया जाएगा। मैंने उन्हें द्वारका शारदापीठ में हुई चर्चा के बारे में बताया और पूछा, "क्या हम वास्तव में इस चुनौती के लिए तैयार हैं?"

उन्होंने कहा, "तैयार हैं। लेकिन, एक महीना सब कुछ फिर से जांच लेते हैं।"

हमने सभी शास्त्रों के पक्ष और श्लोकों की जांच की, तर्कों को परखा। जितना हम अधिक आश्वस्त होते गए, उतना ही मैं इस विषय पर हिंदी में फेसबुक पर लेख लिखता रहा। हमारे कुछ सनातनी योद्धाओं को यह पसंद नहीं आया। उन्होंने कहा, "साहब, आप यह बात अभी बीच में क्यों ला रहे हैं? आंदोलन को रोकने वाले कम हैं क्या, जो हम इस मुद्दे को अभी उठाएं? वर्ण और जाति जन्म से है या कर्म से, यह सवाल फिलहाल हमें कहां परेशान कर रहा है?"

मैंने उन्हें जवाब दिया, "आप पूरे खेल को समझ नहीं रहे हैं। यह मुद्दा बस बीच में आने की तैयारी में है। पहले इस स्वामी संप्रदाय के विरुद्ध आंदोलन को कांग्रेस की राजनीतिक साजिश बताने की कोशिशें हुईं, लेकिन ऐसा कुछ नहीं मिला। सारे कांग्रेस-विरोधी सनातनी ही इसे चला रहे थे। अब जैसे ही शंकराचार्य थोड़े और सक्रिय होंगे, इस आंदोलन को रोकने के लिए यह नैरेटिव शुरू हो जाएगा कि ये सारे ब्राह्मणवादी लोग अपना वर्चस्व वापस लाने और फिर से ब्राह्मणवाद स्थापित करने के लिए यह सब कर रहे हैं। मैं जो कर रहा हूं, उससे यह हथियार चलाए जाने से पहले ही निष्क्रिय हो जाएगा। क्योंकि जितने सटीक तर्क और शास्त्रीय प्रमाणों से मैं इसका खंडन कर रहा हूं, उतने इन संगठनों के लोगों ने कभी सोचे भी नहीं। जब कि वह स्वामी संप्रदाय तो मूल से ही जातिवादी है। मैं बस संघ को यह आश्वस्त कर रहा हूं कि इस आंदोलन का पारंपरिक ब्राह्मणों की जातिवादी बात से कोई लेना-देना नहीं है। उल्टा, हम तो उसके भी विरोधी हैं। मुझे पता है, मैं क्या कर रहा हूं।"

अंतत: जब मैंने प्रस्थानत्रयी में गुण और कर्म आधारित वर्ण व्यवस्था होने

का तर्क देता हुआ लेख लिखा, तो हंगामा मच गया। मुझसे पूछा गया, "आपके गुरु कौन हैं? आप किससे जुड़े हुए हैं?"

कुछ दिनों बाद शंकराचार्य से जुड़े शास्त्री मेरे घर आए, जो इन चर्चाओं के कारण मेरे मित्र बन चुके थे। हमने लगभग चार घंटे फिर से चर्चा की। चर्चा का सार मेरी ओर से यह था कि सनातन धर्म का आधार आत्मज्ञान के द्वारा सत्य की प्राप्ति और मुक्ति पाने पर है। वे सभी शास्त्र जिनमें ज्ञान है, वे आत्मज्ञान प्राप्त लोगों ने लिखे हैं या उनके उपदेशों पर आधारित हैं।

आचार्य परंपराएं धर्म की एक संरचना के लिए आवश्यक हैं, लेकिन उन्हें धर्म के चैतन्य स्वरूप को बांधने की कोशिश नहीं करनी चाहिए। शास्त्रियों की असली मांग यही थी कि क्रियाकांड, यज्ञ, और मंत्रोच्चार का अधिकार केवल जन्म से ब्राह्मणों तक ही सीमित रहे। यह अधिकार अन्य जातियों को न दिया जाए, जैसा कि आर्यसमाज और गायत्री परिवार में दिया जाता है।

मुझे इससे कोई आपत्ति नहीं थी कि क्रियाकांड और कर्मकांड केवल ब्राह्मणों तक सीमित रहें, बशर्ते इसे ईश्वर की बनाई रचना न कहा जाए, बल्कि इसे एक परंपरागत सांस्कृतिक और सामाजिक संरचना कहा जाए। साथ ही, शूद्र नामक कोई वर्ग न रखा जाए। शूद्रों के सभी कार्य नई सरकारी और औद्योगिक समाज व्यवस्था के अनुसार विभाजित हो जाएं।

बाद में, मैंने इस विषय पर निष्कर्ष प्रस्तुत करते हुए एक पुस्तक भी लिखी, जो अंग्रेजी और हिंदी में उपलब्ध है। अंग्रेजी में इसका नाम The Science of Varna & Jati है और हिंदी में 'वर्ण और जाति का विज्ञान।' संजय दीक्षितजी ने इस पुस्तक की प्रस्तावना में अपना एक अत्यंत उपयोगी लेख दिया है। केवल ९० पृष्ठों की इस पुस्तक में वर्ण और जाति को न्यायदर्शन में बताए गए चार प्रमाणों के साथ वेद, उपनिषद, दर्शनशास्त्र, महाभारत और गीता तक के शास्त्रों के मतों द्वारा समझाया गया है और इसे मनुष्य के गुण, कर्म, स्वभाव और प्रतिभा पर आधारित सिद्ध किया गया है।

तो, इस प्रकार मैंने स्वयं को और स्वामी संप्रदाय के खिलाफ चल रहे इस अभियान को ब्राह्मणवाद के आरोप से समय रहते बचा लिया। लेकिन यह शब्द 'ब्राह्मणवाद' वास्तव में एक गलत शब्द है, जिसे वामपंथियों ने २०वीं सदी में गढ़ा था। पहली बार इसका विश्लेषण अंबेडकर ने किया, जब उन्होंने कहा, 'हम ब्राह्मणों के विरोधी नहीं हैं, हम ब्राह्मणवाद के विरोधी हैं।' इसका अर्थ यह था कि ब्राह्मण तो उन्हें कहा जाता है जो ज्ञानी और वैज्ञानिक हैं, हम उनके विरोधी

नहीं हैं। हमारा विरोध उस अवैज्ञानिक धारणा से है कि कोई ज्ञानी या वैज्ञानिक व्यक्ति केवल एक विशेष जाति में ही जन्म ले सकता है, और दूसरी जाति में जन्म लेने वाला व्यक्ति मूर्ख और हीन ही होगा।

लेकिन इस स्पष्टीकरण के बावजूद समस्या यह बनी रही कि यदि ब्राह्मण का अर्थ ज्ञानी और वैज्ञानिक है, तो इसका वाद कैसा? क्या हम 'भौतिकशास्त्रवादी' या 'विज्ञानवादी' जैसे शब्द गढ़ते हैं और क्या उनका अर्थ जन्म से वैज्ञानिक या जन्म से भौतिकशास्त्री करते हैं? ऐसा नहीं करते। फिर ब्राह्मण शब्द के साथ ऐसा क्यों? इस तर्क के आधार पर, जो लोग ब्राह्मण और शूद्र को जन्म से मानते हैं, उन्हें परंपरावादी कहा जाने लगा, क्योंकि वे ब्राह्मण को वैज्ञानिक मानने के बजाय केवल एक कर्मकांड करने वाले पंडित के रूप में देखते थे। वे शूद्र के कर्म को भी जन्म के आधार पर तय करना चाहते थे। इसलिए उन्हें परंपरावादी या रूढ़िवादी कहा गया। ब्राह्मणवाद जैसा कोई शब्द न था, न हो सकता है।

■ अखिल भारतीय संत समिति:

विभिन्न हिंदू चिंतकों की इन बातों को धीरे-धीरे अपनाते हुए, संघ ने भी परंपरावादी आचार्यों से अलग होकर नए-नए हिंदू आचार्यों और संतों के संगठन बनाने शुरू किए। इनमें से एक संगठन था अखिल भारतीय संत समिति, जिसकी स्थापना का जिक्र पहले हो चुका है। इस समिति के अखिल भारतीय अध्यक्ष सतकेवल पंथ के प्रमुख गुरु श्री अविचलदास महाराज हैं। गुजरात के अध्यक्ष वडताल के नौतम स्वामी थे, लेकिन उन्हें समिति से हटाकर यह पद अहमदाबाद के जगन्नाथ मंदिर के मुख्य पुजारी दिलीपदासजी महाराज को दिया गया।

२७ अक्टूबर २०२३ को पेथापुर के कैलाशधाम में हुई संत सभा के बाद जब हमें पता चला कि संघ, वीएचपी या बीजेपी के लोगों ने अब इस नई समिति को भी मुक्तानंद बापू के माध्यम से अपने नियंत्रण में ले लिया है, तो हमने इस संघ-समर्थित समिति से संपर्क किया। किस-किस से मिले, यह बताना उचित नहीं होगा, क्योंकि यह एक सरकारी संत समिति है, और किसी का नाम लेने से उनकी नौकरी खतरे में पड़ सकती है। हालांकि, इन संतों ने हमारी उम्मीदों से परे हमें बहुत प्रभावित किया। उन्होंने स्वामिनारायण संप्रदाय की प्रकृति, उसके ग्रंथों में दिए गए विचारों और उसके सनातन-विरोधी स्वरूप को गहराई से समझ लिया था। लेकिन वे संघ और सरकार के निर्देशों का पालन करने के लिए बाध्य थे। किसी संत ने अफ़सोस के साथ यह तक कहा, 'अब धर्म की बातों में भी हमें इन्हीं (संघ) के अनुसार चलना है। अब सब कुछ ऐसे ही चलेगा।'

यह वही समय था, जब राममंदिर ट्रस्ट के वीएचपी नेता चंपतराय बार-बार मीडिया के सामने आकर बयान दे रहे थे, और रामलला की प्राण-प्रतिष्ठा में शास्त्रानुकूल विधि के न होने के आरोप भी लग रहे थे। जब हमने संत समिति के सदस्यों से पूछा कि संघ और सरकार स्वामिनारायण संप्रदाय के बारे में क्या सोचते हैं, तो उन्होंने कहा, 'फिलहाल तो दोनों तरफ हैं। २०२४ के चुनाव आ रहे हैं। और अबू धाबी में भी जो हिंदू मंदिर बनाने की मान्यता मिली थी, उसमें भी इसी संप्रदाय का मंदिर चुना गया। इसलिए उसका उद्घाटन करने प्रधानमंत्री मोदीजी को जाना ही पड़ेगा। तब तक कुछ नहीं होगा।'

✳ महाकाल कॉरिडोर का विवाद

उज्जैन महाकाल मंदिर के नवनिर्मित कॉरिडोर की दीवारों पर स्वामिनारायण संप्रदाय के तिलक के निशान

सारंगपुर में भित्तिचित्रों को हटाए हुए एक महीना भी नहीं बीता था कि अक्टूबर की शुरुआत में एक और निराशाजनक खबर सामने आई। यह उज्जैन में नवनिर्मित महाकाल कॉरिडोर से संबंधित थी, जहाँ भगवान शिव से जुड़े भित्तिचित्रों पर स्वामिनारायण संप्रदाय के तिलक का प्रतीक अंकित था। Quora जैसी वेबसाइट पर गुजरात के बाहर के कुछ यात्रियों ने इन तस्वीरों को साझा करते हुए सवाल उठाया, 'शिव के महाकाल मंदिर में स्वामिनारायण संप्रदाय का तिलक क्या कर रहा है?'

जैसे ही ये चित्र सामने आए, गुजरात के सनातनी समाज में गहरी निराशा फैल गई। महाकाल कॉरिडोर का उद्घाटन स्वयं प्रधानमंत्री नरेंद्र मोदी ने किया था। हर कोई अवाक था कि 'क्या सबकुछ बिक चुका है?'

मैंने संघ के पद से अलग होने का अंतिम निर्णय इसी समय लिया। जब मैंने ये चित्र हमारे शोध आयाम के ग्रुप में साझा किए, तो लगभग सभी स्तब्ध रह गए। इसी बीच, मेरे एक मित्रवत पदाधिकारी, जिनसे मेरा बहुत आत्मीय संबंध था, ने मुझे शांत करने और इस मामले को स्वीकार कर लेने के लिए हिंदुत्व की एक विचित्र परिभाषा देते हुए एक ऑनलाइन पैम्फलेट ग्रुप में भेजा। संदेश था कि हिंदुत्व में ऐसा सब चलता है। लेकिन एक अन्य मित्र ने तुरंत टिप्पणी की, "यह पैम्फलेट राहुल गांधी ने आज ही ट्विटर पर पोस्ट किया है, जिसमें उन्होंने कहा कि मुस्लिम और ईसाई सभी को अपनाना ही हिंदुत्व है।" यह सुनकर वह पदाधिकारी थोड़े असहज हो गए, और मैंने थोड़ा गुस्सा दिखाते हुए कहा, "बस, यही सत्य है। स्वामिनारायण संप्रदाय को बचाने के आपके तुष्टिकरण और राहुल गांधी के मुस्लिम तुष्टिकरण में अब कोई फर्क नहीं बचा है।"

हालांकि, इस स्थिति ने मुझे बिल्कुल आश्चर्यचकित नहीं किया। मुझे पता था कि ये सभी लोग एक सरकारी संरचना की तरहसंस काम कर रहे हैं, जहां उन्हें अपने ऊपर से आ रहे आदेशों का पालन करना होता है, जब तक कि कोई नया आदेश न आ जाए। इसी कारण विचारधारात्मक रूप से, मैं उनका जितना भी विरोध करता रहा, संघ के इन सच्चे स्वयंसेवकों के प्रति मेरा हृदय से प्रेम हमेशा बना रहा।

लेकिन उस ग्रुप में सूरत का एक पटेल लड़का भी था, जो बहुत मीठा बोलनेवाला और सभी से मित्रतापूर्ण रहनेवाला था। एक बार मैंने पदाधिकारी जी से पूछा था, "क्या ये भाई स्वामी संप्रदाय का हैं?" उन्होंने इनकार करते हुए कहा, "नहीं, हमारे ग्रुप में ऐसा कोई नहीं है।" लेकिन जब मैंने उज्जैन कॉरिडोर

के फोटो साझा किए, तो बाकी सभी मित्र स्तब्ध दिखे, और कुछ मिनटों तक सन्नाटा छा गया। वहीं, सूरत के इस लड़के का असली रूप सामने आ गया। सबसे पहला जवाब ग्रुप में उसी का आया। उसने उन फोटो के नीचे भगवा झंडे की एक स्माइली पोस्ट की। इसका सीधा मतलब था उसके तिलक का और उसके धर्म का विस्तार हो रहा है।

इसके कुछ दिनों बाद, वही भाई फेसबुक पर स्वामिनारायण संप्रदाय का तिलक लगाकर अपनी फोटो पोस्ट करने लगा और सार्वजनिक रूप से तिलक लगाकर घूमने लगा। ऐसा पहले कभी नहीं हुआ था। वह मिलनसार और मितभाषी लड़का था। लेकिन अंदर से इतना कट्टर था, यह उसी दिन स्पष्ट हुआ। वे सब इसी तरह संघ में मिलनसार और मितभाषी बनकर हिंदुवाद के चचेरे के साथ घुसें हुए थे, पर इनका ध्येय स्वामी संप्रदाय के पूरे सनातन धर्म पर अपने खोजे गए नए सर्वोपरी ईश्वर को थोपने का वही ध्येय था। उन्हें पहचान चुके कुछ संघ स्वयंसेवकों ने कहा की वे संघ में भी अन्य हिंदुओं को अपना तिलक उसी तरह दिखाते थे, जैसे मुस्लिम अपनी जालीदार टोपी दिखाते हैं। अपने अधिक अस्तित्व का एक भ्रामक मनोवैज्ञानिक दबाव देने के लिए। यह वह दिन था जब मैंने तय कर लिया था कि मैं संघ के साथ नहीं, बल्कि सनातन धर्म के लिए संघर्ष कर रहे सामान्य योद्धाओं के साथ रहूंगा।

उज्जैन कॉरिडोर के ये फोटो जब हमने संघ से संबंधित अखिल भारतीय संत समिति के संतों को दिखाए, तो उनके चेहरों पर भय और गंभीरता स्पष्ट थी। उन्होंने कहा, "हम पता लगाएंगे कि यह कैसे हुआ।" कुछ दिनों बाद उन्होंने इस पर रिपोर्ट भी दी। उन्होंने बताया, "मंदिरों में उपयोग किए जाने वाले लाल पत्थरों की खदान और फैक्टरी जयपुर में हैं, और इस संप्रदाय ने अपने कई मंदिर वहीं से बनवाए हैं। इसके कारण, उन्होंने उन कंपनियों के मालिकों, प्रबंधकों और मजदूरों को अपने प्रभाव में ले लिया है या फिर एक तरीके से वह कंपनी खुद खरीद ली है। महाकाल कॉरिडोर के निर्माण का ठेका उसी कंपनी को दिया गया, जो स्वामी संप्रदाय से जुड़ी थी। और उन्होंने बिना किसी अनुमति के, महज एक षड्यंत्र के तहत अपने तिलक वहां बना दिए।"

यह जानने के बाद, मेरे, वसंतभाई और संत समिति के संतों के मन में यह चिंता गहराई कि अगर ऐसा राम मंदिर की दीवारों पर हुआ, तो क्या होगा? क्योंकि हमें सूचना मिल रही थी कि राम मंदिर में भी पत्थर वहीं से मंगाए गए हैं।

मैंने तुरंत तीन दिनों के भीतर हिंदी में एक पीडीएफ तैयार की, जिसमें

इस संप्रदाय के बारे में सभी तथ्य पाँच अध्यायों में दिए गए थे। एक तरह से यह पुस्तक की ही संक्षिप्त रूप थी, जिसमें मेरी इस विषय में यात्रा और लेखों को छोड़कर बाकी अध्याय और प्रमाण दिए गए थे। हमने इस पीडीएफ को संघ से संबंधित संत समिति के संतों को दिया और कहा, "काशी से लेकर यूपी तक जहां भी आवश्यक हो, इसे फैलाएं और लोगों को जागरूक करें।" मैंने इसकी अंग्रेजी संस्करण भी तैयार की और इसे विदेशों में सक्रिय हिंदुओं के बीच पहुंचाया।

हमने काशी और यूपी के हिंदू संतों को इस पीडीएफ के साथ चेतावनी दी, "यह संप्रदाय अयोध्या के पास घनश्याम पांडे जी के गाँव छपैया में एक बड़ा सेंटर बनाने की कोशिश कर रहा है। कल को ये लोग वहां नकली नारायण की बड़ी मूर्ति स्थापित कर देंगे और छपैया को अयोध्या से बड़ा बना देंगे। ये जगन्नाथ पुरी में भी बड़ा मंदिर बना रहे हैं। जहाँ-जहाँ भगवान विष्णु और शिव के बड़े धाम हैं, वहां यह एक चुनौती देने की कोशिश है। अभी यह समझ में नहीं आएगा, लेकिन धीरे-धीरे, अगले दशक में ये इस्लाम जैसा सर्वश्रेष्ठ होने का भ्रम फैलाएंगे।"

हमें मिली जानकारी के अनुसार, संत समिति के संतों और शंकराचार्य समिति के कुछ निष्ठावान संतों ने यूपी और दिल्ली में इस विषय को कई स्थानों पर उठाया। यहाँ तक कि योगी आदित्यनाथजी को भी इस मामले से अवगत कराया गया।

इस प्रकार, शंकराचार्यजी की अध्यक्षता वाली समिति में शामिल सरकारी संतों के प्रति जो क्रोध हमारे मन में उत्पन्न होता था, वह संघ की संत समिति के संतों को देखकर बिल्कुल नहीं हुआ। उनसे मिलकर आनंद और गर्व हुआ कि संघ की सीमाओं में बंधे होने के बावजूद, उन्होंने अपने अंदर की सनातन निष्ठा को मरने नहीं दिया। शंकराचार्यजी वाली समिति में घुसे हुए सरकारी संत तो सीधे सरकार और संघ की नजरों में कुछ बनने के लिए लालायित दिखते थे। लेकिन इसके अलावा एक और समिति या संगठन था जो इस विषय में अपनी भूमिका निभा रहा था, और वह है 'हिंदू धर्म आचार्य सभा'। इसके बारे में हम अगले प्रकरण में चर्चा करेंगे, जब हमारी शंकराचार्यजी की अध्यक्षता वाली समिति की यात्रा वहाँ पहुंचेगी।

लेकिन उससे पहले, इस प्रकरण में वर्णित विषय पर संघ को जागरूक करने और सही मार्ग दिखाने वाला एक लेख, जो मैंने लिखा था, यहाँ प्रस्तुत कर रहा हूँ। यह प्रकरण के विषय को सुंदर निष्कर्ष और मार्गदर्शन प्रदान करता है।

▪ संघ, समाज और परंपरावादी आचार्य - इन तीनों की समरसता कहाँ है?

२२ सितंबर २०२४ / फेसबुक पर

मैंने हमेशा संघ की शास्त्रज्ञान से रहित कार्यपद्धति पर सवाल उठाए हैं। आज उसी सिक्के का दूसरा पहलू देखते हैं कि संघ असल में क्या कर रहा है और उसे किस सही ज्ञान-मार्ग पर चलने की आवश्यकता है।

✳ भाग १ - एक आत्मज्ञानी आचार्य और एक परंपरावादी आचार्य

आज भी हिंदू समाज की एक कटु सच्चाई यह है कि हमारी विभिन्न शाखाओं के आचार्य और उनसे जुड़े पूरे तंत्र जाति और वर्ण को जन्म से मानते हैं। वे स्मृतियों में वर्णित उन सभी बातों को सत्य मानते हैं जो ब्राह्मण को जन्म से सभी धार्मिक अधिकार देती हैं और शूद्र को भी जन्म से मानकर कई प्रकार के प्रतिबंध लगाती हैं। जहाँ स्मृतियों और प्रस्थानत्रयी (उपनिषद, गीता और ब्रह्मसूत्र) में विरोधाभासी बातें आती हैं, वहाँ स्मृतियों के उस समय के लिए बनाए गए नियमों को प्रस्थानत्रयी के सनातन ज्ञान पर प्राथमिकता दी जाती है, या फिर प्रस्थान त्रयी के ज्ञान को अलग तरह से समझाकर स्मृतियों के नियमों को उसी के अर्थ में बताने की कोशिश की जाती है।

बात यहीं नहीं रुकती। सत्य आत्मज्ञान से प्राप्त नहीं होता, बल्कि किसी गुरु की आचार्य परंपरा में रहकर जो शास्त्र ज्ञान उस गुरु द्वारा दिया जाए, वही ज्ञान है। ऐसा मान लिया जाता है कि व्यक्ति को केवल उसी माध्यम से ज्ञान मिल सकता है। जैसे मौलवी कहते हैं कि कुरान और हदीस में जो लिखा है, वह आम मुसलमान को केवल हम ही समझा सकते हैं, और हम जो कहें वही सत्य है। मनुष्य को सीधा ईश्वर का ज्ञान नहीं मिल सकता।

यहाँ भी बात समाप्त नहीं होती। इस जड़ ढांचे से विपरीत, जिन्होंने आत्मज्ञान प्राप्त कर अलग पंथ की स्थापना की, जैसे महावीर और बुद्ध, उन्हें ये आचार्य अपना विरोधी मानते हैं। साथ ही आधुनिक आत्मज्ञानी जिन्होंने कोई पंथ स्थापित नहीं किया, लेकिन हिंदू शास्त्रज्ञान में समाहित होकर समाज को ज्ञान दिया, जैसे स्वामी विवेकानंद, सद्गुरु, जे. कृष्णमूर्ति, श्री श्री रविशंकर आदि, उनके भी खिलाफ नकारात्मक बातें फैलाई जाती हैं। यह इसलिए होता है क्योंकि उनके मन में ऐसे आत्मज्ञानी उनकी सत्ता के लिए चुनौती होते हैं।

जब-जब ऐसे आत्मज्ञानी समाज में सामने आते हैं, तब समाज सत्य को उनके आत्मानुभूति से समृद्ध शब्दों के माध्यम से सरल और स्पष्ट रूप से प्राप्त

करता है। यही कारण है कि समाज रूढ़िवादी आचार्यों की बजाय आत्मज्ञानी व्यक्तियों के पीछे अधिक चलता है। और ऐसा क्यों न हो? एक सत्य की व्याख्या में आत्मज्ञानी और रूढ़िवादी आचार्य के वचनों में कितना अंतर होता है, इसे तीन उदाहरणों के माध्यम से समझा जा सकता है।

१. एक रूढ़िवादी आचार्य उनके चरण स्पर्श करने की कोशिश करनेवाले व्यक्ति को ऐसा न करने का कारण बताते हुए कहेंगे, "आप पेशाब गए होंगे, दूसरी जगह हाथ लगाया होगा। उसके बाद हाथ धोया है या नहीं, हमें नहीं पता। हमें विभिन्न पूजा-विधियों में पवित्र रहना पड़ता है। इसलिए, हमारे शरीर की शुद्धता बनाए रखने के लिए कहते हैं कि हमें न छुएं, बस पादुका को छुएं।" अब, क्रियाकांड के नियमों के अनुसार इस बात में कोई गलती नहीं है।

लेकिन यही बात एक आत्मज्ञानी इस ज्ञान के साथ कहेंगे, "हर स्पर्श एक ऋणानुबंध लेकर आता है। एक आत्मज्ञानी, जो ब्रह्म चेतना को छू चुका है, उसके संपर्क में आ चुका है, वह उस संपर्क को प्रभावी ढंग से बनाए रखने के लिए कम से कम बाहरी ऋणानुबंध स्वीकार करता है ताकि वह अपने आत्मबोध और ज्ञान में स्थिर रह सके। इसलिए गुरु को छूने में कोई लाभ नहीं है। केवल अंतर्मन से उसके समर्पण में ही कल्याण है।"

२. आचार्य कहेंगे, "वेद स्वप्रमाणित हैं। शास्त्र कहते हैं कि वेद ब्रह्माजी के श्वास से उत्पन्न हुए हैं। इसलिए वे अपौरुषेय हैं।"

आत्मज्ञानी कहेंगे, "हमारा आत्मा ही ब्रह्म है। जब हमें उसकी आत्मानुभूति प्राप्त होती है, तब हम ब्रह्म से जुड़ जाते हैं। फिर यह सृष्टि क्या है और किस कार्य-कारण से चलती है, इसका ज्ञान सहजता से हमारे भीतर प्रकट होता जाता है। क्योंकि आप ही ब्रह्म हैं। धीरे-धीरे हर सांस के साथ नई परतें खुलती जाती हैं और आपको ज्ञान होता जाता है। वेद इसी तरह आत्मज्ञानी ऋषियों में ज्ञान की परतें खुलने से बने। इसलिए कहा जाता है कि वेद ब्रह्म के श्वास से प्रकट हुए, जैसे हर श्वास के साथ एक नया ज्ञान। ब्रह्म का पौराणिक साकार रूप ब्रह्मा है, इसलिए कहा जाता है कि वे ब्रह्माजी के श्वास से उत्पन्न हुए। वेद का ज्ञान किसी पुरुष की बुद्धि या बल से उत्पन्न नहीं होता, यह आत्मज्ञानी में सीधा ब्रह्म से श्वास –श्वास (क्षण-क्षण) प्रकट होता है। इसलिए इसे अपौरुषेय कहा जाता है। और यह स्वप्रमाणित भी है क्योंकि यह सीधे ब्रह्म चेतना से आता है।"

३. आचार्य कहेंगे, "याज्ञवल्क्य ऋषि ने वेदों के श्लोक आकाश में देखे। आकाश में रचे हुए श्लोक उन्होंने पढ़े और इस प्रकार उन्होंने वह ज्ञान उपनिषद

में दिया।"

आत्मज्ञानी कहेंगे, "आत्मज्ञान होने पर आत्मा ब्रह्म से एक हो जाता है और श्वास-श्वास में ज्ञान प्रकट होने लगता है। यह ज्ञान मनुष्य के मन में शब्दों के माध्यम से रचा जाता है। न्याय दर्शन और अन्य शास्त्र कहते हैं कि पंचमहाभूतों में आकाश वह तत्व है जहाँ शब्द का निर्माण होता है। आकाश मनुष्य के पाँचवें चक्र से जुड़ा तत्व है, जिसकी ज्ञानेन्द्रिय है सुनना और कर्मेन्द्रिय है बोलना। मनुष्य जो भी आत्मबोध प्राप्त करता है, उसे समझने और व्यक्त करने वाले शब्द इसी पाँचवें चक्र से जुड़े आकाश तत्व में रचे जाते हैं, अर्थात मस्तिष्क के उस हिस्से में रचे जाते हैं। इसलिए कहा गया है कि ऋषि याज्ञवल्क्य ने वेदों का वह ज्ञान श्लोकों के रूप में आकाश में देखा। यह उनके मस्तिष्क के आकाश तत्व की बात है, जहाँ वे ध्यान में उस ज्ञान को श्लोकों के माध्यम से पा रहे है।"

तो, यही भेद है एक आत्मज्ञानी और परंपरा-आधारित व्यवस्था से बने आचार्य में। और इस भेद की जड़ आदि शंकराचार्य और मंडन मिश्र के शास्त्रार्थ में दिखती है।

आदि शंकर और मंडन मिश्र का शास्त्रार्थ आत्मज्ञान से मोक्ष प्राप्त होता है, ऐसा कहने वाले वेदांत दर्शन और केवल यज्ञ आदि कर्मकांड से मोक्ष प्राप्त होता है, ऐसा कहने वाले मीमांसा दर्शन के बीच था। आदि शंकर वेदांत दर्शन का पक्ष ले रहे थे और मंडन मिश्र कर्मकांड के महत्व को दर्शाने वाली पूर्व मीमांसा का। शास्त्रार्थ के पहले शर्त यह थी कि जो हारेगा, वह दूसरे का मार्ग स्वीकार करेगा। शंकराचार्य हारते तो गृहस्थ बनकर मंडन मिश्र के अनुसार जीवन जीते, और मंडन मिश्र हारते तो संन्यास लेकर शंकराचार्य के अनुसार जीवन जीते।

मंडन मिश्र शास्त्रार्थ में हारे और साबित हुआ कि कर्मकांड से नहीं, आत्मज्ञान से मोक्ष प्राप्त होता है। मंडन मिश्र ने संन्यास ले लिया और आदि शंकराचार्य ने चार दिशाओं में जो चार मठ स्थापित किए, उनमें मंडन मिश्र को कांची मठ का पहला शंकराचार्य बनाया।

इस प्रकार, शास्त्रार्थ में आत्मज्ञानी शंकराचार्य जीते, लेकिन उनके प्रतिनिधि के रूप में हारे हुए कर्मकांड में विश्वास रखने वाले परंपरावादी व्यक्ति गद्दी पर बैठे। और क्योंकि मंडन मिश्र की स्थिति आत्मज्ञान की नहीं थी, आदि शंकर के मठों की परंपरा में आत्मज्ञान केवल एक सिद्धांत रूप में रह गया। मठों की परंपरा चलाने में कहीं ब्राह्मण जन्म और रूढ़िवादी बातें अधिक प्रचलित दिखती हैं, जिन्हें मंडन मिश्र मानते थे।

वे मठ, जो एक आत्मज्ञानी ने स्थापित किए थे, ऐसे आत्मज्ञानी व्यक्तियों से विमुख होकर एक परंपरावादी व्यवस्था बन गए। जब-जब आदि शंकराचार्य जैसे नए आत्मज्ञानी सामने आए, हर बार मठ की परंपरावादी व्यवस्था ने उन्हें गलत ठहराया और उन्हें अपना विरोधी मान लिया। लेकिन जन्म से ब्राह्मण लोग परंपरा के सहारे नए-नए वाद उत्पन्न करते रहे, तो उन्हें नए आचार्य के रूप में मान्यता दी जाती रही।

यह पूरी बात गड़बड़ है उस मूल से। आत्मज्ञान एक चेतना है, जिसे आप जड़ व्यवस्था में बांध नहीं सकते। और व्यवस्था आप जड़ नियमों और शास्त्र के पंडितों से ही बना सकते हैं। अगर व्यवस्था लचीली और आत्मज्ञान को प्रेरित करने वाली हो, तो समय-समय पर उसमें आत्मज्ञानी प्रकट होते हैं। लेकिन अधिकांश प्रगाढ़ आत्मज्ञानी स्थापित व्यवस्थाओं के बाहर के मुक्त वातावरण से ही आते हैं, जैसे आदि शंकराचार्य अपने बचपन में ही बने थे।

✳ भाग २: संघ का कार्य

संघ को हिंदू समाज के हित में समय-समय पर अनिश्चित स्थानों से प्रकट होने वाले आत्मज्ञानी योगियों और परंपरागत आचार्यों के बीच आपसी सम्मान और स्वीकार्यता का वातावरण तैयार करना है। यदि मैं एक आत्मज्ञानी योगी के स्थान पर स्वयं को रखूं, तो ऐसे योगी को किसी भी परंपरागत आचार्यजी को देखकर और उनसे मिलकर आनंद ही होगा। वह उनके सान्निध्य में रहना पसंद करेगा क्योंकि आचार्यजी उन वेद-शास्त्रों के अध्ययनकर्ता हैं, जो आत्मज्ञानी ऋषियों के ज्ञान से लिखे गए हैं। इन शास्त्रों के माध्यम से एक आत्मज्ञानी, सदियों पूर्व के दूसरे आत्मज्ञानी से रूबरू होता है।

इसलिए, एक आत्मज्ञानी योगी किसी भी आचार्य से द्वेष या ईर्ष्या नहीं करेगा। वह उनकी सेवा में भी आनंद अनुभव करेगा क्योंकि उसे किसी गद्दी की आवश्यकता नहीं है। उसका किसी आचार्य से स्वार्थ का कोई टकराव नहीं है। लेकिन दोनों की शास्त्रों के वचनों को समझने की क्षमता अलग-अलग होती है। आत्मज्ञानी की समझ उसके आत्मानुभव से आती है, जबकि आचार्य की समझ उनकी स्मृति, बुद्धि, और कल्पना से। इस कारण, यदि शास्त्रों के वचनों पर चर्चा होती है, तो दोनों के बीच मतभेद होंगे।

आचार्य, आत्मज्ञानी के ज्ञान से द्वेष कर सकते हैं, क्योंकि जो गद्दी पर बैठा है वह जो कहे, उसे ही सत्य माना जाना है। इस सत्ता को एक आत्मज्ञानी के स्पष्ट और अनुभूति वाले ज्ञान द्वारा चुनौती मिलती है। इसलिए, हमें परंपरागत

आचार्यों से यह कहना है कि वे हिंदू समाज के भले के लिए थोड़े विनम्र बनें और संसार में वक्त वक्त पर सामने आ रहे वैसे आत्मज्ञानियों को स्वीकार करने की क्षमता विकसित करें।

एक ब्राह्मण, क्षत्रिय या वैश्य अपने बचपन से जिस वातावरण और प्रशिक्षण में रहता है, उसका प्रभाव नकारा नहीं जा सकता। लेकिन इसका यह अर्थ भी नहीं है कि केवल उसी के आधार पर उसकी योग्यता तय होगी। ब्राह्मण परिवार में जन्म लेने से वेदों की ऋचाओं और संस्कृत के श्लोक तो रावण ने भी सीख लिए थे, पर वह ब्राह्मण नहीं था, वह क्षत्रिय था। मैं चौधरी हूं, जो गांवों में सरपंच या मुखिया की पदवी से जुड़ी जाति है। हो सकता है कि मुझमें सरपंच बनने के कुछ स्वाभाविक गुण मेरे डीएनए और परवरिश से आए हों, लेकिन इसका यह अर्थ नहीं कि यह गुण किसी अन्य क्षत्रिय, ब्राह्मण, वैश्य, या शूद्र में नहीं हो सकते। हम यह नहीं कह सकते कि केवल चौधरी जाति के लोग ही सरपंच बनने योग्य हैं और अन्य कोई सरपंच नहीं बन सकता। भले ही दस में से सात चौधरी सरपंच बनते हों, उनके जातिगत गुण और परवरिश के कारण, लेकिन यदि तीन बार कोई ऐसा व्यक्ति मिलता है जो किसी चौधरी से भी अधिक योग्य है, तो उसे सरपंच बनाना चाहिए। इसी प्रकार, जन्म और परवरिश का प्रभाव स्वीकार्य है, परंतु उसके आधार पर संसार के किसी भी स्थान पर किसी को जन्मजात एकाधिकार देना अमानवीय अन्याय है, क्योंकि वह सत्य के विरुद्ध है।

भले ही सभी आचार्य अपनी परंपरा के अनुसार ब्राह्मण जाति के ही बनें, इसमें किसी को आपत्ति नहीं है, क्योंकि यह एक परंपरा का हिस्सा माना जाएगा। लेकिन उनकी धार्मिक सत्ता को सुनिश्चित करने के लिए किसी स्थान या कार्य पर जन्मजात अधिकार के शास्त्र-विरुद्ध सिद्धांत को स्थापित करने का प्रयास नहीं किया जाना चाहिए। किसी भी कार्य या पद पर अधिकार गुण और प्रतिभा से सिद्ध होता है, जिसे योग्यता कहते है।

संघ का मूल कार्य यह है कि एक ऐसी स्थिति बनाई जाए, जहां सद्गुरु और शंकराचार्य दोनों एक-दूसरे को स्वीकार करें और साथ मिलकर कार्य करें। जहां विवेकानंद और शंकराचार्य एक-दूसरे को स्वीकार करें और मानव समाज में आध्यात्मिकता को प्रसारित करने का कार्य करें। संघ को इसी दिशा में बढ़ना है। इसके लिए उसे यह बाते समझनी और जाननी होंगी जो इस लेख में कही गई है। इस ज्ञान के अभाव और परंपरागत आचार्यों के विरोध में स्वामिनारायण जैसे उन सनातन विरोधी संप्रदायों का तुष्टिकरण नहीं करना चाहिए। ऐसे संप्रदाय जहां एक सामान्य वैष्णव कृष्ण भक्त को भगवान कृष्ण से भी बड़ा एक नया

भगवान बना दिया जाता है। जहां सनातन धर्म के पंचदेवों को उस नए भगवान का सेवक बताकर पूजा के योग्य नहीं माना जाता। जहां पूरी सनातन संस्कृति को वैदिक ईश्वर से हटाकर एक नए सर्वोपरि ईश्वर के साथ जोड़ने का इस्लाम जैसा प्रयास होता है और सनातन धर्म के स्थापित ईश्वरों का अपमान किया जाता है।

यदि संघ परंपरावादी आचार्यों के विरोध में संतुलन बनाने के लिए ऐसे संप्रदायों को बढ़ावा देता है, जो सनातन विरोधी हैं और भ्रष्ट व विकृत कार्यों में लिप्त हैं, तो इसका अर्थ केवल यह नहीं होगा कि संघ अज्ञानी है, बल्कि यह भी होगा कि वह बिक चुका है। संघ को सनातन धर्म के शास्त्रों को इतनी गहराई से आत्मसात करना होगा कि वह विवेकानंद और सद्गुरु जैसे आत्मज्ञानी व्यक्तियों को परंपरागत आचार्यों के साथ जोड़ सके और उनमें आपसी सम्मान और स्वीकार्यता स्थापित कर सके। ऐसा होने के बाद ही आप एक सच्चा सनातन धर्म रक्षा बोर्ड बना सकते हैं, जहां हिंदू समाज सैद्धांतिक रूप से समरस और एकजुट होगा।

यदि आत्मज्ञानी व्यक्ति संघ के शीर्ष स्थान पर आए, तो वह मुस्लिम और ईसाई गतिविधियों के विरोध में कुछ करने से पहले इस प्रयास को प्राथमिकता देगा और सनातन धर्म व समाज को भीतर से आत्मबोध के साथ और सशक्त बनाएगा। बाहरी विजय तो स्वत: ही प्राप्त हो जाएगी। यदि बचने के लिए संघर्ष करने की बजाय विश्व में स्थापित होने के लिए प्रयास करना है, तो पहले यह करना होगा।

संप्रदाय के स्वामी और सनातन के स्वामी

शंकराचार्यजी की अध्यक्षता वाली सनातन धर्म संरक्षण समिति मार्च २०२४ में सूरत में एक बार फिर मिली। लेकिन इस बार, उन्होंने एक नई रणनीति से सबको चौंका दिया। साल २००३ के आसपास स्वामिनारायण सम्प्रदाय की वड़ताल गादी के आचार्य अजेन्द्रप्रसादजी के खिलाफ संस्थान के स्वामीयों के एक गुट ने नौतम स्वामी के नेतृत्व में आचार्यों के अन्य वंशजों के साथ मिलकर विद्रोह किया था। यह मामला १९९६ से चल रहा था, जब कहा गया कि आचार्य अजेन्द्रप्रसाद दीक्षा के नियमों को कड़ा कर रहे थे क्योंकि संप्रदाय के साधुओं में भ्रष्टाचार, व्याभिचार और आपसी रंजिश में अपहरण एवं हत्या तक के मामले सामने आए थे। इसके विरोध में आचार्य के विद्रोही गुट ने कोर्ट में मामला दायर किया और गुजरात हाईकोर्ट के आदेश से अजेन्द्रप्रसाद को आचार्य पद से हटा दिया गया। उनकी जगह राकेशप्रसादजी को नया आचार्य नियुक्त किया गया, और विद्रोही गुट के नेता नौतम स्वामी मुख्य संत बन गए।

दूसरी तरफ, पद से हटाए गए अजेन्द्रप्रसादजी और उनके मुख्य संत एसपी स्वामी गढ़ड़ा आकर बस गए और विरोध जारी रखा। राकेशप्रसादजी और नौतम स्वामी के वड़ताल में आचार्य बनने के बाद उनके गुट के स्वामीयों के भ्रष्टाचार और अन्य आपराधिक गतिविधियों की जानकारियाँ सार्वजनिक होने लगीं, जो उस समय चर्चा का विषय बन गईं। आरोप लगाए गए कि यह सब जानकारी बाहर लाने में गढ़ड़ा गए पूर्व आचार्य अजेन्द्रप्रसादजी का हाथ था। वर्तमान में, उनके

पुत्र लालजी महाराज इस विरोध के प्रमुख नेता बने हुए है।

जब मैं द्वारिका में शंकराचार्यजी से मिला, तो उन्होंने भी इस ओर संकेत किया था कि उनकी जानकारी के अनुसार गढ़ड़ा में जो आचार्य पदच्युत होकर भेजे गए हैं, वे ऐसे नहीं हैं, जबकि २००३ में गादी हथियाने वाले लोग इन सभी भ्रष्ट गतिविधियों में शामिल थे। यही कारण है कि ४ सितंबर की शाम शिवानंद आश्रम में हुई कॉन्फ्रेंस की घोषणा के बावजूद, जिसमें संप्रदाय के संतों और सनातन के संतों की संयुक्त समिति बनाने का प्रस्ताव था, वह गठित नहीं हो सकी। क्योंकि इसके अध्यक्ष पद पर शंकराचार्यजी और वड़ताल के वर्तमान आचार्य राकेशप्रसादजी को समान रूप से रखा गया था।

घोषणा में लिखा गया था: "द्वारका पीठाधीश्वर शंकराचार्य परम पूज्य श्री सदानंद सरस्वतीजी महाराज और वड़ताल गादीपति परम पूज्य आचार्यश्री राकेशप्रसादजी महाराज के आशीर्वाद से"। एक तो सनातन धर्म के सर्वोच्च पद, जगद्गुरु शंकराचार्य के सामने एक छोटे से संप्रदाय के एक हिस्से के गादीपति को इतनी समान उपाधि से संबोधित करना संप्रदाय की चापलूसी और सनातन धर्म के शीर्ष सम्मान की अवमानना थी। दूसरा, शंकराचार्यजी वर्तमान वड़ताल आचार्य और उनके मुख्य संत को उपयुक्त नहीं मानते थे। उन्होंने इसे लेकर कुछ शब्द तो नहीं कहे, लेकिन एक तरह से संप्रदाय के अनुयायियों में राकेशप्रसादजी और नौतम स्वामी की छवि १९९६-२००३ के बीच की घटनाओं के कारण आज भी नकारात्मक थी।

संप्रदाय के एक अनुयायी ने हाल ही में टीवी न्यूज चैनल पर नौतम स्वामी के बारे में खुलकर बात की, जिसकी वीडियो लिंक नीचे दी गई है।

(वीडियो लिंक: https://drive.google.com/file/d/११KiwAH-CbpPdZhFH०BZ७०a-TB२fxY३Men/view?usp=drivesdk)

अब सनातन धर्म संरक्षण समिति में शंकराचार्यजी की सोच को लागू किया जा रहा था। सूरत में हुई बैठक में गढ़ड़ा के अजेन्द्रप्रसादजी के पुत्र लालजी महाराज और एसपी स्वामी को समिति में शामिल किया गया। इन दोनों ने सार्वजनिक रूप से कहा कि उन्होंने समिति के छह प्रस्ताव स्वीकार कर लिए हैं और अब वे सनातन में शामिल हो गए हैं। उन्होंने यह भी कहा कि मूल संप्रदाय में सनातन धर्म या उसके देवी-देवताओं का कोई विरोध नहीं है।

उनका कहना था कि मूल संप्रदाय में सनातन धर्म के सभी देवी-देवताओं को स्वीकार किया गया है। यह सब बाद में मूल संप्रदाय से अलग हुए गुटों द्वारा

किया गया है। वड़ताल में ऐसा होने पर अजेन्द्रप्रसादजी ने इसका विरोध किया था, जिसके चलते उन्हें गादी से हटा दिया गया। लेकिन यह सब कहते हुए, एसपी स्वामी और लालजी महाराज दोनों बार-बार "भगवान स्वामिनारायण" का नाम ही ले रहे थे। उन्होंने कहीं यह नहीं कहा कि वे भगवान कृष्ण के भक्त हैं। वे कृष्ण को भी भगवान कहते थे और स्वामिनारायण को भी।

दो महीने बाद, जून २०२४ में, समिति की बैठक राजकोट के त्रंबा में हुई। वहाँ भी ये दोनों मेहमान मौजूद थे और वही बातें भगवान स्वामिनारायण के नाम पर कर रहे थे। सनातन के योद्धाओं में कई सवाल और संदेह थे कि आखिर चल क्या रहा है। मुझ पर और वसंतभाई पर लगातार फोन आ रहे थे, लेकिन हमें भी कुछ पता नहीं था।

इसी कारण, दो दिन बाद मैंने इस पर स्पष्टता पाने के लिए फेसबुक पर यह लेख लिखा और समिति के सदस्यों तक पहुँचाया। लेकिन इसका कोई ठोस जवाब नहीं मिला।

▪ त्रंबा में हुई बैठक के बाद सनातनी संतों को सनातन समाज का संदेश

१३ जून, २०२४ / फेसबुक पर।

सनातनी समाज में एक गंभीर संदेह उत्पन्न हुआ है कि क्या त्रंबा में एकत्रित हमारे संतों को उस संप्रदाय की सनातन-विरोधी योजना की कोई ठोस समझ है या नहीं? क्योंकि सूरत और त्रंबा, दोनों जगह गढ़ड़ा वाले आचार्य और उनके एसपी स्वामी बार-बार कह रहे हैं कि "हमारे मूल संप्रदाय में सनातन धर्म के किसी देवी-देवता का विरोध नहीं है, और हम सभी को स्वीकार करते हैं।" अब, यह बात तो उस संप्रदाय के हर विघटित गुट ने कही है, जो विकृत तरीकों से सनातन धर्म के ईश्वरों का अपमान कर चुका है। उनका दावा है कि, "हम सनातन धर्म के सभी देवी-देवताओं को स्वीकार करते हैं, क्योंकि वे सभी सहजानंद स्वामी के सेवक हैं। सनातन धर्म के किसी देवी-देवता का विरोध नहीं है, बस हम कहते हैं कि वे सभी सहजानंद स्वामी उर्फ स्वामिनारायण से उत्पन्न हुए हैं और उन्हीं से शक्ति प्राप्त करते हैं। स्वामिनारायण सभी अवतारों के अवतारी हैं।"

अर्थात, वे आपके देवी-देवताओं को इसलिए स्वीकार करते हैं क्योंकि उनके नए भगवान की गुलामी कराने के लिए उन्हें सनातन धर्म के देवी-देवताओं की जरूरत है। अगर वे सनातन धर्म के ईश्वर को न स्वीकारें, तो अकेला उनका भगवान सर्वोपरी कैसे कहलाएगा? यही इस पूरे मुद्दे का सत्य है। अब, यही बात

ये गढ़ड़ा वाले आचार्य और स्वामी भी कह रहे हैं कि "हम सभी को स्वीकारते हैं और किसी का विरोध नहीं करते," लेकिन यह सावधानीपूर्वक छिपाते हुए कि - स्वामिनारायण सर्वोपरी हैं, और सनातन धर्म के भगवान उनके सेवक हैं। इस बात को वे फिलहाल खुलकर नहीं कह रहे, परंतु साथ ही, वे यह स्पष्टता भी नहीं प्रदान करते कि, "सनातन धर्म के वेद और पुराणों में वर्णित पंचदेव ही हमारे मूल ईश्वर हैं, और सहजानंद स्वामी तो भगवान कृष्ण के भक्त हैं, जिन्हें हम भगवान कृष्ण के सच्चे भक्त के रूप में मानकर ही अपने गुरु के रूप में भगवान कहते हैं।" जब तक वे ऐसा नहीं कहते, तब तक इन बार-बार होने वाली बैठकों में सनातन के संत किस बात से इतने प्रसन्न हैं, यह समझ नहीं आ रहा!

जब मोहम्मद पैगंबर ने इस्लाम की स्थापना की, तो उन्होंने अरब के पूर्व के सभी पैगंबरों के बारे में यही कहा था। उन्होंने कहा, "हम उन सभी पैगंबरों को स्वीकार करते हैं, वे सभी सत्य हैं। लेकिन मैं अंतिम हूं और ईश्वर का अंतिम संदेश लेकर आया हूं। अब इसके बाद कुछ नहीं होगा। अब से हमेशा के लिए वही करना है, जो मुझे अल्लाह ने कहा है।" यही बात यह संप्रदाय भी सनातन धर्म से कह रहा है कि सहजानंद स्वामी आ गए हैं, इसलिए अब तक के सभी भगवान, जो उनके ही अवतार और सेवक हैं, उनकी पूजा करने की आवश्यकता नहीं है। बस इस नए सर्वोपरि भगवान की पूजा करो और वही करो, जो वे और उनके वंश से चले आ रहे इन आचार्यों की गादी कहती हैं।

यह सनातन धर्म के भीतर इस्लाम स्थापित करने का प्रयास है, बस भगवान का नाम अलग है और संप्रदाय का स्वरूप ईसाई जैसा है। स्वामिनारायण संप्रदाय भारत में ईसाई शरीर के साथ इस्लामी आत्मा स्थापित करने के लिए हिंदू वस्त्र उधार मांगने जैसा है। हिंदू प्रतीकों, हिंदू नामों और हिंदू शास्त्रों का उपयोग करते हुए भी उनका शरीर ईसाई धर्म का है और आत्मा इस्लाम की। यही मूल सत्य है।

कहिए इन मूल संप्रदाय वालों से कि वे इस पर स्पष्टता प्रदान करें। और जो वे कहें, उसे हमें भी बताएं।

लेकिन समिति की इन दो बैठकों में गढ़डावाले आचार्य और एसपी स्वामी के आने के बाद वही घटनाएँ दोहराई गई, जो २००३ में अजेन्द्रप्रसादजी के गढ़डा जाने के बाद वडताल के स्वामीयों के काले कारनामे सामने आने के रूप में हुई थी। अचानक, वडताल और उससे अलग हुए कुछ गुटों और गुरुकुलों से स्वामीयों के ऐसे-ऐसे घोटाले उजागर होने लगे जो चौंका देने वाले थे। एक स्वामी ने एक

युवती को महीनों तक बंदी बनाकर रखा और बार-बार उसके साथ बलात्कार किया और बाद में उसका गर्भपात कराने के लिए उसे एक डॉक्टर के पास ले गया। एक और वीडियो सामने आया जिसमें एक स्वामी अपने गुरुकुल के एक लड़के को नहलाते हुए अप्राकृतिक कृत्य करते हुए दिखाई दे रहा था। एक और वीडियो में एक स्वामी दूसरे स्वामी के जननांगों को सहलाते हुए देखा गया। ऐसे घोटाले भी सामने आए जहां स्वामी मंदिर निर्माण की आड़ में लोगों से जमीन हड़पने में शामिल थे। चारों तरफ अखबारों और टीवी न्यूज़ चैनलों में यह चर्चा छिड़ गई। हर नई सुबह इस संप्रदाय के किसी न किसी गुट से जुड़े नए घोटाले सामने आ रहे थे। इन सबके बारे में यहां लिंक देने से कथानक की लय टूट रही है, इसलिए उन सभी अखबारों और टीवी न्यूज़ चैनलों के लिंक को एक पीडीएफ में समाहित करके उसका लिंक दे रहा हूं।

(पीडीएफ लिंक: https://drive.google.com/file/d/१Hoxxfm०U TptRC०b८oSt९८२WPnNgJY१H५/view?usp=sharing)

उस समय मैंने फेसबुक पर यह पोस्ट की और बताया कि यह पूरा स्वरूप यूरोप में चलने वाले कैथोलिक चर्च के पादरियों से मिलता-जुलता है।

▪ यह वडताल में दिखाई गई विकृति सनातन धर्म की नहीं है, यह यूरोप के ईसाई संप्रदाय की है।

१६ जून, २०२४/ फेसबुक पर।

इन स्वामीयों द्वारा बच्चों और महिलाओं के साथ किए गए यौन शोषण के कृत्यों को हिंदू धर्म से जोड़ने की भूल कभी नहीं करनी चाहिए। यह वही ईसाई स्वरूप है जिसे इस संप्रदाय ने केवल हिंदू नाम और पोशाक धारण करके अपनाया हुआ है। तीसरी सदी में रोमन राजा कॉन्सटेंटाइन द्वारा ईसाई संप्रदाय की स्थापना के बाद यूरोप और बाद में अमेरिका में लगभग पंद्रह सौ वर्षों तक यही सब चलता रहा। सेक्स को मूल पाप (original sin) मानने वाले ईसाई संप्रदाय में पादरियों और बिशपों की मानसिकता वही रहती थी जो इस संप्रदाय के स्वामीयों की है। बाहर महिलाओं का तिरस्कार और अंदर ही अंदर उन्हीं महिलाओं का यौन शोषण। इन घोटालों की विकृति इतनी बढ़ चुकी थी कि बारहवीं-तेरहवीं सदी में महिलाओं को ईश्वर के मार्ग में सबसे बड़ी बाधा मानकर पूरे यूरोप में लगभग ५०,००० महिलाओं को जीवित जला दिया गया था।

कैथोलिक चर्च और रोमन राजाओं का सत्ता और संप्रदाय का यह गठजोड़ ही था, जिसके विरोध में यूरोप में लोकतंत्र के आधुनिक विचारक और गैलीलियो,

न्यूटन जैसे वैज्ञानिक पैदा हुए। आज भी यूरोप और अमेरिका में पादरियों और बिशपों के ऐसे घोटाले सामने आते रहते हैं। ऑस्कर विजेता स्पॉटलाइट और प्राइमल फियर जैसी फिल्में देखेंगे तो आपको वही तस्वीर दिखेगी जो आज इस संप्रदाय के स्वामीयों के बारे में हमारे मीडिया में दिख रही है।

BAPS का स्वरूप रोमन कैथोलिक चर्च जैसा है, जहां पोप की तरह उनके संस्था प्रमुख को धाम में विराजमान भगवान का प्रतिनिधि माना जाता है। बाकी गुट ऑर्थोडॉक्स ईसाई स्वरूप में हैं। यूरोप और अमेरिका जिस बुराई से लड़कर बाहर निकले हैं, हम गुजरात में उसी बुराई में डूबते जा रहे हैं। तो सत्ता अब इस विकृति से खुद को अलग करे और इसे समय पर नष्ट कर देना ही अपने धर्म का पालन माने। हमें व्यक्तियों को नष्ट नहीं करना है, हमें उस भ्रष्टाचार और विकृति को खत्म करना है जिसकी शुरुआत उनकी किताबों में लिखे विकृत साहित्य से होती है। मूल वहीं है और विदेशी जहर उसी मूल में डाला गया है।

ऊपर कही गई बात का एक उदाहरण स्पेन में मिलता है, जहां एक स्वतंत्र आयोग की रिपोर्ट बता रही है कि कैसे स्पेन के एक चर्च में १९४० से आज तक दो लाख से अधिक बच्चों का यौन शोषण हो चुका है।

✣

और फिर आया चातुर्मास। शंकराचार्यजी के भ्रमण को रोकने का १०६ से १०८ दिनों का समय, जब शंकराचार्यजी अपना भ्रमण रोककर किसी एक आश्रम में रहते और लोग वहां उनके दर्शन करने आते। लेकिन इस बार खबरें अलग आईं। खबर थी कि इस बार के चातुर्मास में शंकराचार्यजी अहमदाबाद के शिवानंद आश्रम में ठहरेंगे। वही स्वामी परमत्मानंद सरस्वतीजी का शिवानंद आश्रम, जहां सारंगपुर विवाद को सुलझाने के लिए बैठक हुई थी।

▌ हिंदू धर्म आचार्य सभा:

दक्षिण भारत के प्रसिद्ध संत और चिन्मय मिशन के संस्थापक स्वामी चिन्मयानंदजी के एक प्रभावशाली शिष्य थे, जिनका नाम भी स्वामी दयानंद सरस्वती था। आर्य समाज के संस्थापक स्वामी दयानंद सरस्वती से अलग, यह स्वामी दयानंद सरस्वती अद्वैत वेदांत के विचारक थे। तमिलनाडु में जन्मे और चिन्मय मिशन में वर्षों तक कार्य करने के बाद, उन्होंने स्वतंत्र रूप से भारत में अर्श विद्या गुरुकुल की स्थापना की। उनका एक केंद्र अहमदाबाद में शिवानंद आश्रम के रूप में भी है, जहां उनके शिष्य स्वामी परमत्मानंद सरस्वती उनकी विरासत संभाल रहे हैं। वर्ष २०१५ में दयानंद सरस्वती ऋषिकेश स्थित अपने

आश्रम में देवलोक सिधारे।

उन्होंने ही २००३ में चेन्नई में हिंदू धर्म आचार्य सभा की स्थापना की थी। लेकिन आज इसका मुख्य स्थान एक तरह से अहमदाबाद का शिवानंद आश्रम ही है। ४ सितंबर की सारंगपुर विवाद सुलझाने वाली प्रेस नोट इसी हिंदू धर्म आचार्य सभा के लेटरपेड़ पर लिखकर मीडिया को दी गई थी।

स्वामी दयानंद सरस्वती की हिंदू धर्म आचार्य सभा की स्थापना के पीछे का विचार सनातन धर्म के सभी पंथों और मतों को समाहित कर एक आध्यात्मिक संसद बनाने का था। लेकिन उस समय, गुजरात के शिवानंद आश्रम से जुड़े संपर्कों और शायद गुजरात के तत्कालीन मुख्यमंत्री नरेंद्रभाई मोदी से संबंधों के कारण स्वामिनारायण संप्रदाय को भी इस सभा में शामिल किया गया। आज, जब हम इस संप्रदाय की पुस्तकों की वास्तविकता देखते हैं, तो समझ सकते हैं कि यह निर्णय अध्ययन और जानकारी के बिना, केवल सामाजिक और राजनीतिक प्रभाव में लिया गया होगा। क्योंकि इस संप्रदाय की पुस्तकों का स्वरूप तो दशकों से ऐसा ही रहा है, जिसने सनातन धर्म के इष्टों के खिलाफ सबसे विकृत बातें लिखी हैं। और इन पुस्तकों के सबसे विकृत स्वरूप को रखनेवाली बीएपीएस के एक 'डॉक्टर स्वामी' नामक स्वामी को इस सभा की स्थापना के समय प्रवचन देने के लिए भी बुलाया गया था।

आज हिंदू धर्म आचार्य सभा स्वामी अवधेशानंदगिरि महाराज के अध्यक्ष पद के अंतर्गत चलती है, जिसमें स्वामी परमात्मानंद सरस्वतीजी संस्था के महासचिव हैं। जब इस संप्रदाय की सच्चाई नई-नई सामने आई, और संघ का समर्थन नहीं मिल रहा था, तथा शंकराचार्यजी तक पहुंचने का मार्ग किसी ने सनातनी योद्धाओं को नहीं दिखाया था, तब मैंने स्वामी परमात्मानंद सरस्वतीजी का वेदांत पर एक इंटरव्यू सुना था। यह इंटरव्यू अब्राहमिक संप्रदायों की तुलना में हिंदू धर्म के तत्वज्ञान की व्यापकता को समझा रहा था। चूंकि मैं हमेशा अद्वैत वेदांत का समर्थक रहा हूं, मुझे उनका ज्ञान पसंद आया और मैंने सनातनी योद्धाओं से कहा, "हमें ऐसे किसी ज्ञानी व्यक्ति का सहारा लेकर यह लड़ाई लड़नी चाहिए।" लेकिन उनकी तस्वीर देखकर वे मुझ पर हंसने लगे, "साहब, आप कितने भोले हैं। अभी-अभी इस विषय में आए हैं, इसलिए आपको नहीं पता। ये स्वामीजी सरकार के संत हैं। संघ जो कहे वही करते हैं। वे वड़ताल वाले माधवप्रियदास के खास हैं और उन्ही से माधवप्रियदास को आचार्य सभा में बढ़ावा दिया गया है।"

बाद में सारी बातें स्पष्ट होने लगीं। जब राम माधव आए और सारंगपुर

विवाद सुलझाने की बैठक शिवानंद आश्रम में हुई। अमेरिका के न्यू जर्सी में बीएपीएस मंदिर का उद्घाटन हुआ, तो गुजरात में संप्रदाय के प्रचंड विरोध के कारण बीजेपी का कोई मंत्री या संघ का कोई पदाधिकारी वहां नहीं गया। उस समय, आचार्य सभा के संतों के रूप में परमात्मानंद सरस्वतीजी और राम जन्मभूमि ट्रस्ट के कोषाध्यक्ष गोविंदगिरी महाराज को वहां भेजा गया। इनकी तस्वीरें देखकर गुजरात के सनातनियों में गुस्सा फैल गया था। इतना ही नहीं, सारंगपुर विवाद के बाद छवि सुधारने के लिए वड़ताल में बड़े उत्सव का आयोजन हुआ। उस समय, अखिल भारतीय संत समिति के राष्ट्रीय अध्यक्ष अविचलदास महाराज को निमंत्रण दिया गया था, लेकिन उन्होंने वहां जाने से मना कर दिया। जब गुजरात के कोई संत वहां जाने को तैयार नहीं थे, तो आचार्य सभा के दो संत, गोविंदगिरी महाराज और तेलंगाना के वैष्णव रामानुज परंपरा के आचार्य चीना जियार स्वामीजी ने उस उत्सव में भाग लिया। इन दोनों संतों की वड़ताल यात्रा की व्यवस्था परमात्मानंदजी ने ही की होगी यह स्पष्ट अंदाज़ लगा था।

इस तरह मैं कभी परमात्मानंदजी से मिल नहीं सका। लेकिन अब, जब शंकराचार्यजी अहमदाबाद में उनके आश्रम में चातुर्मास के लिए रुके हुए थे, तो मैंने यह अवसर नहीं गंवाने का निर्णय किया। लंबे समय से प्रयास करते रहने के बाद, आखिरकार चातुर्मास समाप्ति के करीब एक रविवार को मैं समय निकालकर शिवानंद आश्रम पहुंचा। चूंकि शंकराचार्यजी से मैं दो-तीन बार मिल चुका था, मेरी प्राथमिकता परमात्मानंदजी से मिलने की थी। मैं अपनी अंग्रेजी पुस्तक लेकर गया था, जिसमें सृष्टि के वेदांती मॉडल को आधुनिक विज्ञान में समझाने का प्रयास किया गया है। इस विषय पर मैं कई वैज्ञानिकों से चर्चा कर रहा था।

संध्या के समय, मैं पांच-छह सज्जनों के बीच परमात्मानंदजी से मिला और उन्हें अपनी पुस्तक भेंट की। मैंने पुस्तक का उद्देश्य समझाया। पहली नज़र में, मुझे वे पसंद आए। हां, उनकी बातों में एक स्वतंत्र वेदांती संत के साथ-साथ संघ की अखिल भारतीय कार्यशालाओं की झलक थी। संघ से जुड़े कुछ दायित्वों का गर्व या स्व-महत्व उनके चेहरे पर झलक रहा था। लेकिन हमारी पहली मुलाकात ऐसी थी, की मानो कोई पुराने मित्र वर्षों बाद मिलकर एक-दूसरे को स्नेह और सम्मान दे रहे हों। इसका कारण वेदांत की साझा कड़ी थी। यदि कोई थोड़ा शुष्क रह रहा था, तो वह मैं था। उनके संप्रदाय-समर्थक रुख की जो बातें मैंने सुनी थीं, यदि वे सच निकलीं, तो मैं एक वेदांती संत के साथ होने वाले हृदयभंग की पीड़ा सहन नहीं करना चाहता था।

वहाँ उनसे मिलने आए उनके भक्तों और संसारियों के जाने के बाद भी

उन्होंने मुझे बैठाए रखा, और हम कुछ चर्चाएँ करने लगे। बातचीत के दौरान मैंने उनसे कह दिया, "यह स्वामिनारायण का जो सब बाहर आया है, वह पूरा अभियान तर्क और ज्ञान के आधार पर मैंने ही चलाया। एक तरह से, यह सब मैंने ही उजागर किया।"

उन्होंने कहा, "क्या उजागर किया? अभी वीएचपी के अखिल भारतीय अधिकारियों के साथ इस विषय पर एक मीटिंग होने वाली है। जो भी सामग्री आपके पास हो, मुझे भेज दीजिए। उनका वह सारंगपुर वाला विवाद मैंने ही बीच में रहकर सुलझाया था।"

"हाँ, मैं जानता हूँ," मैंने कहा। "मैं आपको वह सारी पीडीएफ और अन्य साहित्य भेज दूँगा। अगर कोई सच में इस संकट को दूर करने की जिम्मेदारी लेता है, और मैं उसकी निष्ठा पर विश्वास कर सकूं, तो मैं अब इस काम से अलग होकर अपने पुस्तक के कार्य पर ध्यान केंद्रित करना चाहता हूँ।" स्वामीजी ने कहा, "आप सही समय पर आए हैं। आने वाले शनिवार को मैं यहाँ विज्ञान और आध्यात्म पर एक कॉन्फ्रेंस आयोजित कर रहा हूँ। इसरो और अन्य संस्थाओं के वैज्ञानिक आएँगे, और हमारे वेदांत के संत भी उपस्थित होंगे। आप भी आइए। मैं आपको निमंत्रण वॉट्सएप कर दूँगा।"

इस तरह हमारी मुलाकात किसी पुराने सहपाठियों की मुलाकात की तरह समाप्त हुई। उस दिन मैं खुशी-खुशी डेढ़ सौ किलोमीटर दूर अपने घर ड्राइव करके पहुँचा। अगले दिन मैंने उन्हें वह सारी पीडीएफ वॉट्सएप पर भेज दीं, जिनमें से कुछ इस पुस्तक में लिंक के माध्यम से दी गई हैं। इसके अलावा, मैंने वह हिंदी और अंग्रेज़ी पीडीएफ भी भेजीं जिन्हें हम भारत और विदेश में लोगों को भेज रहे थे। उन्होंने मुझे कॉन्फ्रेंस का निमंत्रण कार्ड भेजा, और मैं छठे दिन शनिवार को फिर वहाँ पहुँच गया।

लेकिन कॉन्फ्रेंस हॉल में पहुँचते ही मेरे हृदय को पहला झटका लगा। स्वामीजी मंच पर वडताल के उसी माधवप्रियदास स्वामी के बगल में बैठे थे और उनसे बातचीत कर रहे थे। विज्ञान और आध्यात्म पर हो रही इस कॉन्फ्रेंस में इन लोगों का क्या काम, जिनका न विज्ञान में कुछ है, न आध्यात्म में, न धर्म में? यह सवाल मेरे मन में लगातार घूमता रहा। और यह सही साबित हो रहा था क्योंकि उनके मित्र माधवप्रियदास स्वामी अधिकांश समय वहाँ कॉमेडी कर रहे थे। वह कहते, "इन सारी चर्चाओं का क्या मतलब है? सब अद्वैत है। मैं ही ब्रह्म हूँ, इसमें सब आ गया," इस तरह की बातें करके वैज्ञानिकों और परमात्मानंदजी

जैसे आध्यात्म के ज्ञाताओं के बीच हो रही गहरी चर्चाओं का ध्यान अपनी ओर खींचने की कोशिश कर रहे थे। जबकि उनके संप्रदाय का स्वरूप उस अद्वैतवाद को नहीं मानता, उन्होंने तो पूरे सृष्टि के ऊपर एक नया साकार ईश्वर बिठाया हुआ था। यानी की वे वहाँ भी प्रपंच कर रहे थे।

उनका प्रवचन आया तो उसमें भी उन्होंने वही चाल चली जो उनका संप्रदाय हमेशा चलता है। वेद और उपनिषद की बातें करते रहते हैं, लेकिन जब भगवान की बात आती है तो बस "नारायण" कहते हैं। जैसे उन्होंने एक बार कहा, "उपनिषदों में भगवान नारायण कहते हैं," लेकिन फिर जो कहा वह उपनिषदों में कहीं नहीं था। साथ ही, लोगों को भ्रमित करने के लिए यह सच छिपा दिया जाता है कि वेद और उपनिषदों में "नारायण" भगवान विष्णु का नाम है। जबकि उनके संप्रदाय में "नारायण" शब्द को सहजानंद स्वामी से जोड़ दिया गया है, और विष्णु सहित सभी पंचदेवों को उनके नए भगवान के अधीन कर दिया गया है। उनकी बातें इस तरह होती हैं मानो वेद, उपनिषद सब भगवान नारायण की बात करते हैं, और उनके अनुसार वह नारायण यानी स्वामिनारायण सहजानंद स्वामी हैं। लेकिन यह सारा छल करके, परमात्मानंदजी जैसे सनातनी संतों को मित्रता के नाम पर इस भ्रम को बनाए रखने का जिम्मा दिया जाता है कि "देखिए, यह सब हमारी ही बात है। इसमें क्या गलत है?"

परमात्मानंदजी के मित्र माधवप्रियदास स्वामी उस समय भी सबसे बड़ा झूठ बोलते रहे जब वे अद्वैत, वेद और उपनिषद को अक्षरधाम से जोड़कर बातें कर रहे थे। उनके संप्रदाय में सृष्टि के सर्वोच्च ईश्वर के रूप में वेदों के निराकार परब्रह्म "ॐ" के स्थान पर साकार सहजानंद स्वामी को बैठाकर उन्हें परब्रह्म कहा गया है। और यह भी कहा गया कि अक्षरधाम उसे ही मिलेगा जो सहजानंद स्वामी को सारे वैदिक ईश्वरों का सर्वोपरी ईश्वर मानकर सनातन धर्म के बाकी सारे आराध्य देवों को उनसे नीचे माने।

इस पूरी स्थिति में, परमात्मानंदजी मंच पर बैठे यह सब सुनते रहे। जब माधवप्रियदास स्वामी का प्रवचन समाप्त हुआ, तो वह परमात्मानंदजी के साथ हंसी-मजाक में लगे रहे, जैसे मित्रता के लाड़ दिखा रहे हों। यह दृश्य ऐसा प्रतीत हुआ मानो दुर्योधन ने कर्ण को मित्रता के जाल में फँसाया हो, और वहाँ परमात्मानंदजी कर्ण की भूमिका में थे।

शिवानंद आश्रम में आयोजित उस विज्ञान सम्मेलन को लगभग पंद्रह दिन हो गए थे जब यह समाचार मिला कि माधवप्रियदास स्वामी को हिंदू धर्म आचार्य

सभा ने बनारस हिंदू विश्वविद्यालय में वेद और विज्ञान पर प्रवचन देने के लिए भेजा है। यह न केवल हास्यास्पद था बल्कि घृणास्पद भी। जब जागरूक सनातनी समुदाय में सक्रिय पटेल भाइयों को यह बात पता चली तो उन्होंने कहा, "यह माधवप्रियदास स्वामी पटेल है। हमारे पटेलों को आप किसी भी दुकान में माल बेचने खड़ा कर दें, तो वे ग्राहक को कुछ भी समझाकर वह माल बेच देंगे। यदि उन्हें भगवा पहनाकर स्वामी बना दें, तो वे वेद और नारायण के नाम पर घनश्याम पांडे को भी सनातन धर्म का जनक बना देंगे। यही उनका स्वभाव है। व्यापार के बारे में कहा जाता है कि 'झूठ-झूठ व्यापार,' यानी व्यापार झूठ के बिना नहीं चलता। अब अगर व्यापार करने वालों को आप धर्म की बात करने भेजेंगे, तो वे अपनी चालाकी से धर्म के नाम पर भी अपना व्यापार कर लेंगे। दिन-रात सुख और ऐश्वर्य में लिप्त ये स्वामी जब प्रवचन देंगे, तो वैराग्य और दान की बातें करेंगे। यह दान उनके ऐश्वर्य और विलासिता के लिए है। प्रमुख स्वामी से लेकर माधवप्रियदास स्वामी तक, यही इस संप्रदाय की असलियत है।"

यही निष्कर्ष लेकर मेरी इस विषय पर यात्रा वर्तमान समय तक आकर समाप्त होती है। ऐसा नहीं है कि मैं इस व्यवहारिकता को नहीं समझता कि यदि हर जगह से इस संप्रदाय को हटा दिया जाएगा, तो संवाद के लिए कोई सेतु शेष नहीं रहेगा। यही कारण है कि जब मैं यह लिख रहा हूं, तब हिंदू धर्म आचार्य सभा ही वह मंच है, जहां इस संप्रदाय का कोई व्यक्ति अभी भी सनातन धर्म के मंच पर रहा है। संघ, विहिप और भाजपा में भी इस संप्रदाय के लोग सक्रिय हैं। हां, संघ अब थोड़ा जागरूक हुआ है और यह उसकी सनातन-समर्थक अभिव्यक्ति में दिखता है। लेकिन यह सब समाज द्वारा चलाए गए हमारे आंदोलन के कारण है, स्वप्रेरणा से नहीं। इसलिए जैसे ही सनातनी योद्धा अपनी सांसारिक जिम्मेदारियों में उलझते हैं और यह आंदोलन शांत होता है, हिंदू संगठनों की तरफ से तुष्टिकरण का कोई नया कारनामा सामने आ जाता है। और समाज की बेचैनी और डर का कारण इस संप्रदाय से अधिक यह तुष्टिकरण है।

लेकिन जब बात सनातन धर्म की धार्मिक संस्थाओं की आती है, तो वर्तमान में हिंदू धर्म आचार्य सभा में इस संप्रदाय का प्रतिनिधित्व माधवप्रियदास ही कर रहे हैं। और परमात्मानंदजी की निष्ठा, जितना मैंने उन्हें समझा, ऐसी है कि वह इस संप्रदाय को माधवप्रियदास स्वामी जैसे स्वामीयों को मित्र भाव से समझाकर धीरे-धीरे सुधारने की कोशिश करेंगे। यही संघ की भी कल्पना है, और परमात्मानंद सरस्वतीजी मुझे संघ की इसी कल्पना को साकार करने का प्रयास करते दिखाई दिए। संभव है कि इसी प्रयास के अंतर्गत शिवानंद आश्रम में शंकराचार्यजी के

चातुर्मास के निवास के दौरान शंकराचार्यजी और वडताल गादी के स्वामीयों के बीच बातचीत कराने की कोशिश हुई हो। क्योंकि वडताल के माधवप्रियदासजी परमात्मानंदजी से जुड़े हुए थे और वहां आते-जाते रहते थे।

इसी चातुर्मास के दौरान बांग्लादेश में हिंदुओं पर हुए अत्याचार के विरोध में शंकराचार्यजी के साथ अन्य सनातनी संतों की एक बैठक हुई, जिसने मीडिया के सामने हिंदुओं पर हो रहे हमलों की निंदा की और उनके प्रति आक्रोश व्यक्त किया। इस कार्यक्रम में स्वामिनारायण संप्रदाय के स्वामीयों को भाग लेने नहीं दिया गया। यह बात अगले दिन अखबारों में भी प्रकाशित हुई। इसलिए संभावना है कि शंकराचार्यजी ने चातुर्मास के दौरान वडताल के माधवप्रियदासजी या किसी अन्य स्वामी से मिलने से भी बचने की कोशिश की हो और अधिक बातचीत का अवसर न दिया हो। हमारे पास शंकराचार्यजी से उस दौरान नियमित रूप से मिलने जाते सनातनी योद्धाओं के आंखों देखे ब्यौरे है, जो ऐसी घटनाओं की और इशारे कर रहे है।

अगर ऐसा हुआ हो तो यह सही भी है। जब तक पाकिस्तान आतंकवाद जारी रखेगा, तब तक उसके साथ संवाद करने के लिए तैयार होना उसकी ताक़त को मान्यता देने जैसा है। जो प्रामाणिक और सात्विक हैं, उन्हें तो मात्र एक इशारा पर्याप्त होता है, और वे अपनी भूल सुधार लेते हैं। लेकिन इतने बड़े आंदोलनों और शास्त्रसम्मत सत्य कहने के बाद भी जो सुधरने को तैयार नहीं है और केवल कुतर्कों के माध्यम से अपने अधर्म को सही ठहराने का प्रयास कर रहे है, उससे संबंध बनाए रखने का क्या अर्थ रह जाता है? कांग्रेस सरकार ने पाकिस्तान के साथ यही किया था। जबकि वर्तमान सरकार का रुख सही है पहले आतंकवाद बंद करो, फिर मित्रता या समरसता होगी। लेकिन आश्चर्यजनक रूप से इस संप्रदाय के बारे में संघ और भाजपा के विचार और कार्य वैसे ही हैं जैसे कांग्रेस के मुसलमानों और पाकिस्तान के प्रति पिछले कुछ दशकों में रहे।

प्राणियों में सद्भाव लाने से पहले अधर्म का नाश करना होगा, और अधर्म का नाश करने के लिए पहले धर्म की जय करनी होगी, धर्म क्या है वह स्थापित करना होगा। जब तक इस संप्रदाय के ग्रंथों में दूषित विचार और दर्शन हैं, तब तक अधर्म जीवित है। जब तक पंचदेवों के ऊपर स्थापित वह नकली नारायण उनके ग्रंथों में अस्तित्व में है, तब तक बातचीत कैसी? इसलिए जहां अधर्म और पाखंड ही है, वहां मित्रता दिखाना आपको कर्ण बना देता है। और इतिहास हमें उसके अनुभव से बताता है कि मित्रता में कर्ण दुर्योधन से अपनी बात नहीं मनवा पाता, बल्कि हर बार दुर्योधन ही कर्ण से अपनी बात मनवा लेता

है। जहां दुर्योधन हो, वहां उसे चेतावनी देकर धर्म के पालन का आह्वान करना पड़ता है। यही आपको राम और कृष्ण बनाता है। वह एक धर्मस्थापना करने वाले विष्णु का लक्षण है।

आचार्य धर्मसभा और संघ भगवान विष्णु का यह लक्षण धारण करें, यही अपेक्षा हिंदू समाज उनसे कर रहा है। लेकिन हर बार होता है उल्टा। यह सब समाप्त हुआ तो दो महीने बाद वड़ताल में एक और उत्सव आयोजित किया गया। यह उत्सव लक्ष्मी-नारायण मंदिर के दो सौ साल पूरे होने का था। अखिल भारतीय संत समिति के संत भी संघ के निर्देश पर उद्घाटन में वहां पहुंचे, लेकिन उनकी ओर से कोई बड़े बयान नहीं आए। परंतु, उस उत्सव के अंतिम दिनों में आचार्य सभा के सभी संत माधवप्रियदासजी के साथ वहां दिखाई दिए, और आचार्य सभा के अध्यक्ष स्वामी अवधेशानंदगिरि महाराज ने वहां पिछले एक वर्ष से खराब हो रही संप्रदाय की छवि को सुधारने वाला प्रवचन भी दिया।

प्रवचन में संप्रदाय को सनातन धर्म का ही हिस्सा बताते हुए जमकर तारिफ की गई। साथ ही, सहजानंद स्वामी को भगवान कहने में कोई झिझक न होने का कारण इस तरह दिया गया कि "हम तो सनातन में पत्थर, जल और बृक्ष को भी भगवान मानते हैं, तो गुरु को भगवान कहने में क्या झिझक हो सकती है।" वहाँ तक बात ठीक थी, पर सहजानंद स्वामी को ईश्वर की एक उच्च अभिव्यक्ति बताकर उनके महत्व को बढ़ा चढ़ाकर पेश किया गया और अतिथि धर्म का शायद पालन किया गया। हालांकि, उन्हें सनातन धर्म के सभी ईश्वरों से ऊपर दिखाने की विकृति, सनातन धर्म के सभी वैदिक ईश्वरों को उनके सेवक के रूप में दर्शाने की बात और केवल स्वामिनारायण को सर्वोच्च ईश्वर मानने तथा अन्य देवताओं की उपासना न करने की प्रवृत्ति पर मौन साधा गया। ना इसकी चर्चा की गई, ना इसे सुधारने को कहा गया और ना ही इसे समर्थन दिया गया। लेकिन बाकी सभी बातों में (उत्सव, आयोजन, शिक्षा, सेवा) यह दिखाने का प्रयास किया गया कि यह संप्रदाय हिंदू संस्कृति के लिए उत्कृष्ट कार्य कर रहा है। इस बात को नजरअंदाज करते हुए कि इन सभी गतिविधियों का मूल उद्देश्य चर्च की सेवा गतिविधियों की तरह हिंदुओं को एक नए, एकमात्र सर्वोच्च ईश्वर में परिवर्तित करना है। आचार्य सभा के उन संतों के जाने के बाद उसी उत्सव में भगवान राम पर बने एक गाने को बदलकर उस संप्रदाय के स्वामीओंने गाया। गाने के शब्द थे, 'भारत का बच्चा बच्चा जय जय स्वामिनारायण बोलेगा।' संतों के इन बयानों से जागरूक सनातनियों के बीच फिर से निराशा और क्रोध का माहौल बना।

वड़ताल में हुए सम्प्रदाय के इस मेकअप से मैं भी नाराज था। मैंने परमात्मानंदजी को वड़ताल के एक मुख्य स्वामी का प्रवचन भेजा, जिसका वीडियो नीचे लिंक में दिया गया है। उसमें वह स्वामी कहते हैं कि "हम नहीं मानते कि स्वामिनारायण गोलोकवासी (कृष्ण) या वैकुंठवासी (विष्णु) हैं। हम मानते हैं कि वे इन सबसे ऊपर, सबके सर्वोपरि पूर्ण पुरुषोत्तम नारायण हैं, जो सबसे उच्च स्थान वाले अक्षरधाम के अधिपति हैं। उन्होंने वड़ताल मंदिर में अपनी ही मूर्ति हरिकृष्ण महाराज रूप में लक्ष्मी-नारायण के साथ स्थापित की और कहा, 'आज हमने वैदिक रीति के अनुसार अपनी स्थापना की है ताकि पारंपरिक लोग अपनी वैदिक आस्था के अनुसार मंदिर आएं, और वहां हमारे संत उनमें हमारी सर्वोपरि की निष्ठा मजबूत कर देंगे'"

(वीडियो लिंक: https://drive.google.com/file/d/११oFph४ZaY-DWN८hfQK-१८C७revM२rjbyM/view?usp=drivesdk)

इसके बाद मैंने आहत सनातनियों की भावनाओं को आवाज देने वाला एक अंतिम लेख लिखकर इस विषय में अपनी बात का निष्कर्ष दे दिया। यह लेख इस पूरे प्रकरण में संघ, संतों और सरकार की भूमिका पर एक स्पष्ट निष्कर्ष देता है।

■ क्या इन्हें संत कहें या मेकअप आर्टिस्ट?

१४ नवंबर, २०२४ / फेसबुक पोस्ट

एक जागरूक सनातनी स्वयं का और अपने परिवार का भरण-पोषण अपने परिश्रम से स्वयं करता है, फिर भी जब सनातन धर्म और उसके आराध्य देवों पर संकट आता है, तो वह लड़ने के लिए भी तैयार हो जाता है। जगह-जगह लोगों से मिलता है, उन्हें जागरूक करता है, धर्म के लिए आवाज़ उठाने की प्रार्थना करता है, अपने परिवारजनों के विरोध को सहन करता है, और घर में बीमार माता-पिता की चिकित्सा के लिए मुश्किल से आर्थिक प्रबंध करता है। फिर भी समय निकालकर और धन खर्च कर जहाँ भी आशा दिखाई देती है, वहाँ धर्म के खिलाफ खड़े हुए इस आंतरिक षड्यंत्र को रोकने के लिए लोगों को खड़ा होने का आह्वान करता रहता है। ये गुमनाम साधारण सनातनी, जिनका कोई नाम, संपत्ति और पहचान नहीं होती, उनकी मेहनत से ही इस संप्रदाय का पूरा संकट समय पर हिंदू समाज के सामने आ सका। दो वर्ष पहले जो मुझसे मिलने आए और जो संपर्क कर रहे थे, वे भी ऐसे ही साधारण गृहस्थ थे। उन्होंने मेरे जैसे लोगों को जागरूक किया, पूरा षड्यंत्र क्या है और कब से चल रहा है, यह सब समाज के सामने उजागर कर दिया, और संतों को भी जागरूक किया। इस तरह यह

सामान्य हिंदू समाज ही इस पूरे प्रकरण में आशा की किरण साबित हुआ, जिसकी धर्मनिष्ठा और सनातन चेतना इतनी जागरूक नजर आई। क्योंकि इसके अलावा

जिन संतों को इन सामान्य सनातनियों ने आश्रम-आश्रम जाकर जगाया, उनमें शारदापीठाधीश्वर जगद्गुरु शंकराचार्यजी और अन्य कुछ धर्मनिष्ठ संतों को छोड़कर, बाकी सभी सत्ता और संगठनों के प्रति झुकने वाले एजेंट जैसे ही प्रतीत हुए। कुछ बड़े संतों को यह कहते हुए भी सुना गया कि "अब धर्म के मामले में भी संगठनों के अनुसार चलना और बोलना पड़ेगा। सब कुछ बदल चुका है।" और अब जब पाप को उजागर कर दिया गया है, और उससे संभावित भविष्य का संकट भी स्पष्ट है, तब इन संतों का उपयोग उन पापियों के प्रपंच को ढकने और उसे फिर से पुराना रूप देने के लिए किया जा रहा है।

यह संप्रदाय, जिसे अंग्रेज़ अधिकारी और उनके ईसाई पादरियों ने खड़ा किया था, आज भी उसी मॉडल पर चलता है। बस चेहरे और वेशभूषा बदल गए हैं। वडताल में जो संप्रदाय का मेकअप करने के लिए मेकअप आर्टिस्ट बुलाए गए थे, उन्हें हमने देखा। अब बताइए, अगली बार BAPS के आयोजन में कौन-कौन से मेकअप आर्टिस्ट जाएंगे? हर साल ऐसे आयोजन करें और रोज़ दिखावे के लिए सरकारी संतों को बुलाते रहें, तो भी जनता के हृदय में जो सत्य अनुभव होता है और जो विकृति उन किताबों में उकेरी गई है, उसे आप कहाँ तक छिपा पाएंगे? यह मेकअप के लिए मारे जा रहे पानी के फ़व्वारे सत्य को नहीं धो सकते, पर वह फ़व्वारे जनता के हृदय में संतों के प्रति जो सम्मान और विश्वास है उसे ज़रूर धो डालेंगे।

तो, एक प्रकार से इस्लाम के खिलाफ आत्मबोध के बिना लड़ते-लड़ते हम पूरी तरह उसकी खलीफा व्यवस्था में समाहित हो रहे हैं। जहाँ एक खलीफा धर्म का मुख्य ठेकेदार होता है, उसके अधीन इस्लामी राजा विभिन्न क्षेत्रों में सत्ता स्थापित करने के लिए युद्ध और राजनीति करते हैं। उसके इशारे पर मौलवी और मौलाना जगह-जगह जाकर धर्म की परिभाषा तय करते हैं और धर्म के प्रचार के लिए राजनीति में शामिल होते हैं। कोई स्वतंत्र नहीं है, सब कुछ खलीफा और उसके नजदीकी लोगों द्वारा नियंत्रित होता है। खलीफा सिर्फ एक चेहरा है, असल में यह विचारधारा है। इसलिए खलीफा बदलते रहेंगे, लेकिन व्यवस्था और विचारधारा वही रहेगी।

अपने आध्यात्मिक ऋषियों की व्यवस्था को पुनः खड़ा करने की दिव्यता और आध्यात्मिकता बची नहीं है। इसलिए राजा, जो पहले ऋषियों से सच्चे

मार्गदर्शन के लिए हाथ जोड़कर उनके पास जाते थे, अब संतों को आदेश देते हैं कि "यहाँ जाना है, वहाँ नहीं जाना है। यह बोलना है और यह नहीं बोलना है।" समय रहते कुछ चेत जाओ। सच्चे आत्मज्ञानी ऋषि जहाँ भी जिस रूप में बैठे होंगे, वह इसी तरह सत्य को मुँह पर कहेंगे। बाकी समझना, न समझना आपकी इच्छा पर निर्भर है। सत्ता का एक नशा होता है, और अधिकांशत: वह नशा उतरने से पहले शायद ही कोई जगता है।

अध्याय १५

समाधान क्या है?

समाधान सीधा और सरल है। हमेशा से ऐसा ही रहा है। परंतु कुछ लोग, जो अपने अहंकार में यह मान बैठे हैं कि हिंदू समाज और धर्म की जिम्मेदारी केवल उन्हीं की है, और उनके अलावा कोई अन्य व्यक्ति इस पर विचार या प्रयास नहीं कर सकता, उन्होंने अपनी अज्ञानता, स्वार्थ, और अहंकार में इस सरल समाधान को जटिल बनाने की कोशिश की है। और अभी भी कर रहे हैं।

शुरुआत करें जून २०२४ में राजकोट के त्रंबा में आयोजित संत सभा में मुक्तानंद बापू द्वारा कही गई एक बात से। मुक्तानंद बापू ने कहा था, "हम समझाकर समाधान निकाल लेंगे। अगर न समझे और कोर्ट में जाना पड़े, तो कोर्ट के रास्ते भी समाधान लाएंगे। और अगर कोर्ट से भी समाधान न निकले, तो बात समाज पर छोड़नी पड़ेगी। समाज जिसे मानना चाहे, उसे माने।" यह बात किसी अज्ञानी या सनातन संस्कृति के विरोधी ने बापू को समझाई है। इस बात की आखिरी पंक्ति में इस संप्रदाय के उस २०० साल पहले मरे हुए नकली ईश्वर को पूरे सनातन धर्म के उपर सर्वोपरि रूप में थोपने की इच्छा छिपी हुई है। हिंदू समाज को इसके लिए धीरे-धीरे तैयार करने के लिए बापू से यह सब बुलवाया जा रहा है। समाज जिस राजसत्ता से बाध्य है वही जब पैसों और वोट के लिए किसी नकली भगवान के प्रपंचों को समाज पर थोपने लगे, तो सामान्य नागरिकों की इच्छा और बात सुनेगा कौन? क्या इस देश की न्याय व्यवस्था में इतनी भी शक्ति नहीं है की समाज का उसकी सभ्यता में डाली जा रही इतनी भयानक विकृति से रक्षण कर पाए? और वह भी तब जब समाज उसका विरोध कर रहा है? उसकी सुननेवाला कोई नहीं होगा?

228

मैं पूछता हूं, अगर कल आपका कोई पड़ोसी यह कहे और किताबों में लिखने लगे कि "तुम्हारे पिता मेरे पिता के नौकर हैं, तुम्हारे दादा और परदादा मेरे पिता की सेवा करते थे, और यहां तक कि तुम्हारी मां तुम्हारे पिता की नहीं, बल्कि मेरे पिता की पत्नी हैं" तो क्या आप उसके खिलाफ मानहानि का मुकदमा करके उसे माफी मांगने और उस सब लिखित सामग्री को नष्ट करने के लिए मजबूर नहीं कर पाएंगे? क्या इस देश की न्याय व्यवस्था आपको यह अधिकार भी नहीं देती कि आप अपने माता-पिता, पूर्वजों और आराध्यों के सम्मान की रक्षा कर सकें? एक साधु बन जाने के बाद किस प्रकार की अज्ञानता से ऐसी बातें निकलती हैं, यह समझ के बाहर है।

क्या कल मैं अपने पिता को भगवान घोषित कर सकता हूं और राम, कृष्ण, शिव, माता अंबा और गणेश भगवान इन सभी को अपने पिता का सेवक घोषित कर सकता हूं? मैं भी अपने परिवार और जाति के कुछ लोगों को इकट्ठा कर के एक समूह तो बना लूंगा। फिर वे सब मुझे कहेंगे कि "आपके ही पिता क्यों? हमारे पिता भी विष्णु-शिव से बड़े हैं, और पंचदेव तो हमारे पिता के सामने भी पानी भरते हैं।" यह कहकर वे अपना प्रचार करेंगे और अपने रिश्तेदारों का एक गुट बना लेंगे, जहां एक नया सर्वोपरि ईश्वर होगा। पिछले १५० सालों से इस संप्रदाय में यही तो हो रहा है। और इसे रोकने की आपकी न्याय व्यवस्था में ताकत नहीं होंगी? क्या वेदों से लेकर पुराणों तक हमारे पंचदेव रास्ते पर पड़े किसी फुटबॉल जैसे हैं, जिनके साथ कोई भी एरा-गैरा मनमाने रूप से खेलने लगे? कहाँ फूट चुकी है तुम्हारी सनातन निष्ठा की तुम यह बोल रहे हो? क्यों तुम में इस घोर अधर्म के प्रति क्रोध नहीं है? क्यों तुम मजबूरी में लड़ते नजर आ रहे हो?

सनातन धर्म में मनुष्य को किसी को भी ईश्वर मानने की स्वतंत्रता है, लेकिन दूसरों के आराध्यों का अपमान करके नहीं। मुझे यह अधिकार है कि मैं अपने पिता को ईश्वर मानूं, लेकिन यह अधिकार नहीं कि मैं दूसरों के पिता को अपने पिता का सेवक कहूं। यह बात समझने के लिए सनातन धर्म के सिद्धांतों तक पहुंचने की भी आवश्यकता नहीं है। यह तो सम्मान के साथ जीने के हर नागरिक के संवैधानिक अधिकार का प्रश्न है।

सनातन धर्म के जो पंचदेव ईश्वर के रूप में स्वीकारे गए हैं, वे किसी अन्य देवता या मनुष्य से नीचे नहीं हैं। उन्हें कोई और उत्पन्न नहीं करता; वे स्वयं ही निराकार परमब्रह्म "ॐ" हैं। उनके ऊपर कोई नहीं है। अगर आप सनातन धर्म के इस सरल स्वरूप की भी रक्षा नहीं कर सकते, तो भगवा पहनकर क्यों खड़े हैं?

अगर ऐसा है तो बीच से हट जाइए। अभी भी गुजरात का यह सनातनी समाज इतना दुर्बल नहीं हुआ है कि वह अपने आराध्यों के सम्मान की रक्षा न कर सके।

यह समाज लड़ लेगा और कोर्ट से आदेश भी लाएगा। बस संघ और उसकी सहयोगी संस्थाएं बीच से हट जाएं। इस संप्रदाय को बचाने की कोई चाल बीच में न लाएं। अगर संघ धर्मनिष्ठ होकर सनातन धर्म के लिए हमारे साथ खड़ा होता, तो अब तक इसका समाधान निकल चुका होता। लेकिन हमारी सारी ऊर्जा उस संप्रदाय से अधिक संघ की राजनीति से लड़ने में लगी है। संघ और भाजपा दुर्योधन को बचाने वाले पितामह भीष्म और गुरु द्रोण की तरह हमारे सामने खड़े हैं। उन्हें यह कहना पड़ता है कि, "या तो दुर्योधन को सीधा करो, या बीच से हट जाओ। हमें केवल यह चिंता है कि हमें आपके साथ न लड़ना पड़े। हमें दुर्योधन की कोई चिंता नहीं है।"

सौराष्ट्र के उस क्षेत्र में, जहां स्वामिनारायण संप्रदाय का प्रभाव है, एक पुराने संघ स्वयंसेवक की मेरी इस पुस्तक के गुजराती संस्करण को पढ़ने के बाद प्रतिक्रिया सामने आई। उन्होंने इस संप्रदाय से लड़ते एक सनातनी से कहा: "यह समस्या तो हमारी है ही है, और अब समय आ गया है कि हम हिंदुओं को इसमें कुछ करना होगा। लेकिन आप संघ से इसकी अपेक्षा रखें, यह ज़्यादा है।" उन्होंने अपने बचपन की एक घटना का जिक्र किया, जब उन्हें उस संप्रदाय के मंदिर से यह कहते हुए बाहर निकाल दिया गया था कि "यह तो कु-संगियों की औलाद है।" उन्हें "कु-संगी" इसलिए कहा गया, क्योंकि उनका परिवार शिव उपासक था। उन्होंने यह भी बताया कि अमरेली के कुछ हिस्सों में शिव उपासक सनातनियों को घर खरीदने या किराए पर लेने तक की अनुमति नहीं है। हमने वीटीवी न्यूज़ पर उस लोकगायक को यह कहते सुना है: "मैं एक गाँव में कार्यक्रम करने गया और कार्यक्रम की शुरुआत में माताजी की जय बोलवाई, तो तुरंत लोगों ने मुझे रोक दिया और कहा, 'नहीं, यह पूरा गाँव स्वामिनारायण है, और यहाँ माताजी या किसी और की जय नहीं बोली जाती। यहाँ केवल सर्वोपरी भगवान स्वामिनारायण की जय बोली जाती है।'"

मतलब, जैसे मुसलमानों की आबादी बढ़ने पर उस क्षेत्र में हिंदू देवी-देवताओं की पूजा बंद हो जाती है और हिंदू मंदिर मस्जिद में बदल जाते हैं, वैसे ही, जहाँ इस संप्रदाय का प्रभाव बढ़ता है, वहाँ भी हिंदू देवी-देवताओं की पूजा बंद हो जाती है। हिंदुओं को घर नहीं मिलते और हिंदू मंदिर उस संप्रदाय के मंदिरों में बदल जाते हैं। सूरत से लेकर अहमदाबाद तक व्यापार और रियल एस्टेट के क्षेत्र में तो यह स्थिति पहले ही बन चुकी है कि यदि आप उस

संप्रदाय से जुड़े हैं, तभी आप आगे बढ़ सकते हैं और ठेके हासिल कर सकते हैं। अमरीका से पटेलों के नौजवान हम से ईमेल कर रहे है कि इस संप्रदाय के लोग अपने अनुयायियों को सनातनी लोगों के साथ विवाह करने पर प्राथमिकता देने को कह रहे है, ताकि ज़्यादा से ज़्यादा सनातनीयों को संप्रदाय की गिरफ़त में लाया जा सके। ठीक वैसे जैसे मुसलमानों के द्वारा गैर-मुस्लिम के साथ लव जेहाद और ग्रूमिंग जेहाद के नुसखे अपनाये जाते है। इन सबके बारे में जानकर, मैंने उस स्वयंसेवक को अपने उस मित्र के जरिए पूछा: "तो क्या इस संप्रदाय के बारे में हिंदुओं को जागरूक करना और उसे रोककर सनातन धर्म की रक्षा करना संघ की जिम्मेदारी नहीं है?" मित्र ने कहा कि ऐसा पूछने पर वह स्वयंसेवक बोले: "हिंदुत्व संघ का विषय है। भक्ति और आध्यात्म संघ का विषय नहीं है। संघ जो काम करता है, उसमें जो लोग आकर उसकी मदद करते है, या जुड़ते है, वे संघ के कहलाते है।"

मैंने कहा: "उनसे पूछो कि हिंदू आध्यात्म और पंचदेव भक्ति के बिना हिंदुत्व क्या है? आप केवल बाहरी प्रतीकों टीका, तिलक, मंदिर का आकार और नाम को हिंदुत्व का नाम देकर खोखले तर्क दे रहे हैं। यह वही बाहरी दिखावा है, जैसा रावण ने साधु के वेश में सीता का अपहरण करने के लिए किया था। आप उस समय वहाँ होते, तो आप चुपचाप खड़े रहते और रावण को सीता का अपहरण करने देते।" और जब राम और लक्ष्मण आपसे पूछते: "स्वयंसेवकों, आपने ऐसा क्यों किया? रावण की मदद क्यों की?" तो आपका जवाब होता: "भगवान, हम तो कृत्रिम बुद्धिमत्ता के रोबोट जैसे हैं। हमारे सॉफ़्टवेयर में डाला गया है कि जो भी भगवे कपड़े, टीका, तिलक और संत का रूप लेकर सामने आए, वही हिंदू है। हमारे लिए वह रावण आपसे ज्यादा हिंदू था, क्योंकि आपने ऐसे वस्त्र नहीं धारण किए। हमारे सॉफ़्टवेयर में यह भी लिखा गया है कि जहाँ हम काम करते हैं, वहाँ जो भी आकर हमारी मदद करे, वही हमारा हिंदू है। रावण ने दैत्यराज हिरण्यकशयप, पौंडरक और दैत्यगुरु शुक्राचार्य के विश्वभर में कितने भव्य मंदिर बनवाकर हिंदुत्व का मान बढ़ाया है। वह हमें अपने कार्यक्रम करने के लिए ये मंदिर उपलब्ध भी करवाता हैं। इसलिए, अब अगर वह हिंदू सीता (वैदिक देवी-देवता) का अपहरण कर ले, तो यह आपका व्यक्तिगत विषय है। इसमें संघ नहीं पड़ेगा। संघ का काम हिंदुओं को एक रखना है।"

बस, संघ के तर्क बिल्कुल यही हैं, और उसमें भी वह प्रमाणिक नहीं हैं। जब सीता (वैदिक आराध्य देवताओं) को छुड़ाने के लिए श्रीराम वानर सेना तैयार करते हैं और सेतु का निर्माण करते हैं, तब संघ के स्वयंसेवक, वीएचपी

के माध्यम से, राम की सेना को कमजोर करने और बिखेरने का प्रयास करते हैं। वे राम की सेना में घुसकर यह कोशिश करते हैं कि वह सेना कभी लंका तक न पहुँच सके। रावण की शक्ति की प्रशंसा करके वे राम की सेना का मनोबल तोड़ते हैं, उन्हें अंदरूनी झगड़ों में उलझा देते हैं, और प्रमुख योद्धाओं को रावण के गुण गाने वालों में बदल देते हैं। वीएचपी समेत इन हिंदू संगठनों ने इस संप्रदाय के खिलाफ कड़ी मेहनत से खड़े हुए सनातनी संतों की समिति और आंदोलन के साथ बिल्कुल यही किया है। और फिर कहते हैं, "यह हमारा विषय नहीं है।" अरे, अगर यह तुम्हारा विषय नहीं था, तो बीच में से हट जाना चाहिए था। इस सम्प्रदाय को बचाने की कोशिश क्यों की? ऐसे अज्ञान और मूर्खता से भरे लोग, जो झूठे हिंदुत्व के तर्क देकर सीता रूपी गुजरात के हिंदू समाज को उस रावण जैसे संप्रदाय के हाथों में चुपचाप धकेल रहे हैं।

संघ के स्वयंसेवकों में भी कई प्रकार के लोग हैं। जो सच्चे सनातनी थे और जिनकी अंतरात्मा जीवित थी, उन्होंने संघ से अलग होकर इस संप्रदाय से सनातन धर्म को बचाने की लड़ाई लड़ी। इनमें वे लोग भी शामिल हैं, जिन्होंने बेट द्वारका के अवैध अतिक्रमण हटाने के कार्य में प्रमुख भूमिका निभाई थी। कई स्वयंसेवक हमें फोन, मैसेज, और आमने-सामने मिलकर दिल का दर्द साझा कर रहे हैं, यह कहते हुए कि "पता नहीं, हमारे ही लोग इतने बड़े संकट में सनातन द्रोहियों को मदद क्यों कर रहे हैं? गुरुजी ने तो कहा था कि संघ का स्वयंसेवक कुछ भी कर सकता है। संघ केवल शाखाएँ चलाएगा, तो क्यों सबको यही कहा जा रहा है कि हमें इसमें नहीं पड़ना है? और जो इस मुद्दे पर बोलने या कुछ करने जाता है, वह संघ से अलग हो जाता है। अब लगातार यह महसूस हो रहा है कि कुछ गलत हो रहा है।"

कुछ स्वयंसेवक, जो सनातन धर्म के बजाय संघ के प्रति अपनी निष्ठा में अधिक बंधे हुए हैं, सौराष्ट्र के उन स्वयंसेवक जैसी बातें करते हैं: "कुछ करना चाहिए, लेकिन संघ कुछ नहीं करेगा।" और जब उनसे कहा जाए, "ठीक है, संघ नहीं करेगा, लेकिन क्या आप करेंगे?" तो वे चुप हो जाते हैं। इसका अर्थ यह है कि वे संघ की इच्छा के बिना कुछ बोल भी नहीं सकते। ये लोग अपने पद बचाए रखना चाहते हैं और संघ के नाम से जुड़ी सामाजिक प्रतिष्ठा बनाए रखना चाहते हैं, या फिर भविष्य में भाजपा या किसी अन्य सरकारी पद पर स्थान मिलने की उम्मीद बनाए रखना चाहते हैं।

इस प्रकार, संघ ने अपनी निष्ठा के बहाने हिंदुओं के एक बड़े हिस्से को इस तरह बाँध रखा है। और अगर जवाब में वे कहते हैं, "हमने आपको कहाँ

रोका है? आप काम कीजिए।" तो उन्हें अपनी पिछले दो वर्षों की गतिविधियाँ देखनी चाहिए। सच्चाई यह है कि उन्होंने ही सही समय पर जागे हुए सनातनियों को रोककर हिंदू समाज को इस संप्रदाय के संकट से बचाने के कार्य को रोक दिया। बड़ी-बड़ी बातें करनी हैं, लेकिन उनका एक ही मुख्य उद्देश्य है भाजपा के वोट बैंक को जमीन पर बनाए रखना। भले ही पूरा समाज रावण जैसे पाखंडी, अधर्मी और दुष्ट लोगों के हाथों में चला जाए, भले ही सनातन धर्म के सिद्धांत और सभी वैदिक देवी-देवताओं की पूजा नष्ट हो जाए, लेकिन यदि भाजपा की सत्ता बची रहे, तो वही उनके लिए हिंदुत्व है। उनके हिंदुत्व की वह रहस्यमयी और अस्पष्ट परिभाषा यही है।

और अगर ऐसा नहीं है, सिर्फ आप किसी ना किसी वजह से फँसे हुए है, तो बिल्कुल स्पष्ट और सरल उपाय ये है।

■ उपाय:

इस संप्रदाय के सामने दो विकल्प हैं:

१.पहला विकल्प: सहजानंद स्वामी को भगवान कृष्ण के भक्त के रूप में स्थापित करें और उनके सभी मंदिरों को कृष्ण मंदिरों में परिवर्तित कर दें। संप्रदाय को फिर से वैष्णव रूप में स्थापित करें। सहजानंद स्वामी को भगवान कृष्ण के एक अंश के रूप में पूजा जा सकता है, लेकिन सम्प्रदाय की उपासना में, प्रतिमाओं में, और संप्रदाय के ग्रंथों में भगवान कृष्ण ही मुख्य ईष्टदेव रहने चाहिए। जैसे चैतन्य महाप्रभु को भी भगवान कृष्ण का रूप माना गया है, लेकिन उनके मंदिरों में पूजा और प्रतिमाओं में भगवान कृष्ण ही प्रमुख हैं। हिंदुओं के लिए किसी हिंदू को यह कहना और समझाना पड़े यह भी दुर्भाग्यपूर्ण है, लेकिन ऐसा करना पड़ रहा है। सभी ग्रंथों और पुस्तकों को भी संशोधित किया जाए और इसकी सार्वजनिक घोषणा प्रेस कॉन्फ्रेंस के माध्यम से की जाए, जहां इन सुधारे हुए ग्रंथों को प्रस्तुत किया जाए।

२.दूसरा विकल्प: यदि पहला विकल्प यह संप्रदाय स्वीकार नहीं करता है, और सहजानंद स्वामी को परमेश्वर घोषित करना है, तो सनातन धर्म के शास्त्रों, और उसके वैदिक एवं पौराणिक देवताओं का उल्लेख करना पूरी तरह बंद कर दें। उनके मंदिरों से हर एक वैदिक देवी-देवता की मूर्ति हटा लें। उनके ग्रंथों में कहीं भी सनातन धर्म के शास्त्रों, शब्दों या देवताओं का नाम नहीं होना चाहिए। सनातन हिंदू धर्म की किसी भी जाति के कुलदेवता या कुलदेवी का उल्लेख भी उनकी पुस्तों में नहीं होना चाहिए, क्योंकि उनका स्वरूप सनातन धर्म का नहीं

है। उनके ईश्वर को यीशु, अल्लाह या अहुरा जैसे किसी नए ईश्वर के रूप में पूजें और अपने स्वामीयों को जो भी अधिकार देना हो दें। लेकिन नारायण, हरि, माधव, श्रीजी जैसे किसी भी सनातनी ईश्वर का नाम अपने संप्रदाय में उपयोग न करें। क्योंकि सनातन धर्म के अनुसार पंचदेव ही परब्रह्म के साकार रूप हैं, उनसे अलग और ऊपर कोई नहीं है। शास्त्रों के स्वरूप को बदलकर उसमें कोई नया ईश्वर शामिल करने का प्रयास करना सनातन धर्म पर आक्रमण है। यह हिंदुओं के धार्मिक अधिकार का उल्लंघन है, जो एक संवैधानिक अपराध है। सनातन देवताओं का अपमान करना नागरिकों के सम्मानपूर्वक जीने के अधिकार का हनन है और यह कानूनी अपराध है।

✳

बात इतनी सीधी है। यदि संघ और विश्व हिंदू परिषद को इस दुर्योधन जैसे मित्र को समझाना हो तो पहले विकल्प के लिए सहमत कर लें। अन्यथा दूसरे विकल्प को स्वीकार करने के लिए कहें। यदि यह संप्रदाय अपने ईश्वर और धर्म को अलग कर लेगा, तो सनातन धर्म का कोई नुकसान नहीं होगा। बल्कि सनातन धर्म और शुद्ध एवं शक्तिशाली हो जाएगा। नुकसान उन्हीं का होगा, और वे यह बात जानते हैं। इसलिए वे अंदर रहकर सांप की तरह पोषण पाकर आपको डसने की शक्ति अर्जित कर रहे हैं। अत: बिना कारण डरें नहीं। आपका यह डर वैसा ही है जैसा कांग्रेस का पाकिस्तान के आतंकवादी हमलों का जवाब न देने का डर था। जैसे कि कुछ करेंगे तो परमाणु युद्ध हो जाएगा। वह डर जितना काल्पनिक था, यह संप्रदाय के लिए आपका डर भी उतना ही काल्पनिक है। इस विषय को पहले ही में इस एक लेख में कह चुका हूँ।

✺ क्या जो धर्म सनातन है, वह टूट सकता है? तो फिर भ्रष्टाचार और पाखंड को बचाने का क्या औचित्य है?

१९ अक्टूबर २०२३ / फेसबुक पर प्रकाशित

सबसे बड़ा झूठ और भ्रम यह कहकर फैलाया जाता है कि यदि हम सनातन धर्म विरोधी संप्रदाय का विरोध करेंगे, तो धर्म टूट जाएगा। मूर्खों! अपनी भ्रष्ट और लालची बुद्धि का प्रदर्शन क्यों कर रहे हो?

सनातन धर्म का अर्थ ही है सत्य की ओर अपने कर्तव्य का पालन करना। यह कोई संप्रदाय नहीं है जो टूट जाएगा। यह शाश्वत सत्य है। एक तालाब से

गंदी मछली को सुधारने या निकालने से तालाब शुद्ध होता है, टूटता नहीं। किसी का वोट टूट सकता है, किसी के घर या आश्रम में आने वाले नोट टूट सकते हैं, किसी को मिलने वाले छप्पन भोग टूट सकते हैं, लेकिन धर्म बच जाएगा। वह शुद्ध होगा। सिद्धांतों के पालन से वह मजबूत होगा। इसलिए शास्त्रार्थ धर्म का मूल है। शास्त्रार्थ से भागने वाले स्वामीयों की जमात ब्रेनवॉश किए हुए भेड़ों को उलटी-सीधी बातें करके लोगों का समय बर्बाद करने के लिए खुला छोड़ देती है और सत्ता के जोर पर प्रचार करती है। इसलिए आपकी स्वार्थी लालच से उत्पन्न डर अधर्म है। इसे धर्म और समाज पर थोपने का दुस्साहस मत करो।

जब हम कहते हैं कि 'धर्म की जय हो, अधर्म का नाश हो, प्राणियों में सद्भावना हो, जगत का कल्याण हो,' तो यह केवल एक नारा नहीं है। यहाँ हर वाक्य दूसरे वाक्य की शर्त है। जो सत्य है वह स्थापित हो, यानी धर्म की जय हो तभी अधर्म का नाश होगा। यदि अधर्म का नाश होता है, तभी प्राणियों में सद्भावना होगी। दुर्योधन और दुशासन को पोषित करके शांति और सद्भावना नहीं बन सकती। और यदि धर्म स्थापित होता है, अधर्म का नाश होता है, प्राणियों में सद्भावना होती है तभी जगत का कल्याण होगा। इसलिए अपने आत्मा को जगाओ और सत्य की ओर कर्तव्य निभाते हुए धर्म निभाओ।

ईसाई भी यहूदी थे, जब तक उन्होंने यहूदी देवताओं की जगह एक नए सर्वोपरि ईसा मसीह और उनके पिता को नहीं माना। मुस्लिम अरब थे, जब तक उन्होंने अरब देवताओं के ऊपर एक सर्वोपरि अल्लाह को नहीं माना। अब पहली बार इस बात का एक भारतीय रूप उभरा है। हिंदू धर्म से पहले भी कुछ लोग अलग हुए थे, जैसे गौतम बुद्ध और महावीर। लेकिन उन्होंने ईश्वर साक्षात्कार का एक अलग मार्ग दिया था जो वेदों के मार्ग से थोड़ा अलग था। उन्होंने जो साक्षात्कार के मार्ग में जाना, वह वही था जो उपनिषदों में था, बस थोड़े अलग शब्दों के साथ था। इसलिए उन्हें वेदों में न मानने वाले नास्तिक मार्ग के पंथ कहकर सनातन धर्म का ही हिस्सा माना जाता है। उन दोनों पंथों ने सनातन धर्म के रूप या उसके ईश्वर पर कोई नया सर्वोपरि ईश्वर स्थापित नहीं किया था। ऐसा करने वाले भारत में पहली बार पैदा हुए हैं, और उन्होंने वही कार्य किया जो ईसाई और मुस्लिम पंथों ने अपने पहले के समाज में किया था। यह सापेक्ष में नया तरीका है जो भारत के पश्चिमी गैर सनातनी समाज से आया है।

जब भी दुनिया की किसी सभ्यता से सर्वोपरि एकमात्र ईश्वर वाले लोग निकले हैं, तो उन्होंने अपनी पिछली सभ्यता को नष्ट करने का प्रयास किया है, उन्हें पिछड़ी और फेंकने लायक या न मानने योग्य सभ्यता कहकर अपमानित

किया है। साथ ही उन्होंने मानवजाति को उस एक ईश्वर के नाम पर कानूनों और पादरियों, मौलवियों और स्वामीयों का गुलाम बना दिया है। यह एक सामान्य चित्र है इस सर्वोपरि स्वरूप में, क्योंकि ऐसा किए बिना उनका स्वतंत्र अस्तित्व और महत्व बन नहीं सकता।

✳

इसलिए यदि यह संप्रदाय इन दो विकल्पों में से कोई एक स्वीकार करने से मना करता है, तो निम्नलिखित मार्ग पर सनातन धर्म और समाज के प्रति अपनी जिम्मेदारी निभाने में संघ अब देर न करे।

१. वह भ्रम कि पटेल सब स्वामिनारायण में हैं, इसलिए राजनीतिक रूप से नुकसान होगा – उसे त्याग दो। इस संप्रदाय के खिलाफ लड़नेवाले गुमनाम सनातनी योद्धाओं में अनेक पटेल हैं, और कई पीडीएफ उन्होंने बनाई हैं। मेरे जैसे लोगों से संपर्क करके उन्हें इस संकट से परिचय कराने का काम भी उन्होंने ही किया है। अमेरिका में इस संप्रदाय के खिलाफ जागरूकता फैलाने के लिए सौ से अधिक लोग और ऑस्ट्रेलिया में अस्सी से अधिक लोग इस कार्य के लिए जुटे हुए हैं। २०-३०% पटेल इस संप्रदाय में हैं, और उनमें से भी अधिकांश व्यापार के लिए हैं। काले धन को सफेद करने की फैक्टरी की जरूरत के लिए भी हो सकता है। इसलिए, इस संप्रदाय का उसी तरह विरोध शुरू करें, जैसे आप मुस्लिमों की सुपीरियॉरिटी की मानसिकता का करते हैं। उनके द्वारा सनातन धर्म के साकार ईश्वरों के स्वरूप का उल्लंघन करने के लिए भी उनका खुला विरोध शुरू करें, और फिर देखिए, कैसे लोग इससे बाहर आकर सच बोलने लगते हैं। संघ की स्वीकृति ने कई लोगों को इस संप्रदाय को स्वीकार करने के लिए प्रेरित किया है। आप एक ढाल बनकर इस विकृति को बढ़ावा दे रहे हैं। उमिया धाम और खोडल धाम के पाटीदार नेताओं से संपर्क कर सनातनी पाटीदारों को आगे लाइए और समाज को यह बताइए कि पाटीदार ऐसे सनातन विरोधी नहीं हैं, जो इस संप्रदाय को पोषण दें।

२. शंकराचार्यजी को उनकी समिति के माध्यम से कोर्ट में केस दर्ज करने दें, और उसमें उनके साथ कानूनी सहायता के लिए खड़े रहें। सनातनी आचार्यों के साथ मिलकर जैसे साईं बाबा की मूर्तियां मंदिरों से हटाई जा रही हैं, वैसे ही ईसाई चर्चों और इस संप्रदाय के मंदिरों से भी गलत तरीके से स्थापित की गई वैदिक ईश्वर की मूर्तियों को हटाने का अभियान शुरू करें। अगर यह सब इस संप्रदाय के विषय में नहीं कर सकते, तो पूरी प्रामाणिकता और निष्पक्षता के

साथ बीच में से हट जाए, और सनातनी समाज को जो जरूरी है वह करने दे। अगर मदद ना कर पाए, तो कम से कम रुकावट और अवरोधक बल के रूप में सामने न आए।

बात बहुत सरल है संघ और सहयोगी संगठनों के मित्रों, यह बात पूरा सनातनी समाज समझ रहा है। जब आप इस सरल मार्ग को अपनाने में देरी कर रहे हैं और ऊपर से मुक्तानंद बापू जैसे बयानों को आगे बढ़ा रहे हैं, तो यह आपके प्रति कितना भयानक संदेह, क्रोध और उदासीन मानसिकता पैदा करता है, इसका आपको अंदाजा नहीं है। आप और बीजेपी इस संप्रदाय का तुष्टिकरण कर इस समय वही इतिहास दोहरा रहे हैं, जो गांधीजी ने खिलाफत आंदोलन का समर्थन कर मुस्लिमों को बढ़ावा देकर रच दिया था। आप गुजरात में इस संप्रदाय के तुष्टिकरण से वही कर रहे हैं, जो नेहरू ने शेख अब्दुल्ला के तुष्टिकरण से कश्मीर में और इंदिरा-संजय गांधी ने भीनरानवाले के तुष्टिकरण से पंजाब में किया था। जब वे नेता यह सब कर रहे थे, तब उन्हें भी एहसास नहीं था कि वे क्या कर रहे हैं। आज आपको भी एहसास नहीं है कि आप क्या कर रहे हैं।

इसलिए सचेत बनें, मित्रों। आपकी सोच में मूलभूत गलती क्या है, यह मैं आपको एक छोटी कहानी में समझा रहा हूँ।

एक घर में एक पिता के पाँच पुत्र हैं, जिनमें तीन अच्छे हैं, एक मध्यम बुद्धि का है, और एक नालायक बेटा है, जो अपने पिता को गाली देता है। यह नालायक बेटा अपने पिता को अपना सेवक और अपनी माँ को अपनी पत्नी कहने तक की हद तक गंदी बातें करता है। वह कहता है कि एक दिन वह अपने पिता और चारों भाइयों को अपना सेवक बनाएगा, और वहीं पर लुप्त कर देगा। दुनिया उन्हें उनकी आखरी पहचान के रूप में सिर्फ उसके सेवक के रूप में याद करेगी। घर के इंच-इंच पर वह राज करेगा।

अब, उसी पिता के सामने वाले घर में एक गुंडा रहता है, जो उस पिता के घर को हड़पना चाहता है। वह कहता है कि वह घर उसके बाप का है। वह रोज़ आकर घर का बाहरी दरवाजा हिलाता है और धमकियाँ देता है। बाहर का गुंडा उस घर को हथियाकर सबको बाहर निकालना चाहता है, और अंदर का नालायक बेटा पिता और भाइयों को अपमानित कर, उनके आत्मसम्मान ओ छिन्न भिन्न कर दे ऐसी गंदी बाते करकर उन्हें वहाँ से लुप्त करना चाहता है।

तो अब बताइए, उस गुंडे से अपने घर की रक्षा वह पिता अपने नालायक बेटे को पाल-पोसकर अधिक कर सकेगा? या वह अपने नालायक बेटे को ऐसी

सजा देकर अपने घर और अन्य बेटों को सुरक्षित रख सकेगा की वह सजा देखकर सामने रहनेवाले उस गुंडे के होश उड़ जाएँ? उसे यह संदेश मिल जाए कि "अगर ये लोग सत्य और सभ्यता के लिए अपने ही आदमी को ऐसी सजा दे सकते हैं, तो मेरे साथ क्या करेंगे? मैं तो बाहरी हूँ।"

यही है। आप पहला कार्य कर रहे हैं, जबकि आवश्यकता दूसरे की है। कोई भी सभ्यता स्वयं को अंदर से पूर्ण और पवित्र बनाए रखने से ही अस्तित्व बचा पाती है, सामने वाले के दोष देखते रहने से नहीं।

इस बात के साथ मैं अपने इस कार्य में हुई यात्रा को इस पुस्तक में समाप्त करता हूँ, और अब आगे क्या करना है, यह निर्णय भारत और विश्व के सनातनी समाज पर छोड़ता हूँ। संघ पर इतना भार और आलोचना मैंने इसीलिए डाले है क्योंकि पहले तो, मैं संघ को अपना मानता हूँ, और कठोर पर सच्ची बातें अपनों को ही कहीं जाती है। साथ ही मैं चाहता हूँ कि संघ ही इस मसले में अपना दायित्व सही तरह से निभाए। इसे एक परीक्षा के तौर पर ले, और उस में उत्तीर्ण हो। संघ को बाजू पर करके, उसके रुकावट भरे कार्यों से तंग आकर समाज को अलग होकर कुछ करना पड़े वह हिंदू समाज के अंदरूनी स्वास्थ्य के लिए अच्छा नहीं होगा। संघ और समाज की एकता कल्याणकारी होंगी, लेकिन उसमे दोनों को सत्य पर एक होना होगा, समझौतो पर नहीं। तो, मेरी इस यात्रा का निष्कर्ष यह निकला है की पहली समस्या यह संप्रदाय नहीं है। उसे तो एक सही इंजेक्शन देने पर वह मसला ठीक हो जाएगा। समस्या वह लोग है जो उसे वह इंजेक्शन देने नहीं दे रहे, और उसके रोग को ढँककर उसे उसकी विकृति फैलाने दे रहे है।

जब मैं यह लिख रहा हूँ, उस समय इस संप्रदाय की कोशिशें उनके त्रिस्तरीय प्रपंच के माध्यम से भारत के अन्य राज्यों में फैलनी शुरू हो चुकी हैं। कुछ दिनों पहले ही उन्होंने उत्तर प्रदेश में अयोध्या के पास सहजानंद स्वामी के मूल गाँव छपैया में एक बड़ा कार्यक्रम आयोजित कर वहाँ की हिंदू जनता को अपने साथ जोड़ने की कोशिश की, लेकिन कार्यक्रम खाली कुर्सियों के साथ बुरी तरह असफल रहा। वे उत्तर प्रदेश में व्यापारी ठेकेदारों और रियल एस्टेट एजेंटों के माध्यम से प्रवेश कर रहे हैं और आगे, प्रधानमंत्री पद के दावेदार होने के कारण, योगी आदित्यनाथ जी के साथ भी वही संबंध स्थापित करने की कोशिश करेंगे जैसा उन्होंने नरेंद्रभाई मोदी और अमितभाई शाह के साथ किया है। यूपी और भगवान विष्णु के धाम को धारण करनेवाले उडुपी, उड़ीसा जैसे स्थान उनके लिस्ट में अगले लक्ष्य के रूप में है। उन्होंने विदेश में जो जाल फैलाया है, वही

वह गुजरात बहार भारत के अन्य राज्यों में फैलाना चाहते है। जगन्नाथ पुरी में एक बड़े मंदिर के निर्माण के रूप में वे अपनी धर्मांतरण की पहली फैक्ट्री स्थापित कर रहे हैं, जहाँ शुरुआत नारायण के रूप में कृष्ण और राम से होगी, लेकिन आगे उनके प्रपंच के दूसरे स्तर लागू होंगे। जगन्नाथ मंदिर के पाँच किलोमीटर के अंतर में ही उन्हें मंदिर बनाने के लिए एक विशाल जगह दे दी गई है।

जहाँ कहीं कोई सेलिब्रिटी दिखेगा, वे उसे अपने मंदिर में बुलाएँगे या अपने सर्वश्रेष्ठ ढोंगी को वहाँ ले जाएँगे। जैसे अक्षय कुमार और टाइगर श्रॉफ को आबू धाबी के मंदिर में बुलाकर मार्केटिंग की गई, और अनुपम खेर से मिल के उनके नए भगवान की मूर्ति के साथ वीडियो बनवाया गया। लेकिन अनुपम खेर शायद भाईश्री रमेशभाई ओझा के संपर्क के कारण उनकी असलियत से परिचित थे। इसलिए, वीडियो के अंत में उन्होंने 'ॐ नम: शिवाय' और 'हर हर महादेव' का नारा लगाया, जो गुजरात में सोशल मीडिया पर अनुपम खेर को धन्यवाद देते हुए काफी वायरल हुआ। क्योंकि सबसे ज्यादा विकृत और हीन लेखन इस संप्रदाय में भगवान शिव और शक्ति के लिए किया गया है।

वे केवल फिल्मों के सेलिब्रिटी तक सीमित नहीं रहेंगे। वे हिंदुत्व के प्रखर प्रचारक और रक्षक के रूप में कार्य करने वाले प्रसिद्ध यूट्यूबर्स को भी मुस्लिम विरोध के नाम पर सुविधाएँ, कार्यक्रम और पैसे देकर संघ, विश्व हिंदू परिषद, और भाजपा की तरह अपनी जाल में फँसाने की कोशिश करेंगे। ठीक उसी प्रकार, जैसे दुर्योधन को किसी कर्ण की तलाश थी। आपका ध्यान मुस्लिम विरोध में लगाए रखकर, वे आपके सहयोग से आपके बगल में खड़े होकर आपके सनातनी आराध्य देवताओं को नामशेष करने आ रहे हैं। तो यह पुस्तक भारत के उन सनातनी हिंदुओं को चेताने के लिए भी है कि यह संप्रदाय अपने त्रिस्तरीय प्रपंच के माध्यम से आपके पास आ रहा है। जिन्हें इस संप्रदाय की असलियत नहीं पता, उन्हें यह बताने के लिए कि आपके दुश्मन केवल मुस्लिम और ईसाई नहीं हैं, बल्कि हिंदू वेश में छिपे हुए विदेशी प्रभाव से बने ये संप्रदाय भी हैं। ये आपको उन विदेशी पंथों से पहले ही सनातन धर्म से विमुख कर अब्राहमिक बना सकते हैं। ये आपके पास आ रहे हैं। आप इस जानकारी और तर्कों के साथ इन्हें पीछे धकेलने के लिए तैयार रहें।

लेकिन मैं आपको इस नकली नारायण के प्रपंची संप्रदाय की कीचड़ के साथ छोड़कर नहीं जाना चाहता। इसलिए, सनातन धर्म के शास्त्रों की सही समझ के अनुसार, असली नारायण कौन हैं, और सृष्टि के स्वामी के रूप में पंचदेव कौन हैं, यह शास्त्रसम्मत जानकारी पुस्तक के दूसरे खंड में छोड़ रहा हूँ। इस

संप्रदाय के साथ की लड़ाई के दौरान भी सनातनी योद्धाओं ने इसकी आवश्यकता महसूस की और मुझसे इसके बारे में कुछ करने को कहा। इसी बीच मुझे वडोदरा से प्रकाशित होने वाले प्रसिद्ध अखबार लोकसत्ता-जनसत्ता में कॉलम लिखने का आमंत्रण मिला। मैंने इसे स्वीकार किया और वहाँ मैं सनातन धर्म के वेदों से लेकर दर्शनशास्त्र और पुराणों तक के स्वरूप को शास्त्रसम्मत लेखन के माध्यम से साप्ताहिक कॉलम में समझा रहा हूँ। उन कॉलम लेखों का एक संग्रह नई पुस्तक के रूप में तैयार हो रहा है, जिसका नाम है 'सनातन: धर्म, तत्त्व, दर्शन, और समाज जीवन'। खंड २ में उसी साप्ताहिक कॉलम के कुछ लेख दिए गए हैं। आइए, इस शास्त्रसम्मत लेखन के यज्ञ के साथ इस पुस्तक का समापन करते हैं।

खंड 2

सनातन धर्म में संसार का वास्तविक स्वामी
और
शास्त्रों में परिभाषित नारायण भगवान विष्णु

अध्याय १६

सनातन धर्म में पंचदेव सर्वोपरि क्यों हैं? क्यों सिर्फ एक ही भगवान नहीं है?

इस संप्रदाय के बचाव में उठाया गया एक प्रश्न यह भी था, "सर, हमारे पास बहुत से देवता और देवी हैं, इसी वजह से हम इस स्थिति में हैं। अगर हमारे पास भी सिर्फ एक भगवान होता, तो लड़ने में बेहतर होता।" जब मैंने यह सुना, तो मुझे यह महसूस हुआ कि जो लोग अपने शास्त्रों का ज्ञान नहीं रखते, जो अपने धर्म के सिद्धांतों को नहीं समझते, और जो हर तरह से अपने दुश्मनों की तरह बनने के लिए उतावले हैं ये मूर्ख किससे उनके धर्म को बचाने लड़ रहे हैं? उनका धर्म तो खुद उनसे ही नष्ट हो रहा है, और इसके लिए किसी और की आवश्यकता नहीं है। तो, आइए इस प्रश्न का उत्तर दें।

■ धर्म क्या है? यह सनातन क्यों है?

यह सम्पूर्ण सृष्टि अनगिनत ब्रह्मांडों से बनी है, जो एक निश्चित व्यवस्था के अनुसार कार्य करती है, जिसे वेदों में 'ऋत' कहा गया है। शब्द 'ऋत' हमारे शब्द 'ऋतु' (मौसम) का मूल है। जैसे मौसम एक नियमित, स्वचालित और संतुलित प्रणाली में एक के बाद एक बदलते हैं, वैसे ही सम्पूर्ण ब्रह्माण्ड में एक व्यवस्था है जो तारों, ग्रहों, आकाशगंगाओं और अन्य आकाशीय पिंडों के बीच संतुलन बनाए रखने के साथ-साथ चेतन और जड़ प्रकृति के बीच संतुलन बनाए रखती है, यह सब कर्म के सिद्धांत के अनुसार होता है। यह संतुलन बनाए रखने वाली व्यवस्था 'ऋत' कहलाती है। यह शब्द ऋग्वेद में बार-बार आता है,

242

और यह कहा गया है कि इसका अनुसरण करना ही मूल कार्य है। सम्पूर्ण सृष्टि को नियंत्रित करने वाली इस 'ऋत' व्यवस्था का अनुसरण करना ही 'धर्म' कहा जाता है। आप इस व्यवस्था के खिलाफ कार्य कर सकते हैं, लेकिन ऐसा करने से आप अपना संतुलन खो देंगे, और क्योंकि आप सम्पूर्ण ब्रह्माण्ड के खिलाफ जा रहे हैं, आप प्रगति नहीं कर पाएंगे। आपको प्रतिरोध और विनाश का सामना करना पड़ेगा। इसलिए, यह आदर्श दिया गया कि 'ऋत' के अनुसार जीना ही इस सृष्टि में प्रगति और सुख का एकमात्र मार्ग है। अत: शब्द 'धर्म' उभरा, जिसका अर्थ है इस ब्रह्माण्डीय व्यवस्था ऋत को धारण करना, इससे विपरीत न होना।

यह 'ऋत' प्रणाली ब्रह्म की चेतना से और चेतना में उत्पन्न होती है, जो इस सम्पूर्ण अस्तित्व का कारण और स्रष्टा है। इस प्रकार, ऋत सृष्टि की शुरुआत से पहले भी अस्तित्व में थी और सृष्टि के बाद भी रहेगी। जो कुछ भी हुआ है, हो रहा है और होगा, वह इस 'ऋत' नामक प्रणाली के अनुसार है, यानी इसका न कोई आरंभ है, न कोई अंत। यह प्रणाली हमेशा अस्तित्व में रहती है, यही कारण है कि यह सनातन है। इसलिए, जो धर्म इस प्रणाली को धारण करता है, उसे भी सनातन कहा जाता है। इसका भी न कोई आरंभ है, न कोई अंत। एक अर्थ में, सम्पूर्ण सृष्टि में धर्म का मतलब है 'ऋत' का अनुसरण करना, जो की एक तरह से उस सत्य रूपी ब्रह्म चेतना का अनुसरण करने का मार्ग है। धर्म का मुलत: कोई अन्य अर्थ नहीं है। इसी कारण कहा जाता है कि जो धर्म है वह सनातन है; दुनिया में कोई अन्य धर्म नहीं है। बाकी सब बस संप्रदाय और पंथ है। सनातन धर्म 'हमारा' है ऐसा कहना भी उचित नहीं है। हम वे लोग हैं जो सनातन धर्म का पालन करते हैं यह सही कथन है। यही कारण है कि शंकराचार्यजी, अपने उपदेशों में 'सनातनी' शब्द का प्रयोग नहीं करते। वे कहते हैं, 'सनातन धर्मावलंबी' अर्थात वे जिन्होंने सनातन धर्म का अवलंबन स्वीकार किया हुआ है।

✸ तैंतीस कोटि देव और पंचदेव:

अब यह ऋत नामक व्यवस्था जिस सृष्टि में चलती है, वह सृष्टि "ब्रह्म" नाम के एक ईश्वरीय तत्त्व से व्याप्त है। यह ईश्वरीय तत्त्व मूल रूप से निराकार, निर्गुण और अव्यक्त है। परंतु वही धीरे-धीरे विभिन्न सृजन करके आकार धारण करता है, विभिन्न गुणों में प्रकट होता है, और अंतत: उन गुणों से परे उठकर गुणातीत अवस्था में भी स्वयं को व्यक्त करता है। वेदों, उपनिषदों और छह दर्शनों में "ब्रह्म" नाम का यह ईश्वरीय तत्त्व निराकार ही रहता है। लेकिन यह

निर्गुण से सगुण और अव्यक्त से व्यक्त स्वरूप में प्रकट हो जाता है।

वेदों में जो तैंतीस प्रकार के देवता हैं, वे ब्रह्म के विभिन्न गुण और शक्तियों को प्रकट करते हैं। लेकिन वे सभी निराकार हैं। इस प्रकार वेदों के देवता निराकार हैं, लेकिन निर्गुण नहीं। वे सगुण हैं। उनका वेदमंत्रों द्वारा आह्वान होता है, एक निराकार शक्ति के रूप में। परंतु वेदों के अंतिम भाग में यंत्र रूप से निराकार ईश्वर की साकार उपासना का मार्ग भी अस्तित्व में आ जाता है।

और इसीलिए, जब वेदों का संकलन करने वाले, दर्शनों में अंतिम और सर्वोच्च- वेदांत दर्शन (ब्रह्मसूत्र)- के रचयिता वेद व्यास महाभारत और अठारह पुराणों की रचना करते हैं, तो उसी निराकार ईश्वर को साकार रूप में प्रस्तुत करते हैं। वहां वे ब्रह्मज्ञानी ऋषि इस बुद्धि का उपयोग करते हैं कि यह निराकार ईश्वरीय तत्त्व जो सृष्टि को चलाता है, वह किसी एक ही साकार स्वरूप में सीमित न हो जाए। वे वेदों में बताए गए देवताओं में से पांच देवों को सर्वोच्च ईश्वर के रूप में प्रतिष्ठित करते हैं, जिन्हें पंचदेव कहा गया है विष्णु, शिव, शक्ति रूप में देवी, सूर्य/ब्रह्मा और गणेश। प्रत्येक के स्वतंत्र पुराण लिखे गए है, जिसमें प्रत्येक को परब्रह्म के सर्वोच्च स्वरूप के रूप में स्वतंत्र महत्व दिया गया है।

पंचदेव के माध्यम से निराकार ईश्वर की विभिन्न शक्तियों और गुणों को अलग-अलग व्यक्त किया गया है ताकि मनुष्य किसी एक आकृति में ईश्वर को साकार रूप में कल्पित कर उसकी गुलामी में बंधकर सीमित न हो जाए। जब वह पंचदेव में से किसी एक को सर्वोच्च ईश्वर के रूप में आराध्य माने, तब उसके समक्ष दूसरे पुराणों में वर्णित बाक़ी के चार स्वरूपों की महानता भी बनी रहे। अंततः उसे यह ज्ञात रहे कि इन पंचदेव के पाँच रूपों में सृष्टि के मूल निराकार ईश्वर की पूर्णता व्यक्त की गई है।

किसी एक स्वरूप में ईश्वर को समेटने के दो नुकसान थे। पहला, विभिन्न शक्तियों का महत्व प्रभावी रूप से समझाया नहीं जा सकता था। दूसरा, मनुष्य उन गुणों और शक्तियों से अलग किसी एक साकार रूप और नाम में अपना अहंकार आरोपित कर उसके लिए उन्मादी हो सकता था। ईश्वर तो एक ओर रहता, और मनुष्य का अहंकार उस ईश्वर के एक नाम और आकृति के साथ संसार पर सत्ता जमाने निकल पड़ता। बिल्कुल वैसा ही जैसा हम देशी-विदेशी गैर-सनातनी संप्रदायों में देखते हैं।

इसी कारण सनातन धर्म में पंचदेव उपासना को केंद्रीय स्थान दिया गया। पंचदेव में से किसी एक को अपनी स्थिति और प्रकृति के अनुसार सर्वोच्च स्वरूप

मानें और शेष चार को उसका अंश। इससे यह दृष्टि बनी रहती है कि कोई एक साकार स्वरूप की व्यक्त शक्ति पूर्ण नहीं है। इन पंचों स्वरूपों में संयुक्त रूप से निराकार ईश्वरीय ऊर्जा का जो चरित्र व्यक्त होता है, वह उस मूल ईश्वरीय तत्त्व की पहचान है।

✸ पंचदेव की शक्तियां और उनका महत्व इस प्रकार है:

१. विष्णु : सर्वव्यापक देव, जो संसार में ऋत की व्यवस्था बनाए रखते हैं और धर्म की रक्षा करते हैं।

२. शिव : योगी रुद्र, जो मनुष्य को योग द्वारा आत्मा का अनुभव कराते हैं और दृश्य संसार से वैराग्य सिखाते हैं। सृष्टि के विनाश के समय निराकार ब्रह्म यह स्वरूप धारण करता है।

३. शक्ति : मनुष्य में सुप्त कुण्डलिनी शक्ति, जो जागृत होने पर मनुष्य को निराकार ब्रह्म की शक्तियों से जोड़ती हैं। यह वही शक्ति है जो विष्णु को विष्णु और रुद्र को शिव बनाती है।

४. सूर्य/ब्रह्मा : यह निराकार ईश्वरीय शक्ति को इस तरह उपयोग में लाते है जिससे ब्रह्मांड सृजन का कार्य होता है, और इस जड़ चेतन सृष्टि की माया रची जाती है।

५. गणेश : यह निराकार ब्रह्म की एक शक्ति है, जो भावनात्मक रूप में कृपा करती है और सत्य तक पहुंचने की यात्रा को सुगम बनाती है। वह आपके विकास की राह से विध्न हटाकर आपका ध्यान रखते है।

इन पांच स्वरूपों में हमारी वह सर्व व्याप्त निराकार ईश्वरीय शक्ति काम कर रही है, और हमें उसी से एक होना है। क्योंकि हम वही हैं। यह शरीर तो बस एक क्षणिक वस्त्र है, जिसे समय-समय पर त्यागना पड़ता है। जब तक कि हम अपने उस निराकार, अव्यक्त ब्रह्म स्वरूप में पुनः स्थिर न हो जाएं। यही सनातन धर्म का मूल स्वरूप है।

❖ यह लेख ६ सितंबर, २०२४/फेसबुक पर और १२ दिसंबर, २०२४/ लोकसत्ता जनसत्ता में प्रकाशित हुआ था।

■ परम धर्म संसद का धर्मादेश

पंचदेव उपासना की इस समझ को हिंदू सनातनी समाज में फिर से जागृत

करने के लिए, १६ जनवरी, २०२५ को प्रयागराज में आयोजित महाकुंभ में सनातन धर्म की परम धर्मसंसद ने एक धर्मादेश जारी किया जो नीचे दिया गया है।

✳ **परम धर्मसंसद के प्रस्तुत धर्मादेश के शब्द कुछ इस प्रकार है:**

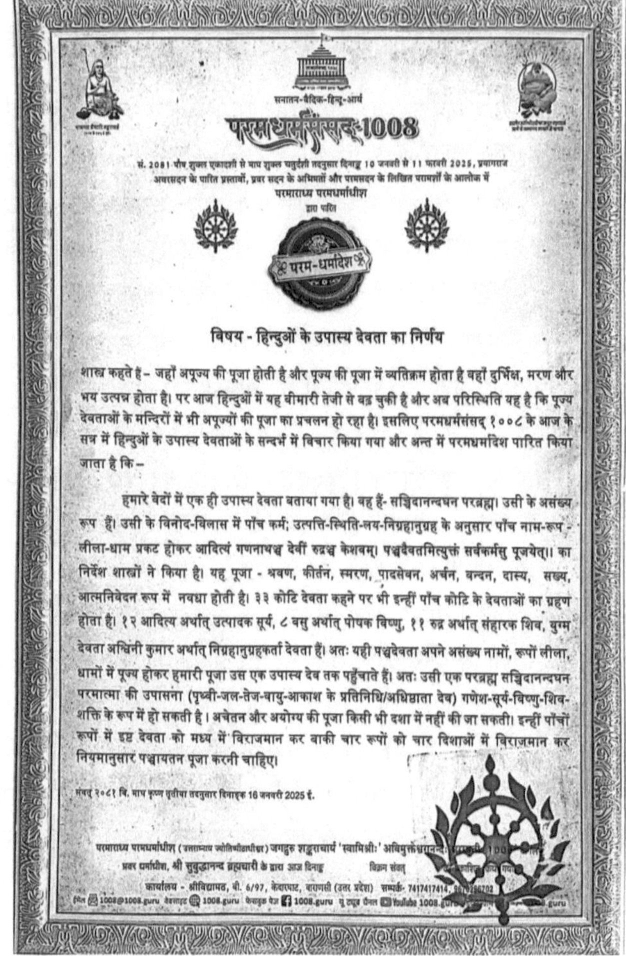

सनातन वैदिक हिन्दू–आर्य

परमा धर्मसंसद् १००८

सं. २०८१ पौष शुक्ल एकादशी से माघ शुक्ल चतुर्दशी तदनुसार दिनाङ्क १० जनवरी से ११ फरवरी २०२५, प्रयागराज

अवरसदन के पारित प्रस्तावों, प्रवर सदन के अभिमतों और परमसदन के

लिखित परामर्शों के आलोक में

परमाराध्य परमधर्माधीश द्वारा पारित

परम-धर्मादेश

विषय – हिन्दुओं के उपास्य देवता का निर्णय

शास्त्र कहते हैं– जहाँ अपूज्य की पूजा होती है और पूज्य की पूजा में व्यतिक्रम होता है वहाँ दुर्भिक्ष, मरण और भय उत्पन्न होता है। पर आज हिन्दुओं में यह बीमारी तेजी से बढ़ चुकी है और अब परिस्थिति यह है कि पूज्य देवताओं के मन्दिरों में भी अपूज्यों की पूजा का प्रचलन हो रहा है। इसलिए परमधर्मसंसद् १००८ के आज के सत्र में हिन्दुओं के उपास्य देवताओं के सन्दर्भ में विचार किया गया और अन्त में परमधर्मादेश पारित किया जाता है कि –

हमारे वेदों में एक ही उपास्य देवता बताया गया है। वह हैं– सच्चिदानन्दघन परब्रह्म । उसी के असंख्य रूप हैं। उसी के विनोद-विलास में पाँच कर्म; उत्पत्ति-स्थिति-लय-निग्रहानुग्रह के अनुसार पाँच नाम-रूप लीला-धाम प्रकट होकर

आदित्यं गणनाथञ्च देवीं रुद्रञ्च केशवम्।

पञ्चदैवतमित्युक्तं सर्वकर्मसु पूजयेत्॥

–का निर्देश शास्त्रों ने किया है।

यह पूजा श्रवण, कीर्तन, स्मरण, पादसेवन, अर्चन, वन्दन, दास्य, सख्य, आत्मनिवेदन रूप में नवधा होती है। ३३ कोटि देवता कहने पर भी इन्हीं पाँच कोटि के देवताओं का ग्रहण होता है। १२ आदित्य अर्थात् उत्पादक सूर्य, ८ वसु अर्थात् पोषक विष्णु, ११ रुद्र अर्थात् संहारक शिव, युग्म देवता अश्विनी कुमार अर्थात् निग्रहानुग्रहकर्ता देवता हैं। अत: यही पञ्चदेवता अपने असंख्य नामों, रूपों लीला, धामों में पूज्य होकर हमारी पूजा उस एक उपास्य देव तक पहुँचाते हैं। अत: उसी एक परब्रह्म सच्चिदानन्दघन परमात्मा की उपासना (पृथ्वी-जल-तेज-वायु-आकाश के प्रतिनिधि/अधिष्ठाता देव) गणेश-सूर्य-विष्णु-शिव-शक्ति के रूप में हो सकती है। अचेतन और अयोग्य की पूजा किसी भी दशा में नहीं की जा सकती। इन्हीं पाँचों रूपों में इष्ट देवता को मध्य में विराजमान कर बाकी चार रूपों को चार दिशाओं में विराजमान कर नियमानुसार पञ्चायतन पूजा करनी चाहिए।

संवत् २०८१ वि. माघ कृष्ण तृतीया तदनुसार दिनाक १६ जनवरी २०२५ ई. "

वेदों में पंचदेव का रूप

जब सनातन धर्म के प्राचीनतम शास्त्र के रूप में वेदों की रचना हुई, तब उसमें पुराणों के पंचदेव किस रूप में उपस्थित थे – आइए यह जानते है।

■ वेदों में भगवान विष्णु का सर्वोच्च ईश्वर के रूप में प्रकट होना

✳ क्या हैं ऋग्वेद के तैंतीस कोटि देव और बारह आदित्य?

दिनांक: १६-०५-२०२४ / लोकसत्ता जनसत्ता

सनातन धर्म की शुरुआत चार वेदों से होती है, जिनका क्रम है: ऋग्वेद, यजुर्वेद, सामवेद और अथर्ववेद। प्रत्येक वेद चार प्रकार के ग्रंथों का समूह है, जो क्रमशः इस प्रकार आते हैं: संहिता, ब्राह्मण ग्रंथ, आरण्यक और उपनिषद। इन चार प्रकार के ग्रंथों से मिलकर एक वेद बनता है। सबसे पहला ग्रंथ ऋग्वेद है, जिसका संहिता भाग सबसे बड़ा है। यह पृथ्वी का सबसे प्राचीन ग्रंथ है और भारतीय सनातन सभ्यता का प्रारंभ है। इसमें तैंतीस प्रकार के देवताओं की पूजा या यज्ञों के माध्यम से आह्वान करने के मार्ग से भारत के धर्म की नींव रखी गई है। इन तैंतीस देवताओं में बारह आदित्य (सूर्य से जुड़े देवता), आठ वसु, ग्यारह रुद्र, दो अश्विनीकुमार और एक देवी सम्मिलित हैं। सूर्य आदित्य और वसु दोनों में आते हैं, जिससे वे एक बार ही गिने जाते हैं, और इस प्रकार तैंतीस देवता बनते हैं।

ऋग्वेद के अलग-अलग दस मंडल हैं, और हर मंडल में अलग-अलग संख्या में सूक्त हैं। प्रत्येक सूक्त में कुछ मंत्र होते हैं। हर सूक्त किसी निश्चित देवता के आह्वान के लिए किसी ऋषि ने किसी विशेष छंद में रचित मंत्रों से बनाया

है। उस ऋषि, देवता और छंद का नाम हर सूक्त के आरंभ में लिखा गया है।

ऋग्वेद के पहले मंडल के पहले सूक्त का पहला श्लोक अग्नि के आह्वान के लिए है। अग्नि सहित पंचमहाभूतों के देव पृथ्वी, वायु, वरुण, आकाश, और उनके अतिरिक्त सूर्य, चंद्रमा और नक्षत्र ये आठ वसु कहलाते हैं। इनके आह्वान के लिए अपने-अपने सूक्त हैं। इसी प्रकार, बारह आदित्यों के सूक्त हैं, जिनमें हैं विवस्वान, आर्यमन, त्वष्टा, सावित्र, भग, धातृ, मित्र, वरुण, अंश, पुषण, इंद्र और अंत में विष्णु।

कुछ गलत धारणाएँ हैं कि बारह आदित्य सूर्य के बारह नाम हैं। लेकिन वास्तव में आदित्य वे हैं, जो सबसे तेजस्वी हैं। ये सूर्य का आधार लेकर उसके तेज के पीछे मौजूद, उससे भी अधिक मूल तेजस्वी स्रोत तक पहुँचाने वाले देवता हैं। जैसे विवस्वान आज के सूर्य का नाम है, तो वह सूर्य हैं। लेकिन इंद्र बिजली और वर्षा से जुड़े देवता हैं, जो ऋग्वेद में कृषि के साथ जुड़े मनुष्यों के साथ सीधे जुड़े हुए हैं और उनकी बार-बार रक्षा करते हैं। इसलिए ऋग्वेद में सबसे अधिक आह्वान इंद्र के लिए हैं। आर्यमान हमारी पूरी आकाशगंगा में भ्रमण करने वाले आदित्य हैं, जो सुबह से दोपहर के बीच के सूर्य के रूप में तपते हैं। वे घोड़ों की रक्षा करने वाले और विवाह जैसे अवसरों पर विधियों को सफल बनाने वाले देव हैं। भग भाग्य को चमकाने वाले, धातृ स्वास्थ्य प्रदान करने वाले, और सावित्र सूर्य के उदय से पहले की सुप्त शक्ति हैं। मित्र सुबह के संध्या समय का तेज हैं, जो सिद्धांतों, संधियों, नियमों और सत्य की रक्षा करते हैं, और वरुण शाम के संध्या समय का तेज हैं। पुषण यात्रा के दौरान सुरक्षा प्रदान करने वाले आदित्य हैं।

लेकिन इन सभी से अधिक व्यापक आदित्य हैं अंत में आने वाले विष्णु। ऋग्वेद के पहले मंडल के बाईसवें सूक्त के सोलहवें से इक्कीसवें श्लोक में पहली बार विष्णु का उल्लेख होता है, और वहीं उनकी परिभाषा दी गई है। वे जो सर्वत्र व्यापक हैं, वे विष्णु हैं। तैंतीस कोटि देवताओं में यह एकमात्र देवता हैं, जिन्हें कहा गया है कि वे सूर्य के तेज की तरह सर्वत्र व्याप्त हैं और वही सभी लोकों को धारण करते हैं। वे मनुष्यों की मदद में इंद्र के श्रेष्ठ मित्र हैं। उनके तीन कदमों में पृथ्वी लोक, द्युलोक और अंतरिक्ष मापे जाते हैं।

इस प्रकार, भले ही इंद्र और अन्य देवताओं को समर्पित सूक्त ऋग्वेद में अधिक हैं, लेकिन सर्वव्यापक देवता के रूप में और सबसे मूलभूत शक्ति रखने वाले देव के रूप में विष्णु का महत्व वही है, जैसा महाभारत में कुरुवंशी योद्धाओं के ज़्यादा वर्णन के बीच श्रीकृष्ण का कम वर्णन, पर केंद्रीय शक्ति दिखती है।

पहले मंडल में ही आगे १५३वें सूक्त में विष्णु सूक्त के रूप में विष्णु का यश वर्णित है, जो १५५वें और १५६वें सूक्त तक चलता है। फिर सातवें मंडल के ९९वें और १००वें सूक्त में सर्वव्यापक देव के रूप में विष्णु का यशगान और आह्वान है। इसके बाद ऋग्वेद का संहिता भाग समाप्त होता है और ऋग्वेद के ब्राह्मण भाग के रूप में ऐतरेय ब्राह्मण का पहला ही श्लोक आता है:

"अग्नि देवताओं में सबसे नीचे हैं और विष्णु देवताओं में सबसे उच्च हैं। शेष सभी देवता इनके बीच में हैं।"

(ऐतरेय ब्राह्मण १.१.१)

इस प्रकार, ऋग्वेद के संहिता भाग में भगवान विष्णु को पाँच सूक्त दिए गए हैं और उन्हें तैंतीस देवताओं में सर्वव्यापक देव के रूप में परोक्ष रूप से प्रस्तुत किया गया है। लेकिन ऋग्वेद के ब्राह्मण भाग के पहले ही श्लोक में उन्हें सर्वोच्च देवता के रूप में स्थापित किया गया है। इसके बाद, यजुर्वेद में भगवान विष्णु को जल उत्पन्न करने वाले "नारायण" के रूप में संबोधित किया गया और उन्हें पूरा "नारायण सूक्त" समर्पित किया गया, जिसमें पहला प्रसिद्ध श्लोक है: "ॐ सह नाववतु। सह नौ भुनक्तु" जिसे हम सभी जानते और सार्वजनिक तौर पर उपयोग में लेते हैं।

नारायण सूक्त विष्णु को सृष्टि के मूल ईश्वर के रूप में प्रशंसा करता है:

"नारायण सनातन और शुभ है। वह अचल और अपरिवर्तनीय है। नारायण सबसे अधिक जानने योग्य है। वह सबका आंतरिक मन है। वह सर्वोच्च पदार्थ और प्राप्ति का अंतिम लक्ष्य है। नारायण परब्रह्म है। नारायण परम वास्तविकता है। वह परम प्रकाश है। नारायण स्वयं सर्वोच्च है।"

इस यशोगान के बाद, नारायण सूक्त का अंतिम श्लोक आता है:

ॐ नारायणाय विद्महे वासुदेवाय धीमहि।

तन्नो विष्णुः प्रचोदयात्।

अर्थात,

नारायण और वासुदेव एक ही हैं, और वही विष्णु हैं। हम उस विष्णु को प्रणाम करते हैं।

वासुदेव का अर्थ है वह देवता जो सर्वत्र स्थित (बसा हुआ) हैं और जो आठ वसुओं के पूजनीय देवता हैं। नारायण सूक्त का यह श्लोक "विष्णु गायत्री

श्लोक" कहलाता है और यह यजुर्वेद तथा अन्य वेदों में बार-बार (पच्चीस से ज़्यादा बार) आता है। यह भगवान विष्णु को नारायण और वासुदेव रूप में यश प्रदान करता है और उन्हें ऋग्वेद के विष्णु के रूप में निरंतर जोड़े रखता है।

यहां ध्यान देने योग्य बात यह है कि ऋग्वेद के अंतिम भाग, दसवें मंडल में आने वाले पुरुष सूक्त में उस पुरुष और विराट पुरुष का वर्णन है, जिसने सम्पूर्ण ब्रह्मांड को अपने भीतर समाहित किया है। इस पुरुष सूक्त में आह्वान किए गए देवता का नाम "नारायण" है, जबकि पूरे ऋग्वेद में तैंतीस कोटि देवताओं में "नारायण" नाम का कोई उल्लेख नहीं है। यह नाम पहली बार यजुर्वेद में आया। इसलिए यह माना जाता है कि पुरुष सूक्त को ऋग्वेद में बाद में सम्मिलित किया गया है।

इस प्रकार, यह कहना अज्ञानता है कि पुराणों के भगवान विष्णु वेदों में किसी छोटे देवता के रूप में वर्णित हैं और इंद्र को बड़ा देवता माना गया है। इंद्र का उल्लेख ऋग्वेद में अधिक बार है क्योंकि वह तत्कालीन मानव जीवन, विशेष रूप से कृषि कार्यों के लिए अधिक सुलभ और उपयोगी थे।

लेकिन ऋग्वेद ही वह प्रथम ग्रंथ है जो भगवान विष्णु को सर्वव्यापक देवता के रूप में प्रकट करता है और ब्राह्मण भाग में उन्हें सर्वोच्च देवता के रूप में स्थापित करता है। यह भी ध्यान देने योग्य है कि जिन वेदव्यास ने चारों वेदों का संकलन किया, वही वेदव्यास अथवा उनकी परंपरा में आने वाले ऋषियों ने अठारह पुराणों की रचना की। इसलिए, पुराणों में वेदों में वर्णित विषयों को ही विस्तृत रूप देकर लोक-प्रिय और भक्ति-प्रधान बनाया गया है।

वेदों में ईश्वर को निराकार के साथ साकार यंत्र रूप में भी प्रस्तुत किया गया है। पुराणों में इन्हीं अवधारणाओं को मूर्त रूप देकर कथाओं और कथानकों के माध्यम से उन्हें भक्तिमय और लोक-प्रिय बनाया गया है।

▌ वेदों में शिव, शक्ति और गणेशजी सहित सूर्यदेव का प्रागट्य

दिनांक: २३–०५–२०२४/लोकसत्ता जनसत्ता

हमने जाना कि चार वेदों की संहिता, ब्राह्मण ग्रंथ, आरण्यक और उपनिषदों का संपादन तथा अठारह पुराणों की रचना महर्षि वेदव्यास ने की है। इसलिए पुराणों में वही बातें लोक-व्याप्य और विस्तृत रूप में प्रस्तुत की गई हैं, जो वेदों में पहले से ही हैं। पुराणों के भगवान विष्णु को ऋग्वेद में बारहवें आदित्य के रूप में समस्त संसार में व्यापक (विष्णु) देव के रूप में प्रकट किया गया है,

और ऋग्वेद के ब्राह्मण ग्रंथों में उन्हें सर्वोच्च देव के रूप में स्थापित किया गया है। और ऋग्वेद के बाद आने वाले यजुर्वेद में वही भगवान विष्णु नारायण और वासुदेव नाम से प्रस्तुत कर उन्हें मूल परमेश्वर के रूप में स्थापित किया गया है। इसी प्रकार इस लेख में हम जानेंगे हैं कि पुराणों के शिव और शक्ति वेदों में किस रूप में प्रकट हुए हैं। शिव को शिवपुराण के अलावा अधिकांश पुराणों में रुद्र के रूप में अधिक उल्लेखित किया गया है। शिवपुराण में भी उनके शिव नाम का विशेषण के रूप में वर्णन किया गया है। शिव का वह रुद्र स्वरूप वेदों में और पुराणों में रुद्र देव के रूप में बहुत अच्छे से उपस्थित है।

ऋग्वेद के कुल छह सूक्त (१.४३, १.११४, २.३३, ६.७४, ७.४६, ८.६३) रुद्र का आह्वान करते हैं। ऋग्वेद के रुद्र देव युद्ध के देवता हैं, जो लोगों और योद्धाओं की रक्षा करते हैं। वे जटाधारी हैं और कथाओं के देव हैं। साथ ही उन्हें श्रेष्ठ बुद्धि, उच्च ज्ञान और विचारों से युक्त देवता माना गया है, और उनसे अच्छी बुद्धि और अच्छे विचारों की प्रार्थना की जाती है। उनका आहार सदा शुद्ध और स्वास्थ्यप्रद होता है, इसलिए उनसे स्वास्थ्य की भी कामना की जाती है। वे रौद्र रूप में संसार का विनाश करने वाले देवता हैं, इसलिए उनसे अपने प्रियजनों, योद्धाओं और शरीर की हानि न करने की भी प्रार्थना की जाती है। इस प्रकार, ऋग्वेद के आक्रामक और उच्च ज्ञान युक्त रुद्र देव को यजुर्वेद में ज्ञान द्वारा अधिक शांत और पूजनीय बना दिया गया है। कृष्ण यजुर्वेद की तैत्तिरीय संहिता के चौथे कांड के पांचवें और सातवें प्रश्न में फैला हुआ 'श्रीरुद्रम स्त्रोत' उपलब्ध है। इस 'श्रीरुद्रम' को रुद्र प्रश्न भी कहा जाता है, जिसमें बार-बार रुद्र का उल्लेख शिव विशेषण के साथ किया गया है। शिव शब्द का अर्थ है परम शांत या परम पूजनीय। इसी स्त्रोत में 'नमः शिवाय' पहली बार वेदों में प्रकट होता है, और 'ॐ त्र्यंबकं यजामहे' के रूप में महामृत्युंजय मंत्र भी इसी रुद्र प्रश्न से प्राप्त हुआ है। इस प्रकार रुद्र को यजुर्वेद में शिव के रूप में स्थापित किया गया है, जबकि ऋग्वेद के रुद्र और पुराणों के रुद्र रूप शिव की सभी विशेषताएँ एक जैसी हैं। इस प्रकार यह कथन भी बहुत बड़ा दुष्प्रचार है कि वेदों में भगवान शिव नहीं हैं। वेदों में ही रुद्र देव के चरित्र रूप में शिव की अवस्था पहली बार प्रकट हुई है। पुराणों में बस उस चरित्र और अवस्था को एक शरीरधारी ईश्वर और उनकी कथाओं के साथ प्रस्तुत किया गया है।

✳ **मां शक्तिः**

शक्ति के लिए भी यही बात है। देवी भागवत या शाक्त पुराण में भगवती

देवी का शक्ति रूप हमें ज्ञात है, जहां भगवती ही शक्ति रूप में प्रत्येक अणु को स्पंदित करती हैं, वही प्रत्येक देव को उनकी शक्ति प्रदान करती हैं। वही रुद्र को शिव और विष्णु को विष्णु बनाती हैं। ठीक वही बात ऋग्वेद के दसवें मंडल के १२५वें सूक्त में कही गई है, जो 'देवी सूक्त' के नाम से जाना जाता है। इसी देवी सूक्त के आधार पर महर्षि वेदव्यास ने देवी भागवत या शाक्त पुराण की रचना की है। देवी सूक्त के कुछ मंत्र इस प्रकार हैं:

"मैं रुद्रों, वसुओं, आदित्यों और विश्वदेवों में व्यापक होकर उनके साथ विचरण करती हूं। मैं ही मित्र, वरुण, इंद्र, अग्नि और अश्विनी कुमारों को धारण करती हूं।

मैं ही प्रकाश के लिए चंद्रमा और सूर्य को धारण करती हूं। मैं अपनी शक्ति से पूरे संसार पर शासन करती हूं।

मेरी शक्ति से ही लोग भोजन करते हैं, देखते हैं, सुनते हैं और सांस लेते हैं।

मैं ही लोगों को शक्तिशाली और तेजस्वी बनाती हूं।

मैं ही ब्रह्मद्वेषियों को दंडित करने के लिए रुद्र के धनुष पर बाण चढ़ाती हूं।

✸ गणेश:

गणपति शब्द ऋग्वेद के दूसरे मंडल के तेइसवें सूक्त में ब्रह्मणस्पति नामक ज्ञान के अधिपति देवता के लिए प्रयुक्त हुआ है। यही ज्ञान के अधिपति देव गणपति को यजुर्वेद के तैत्तिरीय आरण्यक में वक्रतुंड और दंती कहा गया है। श्लोक है:

"उस ईश्वररूप परम पुरुष का हम ध्यान करें, जो वक्र सूंड़ वाले हैं। वह दंती (गणपति) हमें सन्मार्ग पर मार्गदर्शन करें।"

(यजुर्वेद, तैत्तिरीय आरण्यक १०.१.१५)

यही ज्ञान के अधिष्ठाता देव गणपति को महर्षि वेद व्यास ने पुराणों में शिव और शक्ति के पुत्र तथा परब्रह्म ईश्वर के एक साकार रूप के रूप में प्रस्तुत किया है।

✸ सूर्य/ब्रह्मा:

इसके अतिरिक्त पंचदेवों में सूर्य देव को आदित्य और वसु दोनों में स्थान देकर प्रजापालक ईश्वर के रूप में ऋग्वेद में प्रस्तुत किया गया है। इसी कारण,

सौर पुराण में सूर्य को परब्रह्म परमेश्वर के रूप में वर्णित करते हुए महर्षि वेद व्यास ने सर्वव्यापक आदित्य और उच्चतम देव विष्णु को भी सूर्य का ही एक रूप बताया है। भगवान विष्णु के पुरुष तत्व के रूप में ब्रह्माजी को भगवान सूर्य का अंश बताया गया है। इस प्रकार, सौर पुराण और ब्रह्म पुराण एक हो जाते हैं।

इस प्रकार, वेदों में निराकार ईश्वर को सगुण देव के रूप में जो नाम दिए गए थे, उन्हें पुराणों में साकार रूप और कथाओं के साथ पंचदेवों के रूप में प्रस्तुत किया गया है, जिन्हें हम आगे के दो अध्यायों में जानते है।

अध्याय १८

पुराणों में भगवान विष्णु नारायण का स्वरूप

अब देखते हैं कि वेदों के पंचदेव अलग-अलग पुराणों में किस प्रकार साकार रूप में दर्शाए गए हैं। पहले भगवान विष्णु को देखते हैं, जो ऋग्वेद में सर्वोच्च देव का स्थान प्राप्त करते हैं और यजुर्वेद में नारायण और वासुदेव के रूप में भी जाने जाते हैं। विष्णु पुराण में आने वाले प्रधान, पुरुष, व्यक्त, और काल जैसे शब्दों को पहले समझना आवश्यक है। इन शब्दों को स्वामी संप्रदाय में भ्रामक चार्ट बनाने और भगवान विष्णु को इनसे भी निम्न स्थान पर दिखाने के लिए गलत तरीके से इस्तेमाल किया गया है।

▪ विष्णु पुराण में सृष्टि निर्माण की कथा:

भाग १: विष्णु से उत्पन्न होने वाले प्रधान, पुरुष, व्यक्त, और काल कौन हैं?

दिनांक: ११–०४–२०२४/लोकसत्ता जनसत्ता

विष्णु पुराण में सनातन धर्म के पंचदेवों में भगवान विष्णु मुख्य, सर्वश्रेष्ठ, पूर्णपुरुषोत्तम ईश्वर हैं, जिनसे सृष्टि का निर्माण होता है। भगवान विष्णु को वासुदेव कहा जाता है, जिसका अर्थ है "जो सर्वत्र हैं और जिसमें समस्त विश्व स्थित है।" वही नित्य, परमश्रेष्ठ, अविनाशी, अजन्मा, एकरस, और गुणरहित निर्मल परमात्मा हैं। वही परब्रह्म महाविष्णु हैं। परब्रह्म चार मूल रूपों में स्वयं को प्रकट करते हैं:

१. व्यक्त जगत

२. प्रधान (सूक्ष्म प्रकृति)

३. पुरुष (साक्षी)

४. काल

इनमें पुरुष परब्रह्म का मूल रूप है और काल उनका परम रूप। सम्पूर्ण सृष्टि परब्रह्म महाविष्णु अपने इन चार रूपों के माध्यम से संचालित करते है।

✴ चार रूपों की व्याख्या:

परब्रह्म रूपी मूल ऊर्जा सबसे पहले अपने समान एक निराकार, अविनाशी रूप उत्पन्न करती है, जिसे पुरुष कहते हैं। यह पुरुष परब्रह्म ईश्वर का प्रतिनिधि है, जो सम्पूर्ण जगत का साक्षी है। इसके बाद परब्रह्म अपने दूसरे रूप प्रधान की उत्पत्ति करते हैं। प्रधान वह सूक्ष्म प्रकृति है, जिसमें से सारा दृश्य ब्रह्मांड व्यक्त होता है। इसी व्यक्त प्रकृति को सृष्टि या व्यक्त जगत कहा जाता है।

चौथा रूप काल है, जो इन तीनों (व्यक्त, प्रधान, और पुरुष) को अपने में समाहित किए रहता है। काल का अर्थ है वह ऊर्जा की चादर, जो पुरुष, प्रधान और व्यक्त जगत को अपने भीतर समेटे रहती है। इसी काल के विस्तार से समय और अवकाश उत्पन्न होते हैं, और उसके संकुचित होने से समय और अवकाश का लोप हो जाता है।

इस प्रकार, परब्रह्म प्रधान के माध्यम से व्यक्त जगत का निर्माण करते हैं, पुरुष के माध्यम से उसमें साक्षी बनकर उपस्थित रहते हैं, और काल के माध्यम से सबको एक साथ जोड़े रखते हैं।

प्रधान से व्यक्त जगत का निर्माण:

अब देखें कि प्रधान से व्यक्त जगत की रचना कैसे होती है। यह प्रधान कोई और नहीं, बल्कि सांख्य दर्शन की प्रकृति है। जो बात सांख्य दर्शन में प्रकृति-पुरुष के रूप में समझाई जाती है, वही बात वैष्णव पुराणों में प्रधान-पुरुष के रूप में दर्शाई गई है। प्रधान वह सूक्ष्म प्रकृति है, जिससे सम्पूर्ण व्यक्त प्रकृति उत्पन्न होती है। यह प्रधान पहले अपने केंद्र में 'महत्त' नामक एक तत्व की स्थापना करता है, जैसे फल के केंद्र में बीज होता है। यह महत्त नामक बीज तीन प्रकार का होता है सात्विक, राजसिक और तामसिक। चारों ओर फैला प्रधान तत्व स्वयं को इस महत्त के तीन प्रकार के बीजों में घोल देता है, आवृत्त कर देता है, और यहीं से प्रकृति के व्यक्त होने की प्रक्रिया शुरू होती है।

प्रधान के त्रिविध महत्त में आवृत्त होते ही सबसे पहले तामसिक, राजसिक और सात्विक इन तीन प्रकार के अहंकार उत्पन्न होते हैं, अर्थात् इन तीन गुणों

की अलग पहचान (identity) स्थापित होती है। कहा गया है कि जैसे प्रधान से महत्त व्याप्त होता है, वैसे ही महत्त से अहंकार व्याप्त होता है। यह प्रकृति निर्माण की शुरुआत का क्षण है। यहां से तामसिक अहंकार, यानी तामसिक महत्त, 'तन्मात्रा' नामक एक सूक्ष्म और अस्थायी तत्व उत्पन्न करता है, जो क्रमश: आकाश, वायु, अग्नि, जल और पृथ्वी के रूप में पांच महाभूतों का निर्माण करता है। यह तन्मांत्राएँ है शब्द, स्पर्श, रूप, रस और गंध।

इस प्रकार, तामसिक अहंकार से जीवों के शरीर के बाहर की प्रकृति का निर्माण होता है। इसके बाद, राजसिक अहंकार सक्रिय होकर दस इंद्रियों के रूप में जीवों के शरीर का निर्माण करता है। इस प्रकार, आंख, कान, नाक, त्वचा और जीभ जैसी पांच ज्ञानेंद्रियां और गुदा, लिंग, हाथ, पैर और वाक् जैसी पांच कर्मेंद्रियां राजसिक अहंकार से निर्मित होती हैं। पांच महाभूतों को उत्पन्न करनेवाली शब्द, स्पर्श, रूप, रस और गंध नामक पाँच तन्मांत्राएँ इन इन्द्रियों की विषय बनती है।

लेकिन ये ज्ञानेंद्रियां केवल संवेदनाओं के प्रवेशद्वार हैं, और कर्मेंद्रियां केवल साधन हैं। वास्तविक रूप से, संवेदनाओं को ग्रहण करने वाले, उन्हें बुद्धि द्वारा अलग-अलग कर कर्मेंद्रियों को कार्य करने का आदेश देने वाले मस्तिष्क के केंद्र होते हैं। इन मस्तिष्क केंद्रों को इंद्रियों के अधिष्ठाता देव कहा जाता है। इन मस्तिष्क केंद्रों, यानी इंद्रियों के अधिष्ठाता देवों और उनके ऊपर मनरूपी बुद्धि की स्थापना सात्विक अहंकार करता है।

इस प्रकार, राजसिक और सात्विक अहंकार से तैयार हुए प्रकृति रूपी शरीर में, परब्रह्म परमात्मा का अंश और प्रतिनिधि स्वरूप जो आत्मा निवास करता है, वह पुरुष है। वह परमात्मा के रूप में साक्षी का कार्य करता है। इस प्रकार, तामसिक, राजसिक और सात्विक महत्त तत्वों से व्यक्त हुई प्रकृति में परमात्मा पुरुष रूप में साक्षी बनकर स्थित होता है और प्रकृति को जीवंतता प्रदान करता है।

इस प्रकार, सम्पूर्ण चराचर जगत रूपी प्रकृति प्रधान और पुरुष के संयोग से निर्मित होती है। और इन तीनों (व्यक्त प्रकृति, प्रधान और पुरुष) को परब्रह्म परमात्मा श्रीविष्णु काल की चादर द्वारा अपने साथ जोड़े रखते हैं। यही वैष्णव शास्त्रों में वर्णित प्रधान, पुरुष, व्यक्त और काल स्वरूप का वास्तविक अर्थ है।

▮ विष्णुपुराण में सृष्टि की उत्पत्ति की कथा:

भाग–२: भगवान विष्णु की ब्रह्मा, नारायण और शिव रूपी अवस्थाओं का जन्म और कार्य

दिनांक: १८-०४-२०२४, जनसत्ता लोकसत्ता

पिछले लेख में हमने विष्णुपुराण के प्रथम अंश के दूसरे अध्याय में दिए गए प्रधान, पुरुष, व्यक्त और काल की समझ प्राप्त की, जो सृष्टि की शुरुआत में भगवान विष्णु से उत्पन्न होते हैं। प्रधान प्रकृति का सूक्ष्म बीज है, जिसमें से तमस, रजस और सत्व तीन गुणों रूपी महत्त तत्व का निर्माण होता है, जो आगे इन तीन गुणों रूपी अहंकार को जन्म देता है। इस त्रिगुणी अहंकार द्वारा वाक, स्पर्श, रूप, रस, और गंध जैसे विषय (तन्मात्राएं) और उनसे आकाश, वायु, अग्नि, जल और पृथ्वी रूपी पाँच महाभूत तथा प्राणियों की इंद्रियाँ, उनके मस्तिष्क केंद्र और मन निर्मित होते हैं।

पंचमहाभूतों की पाँच तन्मात्राएं प्राणियों की इन इंद्रियों के विषय बनते हैं, और इन प्राणियों के आत्मा के रूप में भगवान विष्णु पुरुष रूप से साक्षी बनके स्थित होते हैं। प्रधान से उत्पन्न हुए पंचमहाभूतों में अपनी-अपनी शक्तियां थीं, लेकिन वे परस्पर मिले बिना और पुरुष के उनमें सम्मिलित हुए बिना आगे सृजन नहीं कर सकते थे। इसलिए, प्रधान तत्व की कृपा से पुरुष संपूर्ण प्रकृति में स्थापित हुए और उन्होंने मिलकर एक अंड की रचना की। यह अंड भगवान विष्णु का संसार में सबसे उत्कृष्ट प्रकार का प्राकृत (संसार के लिए विनाशशील) आधार बना, जिससे वे ब्रह्मा, विष्णु और शिव नामक तीन अवस्थाओं को धारण करके इस अंड से संसार की सृष्टि, पालन और प्रलय की लीला कर सकें। 'प्राकृत वस्तु' का अर्थ है वह, जिसका एक समय पर नाश होना निश्चित है, जबकि शास्त्रों में इसका विपरीत शब्द है 'पुरुष वस्तु', जिसका अर्थ है वह, जो सदा के लिए स्थायी है।

इस अंड रूपी व्यक्त आधार में अव्यक्त परमेश्वर विष्णु हिरण्यगर्भ के रूप में थे। हिरण्यगर्भ का अर्थ है सार्वभौम गर्भ, जिससे सबकुछ उत्पन्न होना है। अर्थात वही, जिसमें से भगवान विष्णु की ब्रह्मा, नारायण और शिव अवस्थाओं के रूप में संसार की उत्पत्ति, पालन और लय की लीला प्रकट हुई। भगवान विष्णु पहले रजोगुणी अवस्था में आए और ब्रह्मा कहलाए, जिन्होंने संसार की रचना की। फिर वे अपने सत्वगुण में स्थित होकर विष्णु अवस्था में आए और संसार का युग-युग पालन किया। इसके बाद कल्प के अंत में तमसप्रधान शिव ने रौद्र रूप धारण कर पंचमहाभूतों सहित समस्त भूतों को जल प्रलय में ढंक दिया और स्वयं शेषनाग पर जल पर शयन किया। फिर एक नए दिन के उगने पर, शेषनाग पर शयन कर रहे भगवान विष्णु जागते हैं और ब्रह्मा की रजोगुणी अवस्था में आकर सृजन आरंभ करते हैं। (विष्णुपुराण १.२.६१- ७०)

प्रलयकाल में जल को अपना आसन बनाकर सोने के कारण भगवान विष्णु को

'नारायण' (नार का अर्थ है जल, जो उनका आसन है) कहा जाता है। विष्णुपुराण के पहले अंश के चौथे अध्याय में पहली बार 'नारायण' शब्द का उल्लेख और अर्थ आता है। यहां से सनातनी समाज की सामान्य समझ से बिल्कुल विपरीत वर्णन आता है। निद्रा से जागते ही भगवान विष्णु की ब्रह्मा अवस्था आरंभ हो जाती है। कहा गया है, 'नारायण स्वरूप भगवान ब्रह्मा ने शेषनाग पर रात्रि में सोने के बाद जागने पर सत्वगुण के प्रभाव में समस्त लोकों को शून्यमय पाया।' यहां भगवान विष्णु को उनकी ब्रह्मा अवस्था में नारायण स्वरूप भगवान ब्रह्मा कहा गया है। यह वर्णन इतना विस्तृत है कि जब ब्रह्मा स्वरूप नारायण ने पृथ्वी को जल में डूबा हुआ देखा, तो उसे जल से बाहर निकालने के लिए उन्होंने वराह रूप धारण किया। बाद में इस वराह रूप का वर्णन भगवान विष्णु की तरह चतुर्भुज रूप में मिलता है। इस प्रकार, प्रथम अंश का चौथा अध्याय यह बताता है कि ब्रह्मा अवस्था में वही विष्णु कार्य कर रहे हैं, और विष्णु नारायण रूप में ब्रह्मा हैं।

पृथ्वी को जल से बाहर निकालने के बाद नारायण स्वरूप ब्रह्मा ने भू-भाग को समतल किया और सृष्टि निर्माण में लग गए। उन्होंने क्रमश: नौ सर्ग (आवरण या प्रकार) की रचना की। पहले पंचमहाभूत और उनके गुण प्रकट हुए। फिर अज्ञान, मोह, महामोह और क्रोध रूपी अविद्याएं उत्पन्न हुईं। छठे सर्ग में देवताओं और सातवें सर्ग में सुर, असुर और अन्य सभी प्रकार के मनुष्यों की उत्पत्ति हुई। इसके बाद ब्रह्मा स्वरूप भगवान विष्णु ने गुणों के आधार पर चार वर्णों की रचना की। फिर अत्रि, मरीच जैसे प्रजापति, स्वायंभुव मनु और शतरूपा तथा उनकी संतानों का निर्माण हुआ। इसके बाद समुद्र मंथन की घटना आई, जहां पहली बार भगवान विष्णु की ब्रह्मा अवस्था उनकी विष्णु या नारायण रूपी मूल पालक अवस्था से मिलकर देवताओं और असुरों को समुद्र मंथन की अनुमति देती है। इसके बाद पालनकर्ता विष्णु का वर्णन शुरू होता है, जहां उनके मोहिनी, वामन और अन्य अवतारों की कथाएं आरंभ होती हैं।

सभी अवतार कथाओं के अंत में विष्णुपुराण के छठे अंश के तीसरे और चौथे अध्याय में एक हजार चतुर्युगी के अंत में समस्त संसार के प्रलय का वर्णन है। इस समय भगवान विष्णु रुद्र स्वरूप धारण कर सूर्य के प्रकाश से पृथ्वी को तपाते हैं और नदियों तथा समुद्रों का जल सूखा देते हैं। इसके बाद सबका नाश करने के लिए श्रीहरि काला-अग्नि या रुद्र रूप में शेषनाग के मुख से प्रकट होते हैं और नीचे पाताललोक से सबका क्रमश: संहार करना आरंभ करते हैं। फिर यह रुद्र रूपी विष्णु अपने मुख से मेघ उत्पन्न करते हैं, जो तीनों लोकों को जल से ढक देते हैं। भगवान विष्णु की इस तमोगुणी रुद्र अवस्था को

ही शिव अवस्था या उनका शिव रूप कहा गया है। इस प्रकार, प्रलय के अंत में जलमग्न संसार पर शेषनाग के आसन पर भगवान विष्णु पुन: अपने वासुदेव (सर्व में स्थित) अव्यक्त स्वरूप में ध्यानमग्न होकर योगनिद्रा में चले जाते हैं।

इस प्रकार, समस्त विष्णुपुराण में एक ही निराकार, अव्यक्त, परमब्रह्म परमेश्वर, जिनका नाम विष्णु है, वे प्रधान, पुरुष, काल और व्यक्त जैसे चार तत्व उत्पन्न करते हैं और ब्रह्मा, नारायण-विष्णु तथा रुद्र-शिव रूपी अवस्थाओं को धारण करके संसार की सृष्टि, पालन और प्रलय की लीला करते हैं।

❋

अब श्रीमद् भगवद् गीता के अक्षरब्रह्म योग और पूर्णपुरुषोत्तम योग नामक दो अध्यायों को समझते हैं। स्वामी संप्रदाय की बीएपीएस शाखा में इन दोनों शब्दों का अत्यधिक दुरुपयोग किया गया है।

▌ भगवद् गीता के अक्षरब्रह्म योग और पुरुषोत्तम योग अध्याय: भगवान श्रीकृष्ण की परब्रह्म स्थिति के उद्घोषक

जनसत्ता लोकसत्ता, दिनांक: ०४- ०४- २०२४

भगवद् गीता का सातवां अध्याय, ज्ञानविज्ञान-योग, भगवान श्रीकृष्ण के मुख से कहे गए इन दो श्लोकों के साथ पूर्ण होता है:

"जो लोग मेरी शरण में आकर जरा और मृत्यु से मुक्त होने का प्रयास करते हैं, वे उस ब्रह्म को, समस्त आध्यात्म को और संपूर्ण कर्म को पहचान लेते हैं।" (७.२९)

"जो लोग अधिभौतिक, अधिदैविक और अधियज्ञ सहित समस्त तत्वों को मेरे आत्मस्वरूप में जानकर, अंतकाल में मुझे पहचान लेते हैं, वे लोग मुझमें चित्त लगाने के कारण मुझे ही प्राप्त करते हैं।" (७.३०)

इन कथनों में प्रयुक्त शब्दों को समझने के लिए अर्जुन के प्रश्नों से आठवां अध्याय अक्षरब्रह्म योग आरंभ होता है।

अर्जुन पूछते हैं, "वह ब्रह्म क्या है? अध्यात्म क्या है? कर्म क्या है? अधिभौतिक, अधिदैविक और अधियज्ञ क्या हैं? और चित्त को आप में लगाने वाले लोग आपको किस रूप में और कैसे पहचानते हैं?" (८.१, ८.२)

तब भगवान श्रीकृष्ण जो उत्तर देते हैं, वही अक्षरब्रह्म योग है।

भगवान श्रीकृष्ण कहते हैं:

जो परम् अविनाशी (अक्षर) तत्व है, वही ब्रह्म है। मनुष्य के आत्मा, अर्थात जीवात्मा को "अध्यात्म" कहा जाता है। अर्थात जो आदि है, जो सर्वप्रथम और मुख्य है, वही आत्मा है। सृष्टि के निर्माण रूपी जो विसर्जन कार्य है, वह कर्म है। अर्थात वह ईश्वर रूपी ब्रह्म, जो अपनी अव्यक्त अवस्था से विसर्जन कर चराचर जगत की उत्पत्ति करता है, और जो अपने मूल अव्यक्त स्वरूप का त्याग कर सृष्टि का विस्तार करते हुए व्यक्त बनता है, वही मुख्य कर्म कहा गया है। इसे आदि या आद्य कर्म कहा गया है। जो भी वस्तुएं उत्पन्न और नष्ट हो सकती हैं, वे सभी पदार्थ अभिभूत हैं। ब्रह्मा, प्रजापति, या हिरण्यगर्भ पुरुष नामक ब्रह्म का जो स्वरूप दृश्य सृष्टि की रचना करता है, वही "अधिदेव" है। भगवान श्रीकृष्ण आगे कहते हैं कि इन सबके ऊपर वही परम् तत्व है, जिसे "अधियज्ञ" कहा गया है।

श्रीकृष्ण कहते हैं कि जो मनुष्य अंतकाल में उस परम् तत्व का स्मरण करते हुए शरीर का त्याग करता है, वह अंत में उसी परम् तत्व को प्राप्त करता है। मनुष्य अंतकाल में जिसका स्मरण और चिंतन करता है, वह उसी को प्राप्त करता है। अंतकाल में वही स्मरण रहता है, जिसका स्मरण पूरे जीवनभर किया गया हो। इसलिए, वे कहते है, 'हे अर्जुन! तुम निरंतर मेरा स्मरण करो और (सत्य और धर्म के लिए) युद्ध करो।'

श्रीकृष्ण यह भी समझाते हैं कि निरंतर उस परम् तत्व के स्मरण में कैसे लीन रहना चाहिए। इंद्रियों के सभी द्वारों को बंद करके, हृदय में ध्यान केंद्रित कर, गहरी श्वास द्वारा प्राण को मस्तक में स्थापित करते हुए "ॐ" का उच्चारण करते हुए ध्यान करो। जो मनुष्य ऐसा करता है, वह अंतकाल में उस परम् तत्व को प्राप्त करता है।

इस अध्याय में भगवान श्रीकृष्ण उपनिषदों के समान निराकार, अव्यक्त ब्रह्म, जिसे अविनाशी कहा गया है, उसकी चर्चा करते हैं। यहाँ "अक्षरब्रह्म" का अर्थ है वह अविनाशी ब्रह्म। साथ ही, वह ध्वनि (ॐ) जिसके द्वारा इस ब्रह्म का स्मरण होता है, उसे भी "अक्षरब्रह्म" कहा गया है। अर्थात, "ॐ" ही वह अविनाशी या अक्षर ब्रह्म है।

श्रीकृष्ण कहते हैं, "जो अव्यक्त शक्ति 'अक्षर' नाम से जानी जाती है, उसे परम् गति कहते हैं। उस सनातन अव्यक्त भाव को प्राप्त करने के बाद मनुष्य संसार में वापस नहीं आता। वही मेरा परम् धाम (परम् स्थान) है।" (गीता ८.२१)

✹ पुरुषोत्तम योग:

गीता के पंद्रहवें अध्याय में पुरुषोत्तम योग की चर्चा की गई है। श्रीकृष्ण कहते हैं कि यह संसार एक उल्टे पीपल के वृक्ष के समान है, जिसकी जड़ें ऊपर की दिशा में हैं। अव्यक्त परब्रह्म इसकी जड़ें हैं, व्यक्त ब्रह्म के तीन गुण इसकी शाखाएँ हैं, और पत्ते वेदों के छंद हैं। इस वृक्ष की शाखाओं से इंद्रियों के विषय रूपी कोंपलें फूटी हैं, जो इधर-उधर फैलती रहती हैं।

श्रीकृष्ण कहते हैं कि यह वृक्ष सरलता से समझा नहीं जा सकता, क्योंकि इसका कोई आदि या अंत नहीं है। जो व्यक्ति वैराग्य की कुल्हाड़ी द्वारा इंद्रियों के विषयों से विरक्त होकर इस वृक्ष के तने को काट देता है, वही अव्यक्त परब्रह्म रूपी जड़ को जान सकता है। जो व्यक्ति ममता, मोह, और आसक्ति का त्याग कर चुका है, वही परम् पद को प्राप्त कर सकता है।

✹ भगवान श्रीकृष्ण का परम् स्वरूप:

श्रीकृष्ण कहते हैं, "इस संसार में दो प्रकार के पुरुष हैं: एक 'क्षर' (नाशवान) और दूसरे 'अक्षर' (अविनाशी)। प्राणियों और वनस्पतियों के शरीर नाशवान हैं, जबकि उन्हें धारित करने वाला जीवात्मा अविनाशी है।"

परंतु इन दोनों से भी ऊपर एक उत्तम पुरुष है, जो तीनों लोकों में प्रवेश कर संपूर्ण संसार को धारित करता है। इस तीसरे पुरुष को "अव्यय" (अविनाशी) और "परमेश्वर" कहा गया है। श्रीकृष्ण कहते हैं, "मैं नाशवान शरीर से परे हूँ और अविनाशी जीवात्मा से उत्तम हूँ। इसलिए, मैं वेदों में और संसार में पुरुषोत्तम के नाम से प्रसिद्ध हूँ।" (गीता १५.१६-१८)

और फिर साकार रूप में खड़े वे अव्यक्त परब्रह्म पुरुषोत्तम श्रीकृष्ण कहते हैं, "जो ज्ञानी मनुष्य मुझे पुरुषोत्तम रूप में तत्त्वत: जानता है, वह सर्वस्व जाननेवाला मनुष्य सभी तरह से (किसी भी मार्ग व उपासना से) निरंतर मुझ ईश्वर को ही भजता है।" (गीता १५.१९)

अध्याय १९

पुराणों में भगवान शिव, शक्ति, गणेश और सूर्य/ब्रह्मा का स्वरूप

अब जानते हैं कि भगवान शिव, मां शक्ति, भगवान गणेश, भगवान सूर्य और ब्रह्माजी को उनके-अपने पुराणों में कैसे समझाया गया है।

■ शिव महापुराण में सृष्टि की उत्पत्ति की व्याख्या

लोकसत्ता जनसत्ता, दिनांक: २५-०४-२०२४

शिव पुराण की शुरुआत नारदमुनि के अपने आराध्य भगवान विष्णु से उनके ही हरि रूप को मांगने से होती है। श्रीविष्णु नारदजी की इस सांसारिक कामना को सही मार्ग दिखाने के लिए उन्हें वानर का रूप दे देते हैं, क्योंकि हरि शब्द का एक अर्थ वानर भी होता है। अपने वानर रूप से अनजान नारदमुनि जब अन्य स्थानों पर जाते हैं, तो उनका उपहास होता है। सत्य का ज्ञान होने पर वे क्रोधित होकर वैकुंठ लौटते हैं और भगवान विष्णु को शाप दे देते हैं। परंतु बाद में पश्चाताप करते हुए श्रीविष्णु से क्षमा मांगते हैं।

भगवान विष्णु उन्हें समझाते हैं कि यदि देवताओं के ऋषि भी भटक सकते हैं, तो उनका समाधान केवल देवों के देव महादेव ही कर सकते हैं। इसके बाद नारदमुनि पृथ्वी पर कई शिवलिंगों की यात्रा करते हैं और शिव का ध्यान करते हुए ब्रह्मलोक पहुंचते हैं। वहां ब्रह्माजी से भगवान शिव की परब्रह्म स्वरूप की कथा सुनने की प्रार्थना करते हैं।

ब्रह्माजी नारदमुनि को बताते हैं कि केवल भगवान शिव की ही लिंग रूप में पूजा होती है, अन्य देवताओं की नहीं। इसका कारण यह है कि केवल

भगवान शिव ही निराकार ब्रह्म स्वरूप हैं, बाकी सभी देवता उन्हीं से उत्पन्न हुए हैं। शिवलिंग उनके निराकार ब्रह्म स्वरूप का प्रतीक है। यह शिवलिंग लिंगम और योनि का मेल दर्शाने वाली संयुक्त संरचना है, जिसमें लिंगम शिव का और योनि शक्ति का प्रतीक है। अर्थात, निराकार ब्रह्म मूल रूप से शिव और शक्ति के मेल से उत्पन्न एक अदृश्य ऊर्जा है। यही ब्रह्म है।

सृष्टि के वर्तमान चक्र के निर्माण से पहले महाप्रलय के काल में केवल यही निराकार ब्रह्म था। उस समय अंधकार से भरा शून्य फैला हुआ था, जिसमें शिवलिंग रूपी निराकार ब्रह्म को सृष्टि की उत्पत्ति का संकल्प हुआ। इस प्रकार, उस निराकार (निष्कल) ब्रह्म से साकार (सकल) ब्रह्म के रूप में भगवान शिव का प्राकट्य हुआ, जिन्हें सदाशिव कहा गया। ये सदाशिव अर्धनारीश्वर थे, क्योंकि उनका आधा शरीर नारी का था।

सदाशिव ने अपने भीतर मौजूद उस नारी रूप को बाहर निकालकर शक्ति के रूप में देवी अंबिका की उत्पत्ति की। देवी अंबिका को मां और शक्ति कहा गया क्योंकि वे सबकी योनि (घर और गर्भ) बनीं और शिव के संकल्पों को क्रियान्वित करती रहीं। इस प्रकार, अर्धनारीश्वर सदाशिव से शिव और शक्ति अलग हुए।

इसके बाद भगवान शिव रूपी परब्रह्म ने शिवलोक नामक स्थान का निर्माण किया, जिसे आज काशी कहा जाता है। यह परम निर्वाण या मोक्ष का स्थान है और सबसे ऊपर स्थित है। यह प्रिय-प्रियतम स्वरूप शिव और शक्ति का निवास स्थान है, जो परमानंद स्वरूप में वहां रहते हैं। इसलिए काशी को परमानंद का स्थान कहा गया है, जिसे शिव और शक्ति ने प्रलय काल में भी अपने सान्निध्य से अलग नहीं किया।

सृष्टि निर्माण से पहले प्रलय काल में निराकार ब्रह्म का जो धाम था, वही सृष्टि निर्माण के बाद काशी के रूप में निर्मित हुआ। इसे शिव ने 'आनंदवन' नाम दिया, जो बाद में 'अविमुक्त' के नाम से प्रसिद्ध हुआ।

आनंदवन में विचरण करते हुए शिव को यह विचार आया कि एक और पुरुष की उत्पत्ति करनी चाहिए, जो सृष्टि संचालन का भार संभाल सके। ऐसा इसलिए ताकि शिव के वैराग्य, ध्यान और शिव-शक्ति के ब्रह्म अवस्था के परमानंद में कोई विघ्न न आए। इसके लिए शिव ने अपने बाएँ कंधे पर अमृत का मंजन किया और एक पुरुष उत्पन्न किया, जो समस्त संसार में व्याप्त हो गया। संसार में सर्वत्र व्याप्त होकर सृष्टि संचालन के कार्य को निभाने के कारण उस पुरुष को 'विष्णु' नाम दिया गया।

✳ विष्णु के अंग-प्रत्यंग से जल की उत्पत्ति:

विष्णु के अंगों से जल की उत्पत्ति हुई, और उन जल धाराओं ने संसार को जल से ढक दिया। यह जल इतना पवित्र था कि इसे ब्रह्मजल कहा गया। इस ब्रह्मजल पर विष्णु ने शयन किया, इसलिए उन्हें नारायण (जल पर शयन करने वाले देव) कहा गया। इसके बाद वही विवरण आता है जो विष्णु पुराण और श्रीमद्भागवत में है, कि विष्णु ने प्रधान, पुरुष, व्यक्त, और काल रूपी तत्त्वों का सृजन किया। प्रधान से महत्तत्त्व और उससे तीन गुणों वाले अहंकार की उत्पत्ति हुई, जिसने तन्मान्त्राओं से पंचमहाभूत और प्राणियों के शरीर और इंद्रियों का निर्माण किया।

इस प्रकार के सृजन के बाद, शयन कर रहे श्रीविष्णु की नाभि से एक कमल प्रकट हुआ। भगवान शिव ने अपने दाहिने हाथ से ब्रह्मा की उत्पत्ति की और उन्हें उस कमल पुष्प पर बिराजित किया। इसके बाद ब्रह्मा और श्रीविष्णु के बीच यह विवाद हुआ कि किसने किसे उत्पन्न किया।

इस विवाद को समाप्त करने के लिए उनके सामने एक प्रकाशमय ज्योतिर्लिंग प्रकट हुआ। इस ज्योतिर्लिंग का न तो कोई आरंभ था और न ही कोई अंत। श्रीविष्णु और ब्रह्मा ने आकाश और पाताल की ओर जाकर इस ज्योतिर्लिंग के छोर को ढूंढने का प्रयास किया, लेकिन असफल रहे। इसके बाद दोनों देव उस ज्योतिर्लिंग के सामने हाथ जोड़कर खड़े हो गए। तभी वहां से "ॐ" का नाद सुनाई दिया।

इस नाद के सामने श्रीविष्णु और ब्रह्मा भक्ति भाव से नतमस्तक हुए, और तभी भगवान शिव और माता उमा वहां सशरीर प्रकट हुए। भगवान शिव ने उन्हें बताया कि वे दोनों उनके ही अंश हैं और सृष्टि के निर्माण और पालन के लिए उत्पन्न किए गए हैं। अंत में, सृष्टि के विनाश के लिए वे स्वयं रुद्र रूप में आएंगे।

इस प्रकार, भगवान शिव ने उन्हें शिव, विष्णु, और ब्रह्मा का तत्त्व रूप में एकत्व समझाया। इसके बाद, ब्रह्मा ने प्रजापतियों, मनु, और अन्य जीवों की सृष्टि की, जिन्होंने पृथ्वी पर मानव संसार की शुरुआत की।

इस प्रकार, शिव पुराण भगवान शिव को निराकार परब्रह्म के रूप में मुख्य और सर्वोपरि ईश्वर बताते हुए वही सृष्टि निर्माण की कथा कहता है जो वेदों और अन्य पुराणों में वर्णित है।

■ क्या है शाक्त भागवत में ब्रह्मा, विष्णु, और महेश का शक्ति से संबंध?

जनसत्ता लोकसत्ता, दिनांक: ०२-०५-२०२४

देवी भागवत, जिसे शक्ति उपासकों में शाक्त भागवत के रूप में जाना जाता है, उसमें मां अंबिका को शक्ति रूप में परब्रह्म का साकार रूप बताया गया है। लेकिन शक्ति रूप में परब्रह्म का यह वर्णन विष्णु पुराण और शिव पुराण के विपरीत होने के बजाय उसका पूरक है। अर्थात, यह ऐसा प्रतिपादित नहीं करता कि मूल परब्रह्म कोई साकार स्त्री है, बल्कि यह निराकार परब्रह्म के शक्ति स्वरूप या शक्ति तत्त्व को चित्रित करता है।

कथा इस प्रकार वर्णित है कि ब्रह्मा नारदजी को ब्रह्मांड की उत्पत्ति की कथा सुना रहे हैं। ब्रह्मा कहते हैं, "जब मैंने उस कमल पुष्प पर अपनी आंखें खोलीं, तो चारों ओर जल ही जल था। वह जल और कमल पुष्प की डंडी, जिस पर मैं स्थित था, पृथ्वी से जुड़ी हुई प्रतीत नहीं हो रही थी। इसलिए मैं उस पुष्प से नीचे उतरकर उसकी डंडी के मूल की खोज करने लगा। लेकिन वर्षों तक खोजने के बाद भी मुझे उसका मूल नहीं मिला। तब मैं वापस उस पुष्प पर आ गया।

इसी बीच मधु और कैटभ नाम के दो दैत्य वहां आ पहुंचे। उनके भय से मैं पुन: डंडी में छिपकर नीचे भागने लगा। तब पहली बार मैंने उस दिव्य पुरुष के दर्शन किए, जिनके चार हाथ थे, और जिनके हाथों में शंख, चक्र, गदा, और कमल थे। मैंने पहली बार उस दिव्य भगवान महाविष्णु को देखा। लेकिन वे गहन योगनिद्रा में ध्यानस्थ थे।

मुझे घोर चिंता हुई कि अब क्या करूं। तभी मैंने उस महाविष्णु की योगनिद्रा को भगवती रूप मानकर उनकी स्तुति की। मेरी स्तुति सुनकर, एक तेजस्वी देवी विष्णु के शरीर से निकलकर आकाश में स्थिर हो गईं, और तभी विष्णु योगनिद्रा से बाहर आए। उन्होंने उन दोनों दैत्यों का वध किया, और उसी समय भगवान शंकर भी वहां आ पहुंचे।"

इसके बाद, आकाश में स्थित भगवती देवी ने ब्रह्मा, विष्णु और शिव से सृष्टि का निर्माण, उसका पालन करने और संहार के अपने-अपने कार्य को संभालने के लिए कहा। तब त्रिदेव ने कहा, "हे देवी, हम शक्तिहीन हैं। हम संसार की रचना, पालन और संहार का कार्य कैसे करेंगे?" तब भगवती देवी के मुस्कुराने के साथ एक विमान वहां प्रकट हुआ। भगवती ने स्वयं उसमें बैठकर त्रिदेव को भी उसमें बैठाया और मन की गति से उन्हें दूसरे ब्रह्मांड में ले गईं,

जहां सृष्टि का निर्माण पहले ही हो चुका था और वहां के ब्रह्मा, विष्णु और शिव अपने-अपने कार्य कर रहे थे। यह अद्भुत दृश्य देखकर त्रिदेव ने भगवती देवी के समक्ष स्तुति की और यह विचार करने लगे कि "यही हमारे सभी की उत्पत्ति करने वाली परमेश्वर हैं।" इस प्रकार स्तुति करने पर भगवती के चरणों में उन्हें वह संपूर्ण ब्रह्मांड दिखा, जिसमें अनेक ब्रह्मा, विष्णु, महेश और मधु-कैटभ जैसे दैत्य भी दिखाई दिए। तब अचंभित त्रिदेव ने उनसे प्रार्थना की कि वह देवी स्वयं बताए कि वह कौन हैं। इस प्रार्थना पर भगवती ने ब्रह्मा, विष्णु और शिव को अपना वास्तविक स्वरूप समझाया।

भगवती ने कहा, "मैं और परब्रह्म एक ही हैं। मैं उस निराकार, निर्गुण, अव्यक्त परब्रह्म की शक्ति रूप हूं। संपूर्ण सृष्टि मेरे द्वारा व्याप्त होने के बाद ही संचालित होती है। जहां मैं नहीं हूं, वहां कोई स्पंदन नहीं है। बिना कार्यक्षमता और सामर्थ्य वाले मनुष्य को विष्णुहीन या अरुद्र नहीं कहा जाता, उन्हें शक्तिहीन कहा जाता है। मैं वही शक्ति हूं, जो शिव को शिवत्व प्रदान करती है, विष्णु को विष्णु बनाती है और संसार का पालन करवाती है।" अर्थात, वह कुंडलिनी शक्ति, जो मानव आत्मा के आधे से अधिक भाग में सुप्त रहती है और जिसके जाग्रत होने पर ही मनुष्य ब्रह्मज्ञानी या योगी बनता है, वही शक्ति शिव को शिवत्व और विष्णु को विष्णुत्व प्रदान करती है। सभी देवता अपने स्वभाव और कार्य के अनुसार अलग-अलग कार्य करते हैं, परंतु वह कार्य करने की शक्ति परब्रह्म से ही प्राप्त होती है। इस प्रकार शक्ति रूप परब्रह्म शाक्त भागवत में भगवती देवी रूप में प्रकट होते हैं।

परब्रह्म शक्ति रूप में आगे कहते हैं, "हे ब्रह्मा, जब तुम सृष्टि का निर्माण करना चाहते हो, तब तुम्हें शक्ति की आवश्यकता होती है। हे विष्णु, जब तुम महत्तत्त्व को प्रधान के माध्यम से उत्पन्न करते हो, तब वह प्रधान तत्व शक्ति रूप में मैं ही हूं, जो आगे तमस, रजस और सत्व गुणों वाले अहंकार को उत्पन्न कर समस्त प्रकृति की रचना करती है। हे शंकर, सृष्टि का संहार करने के लिए रुद्र रूप की शक्ति मैं ही हूं। सभी देवता मेरे माध्यम से ही अपने कार्य को संपन्न करते हैं।"

इस प्रकार, अपने शक्ति स्वरूप को समझाकर परब्रह्म भगवती ने स्वयं से शक्ति रूपी तीन देवियों को उत्पन्न किया। इन तीन देवियों में महासरस्वती नामक देवी को ब्रह्मा को सौंपा, महालक्ष्मी को महाविष्णु को, और महाकाली गौरी को भगवान शिव को सौंपा। इन तीन देवियों रूपी शक्तियों ने त्रिदेव को उनके निर्धारित कार्यों को पूरा करने की शक्ति प्रदान की। इस शक्ति को देने के बाद,

भगवती ने त्रिदेव को उनके सृजन, पालन और संहार के कार्य का स्मरण कराया।

इस प्रकार, देवी भागवत या शाक्त भागवत परब्रह्म के शक्ति स्वरूप को प्राथमिकता के साथ समझाता है और पुरुष तत्व को विभिन्न देवताओं के माध्यम से दृष्टा रूप में प्रस्तुत करता है। ये देवता शक्ति के उनके भीतर व्याप्त होने के बाद ही अपने निर्धारित कार्य को संपन्न कर सकते हैं। इस प्रकार, सभी कार्य और सृष्टि की जननी शक्ति बनती है।

यह सनातन धर्म के पंचदेवों में शक्ति की आराधना करने वाले शाक्त पंथ की उपासना का मार्ग है। शक्ति की उपासना भोग और मोक्ष, दोनों लक्ष्यों को सिद्ध करने में सहायक है। स्वामी विवेकानंद ने आधुनिक विश्व में सत्य सनातन धर्म को पुनर्जीवित करने का जो कार्य किया, उसके बाद वह अपने शिष्यों से हमेशा कहते थे, "यदि तुम योग मार्ग से सत्य की आत्मानुभूति करना चाहते हो, तो शिव की आराधना उपयुक्त है, परंतु यदि तुम्हें संसार में कार्य करना है, तो शक्ति की उपासना ही वह मार्ग है, जो तुम्हें सफलता प्रदान करेगा।"

∎ ब्रह्मपुराण में वर्णित भगवान सूर्य या ब्रह्मा और गणेशपुराण में भगवान गणेश की महिमा

लोकसत्ता जनसत्ता, दिनांक: ०९-०५-२०२४

✸ ब्रह्मपुराण:

ब्रह्मपुराण में भगवान विष्णु की मूल निराकार परब्रह्म के रूप में स्तुति की जाती है। ऋषि लोमहर्षणजी के अनुसार, जैसे भगवान विष्णु से उत्पन्न प्रधान तत्व भगवती शक्ति के रूप में है, वैसे ही विष्णु से उनके प्रथम अंश के रूप में उत्पन्न पुरुष, जो प्रधान से सृष्टि की रचना करता है, वे ब्रह्मा हैं। ये ब्रह्मा ही विष्णुपुराण में वर्णित भगवान विष्णु से उत्पन्न अंड में प्रकट होते हैं और उनसे पंचमहाभूत, दस दिशाएं, सप्तर्षि, प्रजापति, सनतकुमार, मनु और उनकी पत्नी शतरूपा की उत्पत्ति होती है। इसी से पृथ्वी और मनुष्य जीवन के इक्ष्वाकु और चंद्र वंशों का आरंभ होता है।

इसके बाद देवता, ऋषि और मुनि ब्रह्मा के पास आते हैं और पूछते हैं कि पृथ्वी पर कर्मभूमि कौन सी है। ब्रह्मा भारतवर्ष को वह कर्मभूमि बताते हैं, जहां. पाप कर्म से नरक, पुण्य से स्वर्ग और निष्काम कर्म से भक्ति मार्ग के द्वारा मोक्ष की प्राप्ति होती है। ब्रह्मा यहां से भारतवर्ष के द्वीपों का वर्णन करते हुए पूर्वी छोर पर स्थित ओड्र देश (ओडिशा) के कोणार्क मंदिर के कोणार्क सूर्य

भगवान की महिमा समझाते हैं और भगवान सूर्य को परब्रह्म परमात्मा के रूप में व्याख्यायित करते हैं।

ब्रह्मा कहते हैं कि भगवान सूर्य ही मूल परब्रह्म परमात्मा हैं, जिनके तेज से सृष्टि की रचना और विनाश होता है। वह वर्ष के बारह महीनों में प्रकट होने वाले सूर्य के बारह स्वरूपों (बारह आदित्य) का उल्लेख करते हैं, जिनमें इंद्र पहले और विष्णु बारहवें आदित्य हैं। ये विष्णु मानव रूप में अवतार लेकर पृथ्वी पर धर्म की स्थापना करते हैं। ब्रह्मा भगवान सूर्य को सभी देवताओं का उत्पन्नकर्ता और समस्त सृष्टि का पालनकर्ता बताते हैं।

भगवान सूर्य की आराधना के लिए ब्रह्मा उनके इक्कीस नामों का उल्लेख करते हैं, जिनके जाप से मनुष्य भोग और मोक्ष दोनों प्राप्त कर सकता है। इन इक्कीस नामों में से एक नाम ब्रह्मा भी है। अर्थात भगवान विष्णु से उत्पन्न पुरुष रूपी ब्रह्मा भी विष्णुरूपी आदित्य सूर्य का ही अंश हैं, और इस तरह यह पुराण ब्रह्मा और सूर्य को एक रूप में प्रस्तुत करता है। इस प्रकार ब्रह्मपुराण में भगवान सूर्य को आदित्य विष्णु रूप में मूल परब्रह्म परमात्मा के रूप में दर्शाया गया है और ब्रह्मा उन भगवान सूर्य से उत्पन्न पुरुष तत्व है। इसलिए, ब्रह्मपुराण को सौरपुराण भी कहा जाता है, और पंचदेव में सूर्य और ब्रह्मा को एक माना जाता है।

✺ गणेशपुराण:

महर्षि वेदव्यास ने चारों वेदों का संकलन करने के बाद उनके ज्ञान को जनसामान्य के लिए उपयोगी बनाने के उद्देश्य से पुराणों की रचना शुरू की। लेकिन पुराणों का लेखन शुरू करने से पहले उन्होंने गणेशजी का स्मरण नहीं किया, जिससे वे बार-बार रचनाओं में बाधाओं का सामना करने लगे। परेशान होकर वेदव्यास ब्रह्मा के पास गए। ब्रह्मा ने कहा, "द्वैपायन व्यास, तुम अपने ज्ञान के अभिमान में आदिदेव गणेशजी का स्मरण करना भूल गए हो। गणेशजी आदिदेव हैं।"

व्यासजी ने भगवान गणेश की महिमा के बारे में जानने के लिए ब्रह्मा से प्रश्न किया। ब्रह्मा ने बताया कि जब प्रलयकाल में सृष्टि का अंत हो गया था, तो मैं, विष्णु और शिव अंधकार में स्तब्ध थे। तभी हमारे सामने हजारों सूर्यों के तेज से प्रकाशित परब्रह्म परमेश्वर भगवान गणेश प्रकट हुए और हम से वर मांगने के लिए कहा।

त्रिदेवों ने वरदान स्वरूप प्रलयकाल में अपने-अपने कार्य का ज्ञान मांगा। भगवान गणेश ने ब्रह्मा को सृष्टि की रचना, विष्णु को उसका पालन और शिव

को उसका संहार करने का कार्य सौंपा। ब्रह्मा ने अपने कार्य के लिए मार्गदर्शन मांगा, तब भगवान गणेश ने ब्रह्मा को अपनी लीला दिखाते हुए अनगिनत ब्रह्मांडों का दर्शन कराया, जहां अनगिनत ब्रह्मा, विष्णु और शिव अपने-अपने कार्य कर रहे थे। इस प्रकार अपने कार्य को जानकर ब्रह्माजी ने परमेश्वर गजानंद की स्तुति की और सृष्टि निर्माण का अपना कार्य प्रारंभ किया।

इस दौरान, मधु और कैतभ नामक दो दैत्यों ने ब्रह्माजी की ओर दौड़ लगाई, जो सृष्टि का निर्माण कर रहे थे। इस पर ब्रह्माजी डरकर ब्रह्मजल पर योगनिद्रा में शयन कर रहे भगवान विष्णु के पास गए। विष्णु जागे और दैत्यों से पाँच हजार वर्षों तक युद्ध किया, लेकिन दैत्यों को पराजित नहीं कर सके। अंत में, शिव ने वहाँ आकर विष्णु से कहा, "भगवान गणेश्वर के अनुग्रह के बिना सृष्टि में कुछ भी संभव नहीं है।"

तब विष्णु ने भगवान गणेश की स्तुति की। भगवान गणेश्वर प्रकट हुए और कहा, "हे विष्णु, यदि आपने पहले ही दिन मेरी स्तुति की होती, तो ये दैत्य अब तक मारे जा चुके होते।" विष्णु ने क्षमा मांगी और भगवान गणेश के प्रति भक्ति का निवेदन किया। तब भगवान गणेश्वर ने कहा, "हे विष्णु, आपके हाथों ये दैत्य शीघ्र ही मारे जाएंगे। इससे ब्रह्माजी का भय भी समाप्त होगा और आपकी महान कीर्ति होगी। अब आपके कार्य में कोई विघ्न नहीं आएगा।" ऐसा कहकर भगवान गणेश्वर अंतर्धान हो गए। इसके बाद विष्णु ने मधु और कैतभ का संहार कर संसार के पालन का कार्य प्रारंभ किया।

इस प्रकार, गणेशपुराण में भगवान गणेश को निराकार परब्रह्म का सर्वश्रेष्ठ साकार रूप बताया गया है। उनके अनुग्रह के बाद ही त्रिदेव अपने-अपने नियत कार्य करने में सक्षम होते हैं। इसी प्रकार गणेशजी को आदिदेव और परब्रह्म के श्रेष्ठ साकार रूपों में से एक जानकर वेदव्यासजी ने भगवान गणेश्वर की स्तुति की। भगवान गणेश ने प्रकट होकर उन पर अनुग्रह किया और पुराणों के निर्माण में आने वाले विघ्नों को दूर करने का वरदान दिया। इसके बाद उन्होंने पुराणों के लेखन में अपनी कृपा प्रदान की।

इस प्रकार विघ्नहर्ता भगवान गणेश सनातन धर्म में मूल निराकार ईश्वर परब्रह्म के पाँच साकार रूपों में से एक हैं।

अध्याय २०

तो कौन है संसार का स्वामी?

हमने शृंखलाबद्ध रूप से सनातन धर्म के पंचदेव के वेदों और पुराणों के स्वरूप को जाना। वेदों में स्थित निराकार, अव्यक्त और अविनाशी ब्रह्म ही इस समस्त संसार का स्वामी है। वह अव्यक्त ब्रह्म आगे चलकर जड़-चेतन सृष्टि के अनेक स्तरों में अनेक रूपों में व्यक्त होता है। इसलिए वह रूपों से परे और उन रूपों में स्थित जो कुल समस्त ब्रह्म है, उसे परब्रह्म कहते हैं। वेदों में यह परब्रह्म सर्वप्रथम ॐ नाद के रूप में प्रकट होता है। अर्थात् ॐ शब्द की ध्वनि से उत्पन्न होने वाला जो कंपन है, वह मूल परब्रह्म का स्पंदन है। ॐ नाद वह निराकार ईश्वर का सर्वप्रथम व्यक्त स्वरूप है जिससे हम रूबरू होते हैं। इसलिए ॐ को अविनाशी ब्रह्म के रूप में अक्षरब्रह्म कहा जाता है। इस प्रकार, सनातन धर्म का मूल एकमात्र ईश्वर ॐ है। इस ॐ रूपी परम ईश्वर की ही विभिन्न शक्तियों के रूप में वेदों में तैंतीस प्रकार के सगुण किन्तु निराकार देवों का आह्वान किया गया है। उन तैंतीस कोटि देवों में सर्वव्यापक विष्णु देव सर्वोपरि हैं, और अग्नि देव सबसे प्रारंभिक। शेष देवता इन दोनों के बीच में आते हैं।

■ पंचदेव की पूजा कौन और कैसे करें?

लोकसत्ता जनसत्ता, दिनांक: ०६–०५–२०२४

वेदों के उन तैंतीस कोटि देवों में से ही पाँच देवों को पुराणों में मूल परमेश्वर के रूप में परब्रह्म के साकार स्वरूप में विकसित किया गया है। वहाँ उनके चरित्र विभिन्न कथाओं के माध्यम से और अधिक प्रचारित किए गए हैं, लेकिन पुराणों में भी उनको मुलत: निराकार, अव्यक्त परब्रह्म का ही साकार स्वरूप कहा गया है।

विष्णु: सर्वव्यापक देव के रूप में सर्वोच्च हैं।

रुद्र (शिव): ज्ञानी, वीर, पाप का विनाश करने वाले और मूल अव्यक्त ब्रह्मरूप में ध्यानस्थ होकर शांत शिव रूप में रहते हैं।

देवी भगवती: कण-कण को आंदोलित करने वाली और मनुष्य की कुण्डलिनी जागृत करके उसे ब्रह्मज्ञानी देव बनाने वाली शक्ति हैं।

सूर्य / ब्रह्मा: ब्रह्म रूप में पृथ्वी पर सभी जीवों का पालन करने वाले और जड़-चेतन सृष्टि का निर्माण करने वाले ईश्वरीय स्वरूप हैं।

गणपति: विद्या और समझदारी को धारण करने वाले ईश्वरीय स्वरूप है, जो समस्त संसार में फैली चेतना से जुड़कर मनुष्य के कार्यों को विघ्नरहित बनाने का अनुग्रह करते है।

✳ पंचदेव में से किसकी पूजा करें?

सनातन धर्म के शास्त्र मनुष्य को उपासना के लिए इन पंचदेव में से किसी एक को अपना आराध्य मानने और बाकी चार को उनके अंश मानने की स्वतंत्रता देते हैं। लेकिन वास्तविकता यह भी है कि मनुष्य की उम्र और परिस्थिति के अनुसार उसके आराध्य भी पंचदेव में बदलते रहते हैं।

१. सूर्य पूजा: छोटे बच्चे को सबसे पहले सूर्य पूजा और सूर्यनारायण को जल चढ़ाना सिखाया जाता है, क्योंकि सूर्य को संपूर्ण प्रकृति और सजीव सृष्टि को जीवंत रखने वाला मूल ईश्वर माना जाता है।

२. गणेश पूजा: इसके बाद बच्चे की उम्र बढ़ने पर उसे गणेश की पूजा करने को कहा जाता है, क्योंकि गणेश ही उसके कार्यों को विघ्नरहित करते हैं, और वे प्रत्येक कार्य में अनुग्रह करनेवाले देव है।

३. विष्णु उपासना: युवा अवस्था में मनुष्य तर्क से ईश्वर को समझने की कोशिश करता है। तब उसे विष्णु के अवतार, जैसे राम और कृष्ण के चरित्र और उपदेश, मार्गदर्शन देते हैं।

४. शिव साधना: इसके बाद, जब व्यक्ति ईश्वर को जानने और अनुभव करने की कोशिश करता है, तो वह योग मार्ग पर चलता है और तब शिव उसके आराध्य बनते हैं।

५. शक्ति पूजा: योग मार्ग में आगे बढ़ते हुए, जब व्यक्ति अपनी कुण्डलिनी शक्ति को जागृत करना चाहता है, तो वह शक्ति या देवी की उपासना

की ओर बढ़ता है। इस समय, दुर्गा या काली उसकी आराध्य बनती हैं। यानी की साधक योगी एक स्थिति से आगे विकसित होते ही शक्ति के उपासक बन जाते है।

इस प्रकार, मनुष्य की अवस्था, वासना और आध्यात्मिक यात्रा के अनुसार उसके आराध्य बदलते हैं, और सनातन धर्म में इस विविधता की स्वीकृति और स्वतंत्रता है।

✳ पंचदेव की पूजा विधि

तो, एक सनातन धर्मावलंबी को अपने व्यक्तिगत मंदिर में इन पांचों देवताओं की स्थापना करनी चाहिए और अपनी स्थिति और उद्देश्य के अनुसार किसी एक को अपना आराध्य मानते हुए पांचों की पूजा करनी चाहिए। उसे सबसे पहले सुबह जल्दी उठकर सूर्यनमस्कार करना चाहिए, स्नान करके मंदिर में उपासना के लिए बैठना चाहिए। चाहे पंचदेव में से किसी को भी आराध्य माना गया हो, सबसे पहले मंदिर में जाकर भगवान गणेश की पूजा करनी चाहिए और "वक्रतुण्ड महाकाय..." श्लोक के साथ भगवान गणेश से अपने कार्यों में अनुग्रह बनाए रखने की प्रार्थना करनी चाहिए।

इसके बाद, अगर भगवान शिव आराध्य माने गए हों, तो गणेश प्रार्थना के बाद, माँ दुर्गा, अंबा या माँ काली को "सर्वमंगल मांगल्ये..." श्लोक के अर्थ के साथ प्रार्थना करनी चाहिए। इसका अर्थ है: "हे सबका मंगल करने वाली, शिव के सभी संकल्प पूरे करने वाली माँ गौरी, मैं तेरी शरण में आकर तुझे नमन करता हूँ, मुझे शिव के कार्य को करने की शक्ति प्रदान कर।" इसके बाद, "शांताकारं भुजगशयनम्..." श्लोक के अर्थ के साथ भगवान विष्णु को नमन करना चाहिए। फिर शिव और विष्णु के मिलन स्थल माने गए भगवान हनुमान की चालीसा पढ़नी चाहिए, और उसके बाद, शिवलिंग पर "ॐ नमः शिवाय" जप के साथ जल चढ़ाना चाहिए।

अगर भगवान विष्णु को आराध्य माना गया हो, तो उपरोक्त व्यवस्था में शिव और विष्णु के स्थान बदलकर पहले शिव का महामृत्युंजय मंत्र और "ॐ नमः शिवाय" मंत्र के साथ पूजन करना चाहिए। इसके बाद हनुमान चालीसा का पाठ करके भगवान विष्णु की मूर्ति के सामने "शांताकारं भुजगशयनम्..." श्लोक के बाद विष्णु सहस्रनाम का पाठ करना चाहिए।

अगर माँ शक्ति को आराध्य माना गया हो, तो अन्य सभी देवताओं को नमन करने के बाद उनके मंत्रों को उनके अर्थ सहित स्मरण करते हुए, अंत में

मंदिर में स्थापित देवी की मूर्ति के सामने देवी सूक्त बोलने के बाद अन्य कोई देवी पाठ करना चाहिए।

अगर भगवान गणेश को इष्टदेव माना गया हो, तो सबसे पहले "वक्रतुण्ड महाकाय..." श्लोक के साथ गणेश पूजा के बाद अंत में फिर गणपति की मूर्ति के सामने गणेश आरती करनी चाहिए।

मंदिर में इस प्रकार पूजा के बाद बाहर निकलकर सूर्योदय के समय भगवान सूर्य के सामने तुलसी क्यारे पर जल अर्पित करना चाहिए। इस प्रकार, परिवार में एक ही मंदिर होने पर भी उसमें पंचदेव स्थापित कर परिवार के प्रत्येक सदस्य अपनी आयु, आध्यात्मिक स्थिति और उद्देश्य के अनुसार अलग-अलग आराध्य की पूजा पंचदेव उपासना के साथ कर सकते है। यह एक सनातन धर्मावलंबी की उपासना पद्धति का सार्थक स्वरूप है।

किस स्थिति में किस उद्देश्य के साथ किसकी पूजा करनी चाहिए, यह हमने समझा। लेकिन उन सभी उद्देश्यों की सिद्धि के बाद सबसे उच्च स्थिति ब्रह्मज्ञानी व्यक्ति की आती है। ब्रह्मज्ञान प्राप्त करने के बाद, वह व्यक्ति या तो साकार उपासना छोड़कर निराकार ब्रह्म के ध्यान में लीन रह सकता है, या शिवलिंग को आराध्य मानकर उसके ऊपर जल चढ़ाने की उपासना जारी रख सकता है। क्योंकि शिवलिंग भी ईश्वर के निराकार और अव्यक्त स्वरूप का प्रतीक माना जाता है। लेकिन यदि वह ब्रह्मज्ञानी संसार में सक्रिय रूप से प्रवेश करने का निर्णय लेता है, तो पहले वह विष्णु का उपासक बनकर स्वयं को विष्णु स्थिति में लाता है। विष्णु स्थिति में स्थिर होने के बाद, वह शिव-शक्ति का उपासक बनकर संसार में धर्म स्थापना के लिए आवश्यक ब्रह्म योग और शक्ति प्राप्त करता है। इस तरह एक सामान्य मनुष्य से ब्रह्मज्ञानी मनुष्य तक पंचदेव पूजा अपनी यथार्थता बनाए रखती है।

❈

अंततः, सनातन धर्म में समस्त पुराणों के ज्ञान से उत्पन्न सृष्टि की समझ को एक चार्ट के रूप में समझा जा सकता है। क्योंकि उस प्रपंची संप्रदाय ने अपनी अलग-अलग शाखाओं में भिन्न-भिन्न कपोलकल्पित चार्ट बनाकर हिंदुओं को भ्रमित करने के बहुत प्रयास किए हैं।

▮ सनातन धर्म में सृष्टि का चार्ट:

प्रस्तुत चार्ट में व्यक्त रूप से उत्पन्न होने वाले अणु, परमाणु, सूर्य और

पृथ्वी के स्तरों के रूप में पंचमहाभूत की उत्पत्ति को दर्शाया गया है। प्रारंभिक अणु और परमाणु के रूप में हाइड्रोजन गैस के ज्वलनशील बादलों से अग्नि तत्त्व उत्पन्न हुआ, जो सूर्य के रूप में भी सक्रिय रहा। सूर्य से पृथ्वी अलग होने और उसके ठंडा होने पर उसके ऊपर भूमि, जल, वायु, और ब्रह्मांड में आकाश तत्त्व अस्तित्व में आए।

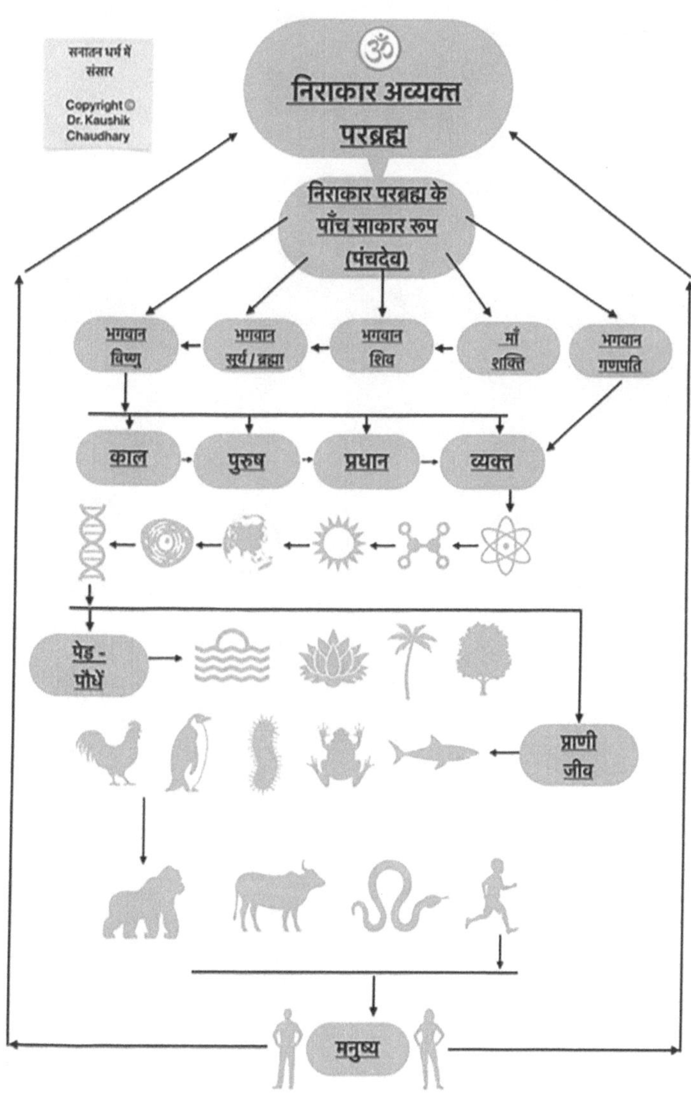